古代歷史文化研究輯刊

十七編

王明蓀　主編

第 3 冊

北魏與南齊、南梁戰略關係研究（上）

蔡金仁　著

國家圖書館出版品預行編目資料

北魏與南齊、南梁戰略關係研究（上）／蔡金仁 著 — 初版 —
新北市：花木蘭文化出版社，2017〔民 106〕
目 12+278 面；19×26 公分
（古代歷史文化研究輯刊 十七編：第 3 冊）
ISBN 978-986-404-943-1（精裝）
1. 戰略 2. 魏晉南北朝史
618   106001379

ISBN-978-986-404-943-1

9 789864 049431

古代歷史文化研究輯刊
十七編　第 三 冊　　　　　　ISBN：978-986-404-943-1

北魏與南齊、南梁戰略關係研究（上）

作　　　者　蔡金仁
主　　　編　王明蓀
總 編 輯　杜潔祥
副總編輯　楊嘉樂
編　　　輯　許郁翎、王筑　美術編輯　陳逸婷
出　　　版　花木蘭文化出版社
社　　　長　高小娟
聯絡地址　235 新北市中和區中安街七二號十三樓
　　　　　　電話：02-2923-1455 ／傳眞：02-2923-1452
網　　　址　http://www.huamulan.tw 信箱 hml 810518@gmail.com
印　　　刷　普羅文化出版廣告事業
初　　　版　2017 年 3 月
全書字數　684234 字
定　　　價　十七編 34 冊（精裝）台幣 68,000 元

北魏與南齊、南梁戰略關係研究（上）

蔡金仁 著

作者簡介

蔡金仁，臺灣省苗栗縣人，1970 年生於臺灣省嘉義縣。1982 年畢業於臺中市光復國小；1985 年畢業於臺中市光明國中；1988 年畢業於臺中縣立人高中。1992 年獲淡江大學中國文學系學士，旋即考取預官 42 期並入伍服役，1994 年自金門退伍，並於同年考取淡江大學國際事務與戰略研究所，開啓對戰略研究的興趣，1997 年獲法學碩士學位。2000 年有感於所學的不足，爲追求更高深的學術研究，參加中國文化大學史學研究所博士班考試並獲錄取，2005 年獲文學博士學位，研究領域爲魏晉南北朝，特別是北魏部份著力頗深。2004 年起任教於樹人醫護管理專科學校通識教育中心，教授歷史、地理、歷史與文化等課程，並兼任行政職務，2004 ～ 2006 任教務處出版組長；2006 ～ 2009 任學務處學務長，2016 年再任學務長一職迄今。著有《北宋與遼、西夏戰略關係研究——從權力平衡觀點的解析》、《北魏皇位繼承不穩定性之研究》、《北魏與劉宋戰略關係研究——從國家戰略觀點的解析》等書，均由花木蘭文化出版社出版。另有三十餘篇學術論文刊登於各期刊、學報。

提　　要

　　北魏與南朝對立可分爲兩大階段，第一階段乃北魏與劉宋六十年的南北對峙；第二階段則是與南齊、南梁的五十六年。本書是在研究北魏與劉宋戰略關係的成果與基礎上，持續深入探討北魏與南齊、南梁的戰略關係，將北魏與南齊、南梁戰略關係之樣貌與樣態完整呈現。

　　北魏與南齊、南梁長期的戰爭衝突與疆域爭奪，成爲南北朝學術研究的焦點，不過歷來多以歷史角度集中在和戰關係的探討。本書以科際整合方式，結合「歷史研究」與「戰略研究」，深入考察北魏與南齊、南梁的戰略關係。而戰略關係的主要表現乃戰爭行爲，因此本書之研究，首先論述北魏與南齊、南梁的重要戰爭及衝突並予以評析，並以此爲基礎探討雙方的戰略關係。之後運用戰略觀點與觀念，剖析北魏君主對南齊、南梁的戰略設計與運籌。由於封建王朝以君主爲中心，因此君主成爲主導國家戰略的核心，而北魏諸帝對南齊、南梁的戰略思維與態度均不同，所以呈現出來的戰略關係也不同。爲解析北魏諸帝對南齊、南梁的戰略關係，本書透過北魏與南齊、南梁衝突的歷史演變軌跡，深入考察北魏諸帝面對南齊、南梁不同階段時的戰略作爲及戰略關係的轉變過程，並檢討其戰略運籌及得失，藉以勾勒出北魏與南齊、南梁戰略關係之全貌。

　　本書分上、中、下三冊，除緒論、結論外，內文共分十二章，上冊探討北魏與南齊的戰略關係，中冊、下冊則是北魏與南梁。而其時與南齊、南梁對立的北魏君主則是戰略研究核心，上冊一至四章乃魏孝文帝；中冊五至九章爲魏宣武帝；下冊十至十二章則是魏孝明、孝莊、孝武三帝。由於本書是以戰略觀點研究北魏與南齊、南梁的戰略關係，故於緒論中先論述戰略的涵義，並闡述「戰略研究」的學術價值。一至十二章則是將北魏每位君主和南齊、南梁的戰略關係，分章論述，研究該君主對南齊、南梁的戰略思維及具體戰略作爲。而戰略關係的表現主要在戰爭行爲上，因此每章的內容，皆先敘及該君主任內和南齊、南梁的戰爭與衝突，將其過程作完整敘述，每場戰爭或衝突均分成戰略環境分析、戰略規畫與作戰經過、戰爭檢討三個部分。詳細論述完所有戰爭與衝突後，即進入該君主對南齊或南梁戰略關係的討論，將該北魏君主與南齊或南梁的戰略關係做全面性考察與解析。

本書研究之主題為歷史與戰略，以歷史敘述為經、戰略分析為緯，從北魏對南齊、南梁戰略關係出發，運用戰略觀念做為概念架構，解析北魏與南齊、南梁的戰略關係，並從歷史中得到驗證。易言之，本書即是從歷史研究、戰略研究、現代戰略觀念等三個面向，運用科際整合方式，對北魏與南齊、南梁相互對峙時之關係與衝突進行深入的探討。相信藉由這般的嘗試，不僅有利於「戰略研究」與「歷史研究」的結合，更為歷史研究提供新的取向——戰略研究取向。

緒　論

　　游牧民族鮮卑拓跋氏建立的北魏王朝，在中國中古時期的華北土地上屹立一百四十九年，而這近一百五十年的北魏史，其實就是一段南北對抗史。當時南方的南朝是漢人政權，雙方爲了追求統一而相互攻伐爆發不少戰爭，不過當時北魏與南朝的國力均尚未具消滅對方的優勢，導致南北戰爭綿延百年以上，而頻繁的戰事對雙方的政治、經濟、軍事、社會等各個層面皆產生重大影響，也深刻影響南北朝的歷史發展。

　　《孫子兵法》有云：「兵者，國之大事也。死生之地，存亡之道，不可不察也。」〔註1〕戰爭影響一國的盛衰存亡及軍民的生死，乃爲政者不可不審愼抉擇的。雖然兵聖孫武已就戰爭影響層面之廣，向爲政者發出警訊，但是不論北魏或南朝的統治者，仍不斷發動戰爭，南北分裂時期發生戰爭的頻率遠高於統一的承平時期。而北魏或南朝對對方採取之軍事行爲，必有其戰略目的，且是依循其背後的戰略指導，此戰略指導又以追求國家利益爲宗旨，是故對北魏與南朝的戰略關係，實宜作深入且廣泛之研究。而南朝中的劉宋，已有研究北魏與劉宋戰略關係的成果，〔註2〕故本書撰作之旨，除了從戰略觀點，對北魏與南齊、南梁之戰略關係作一整體研究外，亦對雙方重要戰役及戰略作一評析，進而對「歷史研究」與「戰略研究」的科際整合有所裨益。

〔註1〕孫武著、吳仁傑注譯，《孫子讀本》（臺北：三民書局，2008年1月）〈計篇第一〉，頁3。

〔註2〕筆者將北魏與劉宋戰略關係研究成果以專書形式出版，參見蔡金仁，《北魏與劉宋戰略關係研究——從國家戰略觀點的解析（上）（下）》（新北：花木蘭文化出版社，2011年9月）。

一、研究動機與研究目的

北魏自魏道武帝於登國元年（386）建立政權至 534 年（東魏天平元年、西魏永熙三年）分裂成東魏、西魏，共與南方的東晉、劉宋、南齊、南梁等漢人政權形成南北對峙。南朝中的陳朝，北魏並未與其有任何戰略關係，因陳朝在永定元年（557）建立時，北魏早已滅亡，北方分裂成北齊、北周。至於東晉，北魏前期的北方尚是十六國各政權林立時期，在北魏與東晉間尚有後燕、後秦等國，他們與東晉是鄰國關係，故容易產生衝突。而北魏當時與東晉沒有接壤，且北魏創建初期的戰略目標在對抗北方各國，積極求生存，當時的北魏對東晉而言，只不過是北方各胡人政權其中之一，因此北魏與東晉並未具備形成直接對抗的環境與條件，是故，北魏與南方形成南北對峙態勢的，乃劉宋、南齊、南梁三朝。

北魏與劉宋的對峙是頗值得關注的課題，因此筆者曾選定劉宋為研究主體，運用戰略之觀點與概念，剖析北魏與劉宋的戰略關係，瞭解北魏在與劉宋對峙過程中戰略之演變，深入考察北魏面對劉宋不同階段的戰略作為，並檢討其運籌及得失。雖然能將北魏與劉宋戰略關係充分研究，並有具體成果呈現，但對北魏與南朝戰略關係的研究仍不完整。蓋與北魏南北對峙的尚有南齊、南梁，且北魏與劉宋的戰略關係，影響其後的南齊、南梁和北魏的戰略關係，因此仍需將北魏與南齊、南梁的戰略關係分別做徹底研究，始能完整且具體呈現北魏與南朝戰略關係的全部樣貌。有鑑於此，引起筆者的研究動機，筆者遂在研究北魏與劉宋戰略關係的基礎上，持續以南齊、南梁為研究主體，分別剖析北魏與南齊、南梁的戰略關係，探討北魏先後與南齊、南梁對抗過程中戰略之演變及戰略作為，並檢討北魏的戰略運籌及得失。另外，南齊、南梁和北魏的戰略關係，影響陳朝和東魏北齊、西魏北周以及楊隋等北方政權的和戰問題，因此更有必要將北魏與南齊、南梁之戰略關係做完整研究，藉以提供研究南北朝末期以及陳朝和上述北方政權和戰問題的基礎。

北魏在與南齊、南梁對抗過程中，南齊、南梁歷代君主對北魏的戰略態度皆不同，北魏如何因應不同的形勢，調整戰略以確保國家安全；而北魏歷代君主，對南齊、南梁的戰略態度也不一樣，積極進取者有之，乘隙尋釁者有之，保守穩重者亦有之，當然，還有受權臣操控，無自主戰略思維者。在不同的戰略態度下，北魏歷代君主如何進行對南齊、南梁的軍事以及外交？而北魏諸帝戰略態度的不同，必然會影響北魏與南齊、南梁戰略的變動及調

整。本研究之目的，即試圖透過北魏與南齊、南梁衝突的歷史演變軌跡，解析北魏諸帝對南齊、南梁的戰略思維與戰略態度，瞭解北魏國家戰略的轉變過程，勾勒出北魏與南齊、南梁戰略關係之全貌。

二、研究方法

　　本研究就內容與性質而言，分成兩大部分，第一是對北魏與南齊、南梁間的衝突和戰爭，有關歷史背景及其過程之整理與描述，為基本史料蒐集、考證與運用問題，是整個研究之依據與基礎。第二是北魏與南齊、南梁戰略關係之析論與探討，乃本研究之核心。

　　第一部分屬傳統的歷史研究範疇，以傳統的歷史研究法與文獻分析法為主。首先在史料蒐集、考證方面，以原始（直接）史料為主，與北魏、南齊、南梁相關之史料，均以使用當代正史與文獻內容為原則，如《魏書》、《南齊書》、《梁書》等，若原始（直接）史料不存在，或其對某一事件之記述過於簡略時，始採《資治通鑑》等轉手史料，或引用前輩學者研究所見。同一事件在不同史料中會有相異之記載，故在研究過程中，需不斷對同源與異源史料進行比較分析，還原歷史真相。若發現各項史料所載差異甚大，需先詳細論證以確定事實，再分析解釋其記載差異之因，如此才能求其真。此外，在同一史料中，常見對某事之記載，紀傳相異，史官雖諱之於本紀，卻散見於相關人物列傳，故需對有關紀傳詳細比較分析，釐清事實。《資治通鑑》為極有價值的轉手史料，司馬光考證詳細，編年敘事完整，與正史對照，能收參較異同，互相徵驗之效。由於北魏與南齊、南梁的對峙，雙方各為本身立場所限，《魏書》、《南齊書》、《梁書》等史書均極盡貶抑對方之能事，北魏稱南朝為島夷、南朝呼北魏為索虜，故南北間的衝突與戰爭，雙方正史記載屢見差異，大抵皆誇勝諱敗，而《資治通鑑》立場嚴謹客觀，此時即是相當重要的參考資料。其次是史料的運用方面，主要是比較法與歸納法之運用，比較法使用於不同時期對相同類型事物的對照研究，本研究之運用，即是將北魏不同君主與南齊、南梁戰略關係作一比較，瞭解其歷史現象與意義，並分析、探討不同君主的國家戰略，得出其差異性。歸納法則是運用於北魏不同君主對南齊、南梁戰略關係之同質性和特殊性歸納上。如魏孝文帝、魏宣武帝與魏孝莊帝、魏孝武帝四人對南朝的戰略態度，前二人為積極擴張、後二人為消極防禦，遂分別歸納出四人與南齊或南梁戰略關係之特質與樣貌，

得出其相同與相異之處。

第二部分為北魏與南齊、南梁戰略關係的析論，屬科際整合領域。所謂科際整合研究，從狹義的定義上，科際整合研究是學科間的合作與互動，不同學科的研究人員依據本身學科的專業知識，從各種角度與各個層次對某一特定問題進行深入的探討；從哲學的理念上，科際整合研究的最高境界包含了學科間的整合性與統一性的觀念，以尋找學科間的「基礎經驗」作為整合的起點，使不同的知識體系藉由一貫的邏輯推論和不同層面的關連，形成一個統一性的知識體系。〔註3〕「歷史研究」屬歷史學門，「戰略研究」屬軍事學門，將北魏與南齊、南梁和戰的歷史事實，運用科際整合方式，研究北魏與南齊、南梁之戰略關係，而這同時也是綜合法的運用。綜合方法之積極意義，在於由博覽而通觀，亦即將北魏與南齊、南梁戰爭之史料、事理，分別比較、歸納，藉綜合而發揮之，以達創造新見之目的，本研究即是透過此一過程之分析、比較、歸納，運用戰略觀點與概念，希冀綜合得出北魏與南齊、南梁戰略關係之全貌。

北魏與南齊、南梁的關係，包含政治、軍事、外交、經濟等，屬歷史研究範疇，而研究他們之間的戰略關係，則是運用現代之戰略觀念，解析北魏與南齊、南梁的戰略關係，綜合了歷史研究與戰略研究，已屬跨越學科間的學術研究，等於為其注入新的學術風貌。本研究即是從歷史研究、戰略研究等面向，運用科際整合方式，對北魏與南齊、南梁對峙時之關係與衝突進行深入的探討。

三、研究基本架構

欲探究北魏與南齊、南梁的戰略關係殊非易事，蓋因其所牽涉之層面甚廣，諸如政治、軍事、經濟、外交、社會及南北君主的戰略思維等層面，各層面間又相互影響，關係頗為複雜，故欲作完整之研究，需從宏觀著眼更要兼顧細節。再者，研究戰略關係，必須瞭解戰爭起因、經過及其影響，本書研究架構即是在上述意旨下，妥慎編排章節內容。本書除緒論、結論外，內文共分十二章，一至四章為北魏與南齊之戰略關係；五至十二章為北魏與南梁之戰略關係，各章之下再分節，緒論與結論則不分節。

〔註3〕林正弘，〈科際整合的一個面向——各學科間方法的互相借用〉，《科學月刊》，第22卷第9期，1991年9月，頁702～706。

　　「緒論」是整個研究考察討論之開始。「研究動機與研究目的」揭示研究之緣由與目的;「研究方法」闡述本研究進行研究之方法;「研究基本架構」說明本研究章節之安排;「研究資料與研究成果回顧」則將本研究運用之史料、文獻及各項資料,做基本之說明與介紹。同時將以往學者專家相關之研究成果,做一整理與說明;「研究範圍與研究限制」乃將本研究之範圍做一限定,並將本研究進行中遇到之困難與限制做一解釋。至於「戰略釋義」,由於本研究是用戰略觀點與概念論析北魏與南齊、南梁之戰略關係,並檢視對以後歷史發展的影響,故需對戰略的涵義加以說明。研究戰略者,對「戰略」這一名詞的由來及意義需有清晰完整之概念。另外則是「戰略研究」的說明,由於本研究結合「歷史研究」與「戰略研究」,「歷史研究」乃一傳統學門,其學術意義與價值不需贅述,但新興學門「戰略研究」則需明確說明,故於緒論最末進入研究主題前,開宗明義探討戰略的涵義,並闡述「戰略研究」的學術價值。

　　北魏與南齊南北對立,主要是魏孝文帝在位期間,故將魏孝文帝和南齊的戰略關係,分前、中、後三期,從第一章至第四章分章論述,研究其戰略思維及具體作為。第一、二章分別是魏孝文帝前期、中期與南齊之戰略關係,而後期與南齊的戰爭,不僅是魏孝文帝在遷都洛陽實施漢化改革基礎上的南伐,亦有南齊的出兵北伐,可見雙方都有積極用兵對方的戰略思維,故大戰頻繁邊界糾紛不斷,乃北魏與南齊衝突最激烈時期,需用較多篇幅論析,遂將魏孝文帝後期與南齊之戰略關係,分上、下二章論述之。

　　北魏與南梁的南北對峙,歷經魏宣武帝、魏孝明帝、魏孝莊帝、魏孝武帝四位北魏君主,其間尚有數位遭權臣旋立旋廢的長廣王元曄、魏前廢帝元恭、魏後廢帝元朗等君主,但他們並無實質權力,且未能得到普遍承認,故暫且不論,現將四位北魏君主與南梁的戰略關係,從第五章至第十二章分章論述。魏宣武帝和南梁的衝突,具時間長、地域廣之特性,戰爭型態從邊關衝突、區域戰爭、大型戰爭皆有之,乃北魏與南梁衝突最激烈時期,故分四章論之,第五、六章探析魏宣武帝前期、中期與南梁之戰略關係,至於後期則分成上、下於第七、八兩章探討之。而魏宣武帝與南梁的長期戰事,對北魏造成深遠影響,正面貢獻、負面傷害兼而有之,故專列一章,於第九章考察魏宣武帝對南梁長期戰事對北魏之影響。魏孝明帝與南梁的戰略關係,分前、後兩期於第十、十一章討論。至於魏孝莊帝、魏孝武帝在位合計不過六

年，且當時北魏軍事重心在鎮壓內部亂事，故將二位君主與南梁的戰略關係合併在最末章第十二章。

戰略關係的表現主要在戰爭行為上，因此每章的內容，皆先敘及該北魏君主任內和南齊或南梁所有之戰爭，將戰爭過程作完整敘述，每場戰爭均分成戰略環境分析、戰略規畫與作戰經過、戰爭檢討三個部分。首先是戰略環境的分析與敘述，戰略環境乃戰爭的背景因素，對戰爭之爆發有直接、間接的關係，分析衝突或戰爭爆發前北魏與南齊、南梁所處之戰略環境，才能明瞭戰爭之起因及雙方對戰爭之企圖，是否欲透過戰爭達成何種目的。其次是解析雙方的戰略規畫，如此方能洞悉北魏、南齊、南梁等國朝廷的運籌帷幄及南北君主的戰爭目的，接著將兩軍作戰經過與短兵相接情形作一完整描述，俾能徹底瞭解戰爭過程。最後則是戰爭檢討，不論是勝者、敗者都要作戰爭檢討，勝者探索其勝利原因為何？敗者討論其失敗因素何在？藉由戰爭檢討才能得出雙方在這場戰爭的得失及戰後之局勢。綜合上述三個部分，才能以此為基礎解析該位北魏君主各個階段與南齊或南梁之戰略關係。

「結論」則是綜合上述各章節之分析、歸納，從歷史的考察研究中，以戰略觀點，解析北魏與南齊、南梁的戰略關係，並從歷史中得到驗證，希冀對日後研究少數民族政權與漢族政權南北衝突的部分能有所貢獻。

本研究的主題為歷史與戰略，以歷史敘述為經、戰略分析為緯，從北魏對南齊、南梁的戰略關係出發，運用戰略觀點做為概念架構，全文以敘述、解釋、綜合以及推斷依次進行。本研究透過上述一系列章節安排，對北魏與南齊、南梁的戰略關係作全面性考察，雖然隨著時空環境的差異以及北魏君主的戰略思維，北魏各時期與南齊、南梁的戰略關係也會不同，尤其是君主的個人意志，幾乎主導整體國家戰略，加上北魏內部環境也會影響其對南齊、南梁之戰略關係，如政治環境、地方亂事等，前者如政變或皇位繼承之際發生的動亂；後者則多為不同種族間的動亂或統治者與被統治者的衝突，此即所謂內政影響外交，國內政治行為影響對外關係，而這些都是考察北魏與南齊、南梁戰略關係過程中不可忽略的因素。

雖然探討北魏與南齊、南梁之戰略關係牽涉範圍甚廣，同時，北魏君主的人為因素也相當複雜，但是筆者相信，經由上述的研究架構、章節安排與研究方法之運用，必能對北魏與南齊、南梁戰略關係的形成與發展，有一全盤、詳盡的瞭解與掌握，而藉由本研究的具體呈現，證明戰略概念運用於歷

史研究方面確實可行，相信藉由筆者這樣的嘗試，不僅有利於戰略研究與歷史研究的結合，更爲歷史研究提供新的取向——戰略研究取向。

　　最後，補充說明本書之體例，由於本研究涉及北魏、南齊、南梁三國，若用任一國之紀年恐有偏頗且易混淆，故以西元紀年爲主，並附記北魏、南齊、南梁年號。中古時期地名後之（　）內，註記今名，地名今釋概以參考譚其驤《中國歷史地圖集》爲主、《中國古今地名大詞典》爲輔，除特殊、少見地名外，一般性地名不再註其出處。對尙須考證之中古時期地名，則參考《水經注》、《讀史方輿紀要》、《唐代交通圖考》等歷史地理資料及考古史料爲主，並註其出處。書末所附「參考書目」，除本研究曾引用者外，其他史料或論著，部分雖未於本文中引用，但或藉與其他資料對照參考，或擷取其觀念看法，亦收錄於參考書目之中。另外，在南北宗室親王的書寫上，每一段落首次出現時以全銜稱之，如北魏的「任城王元澄」、南梁的「豫章王蕭綜」，而後在同一段落屢次出現時，則以姓名「元澄」、「蕭綜」稱之，以收其雅潔之美。

四、研究資料與研究成果回顧

　　本研究融合歷史研究與戰略研究二大領域，因此不論是歷史或戰略部分，相關的資料及前人研究成果眾多，無法一一列述，今取其與本研究至爲相關者，共計五個部分，茲分述如下。

（一）戰略部分

　　本研究以戰略觀點探討北魏與南齊、南梁的戰略關係，故需先對戰略涵義、概念之源流與演變有一清楚之認識，另外亦需對戰略應用相關的研究，如戰略思想、戰略研究等徹底瞭解。關於戰略涵義、戰略思想、戰略研究等研究資料與成果，多見於戰略專門研究中，以獨立篇章出現，不過亦有以專書形式呈現者，茲分述如後。首先是戰略涵義，附於戰略專著者，有中華戰略學會主編之《認識戰略——戰略講座彙編》〔註4〕，全書共分十講，從古今中外正與反諸理論中，輔以實例，闡釋戰略涵義與運用。其中第二講〈歷代戰略發展及其涵義〉，將戰略中外概念與涵義，從古至今詳述。許保林《中國兵書通覽》〔註5〕，揀擇中國歷代重要兵書，詳述其精義及影響，該書開宗明

〔註4〕中華戰略學會編，《認識戰略——戰略講座彙編》（臺北：中華戰略學會，1997年元月）。
〔註5〕許保林，《中國兵書通覽》（北京：解放軍出版社，2002年1月）。

義即將戰略意義及其概念在中國演變情形，予以詳細說明。李大倫《廣義戰略論》〔註6〕，除了與一般研究戰略問題書籍相同之處，將戰略的歷史演進、戰略的運用、戰略的體系結構詳加說明外，作者另從英國、美國、日本、前蘇聯等國觀點切入，詳加分析各國對戰略概念的不同看法。吳傳國〈戰略與政策〉〔註7〕，則是探討戰略與政策的相互影響，文中也對戰略的概念有清楚扼要的介紹。

　　鈕先鍾曾翻譯西方不少戰略專書，有克勞塞維茲（Carl von Clausewitz）《戰爭論》〔註8〕；李德哈特（B. H. Liddell-Hart）《戰略論》〔註9〕；薄富爾（Andre Beaufre）《戰略緒論》〔註10〕，這些都是從西方觀點闡釋戰略之涵義，中西的戰略涵義有其相同與相異處，本研究雖是以中國中古時期之北魏、南齊、南梁為研究主體，但仍應對西方戰略涵義有所理解，才能有完善且完備的戰略觀點，考察北魏與南齊、南梁的戰略關係，故對西方戰略的涵義、概念，必須有清楚的認識與了解。鈕先鍾另著有《國家戰略論叢》〔註11〕，該書乃一論文集，共收入作者二十八篇論文，內容都是與國家戰略的研究有關，有些是以理論分析為目的，有些則是從戰略的觀點來檢討實際問題，尤其是以歷史為研究對象。孔令晟《大戰略通論》〔註12〕，以古今中外戰爭為背景評論戰爭得失，並對戰爭中的戰略理論加以解析。

　　其次是戰略思想、戰略研究，歷來探討北魏與南齊、南梁衝突與戰爭之研究，多屬歷史學門，相關戰略研究論述甚少，一般只在專論中國戰略的著作中出現，鈕先鍾在這方面有一系列研究成果，如《中國戰略思想史》〔註13〕與《中國戰略思想新論》〔註14〕，兩書內容略同，主要都是論述中國戰略思想的演進，並評析歷代兵法家、兵書；另外尚有《戰略思想與歷史訓練》

〔註6〕 李大倫，《廣義戰略論》（北京：軍事科學出版社，2008年11月）。
〔註7〕 吳傳國，〈戰略與政策〉，《中華戰略學刊》，1997年春季刊，1997年3月。
〔註8〕 克勞塞維茲（Carl von Clausewitz）著、艾沙里尼歐（Roger Ashley Leonard）編、鈕先鍾譯，《戰爭論》（臺北：麥田出版社，1996年8月）。
〔註9〕 李德哈特（B. H. Liddell-Hart）著、鈕先鍾譯，《戰略論》（臺北：麥田出版社，1996年6月）。
〔註10〕 薄富爾（Andre Beaufre）著、鈕先鍾譯，《戰略緒論》（臺北：麥田出版社，1996年9月）。
〔註11〕 鈕先鍾，《國家戰略論叢》（臺北：幼獅文化事業公司，1984年4月）。
〔註12〕 孔令晟，《大戰略通論》（臺北：好聯出版社，1995年10月）。
〔註13〕 鈕先鍾，《中國戰略思想史》（臺北：黎明文化事業公司，1992年10月）。
〔註14〕 鈕先鍾，《中國戰略思想新論》（臺北：麥田出版社，2003年11月）。

〔註15〕、《現代戰略思潮》〔註16〕、《大戰略漫談》〔註17〕等書，將古今中外不同的戰略思想，詳加述說與比較。《歷史與戰略——中西軍事史新論》〔註18〕，則是透過解析中西歷史上的重要戰爭，說明戰略思想演進的歷史。

　　何世同《中國戰略史》〔註19〕，將中國分成先秦、秦漢、魏晉南北朝、隋唐、五代與兩宋、元明清等六個部分，依序敘述戰略之歷史發展。魏汝霖、劉仲平《中國軍事思想史》〔註20〕，既名為思想史，故主要在論述中國從先秦至現代的戰略思想演進過程，對不同時代的兵家思想與兵書特色，都有詳細說明。上述二書在魏晉南北朝篇章中，皆有不等篇幅論及北魏與南齊、南梁的戰略關係，不過由於其主旨在論述中國戰略之整體發展，對北魏、南齊、南梁部分不可能太深入，有所侷限乃勢所必然。趙國華《中國兵學史》〔註21〕，整理從上古時期至清末的兵學思想與著作，但是在南北朝部分內容較少，不過仍然可作為認識中國戰略思想演進脈絡的補充。

　　「戰略研究」在二次大戰後面貌豐富多樣且範圍逐漸擴大，鈕先鍾在這方面有多本專著可供參考，《戰略研究入門》〔註22〕、《論戰略研究》〔註23〕二書論及戰略研究的學術趨勢。《戰略研究與戰略思想》〔註24〕、《戰略研究與軍事思想》〔註25〕，則對戰略思想的演進以及新興的戰略概念與思維，有詳細之論述與介紹，並提出戰略研究與其他學科整合的方法。陳文尚、雷家驥編《戰略理論研究》〔註26〕，對戰略研究的論點與角度，也有清楚之說明與介紹。上述戰略研究的相關著作，對筆者以戰略觀點研究北魏與南齊、南梁的和戰問題，均有深刻的啟發。

〔註15〕鈕先鍾，《戰略思想與歷史訓練》（臺北：軍事譯粹社，1979年7月）。
〔註16〕鈕先鍾，《現代戰略思潮》（臺北：黎明文化事業公司，1989年9月）。
〔註17〕鈕先鍾，《大戰略漫談》（臺北：華欣文化事業公司，1977年5月）。
〔註18〕鈕先鍾，《歷史與戰略——中西軍事史新論》（臺北：麥田出版社，2013年10月）。
〔註19〕何世同，《中國戰略史》（臺北：黎明文化事業公司，2005年5月）。
〔註20〕魏汝霖、劉仲平，《中國軍事思想史》（臺北：黎明文化事業公司，1985年3月）。
〔註21〕趙國華，《中國兵學史》（福州：福建人民出版社，2004年11月）。
〔註22〕鈕先鍾，《戰略研究入門》（臺北：麥田出版社，1998年9月）。
〔註23〕鈕先鍾，《論戰略研究》（臺北：黎明文化事業公司，1982年7月）。
〔註24〕鈕先鍾，《戰略研究與戰略思想》（臺北：軍事譯粹社，1988年10月）。
〔註25〕鈕先鍾，《戰略研究與軍事思想》（臺北：黎明文化事業公司，1982年7月）。
〔註26〕陳文尚、雷家驥編，《戰略理論研究》（臺北：聯鳴文化有限公司，1981年1月）。

（二）戰爭史與軍事史部分

在戰爭史部分，中國歷代戰爭史編纂委員會的《中國歷代戰爭史》十八冊〔註27〕，由三軍大學策畫主導，為國內目前對歷代戰爭蒐羅最為完備的著作之一，將中國歷代戰爭按時間先後依序敘述，並對戰爭過程及其結果提出評論，其中第六冊第十卷內容為南北朝時期之戰爭。大陸方面亦有相同類型著作，武國卿《中國戰爭史》〔註28〕，巨細靡遺收錄上古至民國初年戰爭，共分十九個時期分卷敘述，歷時二十五年完成，足見作者用力之深。人民解放軍廣州軍區所著之《中國古代戰爭史》〔註29〕，亦是將戰爭依時間排列，不過戰爭敘述稍嫌簡略，寫作方式屬概述性質。袁偉主編的《中國戰典》〔註30〕，屬軍事博物館編寫的軍事辭書，蒐集中國歷代戰爭並予以評論。至於其他戰爭史的著作，尚有李則芬《中外戰爭全史》〔註31〕、李震《歷史戰爭論》〔註32〕、何敏求《中國歷代戰爭史簡編》〔註33〕、中國歷代戰爭簡史編寫組的《中國歷代戰爭簡史》〔註34〕等，內容大同小異，皆是先詳述戰爭經過，接著提出評論。上述中國戰史的相關著作，雖然對衝突最激烈的南北朝戰爭論述完整，評論亦尚稱中肯，但是因為這些著作屬通史性質，北魏與南齊、南梁戰爭僅是南北朝戰爭中一環，故無法做深入探索，但對瞭解北魏與南齊、南梁的戰爭仍大有助益。

通史性質的戰史範圍廣大，若將範圍縮小至魏晉南北朝時期，便能清楚瞭解北魏與南齊、南梁的戰爭背景、原因及其影響。專論魏晉南北朝戰爭者，有張文強《中國魏晉南北朝軍事史》〔註35〕及朱大渭、張文強合著的《兩晉南北朝軍事史》〔註36〕，這二本有關魏晉南北朝的戰爭史，對該時期的戰爭

〔註27〕 中國歷代戰爭史編纂委員會，《中國歷代戰爭史》（臺北：黎明文化事業公司，1980 年 4 月）。
〔註28〕 武國卿，《中國戰爭史》（北京：京城出版社，1992 年 8 月）。
〔註29〕 人民解放軍廣州軍區，《中國古代戰爭史》，收入《中國軍事百科全書》（北京：軍事科學出版社，1992 年 10 月）。
〔註30〕 袁偉主編，《中國戰典》（北京：解放軍出版社，1994 年 12 月）。
〔註31〕 李則芬，《中外戰爭全史》（臺北：黎明文化事業公司，1985 年 11 月）。
〔註32〕 李震，《歷史戰爭論》（臺北：戰爭叢刊社，1953 年 6 月）。
〔註33〕 何敏求，《中國歷代戰爭史簡編》（臺北：黎明文化事業公司，1993 年 3 月）。
〔註34〕 中國歷代戰爭簡史編寫組，《中國歷代戰爭簡史》（北京：解放軍出版社，2006 年 1 月）。
〔註35〕 張文強，《中國魏晉南北朝軍事史》（北京：人民出版社，1994 年 4 月）。
〔註36〕 朱大渭、張文強，《兩晉南北朝軍事史》（北京：軍事科學出版社，1998 年 10 月）。

有深刻且詳盡之描述，張文強雖同爲二書作者，但寫作主軸仍有不同，《兩晉南北朝軍事史》乃軍事科學出版社出版，以軍事層面爲主，著重戰略、戰術評述；《中國魏晉南北朝軍事史》則偏重歷史層面，探討戰爭對魏晉南北朝歷史發展之影響。張曉生、劉文彥《中國古代戰爭通覽（二）》〔註37〕，則是論述晉代至隋代之間的戰爭，與張文強、朱大渭等人的時代斷限相同，不過，此書戰爭選錄不若《中國魏晉南北朝軍事史》、《兩晉南北朝軍事史》豐富，主要以大型戰爭爲主，一般中小型戰爭或區域衝突並未全部選錄。中國軍事史編寫組的《中國軍事史》〔註38〕，分兵略、兵法、兵壘三部分，論述先秦至清末的軍事制度與實務，南北朝部分對北魏、南齊、南梁之軍事制度與實務，均有詳細之介紹。黃樸民〈魏晉南北朝軍事學術雜識〉〔註39〕，揭示魏晉南北朝時期天下一家、融眾取長的戰爭觀念；以治爲勝、制必先定的建軍思想；弘思遠益、通攬全域的戰略決策思想等，對南北朝時期軍事思想的演變有深刻之認識與啓發。

軍事史部分，戰爭的主體在軍隊，攸關軍隊組成的兵制，何茲全〈魏晉南北朝的兵制〉〔註40〕與高敏《魏晉南北朝兵制研究》〔註41〕對北魏與南齊、南梁兵制的由來與演變，敘述詳盡且完整。統領軍隊之武官，尤其中央禁衛武官特別重要，不僅職司皇城守衛，更在前方戰事吃緊之際，常被授命率精銳禁軍赴援，故瞭解北魏、南齊、南梁禁衛武官的制度，對研究彼此之戰爭頗有助益，這方面研究首推張金龍《魏晉南北朝禁衛武官制度研究》上下二冊〔註42〕，將魏晉南北朝時期各政權的禁衛武官制度，做了非常充分的研究。其中第十三章內容是南齊禁衛武官制度，十四章是南梁，十六、十七、十八三章則是北魏，皆是與本書研究主題相關者。

不論是北魏或南齊、南梁，軍隊、裝備、武器、訓練，都是影響戰爭勝

〔註37〕 張曉生、劉文彥，《中國古代戰爭通覽（二）》（臺北：雲龍出版社，1995年8月）。

〔註38〕 中國軍事史編寫組，《中國軍事史》（北京：解放軍出版社），本書分《兵略》1988年3月、《兵法》1988年6月、《兵壘》1991年6月三次出版。

〔註39〕 黃樸民，〈魏晉南北朝軍事學術雜識〉，《北方論叢》，2009年第3期（總第215期），2009年7月，頁92～98。

〔註40〕 何茲全，〈魏晉南北朝的兵制〉，收入氏著，《讀史集》（上海：上海人民出版社，1982年4月）。

〔註41〕 高敏，《魏晉南北朝兵制研究》（鄭州：大象出版社，2000年3月）。

〔註42〕 張金龍，《魏晉南北朝禁衛武官制度研究》（北京：中華書局，2004年11月）。

負的原因，這方面的論著有：中國軍事史編寫組《中國歷代軍事裝備》〔註43〕，對南北朝時期南北軍隊的裝備有基本之介紹。馬彩蘭〈南北朝時期武術器械之考究〉〔註44〕，對南北朝時期的器械進行調查研究，如矛、刀、盾牌、稍、戈、斧、鉤、戟等，並分析哪些兵器與何種兵種搭配能發揮最大戰力。李民〈南北朝軍事武藝訓練鉤沉〉〔註45〕；苗福盛、宗克強、仲偉海〈魏晉南北朝軍事武藝的綜述〉〔註46〕，二文在探析南北朝軍事武藝訓練歷史的基礎上，分析該時期南北軍事武藝訓練的特點。南北因地理環境及生產方式不同，各自有優勢兵種，北方是騎兵、南方是水軍，解析北方騎兵優勢及戰術的研究有：沈家平〈靈活多變：魏晉南北朝騎兵的戰術特點〉〔註47〕、郭沛一〈鐵騎繞龍城──南北朝重騎兵的輝煌〉〔註48〕、常彧〈從突騎到甲騎具裝──魏晉南北朝騎兵之演進〉〔註49〕，透過上述三篇文章，幫助瞭解北魏騎兵靈活多變的戰術戰法，以及機動性和攻擊力強的原因，並藉由若干典型戰例的分析，增進對南北朝軍事戰術發展的認識。至於南方佔優勢的水軍，則有朱俊豪〈南北朝時期的水戰〉〔註50〕可供參考。

（三）魏晉南北朝歷史部分

北魏、南齊、南梁處南北朝時期，欲研究北魏與二者之戰略關係，需瞭解其身處之大環境，陳寅恪、唐長孺、周一良等人對魏晉南北朝均有深入之研究與豐富之著作，〔註51〕藉由他們的論著，能對魏晉南北朝的南北形勢

〔註43〕 中國軍事史編寫組，《中國歷代軍事裝備》（北京：解放軍出版社，2006年）。

〔註44〕 馬彩蘭，〈南北朝時期武術器械之考究〉，《商丘師範學院學報》，第30卷第9期，2014年9月，頁112～114。

〔註45〕 李民，〈南北朝軍事武藝訓練鉤沉〉，《蘭台世界》，第36期，2012年8月，頁6～7。

〔註46〕 苗福盛、宗克強、仲偉海，〈魏晉南北朝軍事武藝的綜述〉，《文體用品與科技》，2013年第10期，2013月5月，頁76。

〔註47〕 沈家平，〈靈活多變：魏晉南北朝騎兵的戰術特點〉，《寧夏師範學院學報》，第31卷第2期，2010年4月，頁78–80。

〔註48〕 郭沛一，〈鐵騎繞龍城──南北朝重騎兵的輝煌〉，《國立歷史博物館學報》，第51期，2015年7月，頁4～15。

〔註49〕 常彧，〈從突騎到甲騎具裝──魏晉南北朝騎兵之演進〉，《中國中古史研究》，第9期，2009年12月，頁1～39。

〔註50〕 朱俊豪，〈南北朝時期的水戰〉，《新北大史學》，第5期，2007年10月，頁149～166。

〔註51〕 如陳寅恪著、萬繩楠整理，《陳寅恪魏晉南北朝講演錄》（臺北：雲龍出版社，2002年3月）。唐長孺，《魏晉南北朝史論叢》（石家莊：河北教育出版社，2002

有基本認識。另外，呂思勉《兩晉南北朝史》〔註 52〕、韓國磐《魏晉南北朝史綱》〔註 53〕及王仲犖《魏晉南北朝史》〔註 54〕有助於瞭解此時代之背景。而張儐生《魏晉南北朝政治史》〔註 55〕與何德章《中國魏晉南北朝政治史》〔註 56〕雖著眼於政治問題之論述，但戰爭本身即是政治問題的一環，故對北魏與南齊、南梁的衝突亦有詳細記載。至於北魏歷史的專門論著，杜士鐸《北魏史》〔註 57〕詳細記述北魏歷史全貌。特別值得一提的是張金龍《北魏政治史》〔註 58〕十冊鉅著，巨細靡遺詳述北魏政治發展，內容不僅有國內政治部分，更包括對外關係中與柔然、南朝之衝突與戰爭，其中與本書研究相關者乃六至十冊。

　　「鮮卑石室」的發現也爲北魏的研究帶來許多新史料，〔註 59〕此即所謂「地下史料」，和史書的「紙上史料」相比，乃異源史料。紙上、地下史料相參證，可印證亦可否定「紙上史料」。此外，漢魏墓誌碑銘之出土與整理，提供本研究參考依據相當高之史料，趙萬里《漢魏南北朝墓志集釋》〔註 60〕、趙超《漢魏南北朝墓誌彙編》〔註 61〕，這一系列相當重要之墓誌銘文彙整與撰編，對於研究北魏人物生平、言行、及其政治作爲，乃是不可或缺之重要史料。另外，諸多考古遺址、地下陵墓的發掘，其史料呈現意義之分析與整理，也是本研究值得參考的原始史料，這些文獻，大都集中於《考古》與《文物》等期刊。

　　　　年 1 月）。唐長孺，《魏晉南北朝隋唐史三論》（武漢：武漢大學出版社，1992年 12 月）。周一良，《魏晉南北朝史論集》（北京：北京大學出版社，2000 年10 月）。

〔註 52〕呂思勉，《兩晉南北朝史》（上海：上海古籍出版社，2009 年 6 月）。

〔註 53〕韓國磐，《魏晉南北朝史綱》（北京：人民出版社，1983 年 4 月）。

〔註 54〕王仲犖，《魏晉南北朝史》（臺北：漢京文化事業公司，1992 年 9 月）。

〔註 55〕張儐生，《魏晉南北朝政治史（上）（下）》（臺北：中國文化大學出版部，1983年 2 月）。

〔註 56〕何德章，《中國魏晉南北朝政治史》（北京：人民出版社，1994 年）。

〔註 57〕杜士鐸主編，《北魏史》（太原：山西高校聯合出版社，1992 年 8 月）。

〔註 58〕張金龍，《北魏政治史》（蘭州：甘肅教育出版社，2008 年 9 月）。

〔註 59〕關於鮮卑石室的發現與研究，可參見米文平〈鮮卑石室的發現與初步研究〉，《文物》，1981 年第 2 期，1981 年 2 月；〈鮮卑石室所關諸地理問題〉，《民族研究》，1982 年第 4 期，1982 年 7 月；《鮮卑石室尋訪記》（濟南：山東書報出版社，1997 年 12 月）。

〔註 60〕趙萬里編，《漢魏南北朝墓志集釋》，新文豐出版公司編輯部編，《石刻史料新編》（臺北：新文豐出版公司，1986 年 7 月）。

〔註 61〕趙超編，《漢魏南北朝墓誌彙編》（天津：天津古籍出版社，1992 年 6 月）。

（四）北魏與南齊、南梁之軍事和戰爭部分

研究北魏與南齊、南梁相關之軍事和戰爭的論述甚多，首先是專論北魏部分，眾所周知，北魏武力勝過南朝，日人西野正彬〈北魏的軍制和南邊〉〔註62〕、越智重明〈北魏的丁兵制〉〔註63〕等文，深入研究北魏軍隊的組成、徵調等，對瞭解北魏軍隊有相當裨益。王延武〈由《魏書·邢巒傳》看北魏軍事制度改革的滯後〉〔註64〕，則指出北魏在封建化改革中，注重政治和習俗的變革，卻未對軍事制度進行變革，基本上保存了部落兵制，這種軍事制度滯後於行政制度改革的狀態，令北魏軍隊中的漢族將帥難以施展，從而使軍隊戰力無法完全發揮。夏毅成〈北魏的南進政策與國勢的消長〉〔註65〕觸及國家戰略思維，積極的南進政策是北魏國家戰略核心，而北魏國勢消長，與向南拓展疆土順利與否及是否過份對南方用兵引起內耗，有直接、間接之關係。王永平〈北魏孝文帝之南征戰略及其相關爭議考論〉〔註66〕，旨在揭櫫魏孝文帝親政後，展現積極南征與統一的企圖心，但是朝臣中意見紛亂，鮮卑保守人物反對遷洛與南征；河北與河西人士對遷都與統一並不反對，卻主張漸緩，而南來人士和青齊人士則多與魏孝文帝積極態度一致，作者於文中分析魏孝文帝如何壓制與排除各種阻力，並付諸實施。

其次是南梁部分，楊恩玉〈蕭梁部曲制的特徵探析〉〔註67〕、〈蕭梁部曲制的盛行及其影響〉〔註68〕，這兩篇主要在分析作為南梁武裝力量之一的部曲，其招募方式、類型及其影響，對瞭解南梁武力的構成頗有助益，值得注意的是，部曲中有一類是北魏官員投奔南梁時帶來的部曲、降民與降兵，可見北魏官員、將領、士兵降梁後，隨即成為南梁的武力；據此亦可反證，南齊、南梁的降兵降將，也成為北魏的武裝力量。

〔註62〕 西野正彬，〈北魏的軍制和南邊〉，《北陸史學》，第 25 期，1976 年 11 月。

〔註63〕 越智重明，〈北魏的丁兵制〉，《東方學》，第 32 期，1966 年 6 月。

〔註64〕 王延武，〈由《魏書·邢巒傳》看北魏軍事制度改革的滯後〉，《中南民族大學學報（人文社會科學版）》，第 25 卷第 6 期，2005 年 11 月，頁 109～112。

〔註65〕 夏毅成，〈北魏的南進政策與國勢的消長〉，收入張國剛主編，《中國中古史論集》（天津：天津古籍出版社，2003 年）。

〔註66〕 王永平，〈北魏孝文帝之南征戰略及其相關爭議考論〉，《學術研究》，2013 年第 3 期，2013 年 8 月，頁 105～113。

〔註67〕 楊恩玉，〈蕭梁部曲制的特徵探析〉，《理論學刊》，第 11 期（總第 213 期），2011 年 7 月，頁 98～102。

〔註68〕 楊恩玉，〈蕭梁部曲制的盛行及其影響〉，《南京曉莊學院學報》，2012 年第 1 期，2012 年 1 月，頁 40～46。

　　最後是北魏與南齊、南梁的衝突部分，陳羨《悠悠南北朝——宋齊北魏
的紛爭史》〔註69〕，雖將北魏與南齊衝突詳細敘述，尤其戰爭過程描寫詳細，
並將北魏、南齊的內部問題一併論述，包括將領叛變、民亂及皇位繼承引發
的動亂等，顯現作者已注意到內政與對外關係環環相扣，但是全書史料、資
料來源並未註出處，學術嚴謹度不足。北魏與南朝的南北爭戰，雙方勢力大
致沿淮河南北推移，故淮河的戰略地位對北魏、南齊、南梁而言均非常重要，
魯峰〈淮河流域戰爭多發的動因與戰略地位〉〔註70〕、簡孝儒《東晉南北朝
淮水軍事戰略地位之研究》〔註71〕、盛險峰〈論淮河在中國古代南北方的分
界地位〉〔註72〕，旨在分析淮河戰略地位之重要，及其成為南北戰爭因子的
原因，雖然南北雙方均視淮河為重要國防線，但是對南朝而言，維持淮河對
峙線的穩定，甚至取得淮河的控制權，其顯現之戰略意義更甚於北魏。

　　北魏與南齊、南梁的戰爭中，部分城戍、地域忽而屬南、忽而屬北，因
此對南北疆域的演變，需有一基本認識與概念，胡阿祥《六朝疆域與政區研
究》〔註73〕，考察南方從三國至南朝時的疆域變遷，並蒐集史料呈現六朝政
區建置經過，對北魏與南齊、南梁戰爭中南方之失土與北魏之拓地，其間政
區的興廢有充分之描述。至於建立在地理形勢基礎上的城戍是南北攻防中的
焦點，有不少研究者關注這些城戍與軍事重鎮，如張南〈戰爭衝突中的江北
城市〉〔註74〕、郭黎安〈六朝建都與軍事重鎮的分布〉〔註75〕、朱大渭〈魏
晉南北朝時期的套城〉〔註76〕、陳宏對〈壽春在我國古代南北對峙中的軍事
戰略地位〉〔註77〕、陳習剛〈義陽三關的演變與地位〉〔註78〕及〈武陽、黃

〔註69〕陳羨，《悠悠南北朝——宋齊北魏的紛爭史》（重慶：重慶出版社，2007 年 7
　　　　月）。
〔註70〕魯峰，〈淮河流域戰爭多發的動因與戰略地位〉，《人文地理》，第 15 卷第 4 期，
　　　　2000 年 8 月。
〔註71〕簡孝儒，《東晉南北朝淮水軍事戰略地位之研究》（臺南：國立成功大學歷史
　　　　研究所碩士論文，2009 年 1 月）。
〔註72〕盛險峰，〈論淮河在中國古代南北方的分界地位〉，《古代文明》，第 2 卷第 1
　　　　期，2008 年 1 月。
〔註73〕胡阿祥，《六朝疆域與政區研究》（北京：學苑出版社，2005 年 12 月）。
〔註74〕張南，〈戰爭衝突中的江北城市〉，《安徽史學》，1991 年第 2 期。
〔註75〕郭黎安，〈六朝建都與軍事重鎮的分布〉，《中國史研究》，1999 年第 4 期。
〔註76〕朱大渭，〈魏晉南北朝時期的套城〉，《齊魯學刊》，1987 年第 4 期。
〔註77〕陳宏對，〈壽春在我國古代南北對峙中的軍事戰略地位〉，《華東冶金學院學
　　　　報》，第 1 卷第 3 期，1999 年 9 月。

岘二關考〉〔註79〕，他們將這些城戍的重要性及戰略地位，以及對雙方國防的影響作深入研究。除了人工城戍與關隘外，水文條件也在南北戰爭中成為影響勝負的關鍵，張敏〈論水災在南北朝對峙及戰爭中的作用〉〔註80〕一文，即是在闡述如何利用水性助攻，特別是南朝，水軍為優勢兵種，常藉助水性作為進攻側翼，或成為阻卻北魏進攻的防守力量。

在頻繁的戰爭中，間諜的使用也是影響戰爭勝負的重要因素之一，不論北魏、南齊亦或南梁，皆會運用間諜促成戰爭勝利，朱葉俊〈魏晉南北朝戰爭中的「用間」〉〔註81〕即是在分析南北朝戰爭中的間諜活動，如獲取情報、散佈假消息、刺殺、潛入敵方進行煽動或破壞等作為，相對的，對方也會有反間諜活動，透過雙方在間諜與反間諜中的施力，可瞭解間諜戰術在南北戰爭之運用。

（五）北魏與南齊、南梁南北形勢與關係部分

南北朝時期南北政權眾多，單獨研究北魏與南齊、南梁對峙問題的產量遠不如以整個南北朝為研究對象者，而北魏與南齊、南梁屬於整個南北對立的一部分，研究者必然將其納入整體南北研究的一環。在這些研究當中，首推陳寅恪〈南北對立形勢分析〉一文，收入萬繩楠整理《陳寅恪魏晉南北朝講演錄》〔註82〕，該文先分析北強南弱之形勢，人口、經濟、武備，北方勝於南方，接著探討南北對峙下，北朝無法過早統一南北和南朝北伐不能成功的原因，其結論為北朝內部民族問題未解決時，南北分；一旦解決，則南北合。至於南朝北伐未能成功，陳寅恪歸納為物力南不及北；武力南不及北；運輸困難；南人不熱心北伐、北人也不熱心南人的恢復等四項因素。

逯耀東〈北魏與南朝對峙期間的外交關係〉〔註83〕，對北魏與南朝的外

〔註78〕陳習剛，〈義陽三關的演變與地位〉，《信陽師範學院學報（哲學社會科學版）》，第 24 卷第 1 期，2004 年 2 月。

〔註79〕陳習剛，〈武陽、黃峴二關考〉，《武漢交通管理幹部學院學報》，第 5 卷第 4 期，2003 年 12 月。

〔註80〕張敏，〈論水災在南北朝對峙及戰爭中的作用〉，《鄂州大學學報》，第 11 卷第 3 期，2004 年 7 月，頁 38～41。

〔註81〕朱葉俊，〈魏晉南北朝戰爭中的「用間」〉，《南京曉莊學院學報》，第 26 卷第 2 期，2010 年 3 月，頁 35～38。

〔註82〕陳寅恪著、萬繩楠整理，《陳寅恪魏晉南北朝講演錄》（臺北：雲龍出版社，2002 年 3 月）。

〔註83〕逯耀東，〈北魏與南朝對峙期間的外交關係〉，收入氏著《從平城到洛陽——

交關係和使者往來進行廣泛研究，使吾人對北魏與南齊、南梁的外交關係有詳細認識。該文雖以北魏與南朝爲題，實際上包含了東魏，南朝則止於南梁。作者於文中首先略述南北和戰過程，接著探討南北使節往來，但是並未論及何種因素促使南北通使維持和平關係，何種因素會導致兵戎相見。以南北使節爲基礎深入探討者，有蔡宗憲的博士論文《南北朝交聘與中古南北互動（三六九～五八九）》〔註84〕，他以交聘角度切入，探討南北朝二百年左右的對峙關係中，雙方對外交涉的態度，以及折衝應對的手法。交聘雖非南北互動的唯一途徑，卻是最重要的官方交流管道。傅啓學編著的《中國古代外交史料彙編》〔註85〕，收錄中國古代外交史料豐富，對瞭解北魏與南齊、南梁的外交關係頗有助益。

陳金鳳《魏晉南北朝中間地帶研究》〔註86〕，少見的以中間地帶爲研究主題，所謂中間地帶，乃各政權間相互對峙與爭奪的區域，是軍事鬥爭下的產物。陳金鳳將三國鼎立及南北朝時期的南北對立，以歷史地理角度切入，將各政權對峙形勢及爭奪中間地帶的衝突，做了非常詳盡的研究。探討南朝國防與水上防務體系者有何榮昌〈略論六朝的江防〉〔註87〕，系統性的介紹六朝南方漢人政權的攻防思想與措施，其中在北魏與南齊、南梁部分，由於南方江流湖泊遍佈，水軍一直是南人優勢軍種，尤其更有長江天塹的阻隔，不僅使不諳水戰的魏軍在江河作戰居於劣勢，也凸顯南方江防的嚴密。

郭啓瑞的博士論文《東晉南朝國防結構的演變——以北境州鎮爲主》〔註88〕，旨在探討東晉南朝的國防重心——淮河、漢水地區國防結構的演變過程，以明南方興衰的關鍵。他從北境國防形勢、北境州鎮的創建及其指揮體系、北境戰略的執行等面向，以守勢與攻勢原則說明南方戰略路線由保守到進取到失衡的演變過程，提出北境之失主要在於戰略失衡的結論，該文對

拓跋魏文化轉變的歷程》（臺北：東大圖書公司，2001 年 1 月）。該文原載於《新亞書院學術年刊》，第 8 期，1966 年 9 月。

〔註84〕蔡宗憲，《南北朝交聘與中古南北互動（三六九～五八九）》（臺北：國立臺灣大學歷史研究所博士論文，2006 年 1 月）。

〔註85〕傅啓學編著，《中國古代外交史料彙編》（臺北：國立編譯館，1980 年 9 月）。

〔註86〕陳金鳳，《魏晉南北朝中間地帶研究》（天津：天津古籍出版社，2005 年 5 月）。

〔註87〕何榮昌，〈略論六朝的江防〉，收入江蘇省六朝史研究會編，《六朝史論集》（合肥：黃山書社，1993 年 9 月）。

〔註88〕郭啓瑞，《東晉南朝國防結構的演變——以北境州鎮爲主》（臺北：中國文化大學史學研究所博士論文，1993 年 6 月）。

南朝北方領域之失評論中肯。饒勝文《布局天下：中國古代軍事地理大勢》〔註89〕，作者認為中國古代軍事地理格局乃是一種棋盤型格局，將其分成關中、河北、東南、四川、山西、山東、湖北、漢中八個區域，逐一探討該區域內地理因素和軍事成敗之關係，不過，戰爭勝負地理因素固然重要，但所謂「在德不在險。」〔註90〕天下沒有攻不破的險要，君主暴虐無道，德義不修，雖有險固山河，亦不能挽救其覆亡的命運。

　　南北朝時期江淮、江漢地區分佈數量眾多的蠻族，分裂割據的政治局勢為蠻族提供了較大的活動空間，蠻族依違於各政權間，藉以獲取最大利益，蠻族歸屬於南方或者北方，則那一方便可利用蠻族壯大實力，因此不論南北哪個政權，都積極爭取蠻族的歸附，透過程有為〈南北朝時期的淮漢蠻族〉〔註91〕一文，可對蠻族有基本認識，至於欲瞭解南北政權對蠻族的爭取與政策，北魏方面有陳金鳳、姜敏〈南北朝時期北魏與中間地帶蠻族合作探微——以北魏和桓誕、田益宗合作為中心〉〔註92〕，南朝方面有吳永章〈南朝對「蠻」族的統治與「撫納政策」〉〔註93〕。至於對蠻族做全面性介紹並分析其在南北政權夾縫中求生存的，首推陳再勤《魏晉南北朝時期南北邊境地帶蠻族的地理考察》一書。〔註94〕而關於南北朝蠻族方面的研究成果頗多，試舉重要者如下：蒙默〈魏晉南北朝時期的「蠻」〉〔註95〕、張雄〈南朝「荊郢蠻」的分佈和族屬試探〉〔註96〕及〈從南朝荊郢雍州僑、左郡建置

〔註89〕饒勝文，《布局天下：中國古代軍事地理大勢》（北京：解放軍出版社，2006年5月）。

〔註90〕〔西漢〕司馬遷，《史記》（中華書局點校本）卷65〈孫子吳起列傳第五〉，頁2166。

〔註91〕程有為，〈南北朝時期的淮漢蠻族〉，《鄭州大學學報（哲學社會科學版）》，第36卷第1期，2003年7月，頁16～22。

〔註92〕陳金鳳、姜敏，〈南北朝時期北魏與中間地帶蠻族合作探微——以北魏和桓誕、田益宗合作為中心〉，《中南民族大學學報（人文社會科學版）》，第22卷第6期，2002年11月，頁68～72。

〔註93〕吳永章，〈南朝對「蠻」族的統治與「撫納政策」〉，《江漢論壇》，1983年第6期，頁67～72。

〔註94〕陳再勤，《魏晉南北朝時期南北邊境地帶蠻族的地理考察》（武漢：武漢大學出版社，1999年）。

〔註95〕蒙默，〈魏晉南北朝時期的「蠻」〉，《香港中文大學中國文化研究所學報》，第19卷，1988年，頁291～309。

〔註96〕張雄，〈南朝「荊郢蠻」的分佈和族屬試探〉，《江漢論壇》，1983年第5期，頁60～66。

看漢胡蠻的遷徙與融合〉〔註97〕、張澤洪〈魏晉南朝蠻、僚、俚族的北徙〉
〔註98〕、王延武〈兩晉南朝的治「蠻」機構與「蠻族」活動〉〔註99〕、朱大
渭〈南朝少數民族概況及其與漢族的融合〉〔註100〕、李傑〈南朝江漢地區
蠻漢融合之探微〉〔註101〕等。

　　陳愛平〈南宋對六朝南北軍事對峙經驗的理論研究〉〔註102〕，六朝和宋
金時期是中國歷史上兩次相似的南北軍事對峙時期，南宋將六朝對抗北方的
經驗教訓進行整理與探討，提出六朝軍事防守的具體總結，上游守四川、襄
陽，下游守兩淮，以作爲南宋在軍事上的依據。北魏和南齊、南梁的多場戰
役，亦都激戰於四川、襄陽、兩淮等地，故本文的觀點與研究成果有多項值
得筆者參考與運用。

　　李靖莉〈南北朝國策比較〉〔註103〕與〈南北朝北強南弱局面的成因〉
〔註104〕，二文研究理絡有前後連續關係，可謂姐妹作。前文以南北政權基
本上是沿著北朝日漸強盛而南朝步向衰敗的趨向發展，考察北強南弱局面的
出現，分析後起的鮮卑政權如何戰勝文明悠久的漢人政權。作者認爲關鍵在
於統治者的國策，她先分析南朝和北朝的治國之術，之後歸納二者的差異
處：南朝固步自封、北朝屬行改革；南朝皇權衰弱、北朝皇權強大；南朝不
抑兼併、北朝歷行均田；南朝皇家內亂迭起、北朝宮室相對安定，結論則是
由於治國之術不同，導致了北強南弱的局面。後文則延續前文基礎繼續發
揮，首先先確立北強南弱局面的產生，關鍵在於君主治國之術的差異，接著

〔註97〕張雄，〈從南朝前郢雍州僑、左郡建置看漢胡蠻的遷徙與融合〉，《中南民族學
　　　　院學報》，1996 年第 3 期，1996 年 9 月，頁 64～70。

〔註98〕張澤洪，〈魏晉南朝蠻、僚、俚族的北徙〉，《四川大學學報》，1988 年第 4 期，
　　　　頁 88～93。

〔註99〕王延武，〈兩晉南朝的治「蠻」機構與「蠻族」活動〉，《中南民族學院學報》，
　　　　1983 年第 3 期，頁 31～35。

〔註100〕朱大渭，〈南朝少數民族概況及其與漢族的融合〉，《中國史研究》，1980 年第
　　　　1 期。

〔註101〕李傑，〈南朝江漢地區蠻漢融合之探微〉，《中南民族學院學報》，1988 年第 4
　　　　期，頁 15～20。

〔註102〕陳愛平，〈南宋對六朝南北軍事對峙經驗的理論研究〉，《沙洋師範高等專科學
　　　　校學報》，2006 年第 3 期，2006 年 9 月。

〔註103〕李靖莉，〈南北朝國策比較〉，《濱州教育學院學報》，創刊號，1995 年 3 月，
　　　　頁 38～40。

〔註104〕李靖莉，〈南北朝北強南弱局面的成因〉，《濱州師專學報》，第 12 卷第 3 期，
　　　　1996 年 3 月。

舉出實證或數據說明雙方差異情形，如前文歸納出的論點之一：南朝皇家內亂迭起、北朝宮室相對安定，作者即詳加說明南朝前後一百七十年，共歷經四朝二十四帝，其中在位不足七年者十九人，不足三年者十四人，皇位頻繁更迭，緣於皇室內部的自相殘殺，不僅削弱統治集團勢力，導致政局不穩，更使國家衰落影響與北朝的對抗。

許輝〈南北朝戰爭特點探析〉〔註105〕，將南北朝上百次的戰爭歸納為四個特點：1、南北戰爭總的趨勢是北強南弱。2、南北戰爭基本上是邊境上的掠地之戰，因雙方均未具備攻滅對方條件。3、雙方均利用對方投降的宗室和將領，聯絡少數民族，遠交與國，造成對方政局不穩和腹背受敵的局面。4、南北朝雖頻繁發生戰爭，但雙方聘使不斷，邊境貿易照常舉行。許輝就此四點分別加以析論，而北魏與南齊、南梁的戰爭自然包括在內。

楊天亮的〈論南北朝時期南北雙方的主要戰爭及其影響〉〔註106〕，統計南方宋、齊、梁、陳四朝政權與北方政權共爆發一三八次戰爭，與本研究主題相關者為北魏與南齊的三十三次；北朝與南梁的五十四次（不包括陳慶之送元顥北歸的四十七戰及候景之亂）。文中將一三八次南北戰爭分為四個階段：第一階段 420 年（魏泰常五年、宋永初元年）至 451 年（魏正平元年、宋元嘉二十八年）；第二階段 451 年至 499 年（魏太和二十三年、齊永元元年）；第三階段 499 年至 577 年（周建德六年、陳太建九年）；第四階段 577 年至 589 年（隋開皇九年、陳禎明三年）。楊天亮除充分敘述四階段的主要戰爭外，更析論戰爭帶給南北雙方的影響，並提出自己的觀點分別評價這些戰爭。

南北朝時期的南北關係呈現紛亂、複雜局面，許輝〈南北朝關係述論〉〔註107〕，就南北對峙下的戰爭、通使、經濟與文化交流等方面作了深入剖析。其他討論南北朝時期南北關係的著作甚多，在此不一一評述，列舉如下：古霽光〈三國鼎峙與南北朝分立〉〔註108〕、薩孟武〈晉隋之間的南北形勢〉〔註109〕、史念海〈論我國歷史上東西對立的局面和南北對立的局面〉

〔註105〕許輝，〈南北朝戰爭特點探析〉，《江海學刊》，1991 年 3 月。

〔註106〕楊天亮，〈論南北朝時期南北雙方的主要戰爭及其影響〉，《史林》，1998 年第 4 期，1998 年 12 月。

〔註107〕許輝，〈南北朝關係述論〉，《江蘇社會科學》，2002 年第 3 期，2002 年 7 月，頁 116～121。

〔註108〕古霽光，〈三國鼎峙與南北朝分立〉，《禹貢半月刊》，第 5 卷第 2 期，1936 年 3 月。

〔註109〕薩孟武，〈晉隋之間的南北形勢〉，《社會科學論叢》，第 3 期，1953 年。

〔註 110〕、王明蓀〈中國分裂經驗之歷史研究——中古時期〉〔註 111〕、胡阿祥〈東晉南朝的守國形勢——兼論歷史上的南北對立〉〔註 112〕、肖黎〈北魏孝文帝時期之南北關係〉〔註 113〕、劉精誠〈魏孝文帝時期的南北關係〉〔註 114〕等。

五、研究範圍與研究限制

　　本研究之範圍，時間上從南齊建立的 479 年（魏太和三年、齊建元元年）至北魏於 534 年（東魏天平元年、西魏永熙三年、梁中大通六年）分裂成東、西魏止，共約五十六年，這段期間北魏君主依次是魏孝文帝、魏宣武帝、魏孝明帝、魏孝莊帝、魏孝武帝。〔註 115〕空間上則不僅以北魏、南齊、南梁的疆域爲限，也包括柔然所在的北亞，柔然雄踞北魏之北，一直爲北魏心腹大患，而北魏與南朝的戰略關係，柔然具有關鍵影響，若北魏同時在南北兩大戰場作戰，勢必會對其造成極大負擔，一旦兵力部署或調配不當，恐會造成南北戰場雙輸，此乃對北魏最不利之情況。雖然柔然經北魏歷代君主的打擊，至魏孝文帝時已不復北魏前期的強大，但仍然有寇擾邊疆的能力，能牽制北魏對南方的用兵，故研究北魏與南齊、南梁的衝突與對峙問題，需將眼光放大，將整個東亞地域都納入研究範圍。

　　北魏與南齊、南梁戰略關係經緯萬端，最重要因素乃君主的主觀意志。封建社會「朕即天下」，君主一人即代表國家，所有官僚系統、全國人民均爲其服務，若君主欲對鄰國發動戰爭，國家機器便開始動員軍隊與物資，二國戰略關係遂形成緊張對峙狀態；相反地，若君主偃武息兵與鄰國和平相處，則彼此戰略關係相對單純，可見君主戰略思維實影響國家與周遭鄰國的戰略關係。本研究之主題在北魏與南齊、南梁之戰略關係，研究主體應爲北

〔註 110〕史念海，〈論我國歷史上東西對立的局面和南北對立的局面〉，《中國歷史地理論叢》，1992 年第 1 期，1992 年 3 月。

〔註 111〕王明蓀，〈中國分裂經驗之歷史研究——中古時期〉，國科會 83 年度研究報告，1994 年。

〔註 112〕胡阿祥，〈東晉南朝的守國形勢——兼論歷史上的南北對立〉，《江海學刊》，1998 年第 2 期。

〔註 113〕肖黎，〈北魏孝文帝時期之南北關係〉，《北方論叢》，1986 年 5 月。

〔註 114〕劉精誠，〈魏孝文帝時期的南北關係〉，《北朝研究》，1993 年 3 月。

〔註 115〕前文已有述及，北魏的皇位繼承，在魏孝莊帝和魏孝武帝之間，雖然尚有長廣王元曄、魏前廢帝元恭、魏後廢帝元朗等，但旋立旋廢，在位不長均僅有數月，且未獲得普遍承認，故未列入研究範圍。

魏、南齊、南梁三國，不過，本研究僅擇定北魏爲研究主體，以戰略觀點考察其與南齊、南梁之戰略關係，何也？南北朝時南北對立，北強南弱態勢甚爲明顯，雙方戰爭結果，南方多嘗敗績，疆土不斷縮小，雖有恢復北方河山之志，但國力太過懸殊，收復舊山河至南朝末期甚至僅成爲口號，淪爲空談。而北魏是少數民族所建，國勢不斷上升，統一北方後，北伐柔然；南討劉宋、南齊、南梁，南北戰事皆勝多敗少，屢屢獲勝，勝利者之戰略研究可討論空間較大，爲使研究主題單純並凸顯北魏強國地位，故選定北魏爲研究主體。

　　然而，以現代戰略觀點和現代理論研究歷史畢竟是新的嘗試，歷來循此途徑者不多，筆者曾以《北宋與遼、西夏戰略關係研究——從權力平衡觀點的解析》〔註116〕爲碩士論文作初步嘗試，運用權力平衡理論分析北宋、遼、西夏三國之戰略關係，之後繼續從事同類型研究，如〈拓跋珪創建北魏政治戰略論析〉〔註117〕、〈論苻堅的大戰略與前秦興亡之關係〉〔註118〕、〈論北魏孝文帝遷都的心理戰略〉〔註119〕、〈論尒朱榮奪取北魏政權的政治戰略〉〔註120〕；而研究計畫亦是朝此方向進行，如《北魏道武帝戰略思想研究》〔註121〕、《北魏太武帝戰略思想研究》〔註122〕。同時國內也有其他人從事這方面研究，如丘立崗《論秦的統一戰略：一個結構化分析的個案研究》

〔註116〕蔡金仁，《北宋與遼、西夏戰略關係研究——從權力平衡觀點的解析》（臺北：淡江大學國際事務與戰略研究所碩士論文，1997 年 6 月）。

〔註117〕蔡金仁，〈拓跋珪創建北魏政治戰略論析〉，《大葉大學通識教育學報》，第 2 期，2008 年 11 月，頁 37～62。

〔註118〕蔡金仁，〈論苻堅的大戰略與前秦興亡之關係〉，《人文社會科學研究》，第 2 卷第 2 期，2008 年 12 月，頁 30～53。

〔註119〕蔡金仁，〈論北魏孝文帝遷都的心理戰略〉，《國立虎尾科技大學學報》，第 28 卷第 1 期，2009 年 3 月，頁 77～98。

〔註120〕蔡金仁，〈論尒朱榮奪取北魏政權的政治戰略〉，《大葉大學通識教育學報》，第 17 期，2016 年 5 月，頁 29～50。

〔註121〕蔡金仁，《北魏道武帝戰略思想研究》，103 年度教育部整體發展獎補助款教師專題研究，計畫編號：SZG10301001，執行期程：2014 年 1 月～12 月。發表於「第 21 屆三軍官校基礎學術研討會」，主辦：中華民國空軍軍官學校，地點：空軍軍官學校莊敬樓，2014 年 6 月 6 日。

〔註122〕蔡金仁，《北魏太武帝戰略思想研究》，104 年度教育部整體發展獎補助款教師專題研究，計畫編號：SZG10401001，執行期程：2015 年 1 月～12 月。發表於「2015 年樹人醫護管理專科學校通識教育中心、第九屆社團法人中華民國人文資源研究學會聯合學術研討會」，主辦：樹人醫護管理專科學校通識教育中心、社團法人中華民國人文資源研究學會，地點：樹人醫護管理專科學校 G501、G502 視聽教室，2015 年 9 月 11 日。

〔註123〕，他先建構一項環境分析的架構，再對秦始皇的統一戰略逐步分析；陳建青《康熙政治戰略之研究》〔註124〕，以政治戰略概念架構爲分析模型，分析康熙皇帝對於建構漢民族與少數民族政治向心力的政治戰略作爲，上述二人均以現代戰略觀點研究歷史。盧星廷《政經改革與國力增長關係之研究——以秦商鞅變法爲例》〔註125〕，以國家權力理論將商鞅變法的過程與結果，及其所代表的改革與國力增長的意義，作逐項的分析探究；李文欽《文化力對晚清政治變革之影響——政治系統理論之觀點》〔註126〕，他先通過政治系統理論將文化力視爲政治參與的一種，接著探討文化力在晚清的政治變革中發揮的作用，此二人則是用現代理論研究歷史。羅慶生《先秦戰略思想的研究》〔註127〕，旨在探討先秦的戰略思想，以有別於傳統國學以及當代文、史、哲等人文學科的研究途徑，採用社會科學的國際關係與戰略研究理論進行研究，探討先秦的戰略思想家，在面對戰略行爲體間高度競爭時，如何智慧的謀求生存與發展。賴柏丞《戰國時代合縱連橫之研究——行動戰略觀點》〔註128〕，以薄富爾的行動戰略分析合縱與連橫何以成爲戰國中期以後的外交戰略模式，連橫是突破戰略，秦國藉此突破魏、趙、韓的封鎖。合縱則是魏、趙、韓等國將秦、齊等強國封鎖於原本的領土中而發展出來的圍堵戰略。張永樂《秦帝國衰亡原因之研究——以總體戰略觀點分析》〔註129〕，先整理出秦統一後所面對的內外戰略環境，並整理出秦總體戰略的規劃；接著評析秦的政治、經濟、心理與軍事四方面的政策；最後藉由總體戰略理論的架構，系統性分析秦帝國各方面戰略的缺失。雖然用現代戰略觀點或理論

〔註123〕丘立崗，《論秦的統一戰略：一個結構化分析的個案研究》（臺北：淡江大學國際事務與戰略研究所碩士論文，1986 年 6 月）。

〔註124〕陳建青，《康熙政治戰略之研究》（臺北：淡江大學國際事務與戰略研究所碩士論文，2002 年 6 月）。

〔註125〕盧星廷，《政經改革與國力增長關係之研究——以秦商鞅變法爲例》（臺北：淡江大學國際事務與戰略研究所碩士論文，2004 年 6 月）。

〔註126〕李文欽，《文化力對晚清政治變革之影響——政治系統理論之觀點》（臺北：淡江大學國際事務與戰略研究所碩士論文，2002 年 1 月）。

〔註127〕羅慶生，《先秦戰略思想的研究》（臺北：淡江大學國際事務與戰略研究所博士論文，2014 年 6 月）。

〔註128〕賴柏丞，《戰國時代合縱連橫之研究——行動戰略觀點》（臺北：淡江大學國際事務與戰略研究所碩士論文，2011 年 6 月）。

〔註129〕張永樂，《秦帝國衰亡原因之研究——以總體戰略觀點分析》（臺北：淡江大學國際事務與戰略研究所碩士論文，2009 年 6 月）。

研究古代歷史者不乏其人，但與純粹歷史研究或戰略研究相較仍屬少數，以致沒有太多的學術成果可資參考，所以要以戰略觀點與概念解析北魏對南齊、南梁的戰略關係並不容易，此為本研究之一大挑戰。

研究北魏與南齊、南梁歷史，勢必引用三朝正史《魏書》、《南齊書》、《梁書》，《魏書》一一四卷乃北齊魏收所撰，魏收品德微有瑕疵，《魏書》中隱諱之處頗多，且部分記載稀疏闕漏，後人雖以《北史》等其他史書補上，卻無法還原《魏書》全貌。《南齊書》六十卷、現存五十九卷，乃南梁蕭子顯所撰，蕭子顯為齊高帝之孫，故對齊高帝盡量述其長處而引其過失；對齊明帝則嚴厲批判，蓋因齊明帝連殺蕭子顯侄兒鬱林王蕭昭業、海陵王蕭昭文後篡位，可見其曲筆毀譽難免出自恩怨，不過「敘事向稱簡潔，《百官志》尤為簡明扼要。」〔註130〕《梁書》五十六卷，姚察、姚思廉父子相繼編撰，由於姚氏父子曾在梁、陳、隋、唐等朝為官，〔註131〕身處南北朝至隋唐劇烈的政治變動與氛圍中，加上姚氏父子特殊之身分與際遇，以致其撰史多採婉轉之筆法。清代史家趙翼、王鳴盛多認為《梁書》為尊親者諱，故評價偏低。〔註132〕不過《梁書》在軍事問題和對外戰爭方面記載詳細，尤其與北魏的戰爭過程詳實而生動，如505年（魏正始二年、梁天監四年）的合肥之戰、次年的邵陽之戰等。《北史》一百卷與《南史》八十卷俱為唐代李延壽作品，雖頗為簡潔，但二史有相當大部分與《魏書》、《南齊書》、《梁書》重疊雷同。另外，相關北魏史料文獻，歷來即頗為欠缺，可供參酌之地下史料如鮮卑石室等太少，相關人物之墓誌銘資料更是嚴重不足，這些都構成了研究北魏問題的一大障礙。

北魏與南齊、南梁的戰略關係研究，就前述「研究成果回顧」內容觀之，儘管有許多前輩學者相關的成果可資利用與吸收，但是從戰略觀點切入，畢竟是一個新的研究面向，涉及跨學域的科際整合，除必須具備歷史學、戰略學方面的知識，尚須有歷史地理學、地緣政治等方面的知識，而人並非全能，筆者目前的學力無法充分具備上述知識，尤其是歷史地理學和地緣政治方

〔註130〕潘德深，《中國史學史》（臺北：五南圖書出版公司，1994年5月），頁143～144。

〔註131〕姚察於梁、陳、隋等朝為官；姚思廉於陳、隋、唐等朝為官。參見洪文琪，《姚察父子修撰梁、陳二書之研究》（臺北：中國文化大學史學研究所碩士論文，2005年12月），頁34～39。

〔註132〕參見洪文琪，《姚察父子修撰梁、陳二書之研究》，頁2。

面，這就爲本書的寫作帶來不少困難和壓力。儘管有上述挑戰與困難，筆者還是會在上述研究動機與研究目的之下，竭盡所能克服困難，按照既定章節的安排，逐一進行北魏與南齊、南梁戰略關係的全盤考察，並企盼順利達成預期之研究目標，能有一番學術成果貢獻於社會。

六、戰略釋義

「戰略」一詞及其概念在中國起源甚早，最早出現於晉武帝泰始年間（270 前後），秘書丞司馬彪著有一本以《戰略》爲名的書，不過此書早已亡佚，裴松之注《三國志》曾引用該書內容。〔註 133〕但是早期的戰略二字，並非全然具有現代戰略二字之涵義，而中國自古與戰略意義相近之名詞，有韜略、廟算、方略等，可見「戰略」一詞並未被廣泛運用，直至清朝中葉後，受西方思想與軍事的影響，「戰略」一詞進入二十世紀始在中國成爲普遍之用語。第二次世界大戰後，由於戰爭型態發生劇烈改變，世人對戰略觀念也開始轉變，原先僅運用於軍事作戰指導的「戰略」一詞，擴展爲廣泛運用之術語。戰爭指導也提升爲國家戰略階層，而國家戰略的體系結構，亦擴展爲政治、經濟、軍事、心理的多元與總體統合，戰略觀念與意義也不斷發展與突破，因此對「戰略」一詞的涵義、性質與範圍，需做通盤瞭解，始能對戰略之涵義融會貫通，並運用於北魏與南齊、南梁戰略關係之研究上。

中國古代與「戰略」意義相近之詞「韜略」，源自古兵書《六韜》、《三略》，《六韜》、《三略》舊題分爲姜尚、黃石公所撰，然二書眞實作者已不可考。〔註 134〕所謂六韜，乃文韜、武韜、龍韜、虎韜、豹韜、犬韜，如以現代戰略觀點視之，韜即戰略之意，文韜、武韜在講政治戰略；龍韜屬軍事戰略；虎韜、豹韜、犬韜則爲軍事戰術，可見《六韜》涵蓋的戰略思想相當完整。〔註 135〕《三略》指的是用兵的謀略，即兵法戰術，傳說張良賴黃石公授此書，佐劉邦成大漢霸業。「韜略」在古代雖有戰略含義，但並非普遍之用詞。

〔註 133〕參見許保林，《中國兵書通覽》，頁 216～219。

〔註 134〕《六韜》又稱《太公六韜》、《太公兵法》，是一部集先秦軍事思想大成之著作，舊題西周姜尚著，史家普遍認爲是後人依托，作者已不可考，一般認爲此書成於戰國時代。《三略》舊題黃石公撰，黃石公即是授張良之兵書老人，但據考證，《三略》應是漢末作品，與張良時代不符。參見許保林，《中國兵書通覽》，頁 125～127。

〔註 135〕參見姜尚著、徐培根註，《太公六韜》（臺北：臺灣商務印書館，1984 年 10月），頁 2～5。

　　享有兵聖美譽的孫武，在其《孫子兵法》一書中有「廟算」〔註136〕一語，以現代戰略觀念而言，孫武所謂廟算即是戰略之意。孫武是中國第一位提出戰略理論，建構完整戰略體系的偉大戰略家，他於《孫子兵法》即開宗明義指出戰爭對國家的重要性，指導戰爭遂行的戰略，成爲戰爭成敗、國家興亡之關鍵。孫武所謂的「廟算」，指的是戰前的運籌謀畫，廟是指廟堂、朝堂，乃朝廷之代稱。古代命將出征時，皆會在廟堂裡舉行儀式，謀畫大計，亦即戰略決策，故「廟算」一語以今日戰略觀念觀之，即是君主和領兵將帥，在朝廷上進行戰略規畫，制訂此次出兵之戰略。

　　「方略」應是古代中國運用最爲廣泛的戰略概念用語，而且包含軍事與非軍事上的使用，前者如「用兵方略」〔註137〕；後者如「防邊方略」〔註138〕、「治河方略」〔註139〕。「方略」一詞較「韜略」、「廟算」更接近今日的「戰略」，從其在史書上被普遍運用即可得知。統計廿五史「方略」一詞共出現655次，〔註140〕遠高於「韜略」的28次〔註141〕及「廟算」的67次，〔註142〕且其含義已屬國家戰略層級的最高戰略，《舊唐書》有言：「夫權謀方略，兵家之大經，邦國繫之以存亡，政令因之而強弱。」〔註143〕足證「方略」一詞在古代雖無今日的戰略戰術之分，但實際上已隱然有此二種含義。「用兵方略」趨近於戰術之義，「防邊方略」、「治河方略」已是國家戰略層級，「防邊方略」關係整個國家的邊防安全，尤其是面對北方少數民族強烈威脅的朝

〔註136〕孫武著、吳仁傑注譯，《孫子讀本》〈計篇第一〉，頁8。

〔註137〕〔後晉〕劉昫等撰，《舊唐書》（中華書局點校本）卷15〈憲宗紀〉，頁456。

〔註138〕〔元〕脫脫等撰，《宋史》（中華書局點校本）卷42〈理宗紀〉，頁812。

〔註139〕〔清〕張廷玉等撰，《明史》（中華書局點校本）卷83〈河渠志〉，頁2036。

〔註140〕「方略」在廿五史中出現的次數，依中央研究院歷史語言研究所「漢籍電子文獻」網站 http://hanji.sinica.edu.tw/，檢索得出655次，「韜略」、「廟算」亦是用相同檢索方式。「方略」在各正史出現的次數，有《清史稿》151次、《宋史》129次、《明史》95次、《後漢書》32次、《舊唐書》29次、《新唐書》27次、《漢書》25次、《元史》25次、《舊五代史》21次、《金史》20次、《北史》17次、《魏書》14次、《三國志》13次、《晉書》《南史》皆10次、《史記》9次、《梁書》7次、《周書》6次、《隋書》5次、《北齊書》《新五代史》皆3次、《宋書》2次、《南齊書》《陳書》皆1次。

〔註141〕《宋史》11次、《清史稿》6次、《明史》4次、《舊唐書》2次、《宋書》《北齊書》《周書》《舊五代史》《北史》皆爲1次。

〔註142〕《宋史》10次、《宋書》9次、《魏書》《晉書》皆8次、《清史稿》7次、《舊唐書》5次、《明史》《梁書》《北史》皆4次、《南史》《隋書》《金史》皆2次、《三國志》《北齊書》皆1次。

〔註143〕《舊唐書》卷84〈裴行儉傳〉，頁2808。

代；至於「治河方略」涉及層面更廣，治理黃河，已非單純的經濟範疇，而是包括政治、經濟、軍事、心理等各個層面，故上述所言「防邊方略」、「治河方略」，必須以國家宏觀的角度視之，配合國家利益、國家目標制訂。

綜上所述，「戰略」一詞雖於西晉時已在中國出現，但初始並非具有今日之戰略涵義，然隨著時代演進及西方思潮影響，漸漸賦予「戰略」該詞所謂的戰略涵義。而古代中國戰略思想發軔甚早，亦有「韜略」、「廟算」、「方略」等符合現代戰略意義之名詞出現。李少軍認為，「當我們研究中國戰略概念的歷史時，完全不必拘泥於『戰略』一詞的使用，而應該注意更完整地體現戰略思想的概念。」〔註144〕就歷史發展而言，「方略」之內涵，應是最接近現代「戰略」之概念。

在西方，「戰略」（strategy）一詞導源於希臘文「strategos」，原意是「將軍」（general），希臘人將之解釋為「統帥必備的一種綜合智識和藝術」，即是「為將之道」。〔註145〕至於將「將軍」一詞賦予「戰略」涵義者，則是東羅馬帝國皇帝摩萊斯（Maurice），他尚未加冕為皇帝前，曾擔任「將軍」一職，負責東羅馬帝國東方防務，他為了訓練將領和軍隊，編寫《strategicon》（或strategikon）一書，譯為英文即是「strategy」，意為將軍之學，此即為英文戰略一詞之由來。〔註146〕將西方「strategy」翻譯成「戰略」二字的應是日本人，中國最早採用此譯法是在清末，確切日期已不可考。許保林認為，由最早從翻譯而來的「戰略學」一詞於 1908 年出現，據此推估，「戰略」該名詞依西方定義之意義使用已過百年。〔註147〕

西方戰略觀念原始的解釋就是將道，亦即「為將之道」，以現代術語而言，其範圍僅限於軍事戰略，一直到十九世紀，幾乎所有研究戰略者都是如此，如橫跨十八、十九世紀的法國拿破崙（Bonaparte Napoleon）曾言：「戰略為戰爭之藝術，在於攻守之決勝點比敵優勢。」〔註148〕另一位同樣歷經十八、十九世紀的德國克勞塞維茲（Kavl von Clausewitz），其定義戰略為「使用會戰來作為達到戰爭目地的手段，……戰略形成戰爭的計畫，……對於個

〔註144〕李少軍主編，《國際戰略報告：理論體系、現實挑戰與中國的選擇》（北京：中國社會科學出版社，2005 年 1 月），頁 10。
〔註145〕徐培根，《國家戰略概論》（臺北：國防研究院，1959 年 5 月），頁 1。
〔註146〕參見鈕先鍾，《論戰略研究》，頁 1。
〔註147〕許保林，《中國兵書通覽》，頁 61。
〔註148〕轉引自蔣緯國，《國家戰略概說》（臺北：三軍大學戰爭學院，1979 年 9 月），頁 13。

別戰役制定計畫並節制在每一個戰役中的戰鬥。」〔註 149〕十九世紀德國戰略家毛奇（von Moltke）為克勞塞維茲的思想信徒，他定義「戰略就是當一位將軍想達到預定目的時，對於他所可能使用的工具如何實際運用的方法。」〔註 150〕上述三位對戰略之定義都不出軍事範疇。

　　戰略之範圍僅限於軍事層面的戰略觀念，至第一次世界大戰時發生改變，由於參戰國家眾多，在西方軍事史上誠屬空前，主要參戰國都以全國總動員型態投入戰爭，改變以往純軍事作戰的舊觀念，除軍事行動外，各參戰國也紛紛採用政治、經濟、心理等非軍事行動打擊對方，如政治外交的合縱連橫；經濟上的物資封鎖；心理上的宣傳攻勢等。由此可知，第一次世界大戰改變以往戰爭型態與範圍，從單純的軍事戰爭擴大成政治、經濟、軍事、心理各層面綜合運用之戰爭。及至第二次世界大戰，參戰國家、規模遠超過第一次世界大戰，更加反映了這種傾向，戰爭不再是純粹的武力進攻，而是國家各個層面力量之發揮，於是在經過兩次世界大戰後，戰略的思想和觀念有了突破性的發展。

　　二次大戰後，英國李德哈特（B.H. Liddel Har）對戰略下的定義為：「戰略是分配和運用軍事工具，藉以達到政策目的之藝術。」〔註 151〕由「政策」一語觀之，顯然李德哈特已跳脫戰略僅為軍事戰略的戰略思維，他另外提出新的戰略觀念：「大戰略」（grand strategy）或稱「高級戰略」（higher strategy），他認為：「所謂大戰略——高級戰略的任務，就是協調和指導一個國家（或一群國家）的一切力量，使其達到戰爭的政治目的，而這個目的則由基本政策來加以決定。」〔註 152〕同時期法國薄富爾（Ander Beaufre）則定義戰略為：「一種運用力量的藝術，以使力量對於政策的達成可以做最有效的貢獻。」〔註 153〕薄富爾對戰略的解釋，著重在強調戰略是一種力量的運用，以及如何有效運用達到目標，而此力量究竟為何？分析薄富爾之後提出新的戰略觀念——「總體戰略」，總體戰略為高層次的目標，需動員政治、經濟、外交、軍事等各方面力量，互相配合協調以達到總體戰略之目標，〔註 154〕顯然薄

〔註 149〕克勞塞維茲（Carl von Clausewitz）著、艾沙里尼歐（Roger Ashley Leonard）編、鈕先鍾譯，《戰爭論》，頁 125。
〔註 150〕李德哈特（B. H. Liddell-Hart）著、鈕先鍾譯，《戰略論》，頁 402。
〔註 151〕李德哈特（B. H. Liddell-Hart）著、鈕先鍾譯，《戰略論》，頁 404。
〔註 152〕李德哈特（B. H. Liddell-Hart）著、鈕先鍾譯，《戰略論》，頁 405。
〔註 153〕薄富爾（Andre Beaufre）著、鈕先鍾譯，《戰略緒論》，頁 25。
〔註 154〕薄富爾（Andre Beaufre）著、鈕先鍾譯，《戰略緒論》，頁 38。

富爾所謂之「力量」不僅為軍事力量，尚包括政治、外交、經濟等其他層面之力量。李德哈特和薄富爾為傳統戰略觀念注入新的思想，不再侷限於軍事層面，並分別提出大戰略、總體戰略之最高戰略層次概念，傳統軍事作戰只是大戰略、總體戰略中一環，其他還有政治、經濟、心理、外交等政策或力量之運作與施為，二人新的戰略觀為戰略思想帶來革命性的進展。

　　1995 年美國國防部軍語詞典對戰略之定義如下：「視所需而於平時及戰時發展及運用政治、經濟、心理及軍事力量的一種策略及科技，俾對政策提供最大支援以增加勝利公算，造成有利之結果，並減低失敗機會。」國家戰略則是：「平時或戰時，發展運用國家之政治、經濟及心理力量，配合其武裝部隊，以鞏固國家目標之藝術與科學」。〔註155〕美國的「國家戰略」概念，和李德哈特的「大戰略」、薄富爾的「總體戰略」一樣，都將戰略涵義提升及擴大，並有層次上的區別，國家戰略、大戰略、總體戰略都屬高層次的戰略，戰略不再是軍事力量的展現，而是各種力量綜合之運用。

　　綜上所述，戰略之定義與範疇隨著時代的發展不斷擴大，從早期純粹的軍事範圍一直發展到現代的政治、經濟、軍事、心理等各層面無所不包，因此，對戰略的涵義可得出三點結論，首先：戰略是一種運用、分配和發展力量的藝術，使力量對於政策目標的達成作最有效的貢獻，其本質乃從二個（或以上）對立意志間產生而出的一種抽象性的相互作用，雙方都企圖用一系列的行動克制對方，以實現我方的政策目標或目的。其次：戰略在長久的發展及各種戰略觀念與思想的激盪下，早已跳脫單純的軍事領域，綜合了政治、經濟、心理、外交、社會等各個領域，因此，戰略的定義不再是單純的軍事意義，已經包含有國家戰略或稱之為大戰略、總體戰略之涵義。最後：戰略是一種行動，存在於對立之意志的相互衝突裡，其主旨為研究合理及有效的行動，在連續相互衝突的過程中，思考各種行動與力量，並將之整理按優先順序加以排列，然後選擇最有效的行動路線，創造並運用所有的力量投入於行動中，俾便達成設定之目標或目的，此誠為戰略之基本涵義。

　　「戰略研究」（Strategic studies）源自於「戰略」，其在戰略既有的基礎上不斷發展，乃戰略學術不斷累積的結果，沛然蔚為新的學術領域。「戰略研究」此一名詞出現於 1958 年，首次使用者為英國國際戰略研究所的第一

〔註155〕參見美國國防部（Department of Defence U.S.A）編、國防部史政編譯局譯，
　　　　《美國國防部軍語詞典》（臺北：國防部史政編譯局，1995 年 6 月），頁 625。

任所長布強（Alastair Buchan），他對「戰略研究」的解釋為：「對於在衝突情況中如何使用武力的分析。」〔註156〕布強將「戰略研究」限定在軍事戰略的範疇。之後隨著「戰略研究」面貌的豐富與多樣化，範圍逐漸擴大，不再限於戰爭和武力，更將所有與國際事務相關的各方事務皆包含在內，若現在要定義「戰略研究」則可云：「戰略研究是對於在國際事務中如何使用權力的分析。」〔註157〕

「戰略研究」的學術研究趨勢，在二次大戰之前，幾乎所有的戰略研究者都是具實戰經驗的戰場名將，他們將戰略研究侷限在軍事領域、戰爭範疇，且這些名將均不以知識份子自居，他們注重在戰爭行為中贏取勝利，而非將戰略研究學術化，因此對於用兵制勝之道甚少作深入的探討。〔註158〕這些將領缺乏外在因素的刺激，以致學術開拓性不足，加上這些戰略研究者多半獨來獨往自視甚高，治學方式以個人為中心，將成一家之言視為自身的最高成就，甚少和其他戰略研究者學術交流，這些都限制了戰略研究的發展。

第二次世界大戰讓人類進入核子時代，加上多元化戰爭型態的刺激，遂將「戰略研究」推入新的境界。研究戰略者雖然仍是以軍人或具軍方背景的人居多，但一般大學及學術機構的研究者，也開始投入戰略研究這塊學術界的新興領域，而文人研究者的投入，改變了戰略研究的學術趨勢。由於文人研究者的學術背景、訓練與軍人不同，使其研究角度與態度，能跳脫軍事範疇，從政治、外交、經濟、心理、社會等各層面研究戰略，亦即吾人所稱之總體戰略、國家戰略、大戰略，豐富了戰略研究的範圍與內容，更加深其廣度與深度。另外，治學方法亦有長足進步，傳統戰略研究者慣用「歷史路線」，而由於文人研究者將他們專長領域的研究方法引入，使戰略研究橫跨不同的學域，「科際整合路線」（interdisciplinary approach）成為研究趨勢。〔註159〕戰略研究在不同領域學門不斷加入情況下，戰略研究已從一家之言走向集體化研究趨勢，戰略研究機構紛紛設立，不再是二次大戰前獨自一人的象牙塔似研究，這些大學及民間新成立的戰略研究機構，與原有軍方戰略研究機構的研究目的不同，軍方旨在培養軍事人才、戰史整理、戰略計畫研究等，而

〔註156〕 鈕先鍾，《國家戰略論叢》，頁35。
〔註157〕 鈕先鍾，《國家戰略論叢》，頁35。
〔註158〕 參見鈕先鍾，《現代戰略思潮》，頁241。
〔註159〕 參見鈕先鍾，《戰略研究與戰略思想》，頁2；《國家戰略論叢》，頁38～39。

大學及民間的戰略研究機構，則是純粹的學術理論研究。

　　綜上所述，從傳統的戰略演變到現代的戰略研究，對戰略思想演進而言，實屬大躍進。以往戰略研究者幾乎都具軍人背景，欠缺思考的廣度及深度，大多從軍事角度出發且只思考純軍事問題，時至今日，文人研究者的加入擴大了研究範圍，戰略研究成為科際整合學科，其他不同學科紛紛輸入，如政治學、歷史學、地理學、社會學、經濟學、心理學等，因此，「戰略研究」成為一門科際整合的高級學域實無庸置疑。〔註160〕

〔註160〕參見鈕先鍾，《現代戰略思潮》，頁 248～249。

第一章　從衝突到和緩
——魏孝文帝前期與南齊之戰略關係（479～490）

　　劉宋王朝自宋武帝劉裕於 420 年（魏泰常五年、宋永初元年）篡東晉建國，即與北魏展開長達六十年的南北對峙。其間舉國大戰有之，如魏太武帝和宋文帝兩位雄主的南北戰爭，將魏宋衝突推至最激烈的頂點；而中小型的區域衝突及邊界糾紛，更是屢見不鮮。〔註1〕然而日月有盈虧、朝代有興替，劉宋王朝六十年的輝煌當然有走進歷史的一天，不過北方的北魏王朝仍然屹立著，繼續與劉宋之後的南齊、南梁，展開另一波的南北對峙，開啓北魏與南朝新的戰略關係。

　　479 年（魏太和三年、齊建元元年）四月，劉宋權臣蕭道成篡宋稱帝，國號齊，年號建元，是爲齊高帝，爲區別北朝的齊（北齊），史稱南齊；又因皇室姓蕭，亦稱蕭齊。北魏在南方的對手雖由劉宋轉爲南齊，但北強南弱的局面仍沒改變。南齊承繼劉宋國土，淮河以北以及青齊之地全部入魏，南齊領土更蹙，戰略防守更顯劣勢。

　　北魏與南齊南北對峙期間，北魏正當文明太后、魏孝文帝執政，二人先後對北魏做了一系列改革，北魏王朝封建化逐漸加深，拓跋氏漢化腳步亦日漸加快，而受漢化影響，漢王朝大一統思想深植魏孝文帝心中，他不僅遷都洛陽，改變北魏整體戰略佈局，更將統一南北列爲其一生奮鬥目標，不斷對

〔註 1〕　關於北魏與劉宋的戰爭與各類型的大小衝突，詳見筆者著，《北魏與劉宋戰略關係研究——從國家戰略觀點的解析（上）（下）》，本書有詳盡之説明與分析。

南齊發動攻勢，最終崩逝於南伐途中。至於南齊，雖然承襲自劉宋的疆域大為縮小，但在前二位君主齊高帝、齊武帝鑑於劉宋後期政治昏暗、同室操戈的教訓，在二人戒慎恐懼的治理下，不但廢除劉宋末期之碎政，更力圖宗室和諧，因此政治尚稱清明，乃南齊國力最強時期。

南齊從 479～502 年（魏太和三年至景明三年、齊建元元年至中興二年）享國二十四年，與魏孝文帝在位 471～499 年（魏延興元年至太和二十三年、宋泰始七年至齊永元元年），僅有三年無交集，因此，魏孝文帝的戰略思想與對南齊的和戰態度，就成為北魏與南齊戰略關係主軸。而魏孝文帝在位的二十九年，約可概分為四個時期：魏獻文帝太上皇帝時期、文明太后時期、平城時期、洛陽時期。除魏獻文帝的太上皇帝時期尚與劉宋南北對峙外，之後的三個時期：文明太后時期、平城時期、洛陽時期，南方的對手都是南齊，如表一所示：

表一：魏孝文帝時期與南齊戰略關係對應表

魏孝文帝在位之分期	時　　間	實際執政者	南朝對手	魏孝文帝與南齊之戰略關係
魏獻文帝太上皇帝時期	471～476 魏延興元年至六年 宋泰始七年至元徽四年	魏獻文帝	劉宋	
文明太后時期	476～479 魏延興六年至太和三年 宋元徽四年至昇明三年	文明太后	劉宋	
文明太后時期	479～490 魏太和三年至十四年 齊建元元年至永明八年	文明太后	南齊	魏孝文帝前期與南齊之戰略關係
平城時期	490～495 魏太和十四至十九年 齊永明八年至建武二年	魏孝文帝	南齊	魏孝文帝中期與南齊之戰略關係
洛陽時期	495～499 魏太和十九至二十三年 齊建武二年至永元元年	魏孝文帝	南齊	魏孝文帝後期與南齊之戰略關係

文明太后時期魏孝文帝空有皇帝之名而無皇帝之實，此時國家大政均操之於文明太后，故此一時期乃魏孝文帝最飄搖時期，其間甚至遭遇被罷廢危

機，〔註2〕所幸魏孝文帝以其智慧與對文明太后的忠心順利度過此時期。文明太后於490年（魏太和十四年、齊永明八年）逝世後，魏孝文帝終得親政，四年後便將都城從平城遷至洛陽，故其親政時期可分平城與洛陽兩個時期，而他與南齊的戰略關係，正可對應這三個時期。魏孝文帝前期與南齊之戰略關係，因當時執政者乃文明太后，魏孝文帝不見得有發動戰爭之權力，故稱之為文明太后與南齊之戰略關係應更能趨近事實，只不過北魏名義上之統治者仍是魏孝文帝，故仍需以魏孝文帝之名言之，正確的說，應是北魏在以文明太后、魏孝文帝為領導中心的格局下，與南齊展開另一波的衝突與對峙。

第一節　戰略環境分析

　　齊高帝於479年（魏太和三年、齊建元元年）四月建立南齊政權，北魏趁南朝易代時百廢待舉，政權尚未鞏固之際，採取戰略主動的領土擴張，於十一月興師南討，入寇南齊淮南重鎮壽春（今安徽壽縣）〔註3〕，齊高帝戰略反應迅速，隨即遣軍抵禦，北魏與南齊爆發第一次戰爭，現將雙方所處的戰略環境分析如後。

一、劉宋後期與北魏之和平關係

　　469年（魏皇興三年、宋泰始三年）正月乙丑，慕容白曜「克東陽，擒沈文秀。」〔註4〕北魏用兵青齊之戰事結束，青齊地區成為北魏疆域。由於劉宋失淮北、青齊地區，加強淮南防務乃當務之急，原屬後方的淮陰、鍾離、義陽等緣淮諸城鎮，一變而為前線抗魏軍事重鎮。事實上，宋明帝在淮北戰事接連失利時，就已注意到淮南防務，命蕭道成鎮守淮陰，負責淮南防務，並

〔註2〕《魏書·高祖紀》載文明太后欲廢魏孝文帝改立咸陽王元禧，幸賴一干大臣勸諫，始打消廢立之念。「文明太后以帝聰聖，後或不利於馮氏，將謀廢帝。乃於寒月，單衣閉室，絕食三朝，召咸陽王禧，將立之，元丕、穆泰、李沖固諫，乃止。」〔北齊〕魏收，《魏書》（中華書局點校本）卷7下〈高祖紀下〉，頁176。

〔註3〕壽春南北稱呼不同，北魏稱壽陽，東晉原稱壽春，至晉孝武帝時改稱壽陽，參見〔唐〕房玄齡等撰，《晉書》（中華書局點校本）卷32〈后妃下·簡文宣鄭太后傳〉，頁979載：「簡文宣鄭太后諱阿春，河南滎陽人也。」晉孝武帝為避鄭太后名諱改稱壽陽，劉宋時再稱壽春，之後南齊、南梁沿稱之。

〔註4〕《魏書》卷50〈慕容白曜傳〉，頁1119。另參見同書卷6〈顯祖紀〉，頁129。

延續至戰後，《南齊書·高帝紀》載：〔註5〕

> （張）永等敗於彭城。淮南孤弱，以太祖（齊高帝）爲假冠軍將軍、持節、都督北討前鋒諸軍事，鎮淮陰。泰始三年（467、魏皇興元年），……遷督南兗徐二州諸軍事、南兗州刺史，持節、假冠軍、督北討如故。五年，進督兗、青、冀三州。六年，除黃門侍郎，領越騎校尉，不拜。復授冠軍將軍，留本任。

至於鍾離則提升其地位：〔註6〕

> 北徐州，鎮鍾離。……宋泰始末年屬南兗。元徽元年（473、魏延興三年）置州，割爲州治，防鎮緣淮。

義陽亦復如此，《南齊書·州郡志》載：〔註7〕

> 司州，鎮義陽。……泰始中。立州於義陽郡。有三關之隘，北接陳、汝，控帶許、洛。自此以來，常爲邊鎮。

自「青齊之役」結束後，也許是劉宋加強淮南防務得到效果，此後直至479年（魏太和三年、齊建元元年）蕭道成篡宋止，北魏與劉宋間並未發生大規模戰爭，兩國關係趨於和平，當然，邊境衝突無法避免，這段期間曾發生五次地方的軍事衝突。471年（魏延興元年、宋泰始七年）十月，宋侵魏境：〔註8〕

> 劉彧（宋明帝）將垣崇祖率眾二萬自郁洲寇東兗州，屯于南城固。
> 十有一月，刺史于洛侯討破之，崇祖還郁洲。

472年（魏延興二年、宋泰豫元年）十二月，魏侵宋境，「索虜寇義陽。丁巳，司州刺史王瞻擊破之。」〔註9〕473年（魏延興三年、宋元徽元年）七月，宋侵魏境，「劉昱（宋後廢帝）遣將寇緣淮諸鎮，徐州刺史、淮陽公尉元擊走之。」〔註10〕這三次魏宋東境的地方衝突，規模都不大，戰事也很快結束，可見僅是雙方邊境試探性的軍事接觸，一旦初敗於對方隨即撤軍，毫不戀戰。至於西境亦因仇池問題發生兩次衝突。477年（魏太和元年、宋昇明元年）十月劉宋攻打仇池，《魏書·高祖紀》：〔註11〕

〔註5〕〔南梁〕蕭子顯，《南齊書》（中華書局點校本）卷1〈高帝紀上〉，頁6。
〔註6〕《南齊書》卷14〈州郡志上〉，頁258。
〔註7〕《南齊書》卷15〈州郡志上〉，頁278～279。
〔註8〕《魏書》卷7上〈高祖紀上〉，頁135。
〔註9〕〔南梁〕沈約，《宋書》（中華書局點校本）卷9〈後廢帝紀〉，頁179。
〔註10〕《魏書》卷7上〈高祖紀上〉，頁139。
〔註11〕《魏書》卷7上〈高祖紀上〉，頁144～145。

劉準（宋順帝）葭蘆戍主楊文度遣弟鼠襲陷仇池。……十有一月癸
未，詔征西將軍、廣川公皮懽喜，鎮西將軍梁醜奴，平西將軍楊靈
珍等率眾四萬討楊鼠。……懽喜攻陷葭蘆，斬文度，傳首京師。

戰事不過一個月即結束，宋軍雖遭魏軍擊退，但仍於次年十月再攻仇池，「劉
準遣將寇仇池，陰平太守楊廣香擊走之。」〔註12〕西境衝突如同東境一樣，
一旦遇魏軍抗擊而宋軍接戰失利後，馬上退兵，劉宋朝廷不會派兵增援擴大
戰爭，可見西境仇池問題只是宋軍騷擾性的戰術罷了。其實，劉宋這種嘗試
性的騷擾戰術，主要是見機行事，若宋軍初戰得勝，則乘勝追擊，劉宋朝廷
再評估戰略情勢，若東境能收復緣淮諸重鎮，西境能攻佔仇池，則視情況遣
軍增援。可惜北強南弱格局已形成，劉宋又無收復上述諸城鎮之決心，僅以
邊防軍做測試，自然非魏軍對手。大致而言，雖有五次邊境衝突，但因北魏、
劉宋各自約束得宜，並未因地方小規模衝突擴大成戰爭，故這段期間魏宋關
係是較為平和的。

二、蕭道成篡宋建齊

「青齊之役」結束後，劉宋喪失淮北及青齊地區大片領土，而在魏強宋
弱態勢益發明顯情況下，宋明帝並未積極籌畫北伐收復失土，而是選擇對北
魏偃武息兵。另一方面，由於宋明帝對外戰爭受挫，失去大片疆土，重創其
領導威信，遂有劉宋宗室欲起兵謀反，而為了鞏固領導權威，宋明帝又走回
劉宋殘殺宗室的老路。宋文帝十九個兒子在經過多次宋室喋血後，除宋明帝
外尚有六人在世，其中義陽王劉昶已於 465 年（魏和平六年、宋景和元年）
投降北魏，〔註13〕其餘五人為：盧江王劉褘、晉平王劉休祐、建安王劉休仁、

〔註12〕《魏書》卷 7 上〈高祖紀上〉，頁 146。
〔註13〕義陽王劉昶乃宋文帝第九子，宋前廢帝即位後，懷疑這位叔父有異志，預備
　　　　遣軍征討，劉昶不得已投奔北魏，《魏書·劉昶傳》載：「（劉）義隆時，封義
　　　　陽王。（劉）駿子子業立，昏狂肆暴，害其親屬，疑昶有異志。昶聞甚懼，遣
　　　　典籤虞法生表求入朝，以觀其意。子業曰：『義陽與太宰謀反，我欲討之，今
　　　　知求還，甚善。』……昶欲襲建康，諸郡並不受命。和平六年（465、宋景和
　　　　元年），遂委母妻，攜妾吳氏作丈夫服，結義從六十餘人，間行來降。」《魏
　　　　書》卷 59〈劉昶傳〉，頁 1307。劉昶降附北魏有其重大意義，首先：他是皇
　　　　室近親，乃宋文帝之子、宋孝武帝之弟、宋前廢帝之叔，與劉宋前後三位君
　　　　主血緣關係緊密，身份血統不同凡響。其次：劉昶總攬淮北地區軍政大權，
　　　　入魏前，他在劉宋的官職為征北將軍、徐州刺史、都督徐南北兗青冀幽七州
　　　　豫州之梁郡諸軍事，等於劉宋淮北戰區最高司令長官，全盤掌握淮北地區軍

巴陵王劉休若、桂陽王劉休範。

469 年（魏皇興三年、宋泰始五年）二月，「青齊之役」甫結束，劉宋即生內亂，「河東柳欣慰謀反，欲立（劉）禕，禕與相酬和。」〔註14〕正當二人謀畫之際，遭征北諮議參軍杜幼文告發，宋明帝先下手為強，殺了柳欣慰等謀反之人，雖一開始未殺劉禕，僅削邑千戶，但次年六月，仍「逼令自殺。」〔註15〕此後宋明帝對其兄弟已有疑慮，懼兄弟奪其皇位。之後宋明帝得了重病，當時太子劉昱僅有九歲，宋明帝恐其死後，劉昱皇位為其叔父所奪，遂動殺機，據《宋書·明帝紀》載，471 年（魏皇興五年、宋泰始七年）宋明帝殺了三位弟弟：〔註16〕

> 二月……甲寅，驃騎大將軍、開府儀同三司、南徐州刺史晉平王休祐薨。……五月戊午，司徒建安王休仁有罪，自殺。……秋七月……乙丑，江州刺史巴陵王休若薨。

劉休仁有罪自殺，卻未書何罪？劉休祐、劉休若僅以「薨」字帶過，《宋書·明帝紀》似乎有所隱諱，其實只要再觀《宋書》三人本傳即可知其原委。〈晉平刺王休祐傳〉載宋明帝趁狩獵時，令劉休祐追擊獵物，卻命左右快馬前往，拉劉休祐下馬殺之。〔註17〕劉休仁則是宋明帝賜其毒藥自盡，待其死後下詔誣指劉休仁欲謀反，事發後因羞愧恐懼，故自殺謝罪。〔註18〕至於劉休若，時為荊州刺史，宋明帝召其入朝，然劉休若見其兄長劉休祐、劉休仁俱害，恐懼不已，其中兵參軍王敬先，「勸割據荊楚以距朝廷，休若偽許之。敬先既出，執錄，馳使白太宗（宋明帝），敬先坐誅死。」〔註19〕雖然劉休若自曝王敬先陰謀，但是仍得不到宋明帝信任，依然殺之，「即於第賜死。」〔註20〕宋明帝殺了一位兄長、三位弟弟後，僅剩劉休範，宋明帝將其列於誅殺排序之末，乃因「休範素凡訥，少知解，……謹澀無才能，不為物情所向。」

事部署，對淮北地區的佈防知之甚詳，北魏得劉昶，不僅對彭城防務瞭然於胸，更掌握劉宋在淮北地區的軍事機密。參見筆者著，《北魏與劉宋戰略關係研究——從國家戰略觀點的解析（下）》，頁 324～325。
〔註14〕《宋書》卷 79〈文五王·廬江王禕傳〉，頁 2039。
〔註15〕《宋書》卷 79〈文五王·廬江王禕傳〉，頁 2042。
〔註16〕《宋書》卷 8〈明帝紀〉，頁 167～168。
〔註17〕參見《宋書》卷 72〈文九王·晉平刺王休祐傳〉，頁 1880。
〔註18〕參見《宋書》卷 72〈文九王·始安王休仁傳〉，頁 1873～1878。
〔註19〕《宋書》卷 72〈文九王·巴陵哀王休若傳〉，頁 1884。
〔註20〕《宋書》卷 72〈文九王·巴陵哀王休若傳〉，頁 1884。

〔註21〕但宋明帝還來不及下手，卻已先卒，劉休範遂得以存活。

　　宋明帝崩於 472 年（魏延興二年、宋泰豫元年）四月乙亥，太子劉昱順利繼位，史稱宋後廢帝，以別於宋前廢帝劉子業。宋後廢帝在位期間爆發兩次宗室謀反事件，雖然最終得以平定，卻也造就蕭道成的崛起，蕭道成出身蘭陵蕭氏，乃南朝僑姓四大望族王、謝、袁、蕭之一。宋明帝崩時，以其「領石頭戍軍事。」〔註22〕即建康城之衛戍司令。474 年（魏延興四年、宋元徽二年）五月，未遭宋明帝殺害的漏網之魚劉休範「舉兵於尋陽。」〔註23〕同時領軍順江而下，震驚劉宋朝廷。正當眾臣惶惶無計之際，蕭道成挺身而出率軍應戰，雙方於新亭（今南京市南）交戰，「短兵接戰，自巳至午，眾皆失色。……未時，張敬兒斬休範首。」〔註24〕劉休範一死，叛軍群龍無首，亂事迅速被平定。蕭道成因功「遷散騎常侍、中領軍、都督南兗徐兗青冀五州軍事、鎮軍將軍、南兗州刺史，持節如故。」〔註25〕與袁粲、褚淵、劉秉並稱四貴，乃劉宋朝廷最有權勢之四人，從蕭道成職銜可知其握有軍權，實力明顯優於三人，可見劉宋軍政大權已落入蕭道成之手。476 年（魏承明元年、宋元徽四年）七月，南徐州刺史、建平王劉景素舉兵反，他乃宋文帝七子建平王劉宏之長子。劉宋朝廷面對此叛亂，平叛的重責大任又落在蕭道成肩上，「齊王（蕭道成）出屯玄武湖，冠軍將軍任農夫、黃回、左軍將軍李安民各領步軍，右軍將軍張保率水軍，並北討。」〔註26〕雖然劉景素的水軍訓練有素，先敗張保水軍，並殺之，但叛軍內部橫向聯繫不足，且缺乏後繼，同時其餘叛軍未乘勝追擊，錯失戰機，加上寡不敵眾，終遭朝廷軍殲滅，朝廷軍隨後攻陷京口，殺劉景素，亂事於焉平定。

　　蕭道成連續平定桂陽王劉休範、建平王劉景素亂事，威權日重，加上宋後廢帝乃一荒唐怠政之君主，史載其劣跡如下：〔註27〕

　　　　窮凶極悖，自幼而長，善無細而不違，惡有大而必蹈。前後訓誘，
　　　　常加隱蔽，險戾難移，日月滋甚。棄冠毀冕，長襲戎衣，犬馬是狎，
　　　　鷹隼是愛，卓歷軒殿之中，韝緤宸扆之側。至乃單騎遠郊，獨宿深

〔註21〕《宋書》卷 79〈文五王・桂陽王休範傳〉，頁 2046。
〔註22〕《南齊書》卷 1〈高帝紀上〉，頁 7。
〔註23〕《南齊書》卷 1〈高帝紀上〉，頁 7。
〔註24〕《南齊書》卷 1〈高帝紀上〉，頁 8。
〔註25〕《南齊書》卷 1〈高帝紀上〉，頁 9。
〔註26〕《宋書》卷 72〈文九王・建平宣簡王宏附子景素傳〉，頁 1862。
〔註27〕《宋書》卷 9〈後廢帝紀〉，頁 187。

野，手揮矛鋋，躬行刳斷，白刃爲弄器，斬害爲恒務。捨交戟之衛，
委天畢之儀，趨步闤闠，酣歌壚肆，宵遊忘反，宴寢營舍，奪人子
女，掠人財物，方筴所不書，振古所未聞。

種種劣行罄竹難書，蕭道成遂有廢立之意，不過卻遭到四貴之一的袁粲反
對，但蕭道成大權在握，不顧袁粲反對，召統領禁軍之越騎校尉王敬則合謀，
令其尋覓有利時機殺宋後廢帝。477 年（魏太和元年、宋元徽五年）七月戊
子，王敬則潛入寢宮殺了宋後廢帝。〔註 28〕次日，蕭道成以太后名義召集
群臣議立新君，在蕭道成已掌控大權的情況下，眾臣唯唯諾諾，不敢表示意
見，於是在蕭道成主導下，立宋明帝三子安成王劉準爲帝，是爲宋順帝。蕭
道成當時未篡宋乃因劉宋朝廷中尚有反對他的力量，他需要時間肅清這些勢
力，故先立宋順帝爲傀儡皇帝。誠如蕭道成所料，十二月丁巳，車騎大將軍、
荊州刺史沈攸之據江陵舉兵反，「攸之素蓄士馬，資用豐積，至是戰士十萬，
鐵馬二千。」〔註 29〕當蕭道成預備遣軍平亂時，四貴中的司徒袁粲、尚書
令劉秉密謀於皇城內舉事，並有部分禁軍將領同謀。不過，同爲四貴之一的
褚淵，不願參與其謀，並將原委告知蕭道成。

　　蕭道成雖同時面臨內外武力叛亂，但在已掌握軍政大權的情況下，調兵
遣將迅速平定以袁粲爲首的禁軍叛亂，殺袁粲、劉秉等人，如此一來，蕭道
成便可全力對付沈攸之的叛軍。沈攸之乃劉宋宿將，從江陵起兵直取建康，
初時軍容壯盛，然而，進軍途中攻打郢州（今湖北武昌一帶）時，因守將柳
世隆堅守，耗時一月仍未攻下，軍心逐漸渙散，逃兵與日俱增，沈攸之原欲
回師江陵固守根本，不料雍州刺史張敬兒，趁沈攸之領軍在外，江陵城防空
虛，率軍趁隙襲取江陵，沈攸之見江陵已失，「無所歸，乃與第三子中書侍
郎文和至華容界，爲封人所斬送。」〔註 30〕沈攸之亂平後，蕭道成已全面掌

〔註 28〕 參見《宋書》卷 9〈後廢帝紀〉，頁 187；《南齊書》卷 1〈高帝紀上〉，頁 10；
　　　　〔北宋〕司馬光，《資治通鑑》（臺北：西南書局，1982 年 9 月）卷 134〈宋
　　　　紀十六〉，順帝昇明元年，頁 4196～4197。

〔註 29〕 《宋書》卷 74〈沈攸之傳〉，頁 1933。

〔註 30〕 《宋書》卷 74〈沈攸之傳〉，頁 1940。「封」爲荊、豫蠻族之村落組織，詳見
　　　　《宋書》卷 74〈校勘記〉62，頁 1949。關於沈攸之之死，《南齊書》卷 1〈高
　　　　帝紀上〉，頁 13 載：「沈攸之攻郢城不剋，眾潰，自經死，傳首京邑。」《資
　　　　治通鑑》卷 134〈宋紀十六〉，順帝昇明二年，頁 4214 載：「攸之無所歸，與
　　　　其子文和走至華容界，皆自縊于櫟林；己巳，村民斬首送江陵。」《資治通鑑》
　　　　之說綜合《宋書》、《南齊書》之記載，《宋書》雖未載其自縊死，但與《南齊
　　　　書》、《資治通鑑》所載並不衝突，應是沈攸之自縊後，才由當地封人所斬送。

控劉宋朝廷，他見時機成熟，遂於 479 年（魏太和三年、齊建元元年）四月甲午即皇帝位，建立南齊政權，使北魏南方的戰略對手，由劉宋一變為南齊，開啟北魏與南齊對峙的新戰略形勢。

三、齊高帝對北魏的戰略警戒

齊高帝出身軍旅、久經戰陣，〔註 31〕頗具戰略意識，曾於劉宋後期「都督南兗徐兗青冀五州軍事。」〔註 32〕統籌淮北前線國防事宜，等於第一線抗魏指揮官，因此對北魏的政情與軍事力量有深刻認識，故在他建立南齊後，便判斷北魏會趁宋齊交替不穩時期，伺機蠢動，為防範於未然，遂在可能遭受魏軍重點衝擊的重鎮進行軍事調度及戰備整備工作，《南齊書・垣崇祖傳》載：〔註 33〕

> 太祖（齊高帝）踐阼，謂崇祖曰：「我新有天下，夷虜不識運命，必當動其蟻眾，以送劉昶為辭。賊之所衝，必在壽春。能制此寇，非卿莫可。」徙為使持節、監豫司二州諸軍事、豫州刺史，將軍如故。

垣崇祖常歷戎事，劉宋後期屢立戰功，〔註 34〕在淮南一帶擔任太守，之後歸款於齊高帝，史載：〔註 35〕

> 初，崇祖遇太祖於淮陰，太祖以其武勇，善待之。崇祖謂皇甫肅曰：「此真吾君也，吾今逢主矣，所謂千載一時。」遂密布誠節。

齊高帝遷兗州刺史垣崇祖為豫州刺史鎮守壽春，積極進行防禦工事備戰北魏。

南齊雖為新建政權，但其君臣皆為劉宋朝臣而來，劉宋與北魏長達六十年的對抗，齊高帝、垣崇祖等人自然知之甚詳。而南齊取代劉宋後，漢人與鮮卑人的南北對峙格局並未改變，因此齊高帝君臣對北魏常存憂患之心。除齊高帝研判北魏恐會趁南朝遞嬗之際發動攻勢外，征虜將軍劉善明時任淮南、宣城二郡太守，他對北方局勢亦頗為憂心，對甫即帝位的齊高帝上〈陳事凡十一條〉，其中第四條即是針對北方戰略局勢而發：〔註 36〕

〔註 31〕參見《南齊書》卷 1〈高帝紀上〉，頁 3〜14。
〔註 32〕《南齊書》卷 1〈高帝紀上〉，頁 9。
〔註 33〕《南齊書》卷 25〈垣崇祖傳〉，頁 461〜462。
〔註 34〕參見《南齊書》卷 25〈垣崇祖傳〉，頁 459〜461。
〔註 35〕《南齊書》卷 25〈垣崇祖傳〉，頁 461。
〔註 36〕《南齊書》卷 28〈劉善明傳〉，頁 525。

匈奴未滅，劉昶猶存，秋風揚塵，容能送死。境上諸城，宜應嚴備，特簡雄略，以待事機，資實所須，皆宜豫辦。

劉善明乃齊高帝腹心，在劉宋末早已向其輸誠，並勸他早立大業，《南齊書·劉善明傳》載：[註37]

幼主新立，羣公秉政，善明獨結事太祖，委身歸誠。……善明曰：「宋氏將亡，愚智所辨。……公神武世出，唯當靜以待之，因機奮發，功業自定。」

垣崇祖、劉善明都是自劉宋末年即奉齊高帝爲主公的心腹愛將，由垣、劉二人以及齊高帝本人對北方國防皆具憂患意識來看，南齊雖爲新建，但其君臣對北魏的戰略警戒未曾鬆懈。

另外，爲了減輕北方抵禦魏軍的壓力，齊高帝欲借重柔然[註38]牽制北魏後方，故早在籌畫篡宋過程時，於478年（魏太和二年、宋昇明二年）遣「驍騎將軍王洪範使芮芮，剋期共伐魏虜。」[註39]王洪範[註40]爲避開北

[註37]《南齊書》卷28〈劉善明傳〉，頁523。

[註38] 柔然在南北史籍中有多種不同稱謂，《魏書》稱「蠕蠕」；《晉書》稱「蝚蠕」；《宋書》、《南齊書》、《梁書》稱「芮芮」；《北齊書》、《周書》、《隋書》稱「茹茹」，這些稱謂與「柔然」都是一名的異譯。關於柔然的族源，各史籍亦有不同記載。《宋書》、《梁書》載柔然爲「匈奴別種。」《宋書》卷95〈芮芮虜傳〉，頁2357；《梁書》卷54〈芮芮國傳〉，頁817。《南齊書》則稱柔然爲「塞外雜胡。」《南齊書》卷59〈芮芮虜傳〉，頁1023。《魏書》則以爲柔然是「東胡之苗裔。」目前學界大都否定前二種說法，而傾向《魏書》之說，認爲柔然是東胡中鮮卑的後裔。《魏書》對柔然的族源記載尚稱清楚：「蠕蠕，東胡之苗裔也，姓郁久閭氏。始神元之末，掠騎有得一奴，髮始齊眉，忘本姓名，其主字之曰木骨閭。「木骨閭」者，首禿也。木骨閭與郁久閭聲相近，故後子孫因以爲氏。木骨閭既壯，免奴爲騎卒。穆帝時，坐後期當斬，亡匿廣漠谿谷間，收合逋逃得百餘人，依紇突隣部。木骨閭死，子車鹿會雄健，始有部眾，自號柔然，而役屬於國。後世祖（魏太武帝）以其無知，狀類於蟲，故改其號爲蠕蠕。」《魏書》卷103〈蠕蠕傳〉，頁2289。周偉洲認爲：中外學者大都傾向《魏書》的說法，把柔然視爲東胡中鮮卑的後裔，而對另二種說法持完全否定態度。這種看法基本上正確，但對另二種說法完全否定也是不妥的，因爲另二種說法多少包含有合理的因素，不能完全否定。參見周偉洲，《敕勒與柔然》（桂林：廣西師範大學出版社，2006年5月），頁66。

[註39]《南齊書》卷58〈芮芮虜傳〉，頁1023。

[註40] 史書稱王洪範、王洪軌不一，今據《資治通鑑》爲王洪範：「上之輔宋也，遣驍騎將軍王洪範使柔然，約與共攻魏。」《資治通鑑》卷135〈齊紀一〉，高帝建元元年，頁4233。另《南齊書》卷49〈校勘記〉17，頁858有更詳細說明，其文曰：按〈芮芮傳〉作「王洪軌」。《南史》〈循吏傳〉、〈蠕蠕傳〉亦作「王

魏，自四川出發繞道吐谷渾、西域始達柔然，與受羅部眞可汗達成約定，準備南北夾擊北魏。

四、北魏文明太后二度臨朝聽政

　　文明太后於 466 年（魏天安元年、宋泰始二年）二月庚申誅除權臣乙渾後，[註41] 由於魏獻文帝年僅十三，遂得以太后之姿臨朝聽政，掌握北魏大權，這是文明太后首次執政，但爲時不久。次年八月戊申拓跋宏生，[註42] 事實上游牧民族習於早婚，魏獻文帝十四歲即生皇子不足爲奇。對於皇孫拓跋宏，文明太后決定躬自撫養业繼續臨朝執政，直至 469 年（魏皇興三年、宋泰始五年）六月辛未，拓跋宏被立爲太子，[註43] 文明太后乃歸政魏獻文帝，「及高祖（拓跋宏）生，太后躬親撫養。是後罷令，不聽政事。」[註44] 魏獻文帝與文明太后之間，名爲母子卻無任何血緣關係，他初親政時與文明太后的關係如何？雖史無明載，不過當時僅十六歲，依賴文明太后的地方甚多，不見得有多少自主行事的能力，彼此間的關係當不致太壞。不過，魏獻文帝雖然親政，但文明太后仍握有權力，隨著年齡增長，魏獻文帝急欲自文明太后手中取回旁落的皇權，加上二人對國政必有不同看法，遂出現相互爭權的情形。

　　470 年（魏皇興四年、宋泰始六年）冬，魏獻文帝已十七歲，爲了伸展君主威嚴與剷除文明太后勢力，乃誅殺慕容白曜及李敷、李弈兄弟。魏獻文帝殺慕容白曜理由，是因其黨於乙渾，「慕容白曜，……高宗（魏文成帝）

　　　洪軌」。然〈明帝紀〉、〈柳世隆傳〉、〈江祏傳〉、〈魏虜傳〉及《南史》〈齊高帝紀〉、〈江祏傳〉皆作「王洪範」。《通鑑》齊高帝建元元年「帝遣王洪範約柔然寇魏」。考異云：「《齊書》作『王洪軌』，今從齊紀。」

〔註41〕參見《魏書》卷 6〈顯祖紀〉，頁 126。

〔註42〕參見《魏書》卷 7 上〈高祖紀上〉，頁 135。

〔註43〕參見《魏書》卷 6〈顯祖紀〉，頁 129。

〔註44〕《魏書》卷 13〈皇后・文成文明皇后馮氏傳〉，頁 328。文明太后不聽政事，《魏書》、《北史》未確切載於何年，《資治通鑑》則繫於拓跋宏生之下：「頃之，還政於魏主。魏主始親國事，勤於爲治，賞罰嚴明，拔清節、黜貪污，於是魏之牧守始有以廉潔著聞者。」詳見《資治通鑑》卷 132〈宋紀十四〉，明帝泰始三年，頁 4141。王吉林認爲《資治通鑑》是因拓跋宏生而附記，文明太后還政未必是在此年，應當在 469 年（魏皇興三年、宋泰始五年）左右，亦即在文明太后親自撫養之拓跋宏被立爲皇太子後，文明太后始敢還政拓跋弘。參見王吉林，〈北魏繼承制度與宮闈鬥爭之綜合研究〉，《華岡文科學報》，第 11 期，1978 年 1 月，頁 104～105。

崩，與乙渾共秉朝政，遷尚書右僕射，進爵南鄉公，加安南將軍。」〔註45〕乙渾專權時，不少朝臣迫於情勢，必須與乙渾虛與委蛇，並非真心附之，魏獻文帝以此原因殺慕容白曜，理由不免牽強，「時論冤之。」〔註46〕慕容白曜為北魏名將，率軍進攻劉宋奪取青齊之地，將北魏南方國境線由黃河推至淮河，功勳卓著，竟遭冤殺。魏獻文帝欲樹立君主權威，慕容白曜遂成為犧牲品，之後更誅殺李氏兄弟，「太后行不正，內寵李弈，顯祖因事誅之，太后不得意。」〔註47〕顯祖為魏獻文帝廟號，以「顯祖因事誅之」一語，簡單帶過誅殺李弈之事，足見內情並不單純。〔註48〕李弈是文明太后的情人，李敷是魏文成帝、獻文帝兩朝重臣。文明太后品行不正內寵李弈，朝廷內外早有傳聞，魏獻文帝無法忍受此宮廷穢聞，更不滿文明太后掌握權力，遂誅李氏兄弟意欲將雙方政爭公開化，「顯祖大怒，皇興四年（470、宋泰始六年）冬，誅敷兄弟。」〔註49〕文明太后與魏獻文帝在朝政上的磨擦起於何時？史無明載，二人政爭應該是略早於 470 年（魏皇興四年、宋泰始六年），只不過以前是暗地裡的政爭，現在則是直接衝突了。

魏獻文帝誅殺李敷兄弟後，為了脫離文明太后以「太后」威權對「皇權」的箝制，竟在 471 年（魏皇興五年、宋泰始七年）八月，欲將帝位禪讓其叔父京兆王拓跋子推，引起北魏朝廷百官譁然，宗室任城王拓跋雲、東陽公拓跋丕；太尉源賀均表反對，拓跋雲、拓跋丕相當程度代表了拓跋宗室的意見，

〔註45〕《魏書》卷 50〈慕容白曜傳〉，頁 1116～1117。

〔註46〕《魏書》卷 50〈慕容白曜傳〉，頁 1119。

〔註47〕《魏書》卷 13〈皇后・文成文明皇后馮氏傳〉，頁 328。

〔註48〕李氏兄弟被殺乃受李敷之至友李訢連累，《魏書・李訢傳》：「（李訢）乃受納民財及商胡珍寶，兵民告言。……有司諷訢以中旨嫌敷兄弟之意，令訢告列敷等隱罪，可得自全。」《魏書》卷 46〈李訢傳〉，頁 1040～1041。《魏書・李敷傳》亦載：「李訢列其隱罪二十餘條，顯祖（魏獻文帝）大怒，皇興四年（470、宋泰始六年）冬，誅敷兄弟，削順位號為庶人。敷從弟顯德、妹夫廣平宋叔珍等，皆坐闗亂公私，同時伏法。……敷長子伯和。次仲良，與父俱死。」《魏書》卷 36〈李敷傳〉，頁 834。《資治通鑑》明載魏獻文帝因「敷弟弈得幸於馮太后，帝意已疏之。」《資治通鑑》卷 132〈宋紀十四〉，明帝泰始六年，頁 4154。由此可知，李敷兄弟之被殺，雖是李弈受寵於文明太后，魏獻文帝不滿文明太后與李弈之穢亂關係，遂借故除之。此事件的背後隱藏著魏獻文帝與文明太后的權力鬥爭，若是因文明太后內寵李弈，則殺其兄弟即可，為何連坐李敷從弟、妹夫等家族，事實上，魏獻文帝懷疑李敷家族為文明太后陣營重要力量，故將其家族大舉誅殺，藉以削弱文明太后勢力。

〔註49〕《魏書》卷 36〈李敷傳〉，頁 834。

至於源賀，則是掌握軍隊的實力派人物，屬代人貴族。〔註50〕他們均認為不可禪位拓跋子推。〔註51〕魏獻文帝有兄弟，〔註52〕且此前已立拓跋宏為太子，為何不傳位太子或其兄弟，而欲傳位叔父拓跋子推。事實上魏獻文帝另有盤算，因拓跋子推乃魏文成帝之弟，與文明太后同輩，兩人是叔嫂關係，且在

〔註50〕「代人」之身分在北魏有其特殊性，「代人貴族」更在北魏政治扮演重要角色。代人貴族統治集團的出現，對拓跋氏建立北魏封建王朝而言，是極具關鍵的一項大事。拓跋氏在逐漸壯大的過程中，要統治人數具壓倒性的漢人，力量必定不足，為了擴大力量，在部落聯盟時期陸續加入拓跋氏政權的北系部落，就形成所謂的「代人貴族」。至於「代人」的身分如何界定，康樂先生有詳細之說明：「代人形成於四世紀末的平城及其鄰近地區，至五世紀初仍陸續有所擴充，其成員絕大多數為北亞遊牧民族，不過，也包括其他少數民族，而且就算是以北亞遊牧民族為主體，這些遊牧民族的成份亦很複雜，根據姚薇元的考訂，至少包含鮮卑、烏桓、高車、匈奴、柔然等族。然而不管他們原先來自那個民族、屬於那個部落，自道武帝定都平城後，他們即以代人之身分活躍於北魏政治舞臺上。雲代地區是他們唯一的家鄉，放棄部落組織而成為北魏治下的編戶，則是他們與仍保有部落組織的領民首長之最大差異點。」參見康樂，《從西郊到南郊——國家祭典與北魏政治》（臺北：稻禾出版社，1995 年 1 月），頁 61。當然，所謂「代人貴族」，就是其中的上層統治者，一般也只有「代人貴族」才能進入北魏朝廷任官，進而掌握權力。

〔註51〕魏獻文帝知其禪位京兆王拓跋子推牽涉甚廣，遂召集百官朝議，但王公卿士，莫敢先言。北魏朝臣面對此種情況，若贊成禪位拓跋子推，將得罪文明太后；反之，若不贊成又將得罪魏獻文帝，處兩難之間，只有緘默。魏獻文帝不得已，遂集諸大臣，以次召問。如此諸朝臣不得不言，因而各抒己見，任城王拓跋雲先言：「陛下方隆太平，臨覆四海，豈得上違宗廟，下棄兆民。父子相傳，其來久矣。皇魏之興，未之有革。皇儲正統，聖德夙章，陛下必欲割捐塵務，頤神清曠者，冢副之寄，宜紹寶曆。若欲捨儲，輕移宸極，恐非先聖之意，駭動人情。又，天下是祖宗之天下，而陛下輒改神器，上乖七廟之靈，下長姦亂之道，此是禍福所由，願深思慎之。」《魏書》卷 19 中〈景穆十二王中・任城王雲傳〉，頁 461。拓跋雲此番議論，旨在提醒魏獻文帝正是年富力強之時，不宜禪位，且立有太子拓跋宏，皇位不可任意禪讓他人。若將皇位隨意授人，將會滋生動亂。當時另一進言者為太尉源賀，源賀當時督軍屯漠南，魏獻文帝徵源賀入京與議禪位之事，源賀曰：「陛下今欲外選諸王而禪位皇叔者，臣恐春秋蒸嘗，昭穆有亂，脫萬世之後，必有逆饗之譏，深願思任城之言。」《魏書》卷 19 中〈景穆十二王中・任城王雲傳〉，頁 461。源賀所言乃從宗廟昭穆觀點切入，支持父子相承的繼位方式，不可叔姪相承，其立場與拓跋雲並無二致。另，東陽公拓跋丕亦言：「皇太子聖德夙彰，然實沖幼。陛下富於春秋，始覽機政，普天景仰，率土傒心，欲隆獨善，不以萬物為意，其若宗廟何，其若億兆何。」《魏書》卷 19 中〈景穆十二王中・任城王雲傳〉，頁 462。拓跋丕在乙渾之亂時與文明太后聯合誅殺乙渾，其立場自然偏向文明太后，故其言論與拓跋雲、源賀等相差無幾，均是不欲魏獻文帝禪位拓跋子推。

〔註52〕參見《魏書》卷 20〈文成五王列傳〉，頁 525～532。

北魏政界歷任諸要職素有威望：「京兆王子推，太安五年（459、宋大明三年）封。位侍中、征南大將軍、長安鎮都大將。……入為中都大官，察獄有稱。」〔註53〕論聲望與經驗，拓跋子推都有與文明太后抗衡的實力。更重要的是，若由其繼承皇位，文明太后與他同輩，她將無法以皇太后之尊干預朝政，且由她所躬自撫養的太子拓跋宏亦將喪失皇位繼承權，如此一來，文明太后在政治上將無著力點，由此可見魏獻文帝挑選拓跋子推乃經過縝密思考。文明太后親自撫育拓跋宏其實別有用心，她深知掌握拓跋宏，就能擁有一切權力，故在拓跋宏被立為太子後，文明太后願意還政魏獻文帝，是她已立於不敗之地，一旦魏獻文帝崩逝，太子拓跋宏必然繼位，文明太后又可臨朝聽政。

文明太后發動宗室、百官反對魏獻文帝禪位拓跋子推，由於反對聲浪太大，魏獻文帝不得已只能傳位太子拓跋宏，《魏書・天象志》載：「明年（471、魏皇興五年、宋泰始七年），上迫於太后，傳位太子，是為孝文帝。」〔註54〕文明太后認為傳位太子，魏獻文帝勢必退出權力核心，拱手無為，屆時她便可順勢再掌政權。但魏獻文帝並未輕易放棄權力，他的因應之道，是皇位雖傳給太子，但仍以「太上皇帝」〔註55〕之名繼續執掌政權，以別於不管國政之太上皇，《魏書・刑罰志》：〔註56〕

〔註53〕《魏書》卷19上〈景穆十二王上・京兆王子推傳〉，頁443。

〔註54〕《魏書》卷105之3〈天象志三〉，頁2412。「迫於太后。」道出魏獻文帝遭受文明太后之壓力，事實上，魏獻文帝以皇帝至尊，不應慘敗於文明太后，可惜因其策略錯誤，想傳位於皇叔京兆王拓跋子推，對漢化漸深的拓跋氏而言，父子相承、皇太子繼承制度已成祖訓，從魏道武帝建國以來均是父子相傳，叔姪相傳是部落聯盟時期的過去之事，魏獻文帝違反祖訓，正好給文明太后和偏向她之宗室、百官有利條件，有了反對的理論依據。其實這些拓跋宗室及重臣，他們大多數人並非反對魏獻文帝退位，而是堅決反對由拓跋子推繼位，他們僅執著於宗法、禮法，並不了解魏獻文帝背後深層的意義。文明太后正好利用這批朝臣力量，借力使力，粉碎魏獻文帝欲傳位拓跋子推的計謀。而在文明太后首次與魏獻文帝之鬥爭中，表面上雖然是文明太后獲勝，但實際上，魏獻文帝也未盡輸，仍以太上皇帝之名掌握政權，夾在雙方之間的魏孝文帝，成為二人鬥爭的工具，所幸他年幼無知，避免了立場的問題。

〔註55〕《魏書》卷6〈顯祖紀〉，頁131～132載：「於是羣公奏曰：『昔三皇之世，澹泊無為，故稱皇。是以漢高祖既稱皇帝，尊其父為太上皇，明不統天下。今皇帝幼沖，萬機大政，猶宜陛下總之。謹上尊號太上皇帝。』乃從之。」另據《資治通鑑》卷133〈宋紀十五〉，明帝泰始七年，頁4165～4166載：「羣臣奏曰：『昔漢高祖稱皇帝，尊其父為太上皇，明不統天下也。今皇帝幼沖，萬機大政，猶宜陛下總之。謹上尊號曰太上皇帝。』顯祖從之。」

〔註56〕《魏書》卷111〈刑罰志〉，頁2876。

及傳位高祖（魏孝文帝），猶躬覽萬幾，刑政嚴明，顯拔清節，沙汰
貪鄙。牧守之廉潔者，往往有聞焉。……先是諸曹奏事，多有疑請，
又口傳詔敕，或致矯擅。於是事無大小，皆令據律正名，不得疑奏。
合則制可，失衷則彈詰之，盡從中墨詔。自是事咸精詳，下莫敢相
罔。

另據《魏書・顯祖紀》載魏獻文帝爲太上皇帝後，仍是「國之大事咸以聞」
〔註57〕，故從《魏書》〈刑罰志〉〈顯祖紀〉兩段史料可知魏獻文帝仍掌握實
際政治權力。

魏孝文帝即位後，魏獻文帝與文明太后的政爭，表面上似乎和平落幕，
但實際上卻暗潮洶湧。從魏獻文帝退位稱「太上皇帝」至其崩逝的五年間，
他不停的率軍南征北討，爲鞏固北魏國防而努力，其目的就是爲了要加強對
政權及軍權的控制，避免權力完全被文明太后所奪。此外，對立場偏於文明
太后者，如源賀、拓跋丕、拓跋雲等人，紛紛將其調離北魏朝廷。〔註58〕魏
獻文帝這些舉措，和文明太后勢必會發生衝突，雙方政爭愈演愈烈，終於在

〔註57〕《魏書》卷6〈顯祖紀〉，頁132。
〔註58〕東陽公拓跋丕在475年（魏延興五年、宋元徽三年）外放雍州，其本傳中
　　　　並無相關記載，此處是據康樂推測所得。康樂認爲，474年（魏延興四年、
　　　　宋元徽二年）九月，北魏以劉宋「劉昱内相攻戰，詔將軍元蘭等五將三萬
　　　　騎及假東陽公丕爲後繼，伐蜀漢。」《魏書》卷7上〈高祖紀上〉，頁140。
　　　　拓跋丕疑於此時出任雍州刺史。參見康樂著，《從西郊到南郊——國家祭典
　　　　與北魏政治》，頁123～124。任城王拓跋雲在473年（魏延興三年、宋元徽
　　　　元年）出任徐州刺史，中間雖一度因母喪還京，但不久又外放冀州。《魏書》
　　　　卷19中〈景穆十二王中・任城王雲傳〉，頁462。另太尉源賀則在474年（魏
　　　　延興四年、宋元徽二年）因病解職，是否魏獻文帝因病令其解職，史未明
　　　　載，但可確定的是源賀遠離了權力核心。參見《魏書》卷7上〈高祖紀上〉，
　　　　頁140。這三人中，拓跋丕與文明太后的關係最爲密切，在文明太后推翻乙
　　　　渾的政變中，拓跋丕一直是此事件中的靈魂人物，可見他很早就和文明太
　　　　后合作。另外，拓跋丕也反對魏獻文帝禪位京兆王拓跋子推，而是支持太
　　　　子拓跋宏繼位。文明太后再度臨朝聽政後，拓跋丕升遷迅速，先進爵爲東
　　　　陽王，接著任司徒、太尉等顯職。在文明太后統治時期，拓跋丕一直有極
　　　　大的影響力。源賀與拓跋雲對魏獻文帝禪位拓跋子推亦持反對立場，原則
　　　　上是傾向文明太后的。從歸屬文明太后陣營的這三人情形來看，北魏朝廷
　　　　中文明太后的支持者，或至少是立場傾向她之人物，皆陸續被外放離開平
　　　　城或告老還鄉。換言之，文明太后陣營的實力在這幾年裡無疑受到相當大
　　　　的削弱，魏獻文帝不斷削弱文明太后陣營人物的實力，激起文明太后的危
　　　　機感，若此情況持續下去，她恐將被剝奪一切權力，所以爲了挽回劣勢，
　　　　只有發動政變，奪回政權。

476年（魏承明元年、宋元徽四年）發生政變，魏獻文帝暴崩，此次宮廷政變的經過，《魏書·高祖紀》記載頗爲簡略，未敘及政變之前因後果，「六月甲子，詔中外戒嚴，分京師見兵爲三等，第一軍出，遺第一兵，二等兵亦如之。辛未，太上皇帝崩。」〔註59〕當時雖是魏孝文帝在位，但年僅十歲，而由魏獻文帝仍可率軍四處征伐來看，他仍然掌控國政大權，故「詔中外戒嚴」應是魏獻文帝之意，他似乎正準備進行某種軍事行動，可能是調動軍隊準備出征；或是重新整編禁軍；或是進行部隊操演；或是欲一舉消滅文明太后。《魏書·高祖紀》在敘述禁軍調動後，緊接著就是「太上皇帝」崩，過程太過突然，似乎有某種隱諱，這個答案在《魏書·文成文明皇后馮氏傳》揭露：「顯祖暴崩，時言太后爲之也。」〔註60〕由前述引文可知，魏獻文帝六月甲子調動禁軍，七日後的辛未即暴崩，〔註61〕推測應是文明太后陣營先下手爲強，在魏獻文帝未發動政變前即置其於死地。魏獻文帝死後，年僅十歲的魏孝文帝，能力、智慧各方面都未臻於成熟之境，無法執掌政權，遂「尊皇太后爲太皇太后，臨朝稱制。」〔註62〕文明太后爲魏孝文帝祖母，故爲太皇太后。北魏政權又再度落入文明太后手中，造就其二度臨朝聽政。

五、劉宋降將與使者的影響

齊高帝篡宋稱帝時，劉宋使者員外散騎常侍殷靈誕、員外散騎侍郎苟昭先正出使北魏，瞬間成了亡國之臣。魏宋關係自469年（魏皇興三年、宋泰始五年）後趨於和緩，雙方互動頻繁，均曾互派使者出使。殷靈誕、苟昭先於479年（魏太和三年、宋昇明三年）〔註63〕正月奉宋順帝之命出使北魏，

〔註59〕《魏書》卷7上〈高祖紀上〉，頁142。
〔註60〕《魏書》卷13〈皇后·文成文明皇后馮氏傳〉，頁328。
〔註61〕《魏書》卷7上〈高祖紀上〉，頁142。
〔註62〕《魏書》卷7上〈高祖紀上〉，頁142。
〔註63〕殷靈誕、苟昭先出使北魏時間各史書記載略有不同，即使同是《魏書》紀傳之記載亦各異，《魏書》卷7上〈高祖紀上〉，頁146載：「（479、魏太和三年、宋昇明三年）夏四月壬申，劉準（宋順帝）遣使朝獻。」同書卷97〈島夷劉裕傳〉，頁2152載：「（太和）三年正月，（劉）準遣員外散騎常侍殷靈誕、員外散騎侍郎苟昭先朝貢。」至於《資治通鑑》則未有二人出使北魏記載。另《南齊書》卷57〈魏虜傳〉，頁988則載：「昇明中，北使殷靈誕、苟昭先在虜。」並未敘明詳細時間。依宋順帝退位、蕭道成篡宋的時程來看，《宋書》卷10〈順帝紀〉，頁199載：「（479、魏太和三年、宋昇明三年）夏四月……

卻逢宋亡齊興祖國滅亡，因而無法歸國只能滯留北魏，二人雖逢亡國之痛，仍堅守宋臣本色，要求北魏出兵，希望借北魏之力恢復宋室江山，《南齊書‧魏虜傳》載：〔註64〕

> 昇明中，北使殷靈誕、苟昭先在虜，聞太祖（齊高帝）登極，靈誕謂虜典客曰：「宋魏通好，憂患是同。宋今滅亡，魏不相救，何用和親？」

劉宋降臣丹陽王劉昶對劉宋滅亡亦頗為憤慨，劉昶乃宋文帝第九子，劉宋封義陽王、北魏封丹陽王，他曾上啟魏孝文帝曰：〔註65〕

> 臣本國不造，私有虐政，不能廢昏立德，扶定傾危，萬里奔波，投蔭皇闕，仰賴天慈，以存首領。然大恥未雪，痛愧纏心。屬逢陛下釐校之始，願垂曲恩，處臣邊戍，招集遺人，以雪私恥。雖死之日，猶若生年。

劉昶此番言論，雖是戰爭結束後蒙魏孝文帝於宣文堂引見時所言，然由此可知他對劉宋滅亡悲憤萬分。劉昶降魏後頗受重用，史載：〔註66〕

> 朝廷嘉重之，尚武邑公主，拜侍中、征南將軍、駙馬都尉，封丹陽王。歲餘而公主薨，更尚建興長公主。……公主復薨，更尚平陽長公主。……太和初，轉內都坐大官。

北魏先後以三位公主妻之，足證對其重視，故北魏朝廷對南朝諸般情勢，以劉昶出身及對南方政治、經濟、軍事、社會的瞭解，顯而易見，多會徵詢他的意見，何況是改朝換代之事，故史書雖未載北魏朝廷是否就出兵一事詢問他，但是依正常情況，應會就此事探詢其意見，即便文明太后或魏孝文帝未予以諮詢，依上述引文，劉昶於戰後上啟魏孝文帝述及家國滅亡的傷痛觀之，合理推估，他應會上陳南伐之議，故文明太后有可能受劉昶與宋使殷靈誕等

辛卯，天祿永終，禪位于齊。壬辰，（宋順）帝遜位于東邸。」蕭道成於二天後即皇帝位。另《南齊書》卷2〈高帝紀下〉，頁31：「建元元年（479、魏太和三年）夏四月甲午，上即皇帝位於南郊。」蕭道成簒宋過程經過詳細計畫，既決定在四月稱帝，劉宋即將走入歷史，不太可能在四月時還讓殷靈誕、苟昭先以宋使名義出使北魏，若欲出使，應在蕭道成稱帝後，以齊使名義為宜。故綜合上述，殷靈誕、苟昭先出使北魏時間，以《魏書‧島夷劉裕傳》所載正月較為正確。

〔註64〕《南齊書》卷57〈魏虜傳〉，頁988。
〔註65〕《魏書》卷59〈劉昶傳〉，頁1309。
〔註66〕《魏書》卷59〈劉昶傳〉，頁1307～1308。

人影響，決定出兵干預南朝政事，並趁機拓展南疆領土。

六、齊高帝鞏固地方勢力

齊高帝與其左右僚屬久居劉宋中央朝廷，故篡宋建齊後，毫無疑問能掌控中央權力，但地方勢力並非齊高帝的新朝廷能全盤掌握，一旦這些地方勢力不服中央，趁機在北魏與南齊爆發戰爭時，從後掣肘製造動亂，會使南齊朝廷承受前線、後防的雙重壓迫，令齊軍無法在前線全力抗魏，造成嚴重的國防問題，因此齊高帝必須全盤掌握這些地方勢力，其中尤以交州、梁州爲最。

「交州（約在今廣西、北越一帶），鎮交阯。……外接南夷，寶貨所出，山海珍怪，莫與爲比。民恃險遠，數好反叛。」〔註 67〕交州在宋明帝時即是半獨立狀態，當時交州刺史李長仁卒，其弟李叔獻代領州事，實際控制交州，但李叔獻並非朝廷命官，無任何名義可治理交州，於是李叔獻希望宋明帝在研議刺史人選時，能以其爲交州刺史，賦予治理交州的合法性。然宋明帝未從李叔獻之願，調南海太守沈煥爲交州刺史，以李叔獻爲沈煥之寧遠司馬及武平、新昌二郡太守。李叔獻不滿未獲交州刺史，發兵拒沈煥入境，沈煥無法進入交州，宋明帝又未以積極態度處理，如遣軍護送，或釜底抽薪派兵討平李叔獻，遂使交州與劉宋朝廷形成僵局，之後終劉宋之世交州問題始終未能解決，李叔獻仍爲交州實際之主。

齊高帝即位後，需收攏地方勢力鞏固南齊王朝，對於半獨立的交州問題，前文述及征虜將軍劉善明向齊高帝上〈陳事凡十一條〉，其中第十一條即是針對交州問題而發：〔註68〕

> 交州險夐，要荒之表，宋末政苛，遂至怨叛。今大化創始，宜懷以
> 恩德，未應遠勞將士，搖動邊氓。且彼土所出，唯有珠寶，實非聖
> 朝所須之急。討伐之事，謂宜且停。

劉善明認爲武力征討並非上策，應代之以懷柔。此觀點與齊高帝不謀而合，遂於 479 年（魏太和三年、齊建元元年）七月下詔以李叔獻爲交州刺史，《南齊書‧高帝紀》：〔註69〕

〔註67〕《南齊書》卷 14〈州郡志上〉，頁 266。
〔註68〕《南齊書》卷 28〈劉善明傳〉，頁 525～526。
〔註69〕《南齊書》卷 2〈高帝紀下〉，頁 34～35。

詔曰：「交阯比景，獨隔書朔，斯乃前運方季，負海不朝，因迷遂往，歸款莫由。曲赦交州部內李叔獻一人即撫南土，文武詳才選用。并遣大使宣揚朝恩。」以試守武平太守行交州府事李叔獻為交州刺史。

齊高帝願予李叔獻交州刺史一職的思考點，乃在於南齊初建，當務之急應鞏固中央及地方的權力，首要戰略目標在備禦北魏的南侵，此時不宜以武力解決交州問題，若派兵征討無法於短期內降伏李叔獻，恐折損齊高帝威信，且後續再遣軍增援，會影響北方與北魏對抗的國防形勢。反之，若武力能一舉盪平交州，也會耗費大量軍費與物資。若能以一紙詔令命李叔獻為交州刺史，換取和平解決交州問題，將交州納入南齊統治，收取當地賦稅、山海珍寶以為國用，對齊高帝而言，自然較遣軍征討更為有利。至於就李叔獻而言，他雖然控制交州，但名不正言不順，正期盼南齊能承認其正當性，他也不願與齊高帝兵戎相見，因為僅憑交州一隅實無法與南齊抗衡，若能獲交州刺史一職，歸順南齊應是可考慮方向。果不其然，其後發展一如所料，齊高帝任命李叔獻為交州刺史，以和平方式解決了交州問題，這對當時的齊高帝與李叔獻而言乃雙贏結果。

除交州外，梁州（約在今陝西、四川一帶）對南齊的向心亦有問題，由於梁州「州境與氏、胡相鄰。」〔註70〕因境內少數民族多，故梁州地方官員與少數民族關係錯綜複雜，稍有不慎，即可能引起少數民族動亂。南齊建立後，「梁州刺史范柏年懷挾詭態，首鼠兩端。」〔註71〕齊高帝對范柏年與少數民族勢力相結合頗為憂慮，欲解除其梁州刺史一職，以便南齊朝廷能直接掌控梁州。左衛率胡諧之曾與范柏年有索馬糾紛，〔註72〕遂向齊高帝進讒言：
〔註73〕

> 時王玄邈代（范）柏年，柏年稱疾推遷不時還。（胡）諧之言於（齊高）帝曰：「柏年恃其山川險固，聚眾欲擅一州。」及柏年下，帝欲不問，諧之又言：「見獸格得而放上山。」於是賜死。

齊高帝對胡諧之論范柏年「聚眾欲擅一州」感到憂心，遂讓其長孫，時任雍

〔註70〕《南齊書》卷15〈州郡志下〉，頁289。
〔註71〕《南齊書》卷59〈氐傳〉，頁1028。
〔註72〕「（胡諧之）就梁州刺史范柏年求佳馬，柏年患之，謂使曰：『馬非狗子，那可得為應無極之求。』接使人薄，使人致恨歸，謂諧之曰：『柏年云，胡諧是何傖狗，無厭之求。』諧之切齒致忿。」參見〔唐〕李延壽，《南史》（中華書局點校本）卷47〈胡諧之傳〉，頁1177。
〔註73〕《南史》卷47〈胡諧之傳〉，頁1177。

州刺史的南郡王蕭長懋計誘范柏年至襄陽，范柏年中計至襄陽後，遭蕭長懋逮捕下獄。齊高帝原不願開國之初即殺封疆大吏，但禁不住胡諧之讒言，終究於 479 年（魏太和三年、齊建元元年）十月「甲午，賜柏年死」。〔註74〕

齊高帝殺范柏年後，原想徹底解決梁州問題，不料事與願違反激起動亂。原范柏年下屬李烏奴逃離梁州，依仇池主楊文弘，楊文弘乃氐人，正欲藉南齊新立，威權未達西疆之際生事，加上李烏奴的慫恿，遂令李烏奴「引氐兵千餘人寇梁州，陷白馬戍。」〔註75〕白馬戍在沔水北，即陽平關，乃一重要軍事重鎮。齊高帝聞白馬戍陷於仇池，大驚，但並未由中央遣軍平亂，而是命時為持節、都督梁南秦二州軍事的右將軍王玄邈率所屬部隊平亂，《南齊書‧王玄邈傳》載：〔註76〕

> 亡命李烏奴作亂梁部，陷白馬戍。玄邈率東從七八百人討之，不克，慮不自保，乃使人偽降烏奴，告之曰：「王使君兵眾羸弱，棄伎妾於城內，攜愛妾二人去已數日矣。」烏奴喜，輕兵襲州城，玄邈設伏擊破之，烏奴挺身走。太祖（齊高帝）聞之，曰：「玄邈果不負吾意遇也。」

王玄邈以詐降計擊退李烏奴，迫其領殘軍逃回仇池，梁州問題終得解決。

交州在南、梁州在西，能否控制兩州對新建的南齊政權而言，乃其統治力能否廣達地方的兩大指標。而齊高帝解決交州、梁州問題的手段，正符合恩威並施的策略，對交州李叔獻乃是施恩，以其為交州刺史；對梁州刺史范柏年則是威嚇，先予以殺之，再對其屬下李烏奴的叛亂以武力平服。李叔獻和梁柏年的不同結果，對其他尚對南齊政權搖擺不定的地方州郡，起著示範作用。願順服南齊者，可如交州李叔獻般獲高官厚祿；若不服欲以武力對抗者，則如梁州范柏年、李烏奴之下場。

齊高帝解決交州、梁州問題後，代表其威權已可達南疆、西疆，劉宋時期的各地方刺史、太守等官員，也都體認宋亡齊興乃天命所歸，游移兩端或藉少數民族力量作亂的也逐漸減少，齊高帝掌控地方的力道也愈來愈強。而齊高帝鞏固地方勢力後，便能無後顧之憂全力加強北方國防，以應付隨時可能爆發的魏齊衝突。

〔註74〕《資治通鑑》卷 135〈齊紀一〉，高帝建元元年，頁 4232。
〔註75〕《資治通鑑》卷 135〈齊紀一〉，高帝建元元年，頁 4232。
〔註76〕《南齊書》卷 27〈王玄邈傳〉，頁 510。

第二節　戰略規畫與作戰經過

　　479年（魏太和三年、齊建元元年）十一月爆發的魏齊戰爭，乃北魏與南齊的首次軍事衝突，當時北魏君主雖爲魏孝文帝，然國政大權全操之於臨朝聽政的文明太后，雖然進攻南齊軍事行動的各項詔令或軍事調度，皆以魏孝文帝之名爲之，但實際謀劃者爲文明太后，故此次戰爭可謂文明太后與齊高帝首次也是唯一一次的軍事較量。

一、第一階段：壽春之戰

　　齊高帝傾覆宋室，又弒宋順帝，北魏欲師出有名，乃以復興劉宋爲號召，而最有資格恢復劉宋江山者，非降魏的劉宋宗室丹陽王劉昶莫屬，遂以其爲南伐統帥，於479年（魏太和三年、齊建元元年）十一月，以助劉昶興復劉宋王朝爲名出兵南討，《南齊書・魏虜傳》：「建元元年，僞太和三年也。（拓跋）宏聞太祖（齊高帝）受禪，其冬，發衆遣劉昶爲太師，寇司、豫二州。」〔註77〕而魏孝文帝在出兵前爲實施精神動員，特別召見劉昶，激勵其對南齊作戰的決心：〔註78〕

　　　　卿識機體運，先覺而來。卿宗廟不復血食，朕聞斯問，矜忿兼懷。

　　　　今遣大將軍率南州甲卒，以伐逆豎，克蕩兇醜，翦除民害。氛穢既

　　　　清，即胙卿江南之土，以興蕃業。

劉昶率北魏大軍分三道伐齊：「進假梁郡公元嘉爵爲假王，督二將出淮陰；隴西公元琛三將出廣陵；河東公薛虎子三將出壽春。」〔註79〕魏軍三路出擊聲勢浩大，令南齊南兗州刺史王敬則聞風棄城逃回建康，「聞魏將濟淮，委鎮還建康，士民驚散。」〔註80〕南兗州治廣陵、北兗州治淮陰，〔註81〕分別爲南齊在長江北岸、淮河南岸的軍事重鎮，詎料，身爲南兗州軍政最高長官，守土有責的王敬則竟不戰而走。不過，魏軍並未在上述兩個軍事重鎮與齊軍爆發衝突，反而是在義陽（今河南信陽），使義陽成爲南齊建立以來，首次與北

〔註77〕　《南齊書》卷57〈魏虜傳〉，頁986。另《南齊書》卷57〈校勘記〉6，頁1001
　　　　載：「按《魏書》〈劉昶傳〉，昶未嘗爲太師，疑有誤。」檢視《魏書》卷59
　　　　〈劉昶傳〉，頁1307～1311，的確未見劉昶曾爲北魏太師之記載。

〔註78〕　《魏書》卷59〈劉昶傳〉，頁1308。

〔註79〕　《魏書》卷7上〈高祖紀上〉，頁147。

〔註80〕　《資治通鑑》卷135〈齊紀一〉，高帝建元元年，頁4233。

〔註81〕　參見《南齊書》卷14〈州郡志上〉，頁255、257。

魏爆發衝突的戰場。

（一）義陽遭遇戰

義陽遭遇戰起因爲義陽土豪謝天蓋自署司州刺史，欲以州降魏，北魏遣樂陵（今河南唐縣）鎮將韋珍領軍渡淮接應。當時南齊負責司州防務的爲寧朔將軍、司州刺史、領義陽太守的蕭景先。蕭景先聞北魏遣軍聲援謝天蓋後大驚，若司州陷魏，魏軍恐南下直搗南齊腹地，故當前戰略急務須阻止韋珍魏軍與謝天蓋叛軍聯合。蕭景先爲應付這兩股軍事力量，佈署兩道戰略行動，他先率所屬兵馬前往剿滅謝天蓋；至於韋珍所率魏軍，依司州現有兵力實無法匹敵，乃立即向豫章王蕭嶷求援，蕭嶷乃齊高帝第二子，時「都督荊湘雍益梁寧南北秦八州諸軍事、南蠻校尉、荊湘二州刺史，持節、侍中、將軍、開府如故。」〔註82〕可見頗受齊高帝賞識與重用。蕭嶷接到蕭景先的求援後，立即調兵馳援，《南齊書‧蕭景先傳》載：〔註83〕

> 義陽人謝天蓋與虜相構扇，景先言於督府，驃騎豫章王遣輔國將軍中兵參軍蕭惠朗二千人助景先。惠朗依山築城，斷塞關隘，討天蓋黨與。……豫章王又遣寧朔將軍王僧炳、前軍將軍王應之、龍驤將軍莊明三千人屯義陽關外，爲聲援。虜退。

義陽遭遇戰揭開魏齊南北戰爭序幕，但是關於戰爭過程及結果，南北史籍記載略有不同，另據《魏書‧韋珍傳》載：〔註84〕

> 蕭道成司州民謝天蓋自署司州刺史，規欲以州內附。……詔珍率在鎮士馬渡淮援接。時道成聞珍將至，遣將苟元賓據淮逆拒。珍乃分遣鐵馬，於上流潛渡，親率步士與賊對接。旗鼓始交，甲騎奄至，腹背奮擊，破之。天蓋尋爲左右所殺，……擁降民七千餘戶內徙，表置城陽、剛陵、義陽三郡以處之。

《魏書》所載韋珍與魏軍士兵奮勇作戰的過程及擊破齊軍的結果，「親率步士與賊對接。旗鼓始交，甲騎奄至，腹背奮擊，破之。」《南齊書》並未如此記載，僅書「虜退」二字而已。事實上，南北史書因各自立場所限，誇勝諱敗乃理所當然，而《資治通鑑》則對其中的差異提出詳細說明，〔註85〕對魏軍

〔註82〕《南齊書》卷22〈豫章文獻王嶷傳〉，頁407。
〔註83〕《南齊書》卷38〈蕭景先傳〉，頁662。
〔註84〕《魏書》卷45〈韋珍傳〉，頁1013。
〔註85〕義陽遭遇戰南北史書記載不同，《南齊書》卷38〈蕭景先傳〉，頁662載：「義

與齊軍在義陽的遭遇有較詳實且客觀的記載：「豫章王嶷遣中兵參軍蕭惠朗將二千人助司州刺史蕭景先討天蓋，韋珍略七千餘戶而去。」〔註86〕綜合上述，義陽遭遇戰當是蕭景先搶先在韋珍與謝天蓋聯軍之前，擊破謝天蓋武力，而謝天蓋則遭其部屬所殺。蕭景先敉平謝天蓋之亂後，接著與蕭惠朗合軍前後夾擊魏軍，魏軍雖遭圍攻，但在韋珍的率領下奮勇突圍，破齊軍掠七千餘戶而去，由此可見，義陽遭遇戰對北魏與南齊任何一方而言，均未有具體的勝利，雖然韋珍擄掠七千戶當作勝果，但這是北魏一貫的作法，不論勝仗或敗戰，均有掠奪民戶之舉。

司州並非此次北魏進軍的攻擊重點，魏軍之所以兵進司州，乃因當地豪強欲以司州降魏，若北魏能順利接收，當可費些許力量即能取得司州，對北魏而言實屬有利，故北魏朝廷才派兵前往，不料卻遭到南齊司州守軍及援軍的激烈抵抗，既然韋珍在司州的進攻無法獲取勝果，只有盡速撤離，以免戰事拖延影響全盤戰略規畫。魏軍的主力佈署在淮河壽春以東，準備強力突破南齊的淮河防線，進攻豫州、北徐州、南兗州和青冀二州，其中豫州、北徐州是南齊防禦重點，至於南兗州，竟發生刺史王敬則臨陣脫逃情事，《南齊書‧王敬則傳》載：〔註87〕

> 建元元年（479、魏太和三年），出為使持節、散騎常侍、都督南兗兗徐青冀五州軍事、平北將軍、南兗州刺史，封尋陽郡公，邑三千戶。加敬則妻懷氏爵為尋陽國夫人。二年，進號安北將軍。虜寇淮、泗，敬則恐，委鎮還都，百姓皆驚散奔走，上以其功臣，不問。

陽人謝天蓋與虜相構扇，景先言於督府，驃騎豫章王遣輔國將軍中兵參軍蕭惠朗二千人助景先。惠朗依山築城，斷塞關隘，討天蓋黨與。虜尋遣偽南部尚書頹跋屯汝南，洛州刺史昌黎王馮莎屯清丘。景先嚴備待敵。豫章王又遣寧朔將軍王僧炳、前軍將軍王應之、龍驤將軍莊明三千人屯義陽關外，為聲援。虜退。」另《魏書》卷45〈韋珍傳〉，頁1013載：「蕭道成司州民謝天蓋自署司州刺史，規欲以州內附。事泄，為道成將崔慧景攻圍。詔珍率在鎮士馬渡淮援接。時道成聞珍將至，遣將苟元賓據淮逆拒。珍乃分遣鐵馬，於上流潛渡，親率步士與賊對接。旗鼓始交，甲騎奄至，腹背奮擊，破之。天蓋尋為左右所殺，降於慧景。珍乘勝馳進，又破慧景，擄降民七千餘戶內徙，表置城陽、剛陵、義陽三郡以處之。」《資治通鑑》曾對南北史書的記載差異提出說明：「按魏將無頹跋、馮莎，而慧景亦非討天蓋之將。蓋時二國之史，各出傳聞，互有訛謬。今約取二史大概而用之。」參見《資治通鑑》卷135〈齊紀一〉，高帝建元元年，〈考異〉，頁4233。

〔註86〕《資治通鑑》卷135〈齊紀一〉，高帝建元元年，〈考異〉，頁4233。

〔註87〕《南齊書》卷26〈王敬則傳〉，頁481。

據上引文，王敬則官銜及職權極大，更都督北方五州的軍事，可見齊高帝委以北方國防重任，無奈竟懼於魏軍軍威，棄北疆防務於不顧，未與魏軍交戰即逃回京城。按理齊高帝應予嚴懲，甚至處死亦不為過，然齊高帝竟因王敬則乃自劉宋末年始，即協助其創建龍興大業的功臣，未有任何懲處，更「以為都官尚書、撫軍。」〔註88〕齊高帝這種賞罰不明的舉措，不僅對前線奮勇抗魏的將士不公，更對其領導統御與君威有損。

從上述王敬則不戰而逃、謝天蓋舉兵響應等兩件事實觀之，南朝百姓長期處於北強南弱的情況下，對魏軍的驚恐是長期存在的，並未因宋亡齊興，更換一個新政權而有所改變，換言之，從劉宋至南齊，上自朝廷官員、下至黎民百姓，均不免有畏懼魏軍聲威之心態。

次年（480、魏太和四年、齊建元二年）正月，魏軍拓跋琛部攻克馬頭戍（今安徽壽縣西北），「隴西公元琛等攻克蕭道成馬頭戍。」〔註89〕並乘勝進擊鍾離（今安徽鳳陽東北），與南齊徐州刺史崔文仲相遇。崔文仲頗具戰略素養，他認為與其被動防禦等待魏軍進攻，不如化被動為主動，採取攻勢渡淮攻打魏軍，誠如《孫子兵法》所云：「凡先處戰地而待敵者佚，後處戰地而趨戰者勞。故善戰者，致人而不致於人。」〔註90〕崔文仲採取戰略主動，亦即掌握戰場主動權，先佔據戰場等待敵人來戰，所以善於指揮作戰的將領，能設法調動敵人而不被敵人所調動，崔文仲的戰略作為無疑符合上述意旨，故能擊退魏軍，更攻佔北魏茌眉戍：〔註91〕

> 虜攻鍾離，文仲擊破之。又遣軍主崔孝伯等過淮攻拔虜茌眉戍，殺戍主龍得侯及偽陽平太守郭杜羝，館陶令張德，濮陽令王明。時虜攻殺馬頭太守劉從，上（齊高帝）曰：「破茌眉，足相補。」

齊高帝對崔文仲的反擊戰大為讚賞，由於崔文仲的適時反擊且攻佔北魏茌眉戍，正可彌補馬頭戍遭魏軍攻陷的損失，而魏軍遭此挫敗，暫時撤回壽春北面。魏軍此番出擊實過於輕敵，拓跋琛攻陷馬頭戍後，孤軍深入直指鍾離，未見魏軍他部應援。而馬頭戍乃壽春北面軍事重鎮，若此戍不保，將使壽春直接暴露於魏軍正面，一旦壽春陷魏，魏軍恐大舉南下，故齊高帝大為震恐，

〔註88〕《南齊書》卷26〈王敬則傳〉，頁481。

〔註89〕《魏書》卷7上〈高祖紀上〉，頁148。

〔註90〕孫武著、吳仁傑注譯，《孫子讀本》〈虛實篇第六〉，頁37～38。

〔註91〕《南齊書》卷28〈崔祖思附宗人文仲傳〉，頁521。

全力反擊，「詔索虜寇淮、泗，遣眾軍北伐，內外纂嚴。」〔註92〕齊高帝的戰略規畫乃先保壽春，遏止魏軍南下，而齊軍在崔文仲領導下，擊破魏軍首傳捷報。

（二）北魏陣前易將

北魏鑑於茌眉戍的挫敗，不敢輕敵，二月時重新集結各路魏軍，號稱二十萬步騎，〔註93〕由丹陽王劉昶與假梁郡王拓跋嘉統率，進攻壽春。事實上，拓跋嘉並非原來這次魏軍重整旗鼓再度對南齊發動攻勢的統帥之一，他乃奉北魏朝廷之命取代鎮南將軍薛道標。薛道標為劉宋名將薛安都之子，薛安都於 466 年（魏天安元年、宋泰始二年）降魏，〔註94〕北魏待之甚厚，死後其子薛道標襲爵，「太和初，出為鎮南將軍、平州刺史。」〔註95〕齊高帝對原劉宋名將薛安都、薛道標父子二人的背景相當清楚，加上薛氏父子的親友故舊都在南方，其中薛道標隨其父降附北魏時，妻兒都留在建康，遂給了齊高帝操作反間的空間，《南齊書·薛淵傳》載：〔註96〕

> 虜遣偽將薛道標寇壽春，太祖（齊高帝）以道標淵之親近，敕齊郡
> 太守劉懷慰曰：「聞道標分明來，其兒婦並在都，與諸弟無復同生者，
> 凡此類，無為不多方悞之，縱不全信，足使犲狼疑惑。」令為淵書
> 與道標示購之之意，虜得書，果追道標，遣他將代之。

薛淵本名薛道淵，避齊高帝諱略去道字，〔註97〕他乃薛安都從子，故為薛道標堂弟。誠如上述引文所言，齊高帝希望藉由薛淵的情感呼喚能策反薛道標，如果成功自然最佳，即使不成，亦能離間北魏君臣對薛道標的信任，達到迷惑敵人的目的。而就結果而言，齊高帝的確達成其戰略目的，在北魏朝廷有所懷疑下，果然陣前換將，以拓跋嘉代之。

魏軍南伐將領由薛道標換成拓跋嘉，並不能改變魏軍攻打南齊的事實，但是齊高帝為何會有如此的戰略作為？筆者認為不妨用不同的角度與面向思

〔註92〕《南齊書》卷 2〈高帝紀下〉，頁 36。
〔註93〕魏軍二十萬，《南齊書》、《資治通鑑》皆有載，參見《南齊書》卷 25〈垣崇祖
　　　　傳〉，頁 462。《資治通鑑》卷 135〈齊紀一〉，高帝建元二年，頁 4236。
〔註94〕薛安都叛宋投魏經過，參見《魏書》卷 61〈薛安都傳〉，頁 1353～1354。《宋
　　　　書》卷 48〈薛安都傳〉，頁 2219～2221。
〔註95〕《魏書》卷 61〈薛安都傳〉，頁 1354。
〔註96〕《南齊書》卷 30〈薛淵傳〉，頁 554。
〔註97〕參見《南齊書》卷 30〈薛淵傳〉，頁 553。

考。首先，齊高帝懂得利用宗親之誼以薛淵招降薛道標，相同的薛道標也有可能利用自己的身分誘降南齊意志不堅的將領，如此一來，若有將領變節甚至帶領所屬部隊投魏，不但未戰先敗且會削弱齊軍抵禦魏軍的力量，為避免這種情況發生，故制敵機先，先誘降薛道標。其次，陣前換將乃兵家大忌，即便策反薛道標未成，但是過程中必會引起北魏朝廷猜忌，若文明太后或魏孝文帝存在非我族類其心必異之想法，恐會將薛道標解職不讓其領軍，而陣前倉促換將，會造成薛道標的怨懟以及士兵間的揣測，間接影響軍隊士氣，而不論是前者或後者，其結果皆有利於南齊。

反間一般將其視為所有用間的通稱，事實上用間有五種，而反間真實的意涵據《孫子兵法》所載：〔註98〕

> 故用間有五：有鄉間，有內間，有反間，有死間，有生間。……鄉間者，因其鄉人而用之。內間者，因其官人而用之。反間者，因其敵間而用之。死間者，為誑事於外，令吾間知之，而傳於敵也。生間者，反報也。

孫武舉出間諜的使用共有五種，鄉間乃利用敵國鄰里之人為間諜；內間是利用敵國官吏為間諜；反間即是收買敵人派來的間諜為我所用；死間則是製造假情報，通過潛入敵營的我方間諜，把假情報傳給敵人；生間就是我方間諜能回來報告敵情。觀乎齊高帝的戰略作為，不似孫武定義反間的真實意義，因薛道標並非北魏派至南齊的間諜，而是較趨近內間與死間的綜合。

（三）決戰壽春城外

南齊壽春守將豫州刺史垣崇祖，面對北魏大軍來勢洶洶，遂召集文武僚屬商討抵禦措施，垣崇祖首先提出他的防守戰略規畫：〔註99〕

> 賊眾我寡，當用奇以制之。當脩外城以待敵，城既廣闊、非水不固，今欲堰肥水卻淹為三面之險。

不料卻遭致眾人反對，眾曰：〔註100〕

> 昔佛狸（指魏太武帝）侵境，宋南平王士卒完盛，以郭大難守，退保內城。今日之事，十倍於前。古來相承，不築肥堰，皆以地形不便，積水無用故也。若必行之，恐非事宜。

〔註98〕孫武著、吳仁傑注譯，《孫子讀本》〈用間篇第十三〉，頁99。
〔註99〕《南齊書》卷25〈垣崇祖傳〉，頁462。
〔註100〕《南齊書》卷25〈垣崇祖傳〉，頁462。

眾僚屬反對水淹之策的理由在於壽春城地形不利築堰，且當年劉宋南平王劉鑠於壽春抵禦魏太武帝大軍時，兵力數倍於今，都認為外城太大難以防守，故應棄外城堅守內城為宜，勸垣崇祖秉持以往的防守戰略。然而垣崇祖卻獨排眾議，他認為：「若捨外城，賊必據之，外脩樓櫓，內築長圍，四周無礙，表裏受敵，此坐自為擒。」〔註101〕垣崇祖向長史封延伯分析其戰略規畫必能穩操勝券：〔註102〕

> 虜貪而少慮，必悉力攻小城，圖破此堰。見塹狹城小，謂一往可剋，當以蟻附攻之。放水一激，急踰三峽，事窮奔透，自然沈溺。此豈非小勞而大利邪？

由於垣崇祖態度堅定，謂「守郭築堰，是吾不諫之策也。」〔註103〕眾文武僚屬無話可駁，兼之他又是豫州最高軍政首長，於是抵禦魏軍攻城的防守戰略就此定案。垣崇祖指揮士兵開始於壽春城西北修築堰堤攔淝水，並在堰堤北築小城，四周挖好溝塹，以待魏軍。

北魏大軍集結壽春城外，在準備發起攻擊行動前，劉昶為了實施精神動員，乃召集將士以自己為例激勵士氣：〔註104〕

> 將欲臨陣，（劉昶）四面拜諸將士，自陳家國滅亡，蒙朝廷慈覆，辭理切至，聲氣激揚，涕泗橫流，三軍咸為感歎。

魏軍在劉昶率領下迅速推進至壽春城外，並戮力攻城，與壽春齊軍發生激烈戰鬥，《南齊書·垣崇祖傳》載：〔註105〕

> 虜眾由西道集堰南，分軍東路肉薄攻小城。崇祖著白紗帽，肩輿上城，手自轉式。至日晡時，決小史埭。水勢奔下，虜攻城之眾，漂墜塹中，人馬溺死數千人，眾皆退走。

垣崇祖率領齊軍堅守，魏軍攻勢受挫，齊軍趁機決堰堤，淝水滾滾而下，魏軍毫無防備，數千人遭溺陣亡。魏軍遭此大敗，已無心戀戰，且進入三月南方雨季來臨，劉昶遂以「雨水方降，表請還師。」〔註106〕文明太后與魏孝文帝見壽春戰事不利，若繼續攻城，恐會折損士兵與影響後勤補給，不如暫

〔註101〕《南齊書》卷25〈垣崇祖傳〉，頁462。
〔註102〕《南齊書》卷25〈垣崇祖傳〉，頁462。
〔註103〕《南齊書》卷25〈垣崇祖傳〉，頁462。
〔註104〕《魏書》卷59〈劉昶傳〉，頁1308～1309。
〔註105〕《南齊書》卷25〈垣崇祖傳〉，頁462。
〔註106〕《魏書》卷59〈劉昶傳〉，頁1309。

且休養整補，另尋戰機再發動攻勢，遂於 480 年（魏太和四年、齊建元二年）「三月丙午，詔車騎大將軍馮熙督眾迎還假梁郡王嘉等諸軍。」〔註107〕一般而言，魏軍北返因未有戰鬥行動，僅是行軍退回北魏境內，北魏朝廷不需特別命人接應，而魏孝文帝會令馮熙率軍迎接南伐魏軍，可見南伐魏軍在壽春一役受創頗深，尤其數千軍士並非衝鋒陷陣或攻打過程中陣亡，而是遭淝水溺斃，此結果也對魏軍將士的心理造成一定程度影響，若南齊乘勝追擊遣軍從後掩殺，魏軍北返過程中恐再嘗敗績。而為了安撫軍心，同時也防範齊軍的狙擊，北魏朝廷遣軍接應實屬必須，此舉不失為一正確的戰略決策。然不論如何，魏軍終究退去，南齊壽春之圍得解，魏齊第一階段戰爭結束。

南齊能在第一階段壽春之役擊退魏軍，豫州刺史垣崇祖居功厥偉，但另有一功臣右將軍周盤龍，《南齊書‧周盤龍傳》載：〔註108〕

> 周盤龍，北蘭陵蘭陵人也。宋世土斷，屬東平郡。盤龍膽氣過人，尤便弓馬。……太祖（齊高帝）即位，進號右將軍。建元二年，虜寇壽春，以盤龍為軍主、假節，助豫州刺史垣崇祖決水漂漬。盤龍率輔國將軍張倪馬步軍於西澤中奮擊，殺傷數萬人，獲牛馬輜重。

上述引文對周盤龍「殺傷數萬人」之功似有誇大之嫌，另據《南齊書‧垣崇祖傳》：「人馬溺死數千人。」〔註109〕及《資治通鑑》：「人馬溺死以千數。」〔註110〕之記載互相參照，魏軍死傷應以《南齊書‧垣崇祖傳》、《資治通鑑》之記載為是。南北朝時期因南北對立，南北史書各有其立場，是故《南齊書‧周盤龍傳》出現殺傷魏軍數萬人的記載也就不足為奇。不過垣崇祖、周盤龍大敗魏軍確為事實，對甫建國未久，面對北魏首次戰爭即能獲勝的齊高帝而言實為一大鼓舞，故他對垣崇祖、周盤龍二人的功勞大加讚賞，特下詔褒揚，詔曰：〔註111〕

> 醜虜送死，敢寇壽春，崇祖、盤龍正勒義勇，乘機電奮，水陸斬擊，填川蔽野。師不淹晨，西蕃剋定。斯實將率用命之功，文武爭伐之力。凡厥勳勤，宜時銓序，可符列（言）〔上〕。

〔註107〕《魏書》卷7上〈高祖紀上〉，頁148。
〔註108〕《南齊書》卷29〈周盤龍傳〉，頁543～544。
〔註109〕《南齊書》卷25〈垣崇祖傳〉，頁462。
〔註110〕《資治通鑑》卷135〈齊紀一〉，高帝建元二年，頁4236。
〔註111〕《南齊書》卷29〈周盤龍傳〉，頁544。另可符列（言）〔上〕據南監本、殿本、局本改，參見同書同卷〈校勘記〉18，頁551。

壽春之役雖以南齊得勝坐收，但戰爭仍未結束，魏齊邊境仍戰雲密布。

二、第二階段：朐山攻防與淮陽衝突

在第一階段戰事中，義陽衝突的導火線乃義陽土豪謝天蓋自署司州刺史，欲以州降魏，可見南朝在宋齊遞嬗之際，地方勢力不見得完全服從於南齊新政權，雖然謝天蓋失敗，但是這類事件的發生，往往提供有利北魏南侵的戰略契機。而果然在壽春之役結束後四個月，又發生南齊角城（今江蘇淮陰西南）戍主欲以所屬降魏事件。只是由角城戍主主導的叛齊投魏和謝天蓋等土豪發動的不同，謝天蓋須面對南齊當地軍隊的彈壓，但是角城戍主本身即統率當地武力，因此第一時間不會受到鎮壓。而魏軍雖班師北返，但仍密切注意南齊動靜，隨時尋找有利戰機出擊，而角城事件的發生，無疑提供北魏再度侵齊的藉口與時機。於是北魏以角城事件為起點，趁機擴大衝突，戰爭遂進入第二階段，本階段戰事主要集中在朐山與淮陽等地。

（一）朐山攻防

480 年（魏太和四年、齊建元二年）七月，「蕭道成角城戍主請舉城內屬。」〔註112〕北魏見機不可失，且魏軍休養整補已有四個月，戰力逐漸恢復，於是大舉遣軍接應，第二階段戰爭於焉爆發：〔註113〕

> 八月丁酉，（魏孝文帝）詔徐州刺史、假梁郡王嘉赴接之。又遣平南將軍郎大檀三將出朐城，將軍白吐頭二將出海西，將軍元泰二將出連口，將軍封匹三將出角城，鎮南將軍賀羅出下蔡。

北魏這次進兵路線與二月不同，前次進攻淮南地區，主攻馬頭戍、鍾離、壽春等重鎮；這次則進攻淮北濱海地區，主攻青州濱海之朐山（今江蘇連雲港西南）。鑑於壽春之役的敗績，北魏這次興師南侵的部署顯然有完整的戰略規畫。據引文所載，魏軍共分六路十萬大軍，〔註114〕主力是假梁郡王拓跋嘉這路，其他四路：平南將軍郎大檀進攻朐城（今江蘇連雲港）、將軍白吐頭進攻海西（今江蘇灌南縣東南）、將軍元泰進攻連口（今江蘇漣水）、將軍封匹進

〔註112〕《魏書》卷 7 上〈高祖紀上〉，頁 149。
〔註113〕《魏書》卷 7 上〈高祖紀上〉，頁 149。
〔註114〕《南齊書》卷 57〈魏虜傳〉，頁 987 載：「（拓跋）宏又遣偽南部尚書托跋等向司州，分兵出兗、青界，十萬眾圍朐山。」另《資治通鑑》卷 135〈齊紀一〉，高帝建元二年，頁 4240 載：「魏梁郡王嘉帥眾十萬圍朐山。」可見北魏的確出動十萬大軍。

攻角城，這四路軍隊扮演魏軍主力之側翼協同作戰的角色，負責清除南齊軍隊對魏軍主力的牽制，使魏軍主力能全力進攻不受羈絆。至於鎮南將軍賀羅出下蔡（今安徽鳳台）這一路，則肩負牽制垣崇祖的任務。垣崇祖雖然在壽春一役中成功擊退魏軍保住壽春，但他認為北魏並不會因壽春敗退而打消南進念頭，必會再度對南齊發動攻勢，故須鞏固淮河防務，做好戰爭準備，「崇祖慮虜復寇淮北，啓徙下蔡戍於淮東。其冬，虜果欲攻下蔡。」〔註115〕可見垣崇祖頗具深謀遠略的戰略眼光，加上在壽春的戰鬥中，成功運籌水淹戰術大敗魏軍，足證具優秀的戰略素養，是故北魏對他頗為忌憚，因此特別開闢下蔡戰場，命賀羅牽制垣崇祖所屬軍隊，避免南齊朝廷命垣崇祖率軍進攻拓跋嘉之魏軍主力。

齊高帝見北魏再度對南齊發動攻勢，遂「遣領軍將軍李安民行淮、泗。」〔註116〕整合各地齊軍抵禦魏軍的進攻。魏軍在戰爭初期進展頗為順利，九月，南齊「汝南太守常元真、龍驤將軍胡青苟率戶內屬。」〔註117〕然這僅是魏軍初期戰果，不久後即遭到各地齊軍頑強抵抗。在朐山、淮陽等地，魏軍和齊軍都爆發激烈戰鬥。朐山戰役南北史書記載各異，互誇勝敗，《魏書‧高祖紀》：「假梁郡王嘉破蕭道成將盧紹之、玄元度於朐山，其下蔡戍主棄城遁走。」〔註118〕《南齊書‧高帝紀》則載：「索虜攻朐山，青、冀二州刺史盧紹之等破走之。」〔註119〕《魏書‧高祖紀》和《南齊書‧高帝紀》皆曰己勝，只書結果未見過程，不過《南齊書‧魏虜傳》卻對戰爭經過載之甚詳：〔註120〕

> （拓跋）宏又遣僞南部尚書托跋等向司州，分兵出兗、青界，十萬眾圍朐山，戍主玄元度嬰城固守。青冀二州刺史盧紹之遣子奐領兵助之。城中無食，紹之出頓州南石頭亭，隔海運糧柴供給城內。虜圍斷海道，緣岸攻城，會潮水大至，虜淊溺，元度出兵奮擊，大破之。臺遣軍主崔靈建、楊法持、房靈民萬餘人從淮入海，船艦至夜各舉兩火，虜眾望見，謂是南軍大至，一時奔退。

《南齊書‧魏虜傳》之記載普遍為大家接受，《資治通鑑》即採此說〔註121〕。

〔註115〕《南齊書》卷25〈垣崇祖傳〉，頁463。
〔註116〕《南齊書》卷2〈高帝紀下〉，頁37。
〔註117〕《魏書》卷7上〈高祖紀上〉，頁149。
〔註118〕《魏書》卷7上〈高祖紀上〉，頁149。
〔註119〕《南齊書》卷2〈高帝紀下〉，頁37。
〔註120〕《南齊書》卷57〈魏虜傳〉，頁987。
〔註121〕參見《資治通鑑》卷135〈齊紀一〉，高帝建元二年，頁4240。

此外，杜士鐸《北魏史》〔註122〕、張金龍《北魏政治史》〔註123〕、張曉生與劉文彥合著之《中國古代戰爭通覽》〔註124〕、解放軍出版社《中國歷代戰爭簡史》〔註125〕、陳羨《悠悠南北朝——宋齊北魏的紛爭史》〔註126〕均採齊勝魏敗說法。依《南齊書・魏虜傳》、《資治通鑑》所載，北魏動員十萬大軍，〔註127〕由拓跋嘉率領進攻朐山，聲勢頗為浩大，但南齊朐山守將玄元度領兵堅守，加上青冀二州刺史盧紹之又遣子盧奐領兵助其守城，使朐山的守備力量大為提升。魏軍雖然攻勢凌厲，卻久攻不下，拓跋嘉決定除正面進攻外，兼採糧食戰，另遣軍切斷朐山城的糧道，使朐山守軍無法獲得外在物資供應，顯然魏軍準備讓朐山齊軍因困頓而自行投降。不過拓跋嘉的糧食戰術並未成功，關鍵在於朐山城的後勤物資供應，有水陸兩道，在水軍乃南方優勢兵種的情況下，拓跋嘉無法派出水軍封鎖海路，故他僅斷陸路未斷海路，因此海道暢通無阻，盧紹之得以從海路輸入各項軍需糧食。

拓跋嘉見海道通行無阻以致困敵之計無效，決定要阻斷朐山城所有對外聯絡管道，他率魏軍至海岸邊，準備一面切斷海路對朐山城的物資供應；一面沿著海岸攻城。不過因地理環境與生產方式不同，南北軍事強項有別，北方因產馬之故，騎兵乃北人強項；而南方則是河流、湖泊遍布，故水軍實為南人所長。是故魏軍欲對南齊船艦進行攻擊已有先天劣勢，加上魏軍攻城時突漲大潮，魏軍士兵猝不及防淹死不少，此時玄元度見機不可失，率軍從城內衝殺出來，魏軍大敗，但玄元度兵力不足，無法擊退魏軍，不久又退回朐山城內，雙方又形成對峙。

南齊朝廷見朐山危急，若魏軍持續圍困恐支撐不久，遂遣崔靈建、楊法持、房靈民等將率援軍由海路增援。拓跋嘉評估戰略局勢，朐山屢攻不下，

〔註122〕參見杜士鐸主編，《北魏史》（太原：山西高校聯合出版社，1992年8月），頁239。

〔註123〕參見張金龍，《北魏政治史（六）》（蘭州：甘肅教育出版社，2008年9月）卷8〈孝文帝時代（476～499）上：內政、戰爭與外交〉，頁200～203。

〔註124〕參見張曉生、劉文彥，《中國古代戰爭通覽（二）》（臺北：雲龍出版社，1995年8月），頁147。

〔註125〕參見中國歷代戰爭簡史編寫組編著，《中國歷代戰爭簡史》（北京：解放軍出版社，2006年1月），頁204。

〔註126〕參見陳羨，《悠悠南北朝——宋齊北魏的紛爭史》（重慶：重慶出版社，2007年7月），頁194。

〔註127〕《南齊書》卷57〈魏虜傳〉，頁987載：「（拓跋）宏又遣偽南部尚書托跋等向司州，分兵出兗、青界，十萬眾圍朐山。」《資治通鑑》卷135〈齊紀一〉，高帝建元二年，頁4240載：「魏梁郡王嘉帥眾十萬圍朐山。」

又有盧紹之齊軍在旁伺機而動，加上南齊海路援軍進逼，久戰之下恐遭水陸包圍，遂退兵解圍而去。

（二）淮陽衝突

拓跋嘉魏軍在朐山敗退後，北魏並未有結束戰事打算，反而開闢西線戰場，發動另一波攻勢。魏孝文帝於十月丁未「詔昌黎王馮熙爲西道都督，與征南將軍桓誕出義陽；鎮南將軍賀羅，自下蔡東出鍾離。」〔註128〕魏軍從淮河沿岸入侵南齊，與各地齊軍展開激烈爭戰，《魏書・高祖紀》載：〔註129〕

> 南征諸將擊破蕭道成游擊將軍桓康於淮陽。道成豫州刺史垣崇祖寇下蔡，昌黎王馮熙擊破之。假梁郡王嘉大破道成將，俘獲三萬餘口送京師。

事實是否如《魏書・高祖紀》所載，魏軍迭獲勝利？再從南朝史書觀察，《南齊書・高帝紀》：「領軍將軍李安民等破虜於淮陽。」〔註130〕《南齊書・魏虜傳》：「領軍將軍李安民、左軍將軍孫文顯與虜軍戰於淮陽，大敗之。」〔註131〕《南齊書・垣崇祖傳》：「虜軍果夷掘下蔡城，崇祖自率眾渡淮與戰，大破之，追奔數十里，殺獲千計。」〔註132〕《資治通鑑》捨《魏書》取《南齊書》所載，〔註133〕故未見《魏書》中所云魏軍破齊軍之相關內容。〔註134〕前述杜士鐸〔註135〕、張金龍〔註136〕、張曉生、劉文彥〔註137〕、陳羨〔註138〕等人亦從《南齊書》、《資治通鑑》所載，可見齊軍成功阻遏魏軍侵略確爲正確之史實。

481年（魏太和五年、齊建元三年）正月，魏軍進攻淮陽，包圍角城，角城戍主成買堅守，但魏軍攻勢猛烈，「虜圍買數重，上遣領軍將軍李安民爲都督救之。」〔註139〕角城形勢危殆，齊高帝急遣領軍將軍李安民、軍主周盤龍

〔註128〕《魏書》卷7上〈高祖紀上〉，頁149。
〔註129〕《魏書》卷7上〈高祖紀上〉，頁150。
〔註130〕《南齊書》卷2〈高帝紀下〉，頁37。
〔註131〕《南齊書》卷57〈魏虜傳〉，頁987。
〔註132〕《南齊書》卷25〈垣崇祖傳〉，頁463。
〔註133〕參見《資治通鑑》卷135〈齊紀一〉，高帝建元三年，〈考異〉，頁4244～4245。
〔註134〕參見《資治通鑑》卷135〈齊紀一〉，高帝建元三年，頁4240～4245。
〔註135〕參見杜士鐸主編，《北魏史》，頁239。
〔註136〕參見張金龍，《北魏政治史（六）》卷8〈孝文帝時代（476～499）上：內政、戰爭與外交〉，頁202～204。
〔註137〕參見張曉生、劉文彥，《中國古代戰爭通覽（二）》，頁147。
〔註138〕參見陳羨，《悠悠南北朝——宋齊北魏的紛爭史》，頁194。
〔註139〕《南齊書》卷29〈周盤龍傳〉，頁544。

率軍赴援。成買面對魏軍的進攻雖力戰而亡，但在李安民、周盤龍的抗擊下，尤其周盤龍和其子周奉叔作戰英勇，《南齊書‧周盤龍傳》載二人率軍殺入魏軍陣中：〔註140〕

> 衝東擊西，奔南突北，賊眾（魏軍）莫敢當。奉叔見其父久不出，復躍馬入陣。父子兩匹騎，縈攪數萬人，虜眾大敗。盤龍父子由是名播北國。形甚羸訥，而臨軍勇果，諸將莫逮。

魏軍受周盤龍壓迫，遂暫退，角城之圍得解，李安民引兵自後追擊魏軍，與魏軍會戰於孫溪渚，大破之，《南齊書‧李安民傳》載：〔註141〕

> （建元）三年（481、魏太和五年），引水步軍入清，於淮陽與虜戰，破之。虜退。安民知有伏兵，乃遣族弟馬軍主長文二百騎為前驅，自與軍副周盤龍、崔文仲係其後，分軍隱林。及長文至宿豫，虜見眾少，數千騎遮之。長文且退且戰，引賊向大軍，安民率盤龍等趨兵至，合戰於孫溪渚戰父彎側，虜軍大敗，赴清水死不可勝數。虜遣其菟頭公送攻車材至布丘，左軍將軍孫文顯擊破走之，燒其車材。

據引文所述，李安民頗有戰略眼光，因擔心追擊魏軍誤中埋伏，遂遣族弟李長文率二百騎偵伺魏軍動向，自率大軍跟隨在後。而魏軍發現李長文的小股騎兵後，認為其孤單勢弱意欲滅之，然李長文且戰且走，引魏軍至李安民大軍處，兩軍大戰於孫溪渚的戰父彎，魏軍敗退。齊軍能於孫溪渚會戰擊敗魏軍，李安民的戰略規畫應居首功，他沒有盲目的率大軍與魏軍正面衝突，魏軍勇猛剽悍，若以大部隊正面與魏軍直接戰鬥，勝算不大，因此先布置好陣地，再引誘魏軍至設定的地點決戰，如此一來，魏軍被動、齊軍掌握主動，勝算自然較大，而其後的發展果如李安民所料。《孫子兵法》有言：「凡先處戰地而待敵者佚，後處戰地而趨戰者勞。故善戰者，致人而不致於人。」〔註142〕大凡能先佔據戰場等待敵人作戰者，即從容主動；而後奔至戰場而倉促作戰的，則疲勞被動。故善於指揮作戰者，能設法調動敵人而不被敵人所調動。觀乎李安民的戰術運用，正符合上述要旨。

二月，依《資治通鑑》所載，南齊「游擊將軍桓康復敗魏師於淮陽。」〔註143〕並乘勝追擊，攻克北魏樊諧城（今江蘇宿遷）。此外，垣崇祖於下蔡

〔註140〕《南齊書》卷29〈周盤龍傳〉，頁544。
〔註141〕《南齊書》卷27〈李安民傳〉，頁507～508。
〔註142〕孫武著、吳仁傑注譯，《孫子讀本》〈虛實篇第六〉，頁37。
〔註143〕《資治通鑑》卷135〈齊紀一〉，高帝建元三年，頁4243。

大破魏軍，「虜軍果夷掘下蔡城，崇祖自率眾渡淮與戰，大破之，追奔數十里，殺獲千計。」〔註144〕魏軍連番受挫，而北魏朝廷並未再遣援軍，可見並無續戰之意，有意結束戰爭，果然北魏軍隊陸續撤軍北返。北魏此次南討並無多大勝果，且遭齊軍攻佔樊諧城，顏面無光，遂於北返途中擄掠淮北百姓三萬餘口至平城，充作勝果。

南北對峙時期史料，對己方大都誇勝諱敗，魏齊戰爭亦然。前述《魏書·高祖紀》載：「南征諸將擊破蕭道成游擊將軍桓康於淮陽。道成豫州刺史垣崇祖寇下蔡，昌黎王馮熙擊破之。」〔註145〕前文已述實際情況是桓康於淮陽擊敗魏軍、垣崇祖於下蔡大敗魏軍，但是為何《魏書》卻載魏軍擊敗桓康、垣崇祖。筆者認為，戰爭過程中互有攻防，雙方於衝殺當中互有勝負，為了掩飾魏軍敗於齊軍之戰爭結果，《魏書》有可能在兩軍戰鬥過程、勝負未定之時，將魏軍之勝績充作最後之勝利，才有魏軍將帥破桓康及馮熙破垣崇祖之記載，雖然魏軍勝績並非虛構，亦是兩軍爭戰中之史實，然只不過僅為戰爭過程中的一部份，並非最後之勝負。

另，魏軍為掩飾此次南伐無輝煌戰果而虛列的勝績，尚有一例，前文曾述，「假梁郡王嘉大破道成將，俘獲三萬餘口送京師。」〔註146〕張金龍認為《魏書·高祖紀》這條記載不可信，〔註147〕魏軍不太可能俘獲三萬齊軍士兵並送至平城，但他未進一步指出這三萬餘口之緣由。依《資治通鑑》所載：「魏人亦掠三萬餘口歸平城。」〔註148〕筆者認為，魏軍二月於下蔡遭垣崇祖擊敗後，已決定結束此次伐齊戰事，遂班師北歸。四月魏軍北返途經徐州一帶，當地賊寇桓富聚眾數萬叛亂，其中「淮北民桓磊磈破魏師於抱犢固。」〔註149〕南齊朝廷遣領軍將軍李安民、兗州刺史周山圖領軍接應，齊軍未至，桓富等已遭魏軍所滅。魏軍消滅桓富叛亂後，可能出於報復心理，遂在此時擄掠淮北中間地帶三萬餘百姓返平城，〔註150〕故這三萬餘人應是淮北民，《魏書》誇大勝果，載為拓跋嘉大破齊軍所俘獲之齊兵，何以如此？可能此次南伐魏軍敗多勝少，

〔註144〕《南齊書》卷25〈垣崇祖傳〉，頁463。
〔註145〕《魏書》卷7上〈高祖紀上〉，頁150。
〔註146〕《魏書》卷7上〈高祖紀上〉，頁150。
〔註147〕參見張金龍，《北魏政治史（六）》卷8〈孝文帝時代（476～499）上：內政、戰爭與外交〉，頁203。
〔註148〕《資治通鑑》卷135〈齊紀一〉，高帝建元三年，頁4244。
〔註149〕《資治通鑑》卷135〈齊紀一〉，高帝建元三年，頁4244。
〔註150〕參見《資治通鑑》卷135〈齊紀一〉，高帝建元三年，頁4244。

諸將帥恐無多大勝果上呈北魏朝廷，才會在北返途中掠三萬餘人充作戰果。

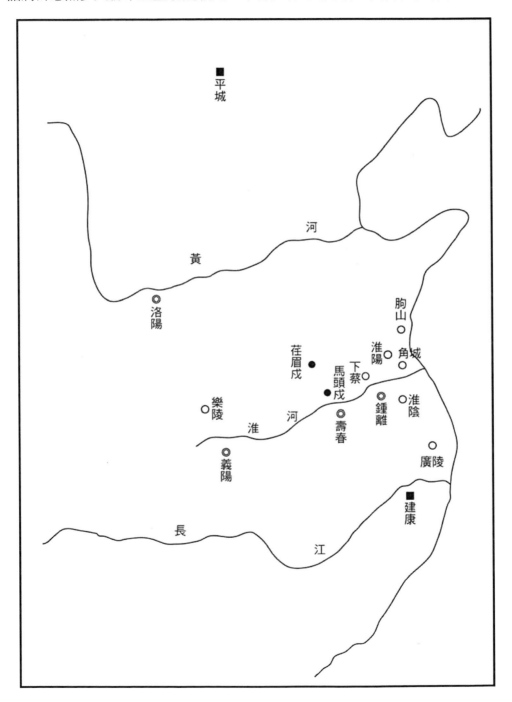

圖一：魏孝文帝前期與南齊戰爭相關形勢圖

第三節　戰爭檢討

　　北魏和南齊的首次戰爭，從 479 年（魏太和三年、齊建元元年）十一月北魏大軍南侵至 481 年（魏太和五年、齊建元三年）二月戰爭結束，約有十六個月，其間在義陽、壽春、朐山、淮陽等地的戰事，齊軍都能成功阻遏魏軍的攻勢，令魏軍未能攻佔上述四個地區，也使北魏欲利用南方朝代更迭之際，及其邊關將領、地方勢力降附的契機，趁機攻佔城戍與掠奪土地的戰略目標無法達成。至於戰爭結果也對北魏與南齊的局勢產生影響，現將戰爭檢討分析如後，以明勝敗緣由及戰後北魏與南齊南北對峙的情勢發展。

一、北魏承認南齊政權

　　481 年（魏太和五年、齊建元三年）七月甲子，《魏書・高祖紀》載：「蕭道成遣使朝貢。」〔註151〕魏齊第一次戰爭後，齊高帝「以虜既摧破，且欲示以威懷，遣後軍參軍車僧朗北使。」〔註152〕車僧朗雖是南齊使節，但當時北魏對南齊處於尚未承認的曖昧階段。原劉宋使節殷靈誕因國亡滯留平城，在齊滅宋的國仇催化下，讓宋齊使節同時存在於平城，便容易擦槍走火引爆雙方衝突。九月，魏孝文帝「閱武於南郊，大饗羣臣。蕭道成使車僧朗以班在劉準使殷靈誕之後，辭不就席。」〔註153〕按理宋使殷靈誕已是亡國之臣，在席位的排列上，北魏應將齊使車僧朗置於殷靈誕前，不料卻置於其後，遂引起車僧朗的抗議：〔註154〕

> 僧朗至北，虜置之靈誕下，僧朗立席言曰：「靈誕昔是宋使，今成齊民。實希魏主以禮見處。」靈誕交言，遂相怨詈，謂虜曰：「使臣不能立節本朝，誠自慙恨。」劉昶略客解奉君於會刺殺僧朗，虜即收奉君誅之，殯斂僧朗，送喪隨靈誕等南歸，厚加贈賻。

北魏原對宋、齊之政策是挺宋貶齊，欲利用降魏多年之劉宋宗室丹陽王劉昶，扶持其建立傀儡政權，以利遂行對南方之控制。北魏會有此思維乃因南方漢人反抗北魏之力量頗為強大，若逕用軍事力量消滅南方政權，直接統治漢人，必然遭到強大反抗，不如先建立一漢人傀儡政權，爭取緩衝，而劉昶乃宋文

〔註151〕《魏書》卷 7 上〈高祖紀上〉，頁 151。
〔註152〕《南齊書》卷 57〈魏虜傳〉，頁 988。
〔註153〕《魏書》卷 7 上〈高祖紀上〉，頁 151。
〔註154〕《南齊書》卷 57〈魏虜傳〉，頁 988～989。

帝之子、宋孝武帝之弟，宋室血統純正，故北魏計畫協助他成立親魏之漢人政權，待時機成熟後再併吞之，由北魏朝廷直接統治南方，達成統一南北的國家目標。

　　劉昶與殷靈誕對齊高帝篡宋甚為怨恨，故對車僧朗憤怒以對，導致車僧朗與殷靈誕爆發口角衝突，劉昶更不惜重金派解奉君殺了車僧朗。使節被殺乃頗為嚴重之事，南齊可以此為藉口進攻北魏，尤其兩國戰爭甫結束，北魏在這場戰爭並未獲得多大勝果，實不願因此事插槍走火引爆紛爭，進而演變成戰爭，故北魏自知理虧，儘速調整其外交政策，承認宋亡齊興之事實，「殯斂僧朗，送喪隨靈誕等南歸，厚加贈賻。」希望南齊勿因此事尋釁而起兵爭。

　　北魏當時主政者文明太后，為何不願「齊使事件」擴大演變成兩國戰爭，關鍵在於她想專注於內政改革。若北魏仍想用兵南齊，可藉此事件挑釁，一旦南齊出兵，北魏可再對南齊進行大規模的軍事行動，延長前次南伐戰線。相反地，文明太后未採取上述作為，卻調整外交政策，希望魏齊爭端勿再擴大。從北魏政治發展來看，484 年（魏太和八年、齊永明二年）六月詔行俸祿制；〔註155〕485 年（魏太和九年、齊永明三年）十月詔行均田制；〔註156〕486 年（魏太和十年、齊永明四年）二月，行三長制，「初立黨、里、鄰三長，定民戶籍。」〔註157〕文明太后推行一系列改革，以適應北魏王朝邁入封建化需求，這些改革需有完善的規劃與施行步驟，故文明太后在 481 年（魏太和五年、齊建元三年）二月戰事告一段落後，既然對齊戰事與原先期望有所落差，不如暫息南方兵戈，將政治焦點由外部轉向內部，全力推動改革。若北魏因「齊使事件」處置不當，導致南齊出兵北魏，一旦戰事再起，將使北魏改革

〔註155〕魏孝文帝詔曰：「置官班祿，行之尚矣。周禮有食祿之典，二漢著受俸之秩。逮于魏晉，莫不率稽往憲，以經綸治道。自中原喪亂，茲制中絕，先朝因循，未遑釐改。朕永鑒四方，求民之瘼，夙興昧旦，至於憂勤。故憲章舊典，始班俸祿。罷諸商人，以簡民事。戶增調三匹、穀二斛九斗，以為官司之祿。均預調為二匹之賦，即兼商用。雖有一時之煩，終克永逸之益。祿行之後，贓滿一匹者死。變法改度，宜為更始，其大赦天下，與之惟新。」《魏書》卷 7 上〈高祖紀上〉，頁 153～154。

〔註156〕魏孝文帝詔曰：「朕承乾在位，十有五年。每覽先王之典，經綸百氏，儲畜既積，黎元永安。爰暨季葉，斯道陵替，富強者并兼山澤，貧弱者望絕一廛，致令地有遺利，民無餘財，或爭畝畔以亡身，或因飢饉以棄業，而欲天下太平，百姓豐足，安可得哉？今遣使者，循行州郡，與牧守均給天下之田，還受以生死為斷，勸課農桑，興富民之本。」《魏書》卷 7 上〈高祖紀上〉，頁 156。

〔註157〕《魏書》卷 7 下〈高祖紀下〉，頁 161。

工程延後，此非文明太后所樂見。

　　至於南齊方面，齊高帝鑑於南齊政權建立未久，若一再與北魏衝突，會導致政局不穩危及統治，而且對北魏戰爭一旦落敗，更會重創齊高帝威信，因此他也不希望與北魏繼續維持戰爭狀態，故於七月派車僧朗出使北魏，便是希望雙方衝突能告一段落，維持雙邊和平關係，當然，北魏若處理「齊使事件」不當，極有可能引爆衝突。但是，既然北魏已誅殺解奉君，且厚葬車僧朗，更將原宋使殷靈誕遣送回南方，表明北魏已承認劉宋滅亡，南齊承繼南朝政權的事實。齊高帝原本即不願與北魏再爆發衝突，既然北魏對「齊使事件」釋出善意與誠意，他也順勢接受，不再挑釁生事，俾能專力鞏固內部統治。

二、柔然未盡全力

　　齊高帝為了牽制北魏後方，曾遣王洪範出使柔然合謀伐魏，雖得到柔然主受羅部真可汗允諾，但並未達到南北合擊的戰略效果，原因有二。首先，柔然顯然是虛應故事，479 年（魏太和三年、齊建元元年）十一月，《魏書·高祖紀》載受羅部真可汗「率騎十餘萬南寇，至塞而還。」〔註158〕《南齊書·芮芮虜傳》則書：「芮芮主於燕然山下縱獵而歸。」〔註159〕可見柔然並未全力進攻北魏，僅騷擾魏境隨即撤軍，〔註160〕何以如此，需從受羅部真可汗與北魏關係的演變觀之。

　　464 年（魏和平五年、宋大明八年）七月，柔然主吐賀真卒，其子予成繼

〔註158〕《魏書》卷 7 上〈高祖紀上〉，頁 147。
〔註159〕《南齊書》卷 59〈芮芮虜傳〉，頁 1023。
〔註160〕柔然南寇的時間、兵力，《魏書》和《南齊書》記載不同。《魏書》載 479 年（魏太和三年、齊建元元年）十一月，「蠕蠕率騎十餘萬南寇，至塞而還。」《魏書》卷 7 上〈高祖紀上〉，頁 147。《南齊書》載：「建元元年八月，芮芮主發三十萬騎南侵。」《南齊書》卷 59〈芮芮虜傳〉，頁 1023。另據《資治通鑑》：「柔然十餘萬騎寇魏，至塞上而還。」《資治通鑑》卷 135〈齊紀一〉，高帝建元元年，頁 4234，《資治通鑑》對柔然南寇時間繫於齊建元元年十一月之下。《魏書》、《資治通鑑》所載柔然侵魏時間、兵力皆相同，《南齊書》所載時間、兵力可能有誤，柔然動員兵力當不致有三十萬之多，若以三十萬大軍攻魏，幾乎是傾柔然舉國之力，在當時北魏與柔然關係尚稱平穩，不僅頻繁入貢，前一年（478、魏太和二年、宋昇明二年）二月甚至請婚於魏，不太可能因齊高帝之請而發三十萬大軍，且南齊新立，穩定與否仍待觀察，《南齊書》所載三十萬騎有誇大之嫌，故時間、兵力以《魏書》、《資治通鑑》之記載為是。

立，號受羅部眞可汗，初期 464 至 473 年（魏延興三年、宋元徽元年）間，與北魏關係緊張，頻寇邊陲，魏獻文帝更於 470 年（魏皇興四年、宋泰始六年）九月率軍北討大破柔然，「虜眾奔潰，逐北三十餘里，斬首五萬級，降者萬餘人，戎馬器械不可稱計。旬有九日，往返六千餘里。」〔註 161〕柔然雖經此打擊，但之後仍不時犯邊。472 年（魏延興二年、宋泰豫元年）十一月，魏獻文帝「親討之，將度漠襲擊。蠕蠕聞軍至，大懼，北走數千里。以窮寇遠遁，不可追，乃止。」〔註 162〕474 年（魏延興四年、宋元徽二年）之後，柔然與北魏關係趨緩，當年「五月甲戌，蠕蠕國遣使朝貢。」〔註 163〕往後三年柔然七次遣使朝貢於魏，〔註 164〕雙方關係逐漸正常化。478 年（魏太和二年、宋昇明二年）二月，柔然甚至提出請婚要求，「高祖（魏孝文帝）志存招納，許之。」〔註 165〕可見北魏與柔然關係日趨穩定。由此可知，在北魏與柔然戰略關係趨緩的情況下，受羅部眞可汗於 479 年（魏太和三年、齊建元元年）十一月應南齊之約出師攻魏，並非眞正與北魏開戰，而是心存觀望，視魏齊衝突結果而定。若齊勝，則趁機攻入魏境掠奪勝果；反之魏勝，且未抽調北方軍隊支援對齊作戰，則其北方邊防仍然嚴密，如此一來適時退兵爲宜。而結果乃是後者，故柔然雖出師十餘萬，但未與魏軍接觸即北返。

　　第二個原因在於齊高帝本身，他並未出兵呼應柔然對北魏的寇邊行動，「上（齊高帝）初踐阼，不遑出師。」〔註 166〕與柔然合擊北魏乃齊高帝發起，柔然應約出擊，齊高帝卻失約未及出師，貽誤戰機喪失化被動爲主動之機會。齊高帝已然認知北魏可能趁宋齊交替之際蠢動，棋高一著先與柔然達成協議，南北合擊北魏，可惜並未徹底執行。若齊高帝遣軍北擊與柔然相呼應，將使北魏陷入內線作戰之困境，〔註 167〕需分兵禦南北二敵，如此一來，齊高

〔註 161〕《魏書》卷 103〈蠕蠕傳〉，頁 2295。
〔註 162〕《魏書》卷 7 上〈高祖紀上〉，頁 137。
〔註 163〕《魏書》卷 7 上〈高祖紀上〉，頁 140。
〔註 164〕參見《魏書》卷 7 上〈高祖紀上〉，頁 142～144；卷 103〈蠕蠕傳〉，頁 2296。
〔註 165〕《魏書》卷 103〈蠕蠕傳〉，頁 2296。
〔註 166〕《南齊書》卷 59〈芮芮虜傳〉，頁 1023。
〔註 167〕北魏若在南方與南齊作戰，還要防備北方柔然的侵擾，等於同時與兩方之敵作戰，情況猶如法國戰略家約米尼（Antoine Henri Jomini）提出之「內線作戰」，即是居中央位置的己方對兩方面之敵的作戰，在己方兵力不足，或處於劣勢之際，採取內線作戰的方式，常可擊敗優勢兵力的敵方。參見氏著、鈕先鍾譯，《戰爭藝術》（臺北：麥田出版公司，1997 年 5 月），頁 104

帝等於掌握戰略主動，反而使北魏成為被動，也不致形成爾後北魏主動出擊，南齊處於被動防禦的劣勢。齊高帝未依約出兵之原因史未明載，僅以「上初踐阼，不遑出師。」帶過，可能他認為南齊新立，基礎未穩，尚存在的劉宋宗室儼然一股勢力，有危及其統治之可能。齊高帝在柔然出兵前半年，對劉宋末帝及宗室展開殺戮，479 年（魏太和三年、齊建元元年）五月己未，殺宋順帝；辛酉，殺劉宋宗室，「陰安公劉燮等伏誅。」〔註168〕《資治通鑑》對殺劉燮一事亦有記載，「殺宋宗室陰安公燮等，無少長皆死。」〔註169〕劉宋宗室雖遭宋孝武帝、宋明帝等君主殺害者甚眾，但在南齊初建時仍有不少，《南齊書・高帝紀》載：〔註170〕

> 封宋帝為汝陰王，築宮丹陽縣故治，行宋正朔，車旗服色，一如故事，上書不為表，答表不稱詔。（降）宋晉熙王燮為陰安公，江夏王躋為沙陽公，隨王翽為舞陰公，新興王嵩為定襄公，建安王禧為荔浦公，郡公主為縣君，縣公主為鄉君。

齊高帝登基未久，害怕宋順帝復辟，即便他無此心，難保其餘劉宋宗室無此念頭，若付諸行動，南齊危矣，故齊高帝為保政權無虞，遂殺宋順帝及其宗室。

雖然柔然出兵上距齊高帝殺宋順帝及劉宋宗室已有半年之久，但他仍擔心劉宋的殘餘勢力，若貿然出師北討呼應柔然，是否會讓有心人士趁機引發新的動亂實未可知，故一動不如一靜，先觀察柔然入侵魏境行動，若旗開得勝，再遣軍配合夾擊北魏；反之柔然失利，則暫不出兵並加強淮北防務，慎防北魏兵鋒南向。惜柔然亦抱持同樣看法，先觀察南齊動向再決定下一步行動，不過南齊並未有出兵跡象，而受羅部眞可汗也不願意破壞五年來和北魏穩定的和平關係，萬一觸怒北魏，魏軍再討柔然，損害的還是柔然本身，遂撤軍北歸。

〜112、頁 312〜314。內線作戰書中翻譯成內作戰線，與其相應的還有外作戰線。內作戰線：是一支或兩支軍隊在對抗幾支敵軍時所採取的路線，其方向的選定，足以使我軍主將在短時間之內，調動和集中他的全部兵力，而使敵軍必須要用較大的兵力始足與他對抗。外作戰線：凡是一支軍隊同時向敵人的兩翼，或是向敵人的各部份進行作戰，其所採取的作戰線都是屬於這種性質。

〔註168〕《南齊書》卷2〈高帝紀下〉，頁 34。
〔註169〕《資治通鑑》卷135〈齊紀一〉，高帝建元元年，頁 4229。
〔註170〕《南齊書》卷2〈高帝紀下〉，頁 32。

三、北魏建立漢人傀儡政權之戰略思維

　　北魏以丹陽王劉昶爲南伐統帥，實欲建立漢人傀儡政權，前文述及魏孝文帝在劉昶出征前，曾對其提及，北魏出兵乃希望協助劉昶「以伐逆豎，克蕩兇醜。翦除民害。氛穢既清，即胙卿江南之土，以興蕃業。」〔註171〕「以興蕃業」的戰略思維其實就是建立親魏的漢人政權。

　　從魏太武帝至魏孝文帝，北魏統一南北之國家目標未曾改變，然而文明太后、魏孝文帝卻不願直接滅亡南齊，由拓跋氏直接統治，反而有建立親魏漢人政權之舉。文明太后和魏孝文帝的戰略思維在於漢人有極濃厚的胡漢差異，對胡人政權無法認同，若直接以拓跋氏統治，必激起漢人反抗，一旦反抗頻傳，北魏再以武力鎮壓，如此將永無寧日。以北魏最新統治的漢地青齊地區而言，在魏齊首次戰爭期間曾發生兩次叛亂，可見局勢不穩，北魏雖已統治十年，但統治力仍非十分穩固。首先是 480 年（魏太和四年、齊建元二年）十月丁未，「蘭陵（今山東滕州市東南）民桓富殺其縣令，與昌慮（今山東滕州市東南）桓和北連太山羣盜張和顏等，聚黨保五固，推司馬朗之爲主。」〔註172〕蘭陵郡及其下轄昌慮縣均屬徐州所轄行政區域。〔註173〕叛亂爆發後，北魏朝廷派名將尉元率軍平亂：〔註174〕

　　　　以元威名鳳振，徵爲使持節、侍中、都督南征諸軍事、征西大將軍、

　　　　大都將，餘官如故，總率諸軍以討之。元討五固賊桓和等，皆平之。

　　　　東南清晏，遠近帖然。

北魏派尉元平亂，係著眼於他經略青齊地區的豐富經驗，熟悉當地民情，兼之具有優秀軍事素養，確爲平亂不二人選。尉元於次年七月，「兗州斬司馬朗之，傳首京師。」〔註175〕傑出將領如尉元，對一般百姓反叛尚需十個月才得以平定，可見青齊漢民抗拒北魏統治心態之堅決。其次是 481 年（魏太和五年、齊建元三年）五月，「青州主簿崔次恩聚眾謀叛，州軍擊之，次恩走郁洲。」〔註176〕蘭陵之亂的司馬朗之尚未平定，青州又爆發叛亂，司馬朗之亂事屬百姓不堪北魏統治，進而反叛；而崔次恩則是官員謀反，可見青齊地區上從官

〔註171〕《魏書》卷 59〈劉昶傳〉，頁 1308。
〔註172〕《魏書》卷 105 之 1〈天象志一〉，頁 2337。
〔註173〕參見《魏書》卷 106 中〈地形志中〉，頁 2537～2539。
〔註174〕《魏書》卷 50〈尉元傳〉，頁 1113。
〔註175〕《魏書》卷 7 上〈高祖紀上〉，頁 151。
〔註176〕《魏書》卷 7 上〈高祖紀上〉，頁 150。

員、下至百姓，均曾反抗北魏統治。

上述青齊地區的兩次叛亂，帶給北魏君臣深刻的教訓，鑑於漢人普遍無法接受胡人政權，即便滅了南齊，漢人反抗必此仆彼起，北魏需耗費不少氣力鎮壓。此外，漢人對魏軍普遍有恐懼感，「（建元）三年（481、魏太和五年），……虜寇至，緣淮驅略，江北居民猶懲佛狸時事，皆驚走，不可禁止。」〔註 177〕魏軍歷次征伐，均有燒殺擄掠之舉，尤其淮北地區，「淮北四州聞太祖（齊高帝）受命，咸欲南歸。」〔註 178〕可見漢人對魏軍之驚恐，若北魏直接統治，恐激起漢人更大反抗，不如設一緩衝政權，北魏不需直接承受壓力，「許（劉）昶以克復舊業，世祚江南，稱藩于魏。」〔註 179〕先以劉昶為南方之主，屆時再藉由其他措施，如以拓跋宗室或代人貴族協助輔政，名為輔政、實為操控；以及魏軍駐紮各重要鎮戍等，待時日一長統治穩定後，北魏再直接統治。這種先間接再直接的治理南方方式，的確是一項不錯的嘗試，不過因「齊使事件」的發生，促使北魏對南齊的外交政策發生變化，不再支持劉昶建立傀儡政權，至少在史籍中未見相關記載，故而使其欲建立漢人傀儡政權之思維無從落實。

四、南齊戰略規畫及戰術執行得宜

齊高帝在劉宋時期即領兵作戰，戰場經驗豐富，有不錯的軍事素養，故他的戰略判斷相當準確。他研判北魏必會趁南齊初建之際蠢動，為制敵機先，遂率先擬定對抗魏軍之戰略，其戰略規劃共分內、外兩部分。內部乃強化北境防線及長江防務，嚴守魏齊邊境與長江岸的軍事重鎮，如淮南重鎮壽春及江北重鎮歷陽（今安徽和縣），前文已述，齊高帝對北魏欲在宋亡齊興之際藉機南侵懷有高度戰略警戒，故以心腹將領垣崇祖鎮壽春；而對建康上游的歷陽，由於其為長江北岸軍事重鎮，更是長江上游進入建康的門戶，特命都督南豫司二州諸軍事、南豫州刺史、安南將軍柳世隆發動百姓堅守，《南齊書・柳世隆傳》：〔註 180〕

> 建元二年（480、魏太和四年），進號安南將軍。是時虜寇壽陽，上
> （齊高帝）敕世隆曰：「歷陽城大，恐不可卒治，正宜斷隔之，深為

〔註 177〕《南齊書》卷 57〈魏虜傳〉，頁 987。
〔註 178〕《南齊書》卷 27〈李安民傳〉，頁 508。
〔註 179〕《資治通鑑》卷 135〈齊紀一〉，高帝建元元年，頁 4233。
〔註 180〕《南齊書》卷 24〈柳世隆傳〉，頁 450～451。

保固。處分百姓，若不將家守城，單身亦難可委信也。」尋又敕曰：
「吾更歷陽外城，若有賊至，即勒百姓守之，故應勝割棄也。」

歷陽一失，將使建康門戶洞開，故齊高帝兩次敕命柳世隆歷陽戰守之策。
至於長江防務，為了避免魏軍突破淮河防線，一路南攻至長江，齊高帝對
長江防務也做了充分準備，他在北魏進攻初期，即對各軍事要地預做佈署：
〔註181〕

> 初，虜寇至，緣淮驅略，江北居民猶懲佛狸時事，皆驚走，不可禁
> 止。乃於梁山置二軍，南置三軍，慈姥置一軍，洌州置二軍，三山
> 置二軍，白沙洲置一軍，蔡州置五軍，長蘆置三軍，菰浦置二軍，
> 徐浦置一軍，內外悉班階賞，以示威刑。

南方政權雖由南齊取代劉宋，但三十年前魏太武帝南征過程中對百姓的燒殺
擄掠，這些巨大的歷史恐懼仍長存南人心中，因此當北魏對南齊發動攻勢
時，受創最深的江淮百姓，為了避免遭魏軍鐵騎蹂躪，紛紛往南奔逃，可想
而知江南地區流民勢必大增，而江南地區最安全的地方實為京師建康，故奔
往建康的江淮百姓應會最多。此外，若各地齊軍抵抗無效，魏軍突破各地防
線在南齊境內攻城掠地，極有可能乘勝追擊直抵長江，重演魏太武帝兵臨長
江威脅建康舊事，這恐怕是南齊君臣最不願樂見的。因此南齊朝廷為了防範
江淮百姓大量渡江增加建康的負擔；以及強化長江防務和京師外圍的防守，
在基於這兩項戰略考量下，齊高帝於梁山（今安徽淮南市田家庵）、慈姥（今
安徽馬鞍山市東北）、洌州（今江蘇南京西南長江中）、三山（今江蘇鎮江長
江濱金山、北固山以及江中焦山之合稱）、白沙洲（今江蘇儀征南）、蔡州（今
江蘇南京西南），長蘆（今江蘇南京江中小洲）等長江沿岸或江中軍事要地
置軍，建構長江沿岸的聯防體系，藉以鞏固長江防務。雖然此次北魏對南齊
的軍事行動，並未威脅到京畿重地的安全，但至少齊高帝具有「無恃其不來，
恃吾有以待也；無恃其不攻，恃吾有所不可攻也。」〔註182〕的戰略思想，
為防範未然加強長江及京師的防禦力量，做到有備而無患。

至於外部則是聯絡柔然，共同夾擊北魏，以攻為守，化被動為主動。他
的戰略思考是，與其聽任北魏入侵，南齊被動防守，不如採戰略主動，進攻
北魏，但正面和北魏衝突無必勝把握，如與北魏北面之敵柔然南北夾擊，勝

〔註181〕《南齊書》卷57〈魏虜傳〉，頁987。
〔註182〕孫武著、吳仁傑注譯，《孫子讀本》〈九變篇第八〉，頁56。

算陡增，遂和柔然約期攻魏。雖南齊和柔然互相觀望，齊高帝又忙於篡宋，以致失約，未達成南北夾擊北魏的戰略目標，但齊高帝聯合柔然合攻北魏乃正確之戰略決策，不能因其未確實實施而予以否定。

齊高帝備禦北境戰略獲得成功，但是正確之戰略仍需優秀將領搭配絕佳之戰術作爲，始能克竟全功。在第一階段的壽春之戰，壽春齊軍能擊退來犯魏軍，端賴垣崇祖的智謀與將才，史稱其「有幹略，伯父豫州刺史護之謂門宗曰：『此兒必大成吾門，汝等不及也。』」〔註183〕《南齊書‧垣崇祖傳》亦贊曰「崇祖爲將，志懷馳逐。規搔淮部，立勳豫牧。」〔註184〕可見垣崇祖乃戰略素養精湛之傑出將領。壽春之戰時，他規畫「守郭築堰」之策，此爲關鍵性決策，若壽春失陷，魏軍即可長驅南下。幸垣崇祖「守郭築堰」之策成功阻遏魏軍南下，不過這項戰略決策並未獲其僚佐認同，幸垣崇祖戰略眼光正確，力排眾議，並有堅定實施之決心，始能水淹魏軍。

至於第二階段的胸山攻防與淮陽衝突，齊軍戰略戰術的執行也非常成功。在胸山攻防方面，齊高帝遣軍從海上增援，乃一成功之戰術。魏軍騎兵強悍，但不諳水戰，中國南方水運發達，河渠交錯，水軍一向是是漢人優於胡人之兵種，故南齊從海上增援，以己之長攻敵之短，使魏軍無法從海上攔截。魏軍統帥拓跋嘉衡量情勢，若齊軍不斷從海上增援，魏軍有腹背受敵之虞，且久戰對魏軍不利，既然無法有效打擊南齊的水路援軍，便只有退兵一途，胸山之圍遂解。反之，若齊軍從陸路增援，面對魏軍強大的馬步軍，齊軍並不具優勢，交戰結果，可能令齊軍再遭挫敗。由此可見，齊高帝選擇海上增援而非從陸路，實爲睿智之決定。

此外，在淮陽衝突時，南人長於守城之優勢再度被凸顯，其實在壽春之戰時，齊軍即已發揮守城優勢，使魏軍從壽春敗退。而淮陽衝突結果仍相同，從角城至淮陽，魏軍竟然都無法攻下，對其士氣影響頗大，因爲在之前戰役中，魏軍先從壽春敗退，接著胸山再敗，魏軍均無法順利攻下預設之戰略目標，反而損兵折將，而如今角城、淮陽也再度陷入攻城困境。至於齊軍，在發揮南人守城專長堅守的情形下，又有勇敢善戰之將領周盤龍領導，再度力挫魏軍。事實上，就魏齊兩軍的戰鬥意志而言，齊軍略高一籌，齊軍抗敵乃保家衛國，保護家園不遭胡騎蹂躪，戰鬥決心強，精神戰力優於魏軍。反觀

〔註183〕《南齊書》卷25〈垣崇祖傳〉，頁459。
〔註184〕《南齊書》卷25〈垣崇祖傳〉，頁475。

魏軍，若能一鼓作氣如魏太武帝般直衝至長江岸，就能一舉摧毀齊軍抗敵意志，但魏軍先前屢攻壽春不下，反遭水淹退兵，精神戰力出現缺口，士氣已不如齊軍，加上齊軍發揮守城優勢，又有傑出將領如垣崇祖、周盤龍等領導，在士氣、戰術、將領皆優於魏軍情況下，齊軍自然能迭獲勝仗。

五、北魏戰略規畫欠佳

　　綜觀北魏此次的進軍路線與侵略地域，主要鎖定在淮南地域與青州濱海地區，前者如壽春的爭奪；後者則如朐山的攻防，這表明北魏意欲擴大疆域的戰略企圖，在魏獻文帝奪取淮北和青齊地區十餘年後，文明太后和魏孝文帝希望在佔有淮北及青齊之地的既有基礎上，以兩個方向拓展領土。其一為向淮南推進，期盼將淮南地區納入北魏疆域，如此一來淮河南北將成為北魏勢力範圍，北魏將可輕易插足長江地域；其二為向青齊東南濱海之地推進，希望能擴大濱海地區的控制範圍，進而將南齊對濱海地區的控制力完全排除。北魏大軍在上述的戰爭指導下，攻擊的兩個箭頭分別是南齊的淮南重鎮壽春及濱海軍事要地朐山，然戰爭結果魏軍在淮南和青齊濱海之地皆嘗敗績，壽春和朐山均無法攻下，北魏不但損兵折將，疆域亦無擴展，可見此次征討南齊的軍事行動，戰略規畫確有值得檢討之處。

　　北魏首次出擊的戰略路線選在淮南地域，堪稱允當，因其戰略意圖在鞏固淮北疆域並繼續向南推進，且趁宋齊更替之際出兵，可謂掌握絕佳之戰略時機。而在戰爭過程中，雖然壽春之役遭到挫敗，但在失敗後能暫時退兵整補，尋找下次進攻時機，可見其戰略機動靈活，印證魏軍軍事行動視戰場情況做調整之靈活性。雖然北魏在上述的戰略規畫與行動有值得稱述之處，但亦有不少可供檢討的地方，茲分述如下。

（一）魏軍過於輕敵

　　自北魏與南朝對立以來，長期處於北強南弱的態勢，尤其魏太武帝攻至長江岸，魏獻文帝更拓地青齊，使南朝對北魏的軍事進逼感到極大壓力，加上魏軍與南朝軍隊作戰總是勝多敗少，也加深魏軍驕縱以及對南朝軍隊的輕忽，是故北魏君臣會有輕敵的想法當可想像。但是當北魏在南朝的對手由劉宋轉為南齊時，他們並未重新做戰略評估，仍認為齊軍與宋軍一般，魏軍當可輕鬆取勝。雖然從劉宋至南齊，南朝與北魏對峙的北強南弱格局未有多大改變，但仍有些許的不同。蓋凡一個朝代開國之初，大多呈現積極進取的氣

象，武功也較為強盛，故新興的南齊王朝，非傳國六十年暮氣漸深且屢傳宗室喋血的劉宋可比，但北魏君臣仍認為齊軍戰力無法與魏軍抗衡，魏軍必能達成佔領壽春等軍事重鎮的戰略目標，詎料，魏軍過於輕敵以致敗北，未能佔領壽春、朐山等城戍。

壽春作為第一階段戰事的主戰場，對之後戰事的發展與戰局的影響，至為關鍵。若魏軍進攻壽春時，能以圍城戰術做長久包圍，同時對外阻隔南齊援軍，待壽春城內糧盡，精神戰力低落、兵困馬乏之際大舉攻城，或許能有所突破，而非一開始輕敵全力猛攻，落入垣崇祖的預測中，他預料魏軍將輕敵躁進，「虜貪而少慮，必悉力攻小城。」〔註185〕果然如其所料，魏軍踏入垣崇祖所設陷阱。若魏軍能採穩紮穩打以包圍戰術圍困壽春，一旦攻取壽春必然對魏軍士氣有正面提升，屆時再長驅南下，雖然之後與齊軍作戰的勝負尚難預料，但最低限度不會面臨在壽春的挫敗。

（二）第二階段攻勢宜東西同時大舉

北魏在前後兩階段兩次出兵的進攻路線大為不同，在第一次正面強攻淮南的戰略失敗後，利用南齊角城戍主舉城降魏的契機，第二次出兵進攻。這次進軍路線與前次不同，魏軍嘗試進攻朐山，企圖佔領此一濱海據點，再配合淮南主戰場，從東面側翼攻打建康。角城戍主舉城降魏是在 480 年（魏太和四年、齊建元二年）七月壬辰；〔註186〕八月丁酉，魏軍出動接應，並進攻淮南濱海地區，爆發朐山之役；九月庚寅，魏軍遭齊軍擊敗，魏軍退走；〔註187〕十月丁未，北魏以「昌黎王馮熙為西道都督。」〔註188〕發動西線攻勢。以時間點而言，北魏八月先在東線點燃戰火攻打朐山，不料九月時仍未能攻陷，反遭齊軍擊退，此時為了挽救東戰場，牽制齊軍，決定開闢西戰場，遂於十月進軍淮南，然為時已晚，朐山敗勢已無法挽回。北魏為何不在八月遣軍接應角城戍主時即東、西同時大舉，卻在朐山敗退後才發動西線攻勢，筆者認為，北魏應有迷惑南齊的戰略考量，《孫子兵法》云：「兵之勝，避實而擊虛。」〔註189〕先將南齊君臣目光吸引在濱海地區，令其誤認為北魏攻擊重點在濱海之地，讓他們做出錯誤判斷，轉而忽略淮南正面防守。而北魏

〔註185〕《南齊書》卷25〈垣崇祖傳〉，頁462。
〔註186〕參見《魏書》卷7上〈高祖紀上〉，頁149。
〔註187〕參見《資治通鑑》卷135〈齊紀一〉，高帝建元二年，頁4240。
〔註188〕《魏書》卷7上〈高祖紀上〉，頁149。
〔註189〕孫武著、吳仁傑注譯，《孫子讀本》〈軍爭篇第七〉，頁44。

設定的戰略目標是朐山等地能順利攻下，再迅速發動西線攻勢，驟然攻入淮南令齊軍措手不及，屆時西路魏軍協同東路魏軍，對南齊中心區域發動鉗形攻勢，甚至渡江直指建康亦不無可能，可惜，東路魏軍進展未如預期順利，以致東西合擊的戰略目標無法實現。雖是如此，但北魏戰略思考之靈活於此可得印證，第一階段時，進軍路線乃攻擊淮南正面，進攻馬頭戍、鍾離、壽春等重鎮，當戰事失利遭齊軍擊退後，重新做戰略思考，既然淮南正面因齊高帝已做防禦準備，甚難突破，於是便有了取道淮南濱海地區，迂迴前進的進軍路線，所以在發動第二階段戰事時，馬上變更進攻路線，從青州濱海的朐山南下，爆發朐山之役，由此可見，北魏戰略思考隨戰場變化隨時做調整，此為其足可稱述之處。北魏做此戰略思考，乃希望一舉突破淮南東面較薄弱的防禦，而西路魏軍直攻淮南正面，再兩軍合擊直搗南齊中樞，可惜東、西二路魏軍並未同時大舉，西路軍晚了二個月，給了齊軍先後防守的機會。若北魏東西二路軍同時大舉，南齊面對的防守壓力必然大增，而顧此失彼遭魏軍突破的機率也會增加，勝負結果或許因此而改寫也未可知。

（三）魏軍應誘敵出戰避免攻城

南人部隊以步兵為主長於守城，北人則以騎兵為主長於野戰，一般而言，攻城與守城兵力至少約為三比一。北魏與南齊的首次衝突大多集中在城池攻防，等於魏軍以己之劣勢迎戰齊人之優勢，加上齊高帝已察覺北魏可能會趁南朝政權交替時南侵，早已做好防守的戰略部署，北魏已失先機。攻城原本就較為困難，而且要投入數倍於齊軍的守城兵力，故在南齊已做好充分守城準備下，想要攻下城戍，困難重重。魏軍若欲攻城，需以迅雷不及掩耳之勢突然攻城，威嚇對手，如此才有取勝機會，當對方已做好守城準備，大舉攻城只會遭受更大損失。魏軍擁有騎兵優勢，且馬步軍戰鬥力優於齊軍，魏軍應該發揮己身優勢，誘敵出戰，將齊軍殲滅於城外平原或空曠之地，而非和擅長守城之齊軍進行城池攻防戰。然齊軍對敵我兵種優劣亦知之甚詳，與魏軍城外決戰，必然抵擋不住魏軍騎兵衝殺，故只要堅守不出，魏軍亦無可奈何，只有揮軍攻城一途。事實證明，壽春、朐山、角城之役時，南齊守軍堅守不出，魏軍不斷進攻卻屢攻不下，結果壽春魏軍遭垣崇祖水淹而退兵；朐山、角城兩地魏軍都是受南齊援軍和城內守軍前後夾擊而敗退，故此次南齊能順利擊退來犯魏軍，勝利基礎實建立在堅固的城防上。

六、北魏內部反對聲浪

北魏南伐的行動，內部並非沒有反對聲浪，漢臣高閭就曾反對南伐，上表諫阻：[註190]

> 太和三年（479、齊建元元年），出師討淮北，閭表曰：「伏見廟算有
> 事淮海，雖成事不說，猶可思量。臣以愚劣，本非武用，至於軍旅，
> 尤所不學。直以無諱之朝，敢肆狂瞽，區區短見，竊有所疑。臣聞
> 兵者凶器，不得已而用之。今天下開泰，四方無虞，豈宜盛世，干
> 戈妄動。疑一也。淮北之城，凡有五處，難易相兼，皆須攻擊。然
> 攻守難圖，力懸百倍，反覆思量，未見其利。疑二也。縱使如心，
> 於國無用，發兵遠入，費損轉多。若不置城，是謂空爭。疑三也。
> 脫不如意，當延日月，屯眾聚費，于何不有。疑四也。伏願思此四
> 疑，時速返斾。」文明太后令曰：「六軍電發，有若摧朽，何慮四難
> 也。」

高閭認為時下乃太平盛世，不宜妄動干戈，且魏軍屬進攻一方，進攻南齊五
處軍事重鎮，必會折損許多兵力，兼之後勤補給線長，勢必耗費不少費用，
若攻城不利將會虛耗時日，且戰爭延長對國家財政無益。最重要者，高閭指
出一點，若得地不能守，對戰爭結果無益。戰爭目的即是追求勝利，能拓展
領土是最好結果，如果像魏太武帝 450 年（魏太平真君十一年、宋元嘉二十
七年）南伐時，雖一路強攻挺進長江北岸，造成劉宋莫大心理威脅，但得地
而不能守，魏軍退回北方後，所得之地、所獲之城，復歸劉宋，的確誠如高
閭所言，若得地無法置城防守擴展疆域，不如勿輕言發動戰爭。至於高閭所
謂魏齊雙方對五處軍事重鎮之爭奪，五處軍事重鎮是哪五處？他並未進一步
說明。從國防戰略觀點而言，兩國國境線上的戰略要點，自東至西依序為朐
山、淮陰、鍾離、壽春、義陽、南陽、襄樊、梁州、武興。魏齊戰爭大都圍
繞在上述諸戰略要點進行，高閭所言五處，以朐山、淮陰、鍾離、壽春、義
陽、南陽、襄樊等其中五處可能性較大。

高閭的諫言雖然言詞剴切，且分析北魏出兵伐齊之弊，然以結果而論，
顯然是諫阻失敗，北魏朝廷終究決定出兵。高閭是否因其為漢臣緣故，諫言
未獲朝廷重視，其實並不盡然。北魏乃鮮卑拓跋氏所建，漢臣地位不高，但

[註190]《魏書》卷 54〈高閭傳〉，頁 1198。

是高閭頗得文明太后、魏獻文帝信任與重用，史載：[註191]

> 文明太后臨朝，誅（乙）渾，引（高）閭與中書令高允入於禁內，
> 參決大政，賜爵安樂子。……高允以閭文章富逸，舉以自代，遂爲
> 顯祖（魏獻文帝）所知，數見引接，參論政治。命造鹿苑頌、北伐
> 碑，顯祖善之。承明初，爲中書令，加給事中，委以機密。文明太
> 后甚重閭，詔令書檄碑銘贊頌皆其文也。

依引文可知高閭受重視程度，其諫言也引起文明太后關注，但是卻未獲文明
太后採納，她似乎頗信賴魏軍作戰能力，在魏齊軍力強弱分明情況下，魏軍
應能獲得勝利。另，由高閭諫表所述時間可證，南伐決策乃文明太后所定，
當時雖是魏孝文帝在位，但太和三年（479、齊建元元年）仍是文明太后臨
朝聽政時期。至於文明太后爲何執意南伐，實有其政治動機，首先是欲趁宋
齊政權轉移時，出兵掠奪土地，希望能在佔有青齊之地的基礎下，持續往南
擴展疆域；其次，警告南齊勿輕舉妄動，尤其齊高帝甫建國，有可能在開國
之初揮軍北伐，大凡開國皇帝較有積極進取之心，具開疆拓土之雄才大略，
一旦南齊北伐，將使北魏面臨被動防守，爲了掌握戰略主動權，故先行出擊
施予壓力，迫使齊軍防守無法主動出擊。另，文明太后此次挑起的魏齊戰爭，
也非全面性的滅齊戰爭，這可從魏軍與齊軍作戰接連失利後，即迅速撤軍結
束戰爭不再增援看出，可見文明太后有藉此次衝突試探南齊的味道。

七、北魏內部叛亂的掣肘

　　從 479 年（魏太和三年、齊建元元年）十一月北魏出兵至 481 年（魏太
和五年、齊建元三年）二月撤軍北返，這段時間北魏內部發生多起叛亂，也
因爲這些叛亂的牽制，使文明太后和魏孝文帝無法專力於南齊戰事，需分心
剿滅叛亂，也連帶影響對南齊的戰略態度。

　　480 年（魏太和四年、齊建元二年）正月，北魏發生兩起地方的小型叛亂，
《魏書·高祖紀》載：「洮陽（今甘肅臨潭）羌叛，枹罕鎮將討平之。……雍
州氐齊男王反，殺美陽（今陝西扶風縣法門鎮）令，州郡捕斬之。」[註192]
這兩起叛亂僅是地方型的小型叛亂，很快遭地方駐軍與官員平定，且叛亂區
域與當時魏齊二軍正在激烈進行的壽春攻防，地理位置有一段距離，故這兩

〔註191〕《魏書》卷 54〈高閭傳〉，頁 1196～1198。
〔註192〕《魏書》卷 7 上〈高祖紀上〉，頁 148。

起地方叛亂並未影響魏軍對南齊的軍事行動，真正影響北魏對南齊的作戰態勢，乃沙門法秀與淮北地區司馬朗之的反叛。

（一）淮北地區的叛亂

爆發於 480 年（魏太和四年、齊建元二年）十月司馬朗之的亂事，前文已曾敘述，乃蘭陵民桓富殺其縣令，並聯合桓和及盜匪張和顏等人，共推司馬朗之為主的叛亂。〔註 193〕《南齊書・李安民傳》對這起北魏境內的叛亂事件亦有記載：〔註 194〕

> 淮北四州聞太祖（齊高帝）受命，咸欲南歸。至是徐州人桓摽之、
> 兗州人徐猛子等，合義眾數萬，柴險求援。

桓氏為蠻族大姓，故不排除桓富（桓摽之）〔註 195〕、桓和為蠻族之可能。這起亂事表面上看似乎是一般盜匪的叛亂，其實不然，其背後有南齊勢力介入。

自北魏出兵淮南以來，南齊軍隊雖然勉強能抗衡，但是北魏的軍事壓力愈來愈大，如果北魏不斷增援南下，魏齊戰爭勢必延續。南齊為了扭轉防守上的壓力，遂在北魏後方製造紛爭，促使北魏朝廷需分兵剿滅地方叛亂而無法專力南侵。《魏書・尉元傳》載：「蕭道成既自立，多遣間諜，扇動新民，不逞之徒，所在蜂起。」〔註 196〕上述「新民」指的是宋明帝泰始三年（467、魏皇興元年）時淪陷北魏的淮北地區百姓，因入魏不久，故可謂新民。淮北地區在政治區域上指的是青州（今山東東北部）、兗州（今山東中部）、徐州（今江蘇北部、山東南部、安徽東北部）、豫州（今河南東南部、安徽西北部）等四州，因「淮北四州民不樂屬魏，常思歸江南。」〔註 197〕遂給了齊高帝操作的空間，「上（齊高帝）多遣間諜誘之。」〔註 198〕

淮北四州對南朝漢人政權具有無比的重要性。首先就經濟層面而言，該地區地廣人眾且經濟發達，北魏自宋明帝手中奪得此地區後，〔註 199〕生產力

〔註 193〕「蘭陵民桓富殺其縣令，與昌慮桓和北連太山羣盜張和顏等，聚黨保五固，推司馬朗之為主。詔淮陽王尉元等討之。」《魏書》卷 7 上〈高祖紀上〉，頁 149。
〔註 194〕《南齊書》卷 27〈李安民傳〉，頁 508。
〔註 195〕《魏書》稱桓富，《南齊書》稱桓摽之，實為同一人。據《資治通鑑》卷 135〈齊紀一〉，高帝建元二年，頁 4241〈考異〉云：「蘭陵民桓富，蓋即摽之也。」
〔註 196〕《魏書》卷 50〈尉元傳〉，頁 1113。
〔註 197〕《資治通鑑》卷 135〈齊紀一〉，高帝建元二年，頁 4240。
〔註 198〕《資治通鑑》卷 135〈齊紀一〉，高帝建元二年，頁 4240～4241。
〔註 199〕北魏奪取淮河地區的經過，詳見筆者著，《北魏與劉宋戰略關係研究——從國家戰略觀點的解析（下）》第六章〈從黃河到淮河——魏獻文帝與劉宋之戰略

和賦稅必然大幅增加，而劉宋在這兩方面當然減退，一來一往間，表現在北魏與劉宋的國力對抗上，劉宋等於喪失兩倍的賦稅、人口與生產力。其次就軍事戰略層面言之，淮北四州是南朝重要的戰略緩衝地帶，如果南朝佔有淮北四州，該地區即成為抗魏最前線，因為有淮河阻隔，南朝軍隊可用水陸兩軍抵禦北魏，地面部隊先在淮北地域與魏軍作戰，若戰敗後撤，尚有水軍游弋淮河阻止魏軍渡河，而淮河南岸的部隊也可據淮而守。最後以社會心理層面觀之，若南朝無法控有淮北四州，亦即目前之情況，會造成百姓心理恐慌，原因在於當南朝面對魏軍攻擊時，僅能以淮河為第一道防線，在防禦縱深不足的情況下，必然會加重淮河南岸部隊防守的壓力。而一旦無法阻止魏軍渡淮，讓北魏騎兵越過淮河防線在南朝中心腹地衝殺劫掠，會造成百姓的恐慌與不安。若南朝能掌控淮北，雖仍須面對北魏的威脅，但是卻能以淮北地區做為抗魏的第一道國防線，百姓心理對北魏的恐懼，較之南朝無法控制淮北地區的情形會低一些。

　　綜合上述，淮北四州既然在經濟、軍事、社會心理等層面對南朝如此重要，在南齊取代劉宋後，齊高帝自然想收復淮北四州，藉以強化對北魏的防禦縱深。不過他面對的戰略局勢頗為惡劣，尤其在北魏與劉宋南北對抗的中後期，劉宋面對北魏的進攻節節敗退，先是魏獻文帝奪取青齊之地，迫使劉宋國防線後撤；繼之宋明帝失淮北四州，使劉宋國防局勢更為嚴峻。齊高帝承繼劉宋的戰略劣勢，自然想收回淮北四州，重建淮北抗魏防線，扭轉南北間的戰略失衡情形，但是在軍力不如北魏的情況下，加上建國未久，內部事務繁雜，故無法以武力奪回淮北四州，於是派遣間諜至淮北地區進行策反，即成為齊高帝的優先選項，《孫子兵法》有云：「敵所備者多，則吾所與戰者寡矣。故備前則後寡，備後則前寡。」〔註200〕敵軍要防備的地方多，則與我軍作戰的軍隊就會減少，所以敵軍專注防備前面，後面的兵力就薄弱；注意防備後面，前面的兵力就薄弱。是故齊高帝在魏軍後方製造動亂，即可薄弱魏軍進攻南齊的兵力，藉以紓緩各地齊軍防禦的壓力，若動亂擴大，甚至可讓北魏朝廷以平定內部動亂為優先，暫緩進攻南齊，達到停止戰爭的目的，故齊高帝派遣間諜在淮北地區從事敵後工作可謂一舉兩得。

　　齊高帝得知桓富等人擁司馬朗之為主，在淮北舉起反魏大旗後，他的戰

關係〉，頁 323～351。
〔註200〕孫武著、吳仁傑注譯，《孫子讀本》〈虛實篇第六〉，頁 40。

略思考在於若能將此叛亂擴大，必能使北魏朝廷轉移戰略目標，從進攻南齊轉至平定內亂，如此可使魏齊衝突減緩，甚至促使北魏撤軍也未可知。於是齊高帝迅速派出兩路援軍接應，展現對敵後叛亂的期望及司馬朗之等人的重視。這兩路接應司馬朗之的兵馬，一爲兗州刺史周山圖率所屬兵馬從淮河北上赴援：〔註201〕

> 是時淮北四州起義，上（齊高帝）使山圖自淮入清，倍道應赴。敕山圖曰：「卿當盡相帥馭理，每存全重，天下事，唯同心力，山岳可摧。然用兵當使背後無憂慮；若後冷然無橫來處，閉目痛打，無不摧碎。……」

另一路爲領軍將軍李安民的部隊，「太祖（齊高帝）詔曰：『青徐四州，義舉雲集。安民可長轡遐馭，指授羣帥。』」〔註202〕據上引文有「指授羣帥」一語，可知李安民乃兩路援軍統帥，周山圖兵馬應歸李安民節制。

北魏朝廷對南齊援助司馬朗之的戰略局勢相當瞭解，若南齊軍隊與司馬朗之的叛軍結合，恐對在前線和齊軍作戰的魏軍側翼形成威脅，會牽制魏軍進攻南齊的力量，因此北魏的戰略目標在阻止雙方會合，故必須在司馬朗之叛軍壯大前即予以撲滅。文明太后和魏孝文帝對此迅速作出戰略判斷，立遣淮陽王尉元及平南將軍薛虎子領軍平亂，《魏書·尉元傳》：〔註203〕

> 以（尉）元威名夙振，徵爲使持節、侍中、都督南征諸軍事、征西大將軍、大都將，餘官如故，總率諸軍以討之。元討五固賊桓和等，皆平之。

尉元乃北魏良將，在北魏軍界享有崇高聲望，而桓富、張和顏、司馬朗之等人僅是臨時性的組合，面對訓練有素的北魏正規軍自然無法抵擋，淮北亂事迅速遭尉元敉平，免除前線魏軍的後顧之憂。但叛軍大部雖遭尉元剿滅，其餘眾仍擁司馬朗之四出逃竄，直至次年（481、魏太和五年、齊建元三年）七月，「兗州斬司馬朗之，傳首京師。」〔註204〕爲期九個月的淮北動亂徹底結束。而魏軍討平此次亂事後，也使北魏統治力在淮北地區得到鞏固與加強。

北魏能很快平定淮北亂事有兩大原因，其一爲叛軍的武力乃以張和顏爲

〔註201〕《南齊書》卷29〈周山圖傳〉，頁542。
〔註202〕《南齊書》卷27〈李安民傳〉，頁508。
〔註203〕《魏書》卷50〈尉元傳〉，頁1113。另參見《資治通鑑》卷135〈齊紀一〉，高帝建元二年，頁4240。
〔註204〕《魏書》卷7上〈高祖紀上〉，頁151。

首的盜匪爲主，與北魏朝廷軍在軍械、素質、訓練上有一段差距，加上魏軍又由戰功彪炳的尉元統領，〔註205〕叛軍自然無法與朝廷軍抗衡。其二爲南齊兩路援軍將領無法互相統合協調，且有疑似延遲救援情事，關鍵在於李安民不願成就周山圖之功。就地理位置而言，齊軍本應早於魏軍到達山東，然而李安民行軍緩慢，至五固山（今山東滕縣東北）時，尉元所領的魏軍早已到達，並一舉撲滅叛軍。兵貴神速，爲何李安民緩步行軍？合理的推測是，齊高帝令周山圖率軍馳援司馬朗之時，曾敕令曰：「吾政應鑄金，待卿成勳耳。若不藉此平四州，非丈夫也。努力自運，勿令他人得上功。」〔註206〕齊高帝所謂「勿令他人得上功。」在當時僅有兩路援軍的情況下，指的就是李安民。齊高帝對周山圖的敕令，可能讓李安民偵知，除了內心不平外，更不願以己之力成就周山圖之功，於是採消極性的態度，導致救援任務失敗，「安民赴救留遲，虜急兵攻摽之等皆沒，上（齊高帝）甚責之。」〔註207〕齊高帝對此頗爲不滿，怒責李安民任務失敗。

綜觀南齊救援過程有兩點可議之處，其一是齊高帝的分別心，不論是領軍將軍李安民亦或兗州刺史周山圖，一爲中央高階將領、一爲地方封疆大吏，兩人俱爲南齊重臣，齊高帝理應平等待之，然事實並非如此，他顯然較看重周山圖，才對其有「勿令他人得上功」一語，也因此導致李安民不滿，不願與周山圖同心協力，而延遲觀望結果導致救援行動失敗，可見齊高帝對臣子不公的對待，足以影響戰局變化，若齊軍能順利援助司馬朗之等人的叛亂，進而使亂事擴大，北魏朝廷爲早日平定亂事而令前線魏軍北返也並非不可能。其二是李安民的榮譽心及責任心，即便李安民已得知齊高帝對其與周山圖的差別待遇，然爲了國家利益，應將個人得失置之度外，戮力與周山圖達成對淮北司馬朗之的救援行動，即使事後論功行賞不及周山圖，但在國家大利前，李安民應犧牲個人利益成就榮譽與責任，而他這般高尚的情操，相信必會載之史冊。惜李安民未有此武德，仍將個人利益置於國家大利前，以致兩路援軍各行其事，任務失敗亦是情理之中。

（二）沙門法秀的謀反

沙門法秀的謀反發生於 481 年（魏太和五年、齊建元三年）二月，當時

〔註205〕尉元戰功彪炳，可參見《魏書》卷50〈尉元傳〉，頁1109～1115。
〔註206〕《南齊書》卷29〈周山圖傳〉，頁542。
〔註207〕《南齊書》卷27〈李安民傳〉，頁508。

文明太后和魏孝文帝都不在平城，據《魏書‧高祖紀》載：〔註208〕

> 五年春正月己卯，車駕南巡。丁亥，至中山。親見高年，問民疾苦。
> 二月……丁酉，車駕幸信都，存問如中山。癸卯，還中山。己酉，
> 講武于唐水之陽。庚戌，車駕還都。

文明太后和魏孝文帝巡行在外，必會有大批文臣武將隨行以及數目不低的禁軍保護，謀反者利用京城空虛之際發動叛亂，可見經過縝密的策畫。法秀雖然選擇謀反的時機頗佳，但動亂並未擴大，迅速遭留守的重臣，征北大將軍、司空、河東王苟頹率禁軍平定，《魏書‧苟頹傳》：〔註209〕

> 大駕行幸三川，頹留守京師，沙門法秀謀反，頹率禁衛收掩畢獲，
> 內外晏然。駕還飲至，文明太后曰：「當爾之日，卿若持疑不即收
> 捕，處分失所，則事成不測矣。今京畿不擾，宗社獲安者，實卿之
> 功也。」

苟頹處置得宜獲文明太后讚賞。其實當京城爆發沙門法秀之亂時，苟頹立即報告巡行在外的文明太后與魏孝文帝，而魏孝文帝也立即下達鎮壓的命令，「司空苟頹表沙門法秀詃惑百姓，潛謀不軌，詔（于）烈與吏部尚書（符）丞祖馳驛討之。」〔註210〕苟頹率領的是精銳禁軍，其實力自然非叛軍所能比擬，故法秀之亂很快平定，然動亂雖平，亂後懲處的風波卻未平息。

法秀其人據日本學者塚本善隆的研究，乃平城附近石窟寺高僧，〔註211〕具備煽動百姓的實力，《魏書‧高祖紀》載：「法秀妖詐亂常，妄說符瑞，蘭臺御史張求等一百餘人，招結奴隸，謀為大逆。」〔註212〕法秀能結合北魏朝廷官員和奴隸掀起叛亂，足見他為一頗具威望之高僧。至於法秀謀反原因，史書及現存史料的記載並不多也不明確，尤其又有蘭臺御史張求等北魏官員涉入，故並非僅是宗教叛亂如此簡單，背後恐有政治動機。據張金龍的推測，應是為魏獻文帝復仇，其云：〔註213〕

> 結合獻文帝篤信佛教而被馮太后害死的情況推測，獻文帝生前有可

〔註208〕《魏書》卷7上〈高祖紀上〉，頁150。
〔註209〕《魏書》卷44〈苟頹傳〉，頁994。
〔註210〕《魏書》卷31〈于烈傳〉，頁737。
〔註211〕參見塚本善隆，〈北魏の佛教匪〉，《支那佛教史研究——北魏篇》（東京：弘文堂書房，1942年），頁256～260。
〔註212〕《魏書》卷7上〈高祖紀上〉，頁150。
〔註213〕張金龍，《北魏政治史（六）》卷8〈孝文帝時代（476～499）上：內政、戰爭與外交〉，頁123。

能與沙門法秀關係密切，蘭臺御史張求也可能是當年太上皇的親
信。……果如此，則法秀謀反的目的應該是爲死去的獻文帝報仇。

法秀、張求等人眞是爲了替魏獻文帝復仇而掀起如此大規模的動亂？先看動
亂規模，從《魏書・王叡傳》的記載可知法秀之亂的規模並不小：〔註214〕

及沙門法秀謀逆，事發，多所牽引。叡曰：「與其殺不辜，寧赦有罪。
宜梟斬首惡，餘從疑赦，不亦善乎？」高祖（魏孝文帝）從之，得
免者千餘人。

王叡時爲尚書令、中山王、鎭東大將軍，乃北魏重臣，他的話具有一定分量，
因此獲得魏孝文帝採納，對法秀案的處理並未大肆誅殺，而是採寬容的態度。
而從「得免者千餘人。」可知法秀之亂具有一定規模，若大加殺戮，難保不
會激起民變，甚至引發更大的動亂。尤其當時北魏與南齊正處於激烈的戰爭
狀態中，一旦亂事再起將會影響對南齊的戰事，而文明太后的戰略考量乃是
全力對南齊作戰，不願因內部亂事影響軍事調度，故聽從王叡的建議，赦免
許多從亂者，希望以和緩的方式解決法秀之亂。

魏獻文帝崩於476年（魏承明元年、宋元徽四年），距481年（魏太和五
年、齊建元三年）的法秀之亂已有五年，而文明太后也已臨朝聽政五年，魏
獻文帝的殘餘勢力應早被文明太后排除殆盡，即便尚在朝者，恐也是西瓜效
應，所謂一朝天子一朝臣，當年忠於魏獻文帝的臣子，在其崩逝後，自然轉
而侍奉文明太后與魏孝文帝。筆者認爲，張金龍推測張求等朝廷官員，甘冒
抄家滅族危險謀反，只爲一個已逝世五年的魏獻文帝，就情理而言似乎有待
商榷。然法秀之亂能動員包括佛教僧侶、朝廷官吏、奴隸等三個階層人士參
與，可見涵蓋的社會層面甚廣，不過北魏朝廷能在短短一個月內平定，最大
原因即是社會組成最多之農民並未涉入，至少就現有史冊與史料來看是如
此，這也使法秀之亂有其侷限性，並未能激起更大民變的原因。

綜上所述，北魏朝廷能迅速平定法秀之亂的原因有三，其一：未得到廣
大農民的支持。其二：苟頹率禁軍強力鎭壓。其三：文明太后對謀反者施以
寬厚的政策，如魏孝文帝不認同有司部門對謀反者處予過重的殺戮，曾下詔
曰：「有司科以族誅，誠合刑憲。且矜愚重命，猶所弗忍。其五族者，降止同
祖；三族，止一門；門誅，止身。」〔註215〕當時國政大權均由文明太后執掌，

〔註214〕《魏書》卷93〈恩倖・王叡傳〉，頁1988。
〔註215〕《魏書》卷7上〈高祖紀上〉，頁150。

魏孝文帝此詔當是文明太后之意，也因為對謀反者以同情的角度視之，在一干人等伏法後，未有餘波蕩漾或引發其他動亂，使一場叛亂消弭於無形。

淮北司馬朗之、京城沙門法秀這兩場叛亂，分別爆發於 480 年（魏太和四年、齊建元二年）十月、481 年（魏太和五年、齊建元三年）二月，〔註216〕此時正是北魏用兵南齊期間，各路魏軍遭遇各地齊軍激烈的抵抗，魏軍的軍事行動並非十分順利。大凡一個國家進行對外戰爭時，需有穩固的後方，始能全力支援前線對敵國作戰。當淮北發生動亂時，魏軍仍然採取攻勢作為，並未有結束戰爭的跡象，此乃淮北的動亂背後有南齊勢力介入，齊高帝意欲激起淮北民變，降低北魏進攻南齊的力道，因此可視為南齊在魏齊戰爭中戰略運用的一環。至於法秀之亂並未有南齊因素，非齊高帝在背後操縱，而是北魏內部問題引發的動亂，不過法秀能在北魏都城掀起動亂，已嚴重威脅平城作為國之根本的戰略意義，京城乃天子所在，北魏政權的統治中樞，若平城遭叛軍佔領，巡行在外的文明太后、魏孝文帝恐無都城可歸。因此，法秀之亂與正在進行的魏齊戰爭雖是兩個獨立事件，卻相互影響，故以文明太后為首的北魏朝廷，需盡快鎮壓法秀之亂，以免影響對南齊的軍事行動。

雖然法秀之亂迅速平定，但已影響文明太后的戰略思維，首先是對南齊的戰爭並無多大勝果，自 479 年（魏太和三年、齊建元元年）十月進攻南齊以來，戰爭已近一年半，若繼續下去徒增戰爭的損耗，故她對結束戰爭已有初步的思考。其次，法秀之亂雖已平定，但難保不會再有其他亂事發生，兼之淮北動亂雖平，但司馬朗之等人仍四處逃竄躲避魏軍的搜捕，若再爆發其他動亂，必然會影響前線魏軍的攻勢，故首要之務須先鞏固內部，徹底消滅司馬朗之並積極防範其他動亂發生。是故文明太后在對南齊的戰爭並無多大戰果的情形下，決定順勢結束對南齊的戰事。從《魏書》、《資治通鑑》的記載可知，當淮北動亂爆發後，魏軍仍積極採取攻勢，與齊軍爆發激烈的淮陽衝突，〔註217〕但是法秀之亂爆發以及平定的這一個月時間，魏軍並無攻勢，而是收軍北返，〔註218〕足證法秀之亂對北魏結束首次對南齊的戰爭，的確帶來一定程度的影響。

〔註216〕參見《魏書》卷 7 上〈高祖紀上〉，頁 149～150。
〔註217〕關於淮陽衝突，參見《資治通鑑》卷 135〈齊紀一〉，高帝建元三年，頁 4242。另參見本書，頁 64～67。
〔註218〕參見《魏書》卷 7 上〈高祖紀上〉，頁 150。《資治通鑑》卷 135〈齊紀一〉，高帝建元三年，頁 4243～4244。

第四節　小　結

　　北魏在南齊建立之初主動挑起雙邊戰爭，使北魏在劉宋後期雙方呈現較為和平的戰略關係，一變為緊繃的戰爭狀態，北魏統治者文明太后會有如此的戰略思維，乃是欲趁南朝改朝換代恐有不穩之機，在佔有青齊及淮北之地的基礎上，進一步向淮南拓展領土，將南朝勢力逐出淮河地域。另一方面也是對南朝的新統治者齊高帝施加軍事壓力，有警示其勿輕易發動北伐的意味，達到以戰止戰的目的。當時北魏的政治局勢是文明太后二次臨朝聽政，且是完全執政，在魏獻文帝於 476 年（魏承明元年、宋元徽四年）六月崩逝後，〔註219〕文明太后在政治鬥爭上已是完全勝利，不會有魏獻文帝以太上皇帝之名對其做政治上的牽制。既然文明太后已取得全部的政治權力，對魏獻文帝拓地青齊，將北魏疆域往南延伸的功績，自然有超越的慾望。但是就戰爭結果而言，攻佔淮南的戰略目標並未達成，表明文明太后在國防上的成就的確不如魏獻文帝，因其在此次南北衝突後，政治精力全然投入內政上的漢化改革，直至她 490 年（魏太和十四年、齊永明八年）逝世止，都未再主動對南齊發動戰爭，北魏南方疆域自然無從擴展。

　　在這次的魏齊戰爭中，北魏軍隊雖然佔領了馬頭、角城、下蔡等南齊在淮河流域的軍事城戍，但是義陽、壽春、朐山等指標性的戰略重鎮均未攻下，且馬頭等城戍亦未能堅守，不久後均遭齊軍奪回。南齊能夠成功逐退魏軍，收回遭攻陷的城戍，並非其軍隊戰鬥力優於北魏軍隊，而是戰爭的型態決定雙方軍隊戰力的發揮。魏軍長於野戰，攻城技能相對較弱，對於攻佔馬頭、角城等小型城戍尚不是問題，但如壽春等大型城鎮，即需更多的軍隊與更大規模的戰爭型態，加上其他因素，諸如壽春內部力量叛降等有利於北魏的情勢，始有攻克之可能。事實上，即使如角城，前文已述，魏軍在圍攻過程中亦遭遇極大困境，損失不少兵馬始攻佔之。這次南北衝突另一個值得注意的軍事現象是南齊水軍優勢的發揮，如壽春之戰，魏軍遭垣崇祖決堰水攻而敗退；再如朐山之戰，拓跋嘉雖欲阻絕南齊朝廷對朐山所有的援助，但僅能封鎖陸路無法封鎖水路，以致圍城無效，魏軍最後只能撤退；又如淮陽衝突時，南齊將領李安民以水陸兩軍聯合對魏軍作戰，「引水步軍入清，於淮陽與虜

〔註219〕參見《魏書》卷 6〈顯祖紀〉，頁 132。《資治通鑑》卷 134〈宋紀十六〉，蒼梧王元徽四年，頁 4187。

戰，破之。」〔註 220〕種種跡象表明南方水軍戰力優於魏軍，其中壽春齊軍利用水淹戰術令魏軍士兵死傷慘重的戰爭教訓，對南朝軍界產生深遠的影響，也使利用水文條件阻卻魏軍的戰爭經驗，為南齊及其後繼者南梁等多位將領所借鏡，並成功擊退魏軍的進攻，這些將在後續的篇章中詳述。

　　南齊建立未久即遭遇北魏的軍事攻擊，對齊高帝而言可謂政權保衛戰，一旦在戰爭中敗退，或喪失大片疆土，在南齊內部恐會形成政治風暴，甚至引發動亂，這對新興的南齊王朝將是一大考驗，幸而在南齊君臣將士的努力下，順利驅逐魏軍贏得對抗北魏的首場勝利。然何以齊高帝未乘勝發動北伐，收復青齊之地，甚或反攻至黃河，原因有三，首先：這次戰爭南齊為被侵略者，魏軍攻至南齊境內，破壞齊人家園山河，為了保家衛國，齊軍的作戰意志高於侵略者的魏軍。反之，若齊高帝趁勢進軍北魏，雙方士兵角色互換，齊軍變為侵略者，魏軍士兵為了抵抗齊軍入侵，精神戰力必然強於齊軍士兵。其次：在齊境內作戰，齊軍可發揮水軍優勢，如果北伐進入魏境，需在廣闊的黃河與淮河間與魏軍鐵騎作戰，而騎兵一向是北魏的軍事強項，故以齊軍居劣勢的騎兵對陣北魏騎兵，勝算不大。其三：內部情勢的穩定與否也牽制齊高帝對北魏繼續用兵，尤其在穩定交州、梁州等地方州區的統治之後，其他地方州郡是否還有不穩的情況，尚未可知，如果貿然乘勝北進，地方州郡再有不穩情事發生，會使齊高帝前後無法兼顧，對甫創建不久的王朝而言，鞏固統治基礎勝於對外戰爭。相同的情形也發生在北魏，司馬朗之和沙門法秀的動亂，也影響文明太后是否繼續對南齊用兵的戰略思考，可見南北統治者都希望對外作戰時，能有穩定的內部支撐。

　　戰爭對社會、民生破壞極大，各項賦稅、徭役、兵役對百姓而言都是沉重的負擔，且不少百姓農田、家園均遭戰火蹂躪，因此南北統治者在戰後都有恤民之舉。魏孝文帝於 481 年（魏太和五年、齊建元三年）五月庚申朔詔曰：「迺者邊兵屢動，勞役未息，百姓因之，輕陷刑網，獄訟煩興，四民失業，朕每念之，用傷懷抱。農時要月，民須肆力，其敕天下，勿使有留獄久囚。」〔註 221〕魏孝文帝發布此詔距二月戰事結束已有三個月。次年二月乙未，又下詔曰：「蕭道成逆亂江淮，戎旗頻舉，七州之民既有征運之勞，深乖輕徭之義，朕甚愍之。其復常調三年。」〔註 222〕從詔書中之文字：「勞役

〔註220〕《南齊書》卷 27〈李安民傳〉，頁 507～508。
〔註221〕《魏書》卷 7 上〈高祖紀上〉，頁 150。
〔註222〕《魏書》卷 7 上〈高祖紀上〉，頁 151。

未息，百姓因之。」、「七州之民既有征運之勞。」可見魏齊邊境百姓飽嘗戰爭之苦。至於南齊亦復如是，不過齊高帝對百姓的體恤就迅速的多，在與北魏戰爭進行中的建元二年（480、魏太和四年）二月，即「遣大使巡慰淮、肥，徐、豫邊民尤貧邁難者，刺史二千石量加賑卹。」〔註223〕更詔「江西北民避難流徙者，制遣還本，蠲今年租稅。單貧及孤老不能自存者，即聽番籍，郡縣押領。」〔註224〕建元四年（482、魏太和六年）正月又詔：「戰亡蠲復，雖有恆典，主者遵用，每傷簡薄。建元以來戰亡，賞蠲租布二十年，雜役十年。」〔註225〕或許是齊高帝創建南齊初為天下主，尚有以民為本之心，但不論北魏或南齊百姓，都必須承受其統治者動輒發動戰爭所帶來的苦難。幸而在這次的衝突過後，兩國統治者皆聚焦內政，文明太后推動漢化改革；齊高帝在戰後一年崩逝，繼位的齊武帝留心內政開創「永明之治」。文明太后與齊武帝皆無意發動戰爭，使兩國戰略關係從南齊建立以來的緊繃逐漸趨向和緩，也使兩國百姓暫時免於戰爭的傷害。

綜合言之，魏孝文帝前期與南齊之戰略關係，從時間上來看，自 479 年（魏太和三年、齊建元元年）至 490 年（魏太和十四年、齊永明八年）約有十二年之久。從統治者而言，北魏主雖是魏孝文帝，但實際執政者乃文明太后；至於南齊則是齊高帝、齊武帝父子。兩國在這十二年的戰略關係可概分為衝突與和平兩階段，齊高帝創建南齊在位三年而崩，〔註226〕這三年正是與北魏衝突最激烈時期，雙方在淮河地域激烈爭戰。然而在戰爭過後，雙方進入和平時期，未有大型戰爭發生，當然，區域衝突與邊界糾紛自然無法避免，而這九年則是齊武帝在位。是故在這十二年間，魏孝文帝與南齊的戰略關係，在齊高帝在位的三年，約佔四分之一的時間，呈現緊繃與衝突；而之後齊武帝在位的九年，約有四分之三的時間，戰略關係相對和緩，可見此時期雙方戰略關係和緩多於衝突，呈現衝突、和平兼而有之的戰略風貌。

〔註223〕《南齊書》卷 2〈高帝紀下〉，頁 36。
〔註224〕《南齊書》卷 2〈高帝紀下〉，頁 36。
〔註225〕《南齊書》卷 2〈高帝紀下〉，頁 38。
〔註226〕齊高帝崩於 482 年（魏太和六年、齊建元四年）三月，上距 479 年（魏太和三年、齊建元元年）四月南齊開國正好三年。參見《南齊書》卷 2〈高帝紀下〉，頁 31、38。

第二章　戰爭與和平
——魏孝文帝中期與南齊之戰略關係（490～495）

　　北魏與南齊的首次軍事衝突在 481 年（魏太和五年、齊建元三年）二月就已結束，北魏原欲藉南朝改朝換代之際，趁機掠奪疆土擴大版圖，並將勢力伸展於淮南地區，然由於南齊軍隊的強烈反擊，北魏原本預定的戰略目標並未達成。而兩國在首次軍事衝突後，雙方統治者皆有減緩衝突的戰略思維，不約而同地將施政重點轉向內政，且均暫緩對對方的軍事行動。在北魏統治者方面，文明太后與魏孝文帝認為既然在對南齊戰事無法獲得利益的情況下，不如對其暫停干戈，專注漢化改革。北魏自魏道武帝於登國元年（386）建國以來將近百年，封建化腳步逐漸加深，且漢文化因子已普遍瀰漫北魏上下，北魏已到需要改革的關鍵時刻，文明太后與魏孝文帝有鑑於此，遂決定中止對南齊戰事，全力投入北魏王朝的封建化與漢化，推動班祿制、三長制、均田制，及改姓氏、易服飾、遷都洛陽等改革措施。

　　至於南齊，由於王朝初立，百廢待舉，各項新制度都必須重新創立，因此齊高帝的施政重點必然置於內政上，不太可能興師北伐，南齊國力本就不如北魏，除非經過一段盛世歲月的累積，始有可能對北魏採主動攻勢，否則以齊高帝當時的國力而言，若驟然進攻北魏，在實力不如北魏的情況下，有可能導致敗戰造成內部不穩，一個新興政權首要之務在穩固統治基礎，因此齊高帝主動進軍北魏的機率不大，其執政重心向內傾斜，內部重於外部。而他也的確全力關注國內事務，曾曰：「使我治天下十年，當使黃金與土同價。」

〔註1〕足證齊高帝重視民生課題，希望能給百姓豐裕的生活，然齊高帝並未能如願，他和開創劉宋王朝的宋武帝一樣，開國未久即崩逝，482年（魏太和六年、齊建元四年）三月齊高帝崩，年五十六，其後繼者齊武帝亦如同其父齊高帝一樣，關注內部事務重於對外，並未對北魏採取積極的攻勢作為，因此這段期間北魏與南齊的戰略關係呈現和緩的局面。

從481年（魏太和五年、齊建元三年）二月北魏罷兵起，兩國和緩的戰略關係持續十二年之久，至493年（魏太和十七年、齊永明十一年）始再度進入緊繃狀態，原因在於兩國君主致力內政已有一段時間，且頗具成效，如魏孝文帝遷都洛陽，將漢化改革推至最高峰，而以洛陽為都，也是便於對南方用兵，展現了他對南齊旺盛的企圖心。而齊武帝的永明之治，使南朝「市朝晏逸，中外寧和。」〔註2〕在積累了十二年的國力後，他亦有北伐的雄心。當魏齊君主均將施政重心由內部轉至外部，且將戰略眼光投射於對方時，兩國衝突勢不可免，終於在494年（魏太和十八年、齊建武元年）爆發魏齊第二次戰爭——淮漢大戰。

第一節　戰略環境分析

北魏與南齊在第二次戰爭淮漢大戰所處的戰略環境，雖然在雙方內部都有政治激盪情事，但北魏相對較南齊單純。文明太后和魏孝文帝都有相同的改革理念，故從文明太后開始的改革，在其崩逝後，仍然由魏孝文帝持續推動。雖然在遷都事件中遭受保守勢力的反彈，激起政治波瀾，但在權力定於魏孝文帝一尊的情形下，保守勢力無法阻卻他遷都的決心與作為，順利將北魏都城從平城遷至洛陽。反觀南齊，雖然齊武帝留心內政重視百姓，使南齊呈現小康局面，史稱「永明之治」，對國力提升有一定幫助。但是他也因宿怨誅殺垣崇祖、張敬兒等良將，又鎮壓因檢籍而爆發的唐寓之之亂，這些對政治與社會的安定都有負面影響。更重要的是，齊武帝未妥善安排其後的皇位繼承，導致皇位落入宗室旁支齊明帝蕭鸞手中，而齊明帝為鞏固權力誅殺齊高、武二帝子孫，大肆屠戮的結果不免引起政治上的動盪，而政治上的不穩，連帶會影響南齊對抗北魏的戰略作為。

〔註1〕《南齊書》卷2〈高帝紀下〉，頁39。
〔註2〕《南齊書》卷3〈武帝紀〉，頁63。

一、齊武帝在位時的魏齊和平

魏齊第一次戰爭在 481 年（魏太和五年、齊建元三年）二月魏軍開始撤軍北返後，始告一段落，但是魏軍在北返過程中，和齊軍仍有零星戰鬥，眞正結束戰爭狀態，是當年七月「蕭道成遣使朝貢。」〔註3〕《魏書》以「朝貢」二字書之，含有貶抑南齊意味，實際上兩國國交平行，均爲獨立國家。南北朝時期互相貶損對方乃爲常態，《魏書》稱南齊爲島夷，《南齊書》稱北魏爲索虜，故《魏書》稱南齊朝貢北魏也就不足爲奇。齊高帝主動派後軍參軍車僧朗出使北魏，〔註4〕北魏亦予接見款待，若是北魏欲續戰，盡可驅逐來使，故使節的出訪具有兩國關係正常化之意涵。而齊高帝也在戰爭結束後不久，次年三月壬戌「崩于臨光殿。」〔註5〕太子蕭賾順利即位，是爲齊武帝。

齊武帝在位十二年（482～493、魏太和六年至十七年、齊建元四年至永明十一年），是魏齊關係相對和緩時期，齊武帝未承齊高帝擊退來犯魏軍餘威，對北魏採軍事行動原因，在於內部紛擾不斷，迫使齊武帝將政治重心置於內憂，採安內政策，但是所謂的安內政策，卻是殺害有功將領。他首先殺害禦魏有功將帥垣崇祖，垣崇祖乃南齊宿將，壽陽之戰時，以「守郭築堰」戰術大敗來犯魏軍，戰功卓著。而南齊與北魏南北對峙，隨時有開戰可能，故正是用人之時，齊武帝爲何殺垣崇祖？起因乃齊武帝尚爲太子時，豫章王蕭嶷頗得齊高帝寵信，齊高帝遂有以蕭嶷代太子之意，齊武帝爲培養實力，欲收垣崇祖爲己用，然垣崇祖公忠體國，行事嚴謹中立，「世祖（齊武帝）在東宮，崇祖不自附結。」〔註6〕齊武帝懷恨垣崇祖不願附己，即位後誣指垣崇祖與荀伯玉意圖謀反，於 483 年（魏太和七年、齊永明元年）四月九日下詔殺了二人。荀伯玉時爲司空諮議，其被殺乃是齊武帝爲太子時，荀伯玉向齊高帝告發東宮官員張景眞之劣跡，「景眞驕侈，被服什物，僭擬乘輿；內外畏之，莫敢言者。」〔註7〕齊高帝大怒，檢校東宮並殺張景眞，荀伯玉因此見恨於齊武帝。齊武帝殺了垣崇祖、荀伯玉後，次月又殺了車騎將軍張敬兒，《南齊書·武帝紀》：「五月丁酉，車騎將軍張敬兒伏誅。」〔註8〕僅以

〔註3〕《魏書》卷 7 上〈高祖紀上〉，頁 151。
〔註4〕「上（齊高帝）未遑外略，以虜既摧破，且欲示以威懷，遣後軍參軍車僧朗北使。」《南齊書》卷 57〈魏虜傳〉，頁 988。
〔註5〕《南齊書》卷 2〈高帝紀下〉，頁 38。
〔註6〕《南齊書》卷 25〈垣崇祖傳〉，頁 463。
〔註7〕《資治通鑑》卷 135〈齊紀一〉，武帝永明元年，頁 4252。
〔註8〕《南齊書》卷 3〈武帝紀〉，頁 47。

「伏誅」一詞帶過，並未說明張敬兒因何被誅，但是從《南齊書・張敬兒傳》則可看出其梗概：〔註9〕

> 及垣崇祖死，愈恐懼，妻謂敬兒曰：「昔時夢手熱如火，而君得南陽郡。元徽中，夢半身熱，而君得本州。今復夢舉體熱矣。」有閹人聞其言，說之。事達世祖（齊武帝）。敬兒又遣使與蠻中交關，世祖疑其有異志。永明元年（483、魏太和七年），敕朝臣華林八關齋，於坐收敬兒。敬兒左右雷仲顯知有變，抱敬兒而泣。敬兒脫冠貂投地曰：「用此物誤我。」少日，伏誅。

張敬兒之死頗為冤枉，也透露出齊武帝對權力的不安全感，懼統兵將領為亂。垣崇祖、張敬兒可謂南齊南北長城，垣崇祖抗魏有功，前已詳述；至於張敬兒，經年帶兵討伐蠻族亂事，「（張敬兒）領軍伐襄陽諸山蠻，……又擊湖陽蠻，……南陽蠻動，復以敬兒為南陽太守。」〔註10〕可見張敬兒深曉蠻事，齊武帝應以其管理蠻區，而非殺之。《南齊書》對二人贊曰：〔註11〕

> 崇祖為將，志懷馳逐。規搔淮部，立勳豫牧。敬兒苞雍，深心防楚。
>
> 豈不劬勞，實興師旅。烹犬藏弓，同歸異緒。

南齊北疆及南域面臨不同軍事威脅，對抗北魏、諸蠻正需垣崇祖、張敬兒為國所用，齊武帝殺此二人，無異自毀長城。

齊武帝在位期間，北線無戰事，卻要面對內部叛亂，規模最大者首推唐寓之亂，此亂事因「檢籍」而起。東晉以來，南方人口增加迅速，但戶籍上的編戶卻不見增加，嚴重影響國家賦稅收入，至劉宋時開始整頓戶籍，實施土斷，而百姓為了逃避賦稅賄賂官員，刻意隱漏、冒籍之事不斷發生，虛假戶籍情況嚴重。齊高帝建南齊後，深覺問題嚴重性，於480年（魏太和四年、齊建元二年）推行「檢籍」，設立檢籍官，以宋元嘉二十七年（450、魏太平真君十一年）的板籍為準，重新登記戶籍，非法不合者予以卻籍。但是在實施過程中，由於官員貪贓枉法，出現了應卻而不卻、不需卻而卻情形。此外，南齊政府將大量卻籍戶充往邊疆服役，引起卻籍戶不滿。齊武帝繼位後弊端更加嚴重，終於爆發以唐寓之為首的反檢籍亂事。485年（魏太和九年、齊永明三年）十二月，富陽（今浙江富陽）人唐寓之藉卻籍戶對朝廷不滿，率眾四百人於新城（今浙江富陽西南）舉事，接著攻陷新城、富陽、錢

〔註9〕 《南齊書》卷25〈張敬兒傳〉，頁475。
〔註10〕 《南齊書》卷25〈張敬兒傳〉，頁464～465。
〔註11〕 《南齊書》卷25〈贊曰〉，頁475。

塘、桐廬、東陽等地，殺東陽太守蕭崇之，佔有浙東一帶，眾至三萬。唐寓之志得意滿，於錢塘稱帝，國號「吳」，以興平爲年號，立太子、置百官，建康震動，齊武帝「遣宿衛兵出討。」〔註12〕由於叛軍爲一時集結之烏合之眾，無紀律組織，遭精銳臺軍騎兵與步軍衝殺，一戰而潰，唐寓之遭擒斬，亂遂平。

二、蕭鸞弒殺南齊主與屠戮宗室

齊武帝崩於493年（魏太和十七年、齊永明十一年）七月，但是太子蕭長懋已於當年正月薨。對皇位繼承，齊武帝有兩種選擇：一爲從其餘諸子中擇賢良者立爲太子，在齊武帝二十三子中，以嫡次子竟陵王蕭子良才德兼備最孚眾望；另一爲依嫡長原則，立故太子蕭長懋嫡長子鬱林王蕭昭業爲皇太孫。齊武帝對這二位繼承人選陷入長考達三個月之久，可見二者之優劣讓他甚難決定。四月甲午，齊武帝終於決定以蕭昭業爲皇儲。三個月後，齊武帝病逝，蕭昭業順利即位。但是在齊武帝病逝前，擔心蕭昭業年僅二十，能力不足且對政務尙不熟悉，遂安排竟陵王蕭子良、西昌侯蕭鸞二位輔政大臣，蕭鸞爲齊高帝次兄蕭道生之子，〔註13〕故與齊武帝爲堂兄弟關係。次年二月「戊子，太傅竟陵王子良薨。」〔註14〕輔政大臣少一位，缺乏制衡力量，政權遂落入蕭鸞之手。蕭昭業即位後，望之不似人君，種種荒唐作爲與劉宋前、後廢帝如出一轍：〔註15〕

> 嗣主（蕭昭業）特鍾沴氣，爰表弱齡，險戾著于綠車，愚固彰於崇正。狗馬是好，酒色方湎。所務唯鄙事，所疾唯善人。……於是恣情肆意，罔顧天顯，二帝姬嬪，竝充寵御，二宮遺服，皆納玩府。內外混漫，男女無別，丹屛之北，爲酤鬻之所，青蒲之上，開桑中之肆。又微服潛行，信次忘反，端委以朝虛位，交戟而守空宮積旬矣。

蕭鸞早有篡逆之心，見此情形，暗中收攏朝廷內外大權。494年（魏太和十八年、齊隆昌元年）七月，蕭鸞見時機成熟，率軍入宮廢蕭昭業，隨即殺之，

〔註12〕《南齊書》卷3〈武帝紀〉，頁51。
〔註13〕參見《南齊書》卷6〈明帝紀〉，頁83；同書卷45〈宗室·始安貞王道生傳〉，頁788。
〔註14〕《南齊書》卷4〈鬱林王紀〉，頁71。
〔註15〕《南齊書》卷4〈鬱林王紀〉，頁72。

並假太后令，立蕭昭業二弟新安王蕭昭文入繼大統，改元延興。此時的蕭鸞，已是實質上的皇帝，蕭昭文不過傀儡罷了，但是蕭鸞仍不放心，對南齊宗室掀起一陣殺戮，先後誅殺齊高帝七個兒子、齊武帝五個兒子，蕭鸞至此方覺威脅已除，遂於同年十月廢僅即帝位三個月的蕭昭文為海陵王，次月殺之並自即帝位，是為齊明帝，改元建武。494 年（魏太和十八年）南齊年號凡三變，隆昌、延興、建武，蕭鸞連弒蕭昭業、蕭昭文二君，並誅殺齊高帝、齊武帝諸子，可見南齊也步入劉宋宗室相殘後塵，政治情勢相當不穩定。

三、北魏推動改革

齊武帝永明年間（483～493），正是魏孝文帝太和七年至十七年，魏孝文帝雖為北魏君主，但是至 490 年（魏太和十四年、齊永明八年）文明太后崩逝止，朝政大權均掌握在文明太后手中。由於齊武帝施政主軸著眼於內政，故使南齊呈現小康局面，加上忙於平定因檢籍引起的叛亂，遂對北魏採消極守勢，未有積極的戰略作為，雖有零星邊境衝突，但一般而言，此時魏齊關係趨於和平。北魏在此背景下，亦不願挑釁製造紛爭，更集中全力在文明太后帶領下實施改革。北魏自魏道武帝建立至太和年間已近百年，從部落式政權到統一中國北方，逐步往封建王朝之路邁進，為了適應封建化需求，成為典型漢式王朝，許多部落時期不合時宜之制度與措施，必須予以捨棄或加以改革，而此歷史趨勢落到了太和年間，主政者文明太后亦有這種眼光與認知，改革於焉展開。

魏孝文帝首先於 484 年（魏太和八年、齊永明二年）六月詔行俸祿制〔註16〕；次年十月詔行均田制〔註17〕；再次年二月行三長制，「初立黨、里、隣三長，定民戶籍。」〔註18〕北魏百官並無俸祿，這對漢人政權而言是很難理解的事，無俸祿官員如何維生？此乃拓跋氏仍保有草原部落思想，官員不靠俸祿維生，因為他們都有牧場、莊園，豢養大量牲畜。但是進入中原後，統治以農業經濟為主之漢人，生產型態完全不同，且農業地區無大量土地可供北魏官員充作牧場，加上拓跋氏從部落聯盟進展至北魏帝國，土地、人口不斷增加，官員勢必成倍數成長，這些官員在無俸祿、無牧場莊園情形下，

〔註16〕《魏書》卷 7 上〈高祖紀上〉，頁 153～154。
〔註17〕《魏書》卷 7 上〈高祖紀上〉，頁 156。
〔註18〕《魏書》卷 7 下〈高祖紀下〉，頁 161。

爲了生活及取得經濟來源，對其治下百姓的剝削就不難想像。如此一來，不僅國家賦稅收入大受影響，且官員貪污會敗壞吏治，縱容下去將動搖統治基礎，故推行俸祿制乃大勢所趨。爲配合俸祿制的實施，北魏政府開始嚴懲貪污，《魏書·刑罰志》：〔註19〕

> 律：「枉法十匹，義贓二百匹大辟。」至（太和）八年（484、齊永明二年）始班祿制，更定義贓一匹，枉法無多少皆死。是秋遣使者巡行天下，糾守宰之不法，坐贓死者四十餘人。食祿者踦跼，賕謁之路殆絕。

推行俸祿制後貪污刑罰加重，北魏朝廷並派官員至各地糾彈不法，雷厲風行的結果，使北魏吏治得到一定的整飭。

均田制和三長制是相輔相成的，北魏對其治下人民，並非全採編戶齊民的統治方式，其他尚有宗主督護〔註20〕、領民酋長〔註21〕等制度，且爲數不少。領民酋長乃因襲原有的部落體制，分佈較廣泛；宗主督護則大多集中在黃河流域，乃對漢人豪族某種程度之妥協，「舊無三長，惟立宗主督護，所以民多隱冒，五十、三十家方爲一戶。」〔註22〕這兩種制度對財政稅收有極大影響，北魏政府無法直接對庇蔭在宗主與酋長下的家戶徵稅，只能透過他們間接收取賦稅後上繳朝廷，換言之，屬於包稅制的賦稅制度。可以想見，宗主與酋長們不會如實上繳，苞蔭之戶只會愈來愈多，長久以往，國家無法直接控制家戶，統治力未達基層，這對北魏而言是個警訊，而推行均田制與三長制，就是打破宗主督護與領民酋長的壟斷，直接控制人口與土地，並直接徵稅。爲了使蔭附於豪強的人口樂於成爲北魏的編戶齊民，北魏政府同時推行新的租調制：〔註23〕

> 一夫一婦帛一匹，粟二石。民年十五以上未娶者，四人出一夫一婦之調；奴任耕，婢任績者，八口當未娶者四；耕牛二十頭當奴婢八。其麻布之鄉，一夫一婦布一匹，下至牛，以此爲降。

原本舊制爲「戶調帛二匹、絮二斤、絲一斤、粟二十石；又入帛一匹二丈，

〔註19〕《魏書》卷111〈刑罰志〉，頁2877。
〔註20〕關於宗主督護，可參見余遜，〈讀魏書李沖傳論宗主制〉，《中央研究院歷史語言研究所集刊》，第20本下冊，1948年12月，頁67～83。
〔註21〕關於領民酋長，可參見周一良，〈領民酋長與六州都督〉，收於氏著，《魏晉南北朝史論集》（北京：北京大學出版社，2000年10月），頁190～214。
〔註22〕《魏書》卷53〈李沖傳〉，頁1180。
〔註23〕《魏書》卷110〈食貨志六〉，頁2855。

委之州庫，以供調外之費。至是，戶增帛三匹，粟二石九斗，以爲官司之祿。」
〔註24〕這還不包括對外戰爭的臨時性軍事徵調，如 473 年（魏延興三年、宋
元徽元年）魏獻文帝爲南伐劉宋的北魏軍隊提供軍需，「詔州郡之民，十丁
取一以充行，戶收租五十石，以備軍糧。」〔註25〕舊制的沉重使一般百姓往
往無法負擔，只有蔭附在豪強地主之下。而新租調制顯然較舊制優惠許多，
正因如此，才能吸引百姓樂於成爲北魏政府直接統治下的編戶齊民，而唯有
直接控制戶口，才能全盤掌控財稅、兵役、力役，統治力始能滲透至最基層。
另一方面。爲了讓脫離宗主、酋長的隱冒之戶能安身立命，即需推行均田制
計口授田，其精神是「令分藝有準，力業相稱，細民獲資生之利，豪右靡餘
地之盈。」〔註26〕故均田制早於三長制推行，顯然是爲配合三長制實施，其
目的誠如文明太后所言：「立三長，則課有常準，賦有恒分，苞蔭之戶可出，
僥倖之人可止。」〔註27〕北魏透過文明太后的改革，推行俸祿制、均田制、
三長制，使北魏脫離草原部落舊習，重新建構官僚體系與社會組織，擴大北
魏王朝的社會基礎，更貼近漢人政權之理想與規範，其影響可謂巨大，也因
有文明太后改革，使魏孝文帝漢化腳步加快，遂有爾後遷都洛陽之舉。

四、魏孝文帝親政及遷都洛陽

　　魏孝文帝在文明太后於 490 年（魏太和十四年、齊永明八年）九月癸丑
崩逝後終得親政。由於魏孝文帝自幼由文明太后撫育，浸淫在漢文化薰陶中，
及長，更以漢式君主自居，故親政後欲將北魏改造爲漢式王朝，首要之務即
遷都洛陽。他將都城從平城遷至洛陽，有政治、經濟、軍事、文化等多方面
考量，〔註28〕政治上平城充滿保守勢力及文明太后舊勢力，對魏孝文帝形成
束縛；經濟上平城位於海拔 1067 公尺的黃土高原上，自然環境不佳，降水量
少導致農業生產不足；〔註29〕軍事上平城利於抵禦柔然，柔然勢衰後，北魏

〔註24〕《魏書》卷 110〈食貨志六〉，頁 2852。
〔註25〕《魏書》卷 7 上〈高祖紀上〉，頁 139。
〔註26〕《魏書》卷 53〈李安世傳〉，頁 1176。
〔註27〕《魏書》卷 53〈李沖傳〉，頁 1180。
〔註28〕關於魏孝文帝遷都洛陽的政治、經濟、軍事、文化等因素分析，詳見筆者著，
　　　　〈論北魏孝文帝遷都的心理戰略〉，《國立虎尾科技大學學報》，第 28 卷第 1
　　　　期，2009 年 3 月，頁 80～82。
〔註29〕參見徐勝一，〈北魏孝文帝遷都洛陽與氣候變化之研究〉，《國立臺灣師範大學
　　　　地理研究報告》，第 38 期，2003 年 5 月，頁 1～12。

戰略對象轉爲南朝，洛陽利於指揮對南朝戰爭，調度中原物資，適應軍事重心南移需求；文化上平城胡風甚盛，洛陽「七百攸基，地則土中，實均朝貢，惟王建國，莫尚於此。」〔註30〕乃文治之地，對魏孝文帝推動漢化助益甚大。

　　遷都對漢民族及少數民族王朝而言均爲大事，魏孝文帝深知貿然遷都必會激起保守勢力強烈反對，需待適當時機。而魏孝文帝正憂遷都無名之際，齊武帝整軍經武造露車（戰車）三千乘，顯有北伐企圖，魏孝文帝遂掌握此戰略契機，訂定假南伐之名、行遷都之實的兩手策略。493年（魏太和十七年、齊永明十一年）秋，魏孝文帝啓動南伐大軍，以太尉拓跋丕、廣陵王拓跋羽留守平城，命河南王拓跋幹率軍七萬出子午谷，自南鄭（今陝西漢中束）攻益州；自率主力三十萬從平城出發，經肆州（山西忻縣西）、并州（今山西太原）南下，大軍至洛陽時尚欲南行，群臣諫阻，「群臣稽顙於馬前，請停南伐，帝乃止。仍定遷都之計。」〔註31〕魏孝文帝以南伐的軍事行動掩護遷都，實

〔註30〕《魏書》卷39〈李韶傳〉，頁886。
〔註31〕《魏書》卷7下〈高祖紀下〉，頁173。〈高祖紀〉記載稍嫌簡略，同書〈李沖傳〉載之甚詳：自發都至於洛陽，霖雨不霽，仍詔六軍發軔。高祖（魏孝文帝）戎服執鞭，御馬而出，羣臣啓顙於馬首之前。高祖曰：「長驅之謀，廟算已定，今大軍將進，公等更欲何云？」（李）沖進曰：「臣等不能折衝帷幄，坐制四海，而令南有竊號之渠，實臣等之咎。陛下以文軌未一，親勞聖駕，臣等誠思亡軀盡命，効死戎行。然自離都淫雨，士馬困弊，前路尚遙，水潦方甚。且伊洛境內，小水猶尚致難，況長江浩汗，越在南境。若營舟檝，必須停滯，師老糧乏，進退爲難，矜喪反斾，於義爲允。」高祖曰：「一同之意，前已具論。卿等正以水雨爲難，然天時頗亦可知。何者？夏既炎旱，秋故雨多，玄冬之初，必當開爽。比後月十間，若雨猶不已，此乃天也，脫於此而晴，行則無害。古不伐喪，謂諸侯同軌之國，非王者統一之文。已至於此，何容停駕。」沖又進曰：「今者之舉，天下所不願，唯陛下欲之。漢文言，吾獨乘千里馬，竟何至也？臣有意而無其辭，敢以死請。」高祖大怒曰：「方欲經營宇宙，一同區域，而卿等儒生，屢疑大計，斧鉞有常，卿勿復言！」策馬將出。於是大司馬、安定王休，兼左僕射、任城王澄等並殷勤泣諫。高祖乃諭羣臣曰：「今者興動不小，動而無成，何以示後？苟欲班師，無以垂之千載。朕仰惟遠祖，世居幽漠，違眾南遷，以享無窮之美，豈其無心，輕遺陵壤。今之君子，寧獨有懷？當由天工人代、王業須成故也。若不南鑾，即當移都於此，光宅土中，機亦時矣，王公等以爲何如？議之所決，不得旋踵，欲遷者左，不欲者右。」安定王休等相率如右。前南安王楨進曰：「夫愚者闇於成事，智者見於未萌。行至德者不議於俗，成大功者不謀於眾，非常之人乃能建非常之事。廓神都以延王業，度土中以制帝京，周公啓之於前，陛下行之於後，故其宜也。且天下至重，莫若皇居，人之所貴，寧如遺體？請上安聖躬，下慰民望，光宅中原，輟彼南伐。此臣等願言，蒼生幸甚。」羣臣

為一高明心理戰略，避開了保守勢力掣肘，誠如《魏書‧李沖傳》所載：〔註32〕

> 高祖（魏孝文帝）初謀南遷，恐眾心戀舊，乃示為大舉，因以脅定群情，外名南伐，其實遷也。舊人懷土，多所不願，內憚南征，無敢言者，於是定都洛陽。

魏孝文帝將都城從平城遷至洛陽，對北魏的發展具畫時代意義。首先，北方統一已久，平城不足以宰制中原，向南發展亦不便，平城當作北魏僅統治北方的都城尚可，若想成為北魏滅南朝一統華宇的都城則深恐不足。其次，欲大力推行漢化，平城並不適合，平城宜於攻守，乃用武之地，並非文化禮儀之都，魏孝文帝曾與任城王拓跋澄語及此憾：〔註33〕

> （魏孝文帝）獨謂（拓跋）澄曰：「今日之行，誠知不易。但國家興自北土，徙居平城，雖富有四海，文軌未一，此間用武之地，非可文治，移風易俗，信為甚難。」

平城久處游牧民族草原文化之下，尚武之風甚盛，客觀環境無法配合魏孝文帝的漢化政策。洛陽是漢文化薈萃之地，魏孝文帝不僅愛慕漢文化，本身亦具極高文化素養，如他於 493 年（魏太和十七年、齊永明十一年）九月至洛陽時，見洛陽城荒毀不已，有感而發吟詠黍離之詩，《魏書‧高祖紀》載：〔註34〕

> 庚午，幸洛陽，周巡故宮基趾。帝顧謂侍臣曰：「晉德不修，早傾宗祀，荒毀至此，用傷朕懷。」遂詠黍離之詩，為之流涕。壬申，觀洛橋，幸太學，觀石經。……冬十月戊寅朔，幸金墉城。詔徵司空穆亮與尚書李沖、將作大匠董爵經始洛京。

北魏從建國至遷都洛陽已有百餘年歷史，亦即拓跋氏漢化至少百餘年，在長期浸染漢文化之下，魏孝文帝有如此高的漢文化素養實不足為奇。事實上北魏王朝發展至魏孝文帝時，整個漢化程度與時機均已成熟，故在客觀環境與他主觀漢化心態之下，遷都洛陽遂成定局，魏孝文帝決定以洛陽作為他政治改革的新都城。

咸唱「萬歲」。《魏書》卷 53〈李沖傳〉，頁 1182～1183。
〔註32〕《魏書》卷 53〈李沖傳〉，頁 1183。
〔註33〕《魏書》卷 19 中〈景穆十二王中‧任城王雲附子澄傳〉，頁 464。
〔註34〕《魏書》卷 7 下〈高祖紀下〉，頁 173。

第二節 戰略規畫與作戰經過

北魏與南齊的第二次戰爭在 494 年（魏太和十八年、齊建武元年）十二月爆發，表面上看是魏孝文帝爲聲討齊明帝得位不正而發兵南討，實際上背後有更深層的意義。魏孝文帝長期在文明太后的抑制下，無法擁有帝王的專制權力，而在文明太后崩逝後，終於取得最高政治權力。爲了遂行他的政治理想與抱負，大力推動漢化改革並遷都洛陽，更有統一南北的雄心，故不論南齊是否發生齊明帝篡位事件，魏孝文帝也會與南齊一戰。而這也是他首次以北魏軍隊最高統帥身分，擬定戰略規畫與戰爭指導，不但御駕親征，更動員三十萬大軍，大有一舉盪平南齊意味。至於南齊，這場戰爭對齊明帝亦是一項嚴格考驗，他大殺南齊宗室及連弒鬱林王蕭昭業、海陵王蕭昭文兩位君主後即皇帝位，南齊內部對他的血腥屠殺必然有所不滿，如果齊明帝無法在即位之初，有效抵禦北魏的進攻，一旦一路敗退且失城陷地，必會激起原本對其不滿的政治力量，影響所及，恐將危及齊明帝的統治。因此，魏齊的第二次大戰，在魏孝文帝首次全權指揮並欲完成一統南北的雄心壯志下，必會全面且積極的進攻。而齊明帝爲了鞏固權力，避免敗戰危及其皇位，也會動員南齊軍隊全力抗擊，故戰爭之激烈，當可想見。然而在戰爭爆發前數年，雖然兩國戰略關係尚稱平和，但是在邊區及蠻區都發生不少衝突事件，不過並未引爆更大的衝突，故將其歸類爲大戰前的前哨戰。

一、淮漢大戰的前哨戰：487、488 年的邊境衝突

（一）桓誕煽動諸蠻請兵於魏

齊武帝在位十一年間，雖然魏齊關係和緩，但並非完全平和，邊境衝突在所難免。首先是 487 年（魏太和十一年、齊永明五年）正月，「雍、司二州蠻虜屢動，丁酉，（齊武帝）遣丹陽尹蕭景先出平陽，護軍將軍陳顯達出宛、葉。」〔註35〕南齊朝廷見蠻區騷動遂遣軍平蠻亂，但此次蠻亂並不單純，而是有心人士從旁鼓動，並引魏軍爲後援，爆發魏齊間的軍事衝突，《南齊書·陳顯達傳》記載甚詳：〔註36〕

> 荒人桓天生自稱桓玄宗族，與雍、司二州界蠻虜相扇動，據南陽故

〔註35〕《南齊書》卷 3〈武帝紀〉，頁 53。
〔註36〕《南齊書》卷 26〈陳顯達傳〉，頁 490。

城。上遣顯達假節，率征虜將軍戴僧靜等水軍向宛、葉，雍、司眾
軍受顯達節度。天生率虜眾萬餘人攻舞陰，舞陰戍主輔國將軍殷公
愍擊殺其副張麒麟，天生被瘡退走。仍以顯達爲使持節、散騎常侍、
都督雍梁南北秦郢州之竟陵司州之隨郡軍事、鎮北將軍，領寧蠻校
尉、雍州刺史。顯達進據舞陽城，遣僧靜等先進，與天生及虜再戰，
大破之，官軍還。數月，天生復出攻舞陰，殷公愍破之，天生還竄
荒中。

桓天生即桓誕，《魏書‧蠻傳》云「誕字天生，桓玄之子也。」〔註37〕《魏書‧
高祖紀》載 472 年（魏延興二年、宋泰豫元年）正月「大陽蠻酋桓誕率戶內
屬，拜征南將軍，封襄陽王。」〔註38〕桓誕身爲大陽蠻酋首，勢力龐大，「擁
沔水以北，滍葉以南八萬餘落。」〔註39〕由魏孝文帝拜其爲征南將軍又封襄
陽王來看，桓誕頗得北魏禮遇與重視，當然，拉攏意味濃厚，一旦大陽蠻能
歸北魏治理，對北魏朝廷而言至少有兩大好處，第一：不用擔心大陽蠻的滋
擾，少數民族問題一直是歷代統治者相當重視的課題，若發動軍隊征剿，即
便平定，也會耗費糧餉無算，更會造成士兵損傷。現大陽蠻願順從北魏政權，
便無需擔心其滋擾生事，也無需對其投入軍隊掃蕩。有利於北魏與南齊作戰
時，不會因大陽蠻發生動亂，進而牽制前線魏軍無法全力對南齊作戰，甚至
腹背受敵導致敗戰的情況發生。第二：當北魏與南齊進入戰爭狀態時，北魏
可要求桓誕率其部眾支援魏軍作戰，如此可增強魏軍軍力，如「太和四年
（480、齊建元二年），王師南伐，誕請爲前驅，乃授使持節、南征西道大都
督，討義陽，不果而還。」〔註40〕在北魏與南齊的第一次戰爭中，桓誕遣軍
協同魏軍作戰，雖無具體戰果，但至少已開其端，北魏在爾後與南齊的對抗
中，可借重桓誕及大陽蠻眾增強魏軍戰力。

關於桓誕的身世，《魏書‧蠻傳》稱其爲桓玄之子頗有疑問：〔註41〕
　　誕字天生，桓玄之子也。初玄西奔至枚回洲，被殺，誕時年數歲，
　　流竄大陽蠻中，遂習其俗。及長，多智謀，爲群蠻所歸。……（太
　　和）十八年，誕入朝，賞遇隆厚。卒，諡曰剛。

〔註37〕《魏書》卷 101〈蠻傳〉，頁 2246。
〔註38〕《魏書》卷 7 上〈高祖紀上〉，頁 136。
〔註39〕《魏書》卷 101〈蠻傳〉，頁 2246。
〔註40〕《魏書》卷 101〈蠻傳〉，頁 2246。
〔註41〕《魏書》卷 101〈蠻傳〉，頁 2246。

桓玄於 404 年（魏天賜元年、晉元興三年）被殺，「五月……壬午，督護馮遷斬桓玄於貊盤洲。」〔註42〕《魏書·蠻傳》稱桓玄死時「誕時年數歲。」數歲並未言明幾歲，試以四歲計算，桓誕卒於 494 年（魏太和十八年、齊建武元年），則其享壽九十五；若以七、八歲計算，桓誕享壽更接近百歲，這並非不可能，但就當時的醫療環境而言，機率不高。此外，前文述及 487 年（魏太和十一年、齊永明五年）桓誕「與雍、司二州界蠻虜相扇動，據南陽故城。」〔註43〕為了討平桓誕，南齊朝廷遣護軍將軍陳顯達領軍平亂，當時桓誕至少已八十七歲，竟還能率軍進攻南齊城池，雖非絕無可能，但真實性微乎其微，故桓誕是否為桓玄之子，依《魏書·蠻傳》所載難以判斷。相較之下《南齊書·陳顯達傳》載「荒人桓天生自稱桓玄宗族。」則較為正確，用「自稱」二字避開爭議，而非《魏書·蠻傳》斬釘截鐵書「誕字天生，桓玄之子也。」

桓誕煽動蠻人為亂，並請兵於魏，據《南齊書·魏虜傳》所載：「邊人桓天生作亂，虜遣步騎萬餘人助之。」〔註44〕可知魏軍約出動一萬兵馬。北魏出兵的戰略評估是，若能造成南齊內部動盪，使齊軍疲於平亂，就能乘機入侵，往南拓展疆域。而面對桓誕煽動群蠻更引北魏為後援襲擾雍、司二州，造成地方騷動、邊情不安，齊武帝立即派兵圍剿，發二路軍分向雍州、司州。其中征虜將軍、丹陽尹蕭景先曾於齊高帝時任司州刺史，熟悉當地民情與防禦態勢，遂令蕭景先率軍直抵司州治所義陽（今河南信陽）坐鎮，節制司州諸軍：〔註45〕

> （永明）五年（487、魏太和十一年），荒人桓天生引蠻虜於雍州界
> 上，司部以北，人情騷動。上（齊武帝）以景先諳究司土，詔曰：「得
> 雍州刺史張瓌啟事，蠻虜相扇，容或侵軼。蜂蠆有毒，宜時剿蕩。
> 可遣征虜將軍丹陽尹景先總率步騎，直指義陽。可假節，司州諸軍
> 皆受節度。」景先至鎮，屯軍城北，百姓乃安，牛酒來迎。

至於雍州，則由護軍將軍陳顯達領太子右衛率戴僧靜，率水陸軍西進雍州討伐桓誕，而由「雍、司眾軍受顯達節度」〔註46〕來看，陳顯達無疑是這次討

〔註42〕《晉書》卷 10〈安帝紀〉，頁 257。另參見《晉書》卷 99〈桓玄傳〉，頁 2601。
〔註43〕《南齊書》卷 26〈陳顯達傳〉，頁 490。
〔註44〕《南齊書》卷 57〈魏虜傳〉，頁 989。
〔註45〕《南齊書》卷 38〈蕭景先傳〉，頁 662～663。
〔註46〕《南齊書》卷 26〈陳顯達傳〉，頁 490。

伐行動的總指揮。

桓誕領蠻魏聯軍與齊軍共爆發三次衝突，首先是進攻舞陰，舞陰屬雍州南陽郡，〔註 47〕南齊舞陰戍主輔國將軍殷公愍守城有責，率守軍堅守，由於舞陰城防堅固，屢攻不下，而陳顯達所率大軍已慢慢逼近，桓誕不得已先撤退。而作為齊軍先鋒的戴僧靜，在深橋（今河南沘陽南）與桓誕遭遇，雙方爆發激烈戰鬥，戴僧靜大破桓誕的蠻魏聯軍，《南齊書·戴僧靜傳》對雙方交戰過程有詳細記載：〔註 48〕

> （戴僧靜）隸護軍陳顯達，討荒賊桓天生於比（沘）陽。僧靜與平西司馬韓孟度、華山太守康元隆前進，未至比陽四十里，頓深橋。天生引虜步騎十萬奄至，僧靜合戰大破之，殺獲萬計。天生退還比陽，僧靜進圍之。天生軍出城外，僧靜又擊破之，天生閉門不復出，僧靜力疲乃退。除征虜將軍、南中郎司馬、淮南太守。

深橋是雙方的第二次衝突，齊軍戴僧靜部雖然大破桓誕，逼使其退守沘陽（今河南泌水北），然戴僧靜亦無法攻陷沘陽，最終只能退兵。

據上引文所述，「天生引虜步騎十萬奄至。」北魏派十萬大軍助桓誕攻打南齊實有疑問，《魏書·高祖紀》載其「詔南部尚書公孫文慶、上谷（公）張伏千率眾南討舞陰。」〔註 49〕魏孝文帝雖遣軍助桓誕攻打舞陰，但並未云多少兵馬，而《南齊書》載北魏興兵助桓誕的記載約有三處，除前引〈戴僧靜傳〉「天生引虜步騎十萬奄至。」明確指出十萬魏軍的數目外，第二處在〈魏虜傳〉：「邊人桓天生作亂，虜遣步騎萬餘人助之。」〔註 50〕第三處在〈陳顯達傳〉：「天生率虜眾萬餘人攻舞陰。」〔註 51〕顯然〈魏虜傳〉、〈陳顯達傳〉均明確指出北魏僅動員一萬，為何《南齊書》三傳會有魏軍數目不同的記載。筆者認為，齊軍在深橋大敗蠻魏聯軍，乃屬戴僧靜之功，而南北史書的記載多有其立場，若我方獲勝必會加以讚揚，增加敵軍數目彰顯我方功績；若不幸敗陣，則會降低我方傷亡人數，因此有可能為了頌揚戴僧靜功勞，刻意誇大魏軍兵力。另外，十萬大軍數目龐大，已可發動一場大型戰爭，所需軍械糧餉不知要耗費多少，北魏不太可能僅為配合桓誕侵略司雍地區而發動大

〔註47〕 參見《南齊書》卷 15〈州郡志下〉，頁 281～282。

〔註48〕 《南齊書》卷 30〈戴僧靜傳〉，頁 556。

〔註49〕 《魏書》卷 7 下〈高祖紀下〉，頁 162。

〔註50〕 《南齊書》卷 57〈魏虜傳〉，頁 989。

〔註51〕 《南齊書》卷 26〈陳顯達傳〉，頁 490。

軍，而且兵無常勝，萬一敗戰，將損失不少有生力量，故除非是北魏主導的對南齊的戰爭，始有可能出動大軍，若僅是協助桓誕入寇南齊的邊區戰爭，援助一萬軍隊尚屬合宜，十萬大軍雖非不可能，但機率非常低。最後再據《資治通鑑》所載：「桓天生引魏兵萬餘人至沘陽。」〔註52〕可見司馬光亦認爲魏軍僅萬餘人而非十萬人。故綜上所述，魏軍數目應非《南齊書・戴僧靜傳》的十萬，而是同書〈魏虜傳〉、〈陳顯達傳〉及《資治通鑑》的萬餘人爲是。

至於第三次衝突則是桓誕休養數月後，於487年（魏太和十一年、齊永明五年）五月再度進攻舞陰，「天生復出攻舞陰，殷公愍破之，天生還竄荒中。」〔註53〕桓誕前後兩次進攻舞陰皆遭其戍主殷公愍擊退。從487年（魏太和十一年、齊永明五年）正月開始桓誕在司、雍二州邊區騷動，至五月終被平定，歷時五個月的桓誕之亂未成氣候，北魏出兵亦無所獲，於是南齊司雍地區逐漸趨平靜。

（二）角城衝突

大陽蠻酋桓誕勾結北魏對南齊司州、雍州的寇擾行動，雖然在南齊各地守軍的抗擊下敗退，但並不表示北魏對南齊的邊區侵擾就此結束。而齊武帝也頗有戰略警覺，雖然專注內政不願與北魏爆發大型戰爭，但邊界的糾紛不可能完全杜絕，故加強與北魏的邊區防務乃北方國防的重點工作，因此在司雍地區紛擾暫告一段落後，齊武帝將戰略眼光投射在淮河地區，預備加強淮河下游的防禦能力。齊武帝在守江必先守淮的戰略思考下，欲保衛都城建康，必須堅守長江，而守衛長江第一要務即是守住淮河，若淮河遭突破，一旦魏軍兵臨長江，則京師將籠罩在魏軍的威脅中，於是齊武帝積極強化淮河下游防務，藉以拱衛京師安全。

周盤龍乃南齊名將，以驍勇善戰著稱，「周盤龍，北蘭陵蘭陵人也。宋世土斷，屬東平郡。盤龍膽氣過人，尤便弓馬。」〔註54〕齊武帝因其勇猛，遂委以淮河國防重任，488年（魏太和十二年、齊永明六年）三月癸卯「出爲持節、都督兗州緣淮諸軍事、平北將軍、兗州刺史。」〔註55〕其中屬兗州的盱

〔註52〕《資治通鑑》卷136〈齊紀二〉，武帝永明五年，頁4275。
〔註53〕《南齊書》卷26〈陳顯達傳〉，頁490。
〔註54〕《南齊書》卷29〈周盤龍傳〉，頁543。
〔註55〕《南齊書》卷29〈周盤龍傳〉，頁545。〈周盤龍傳〉並未敘明周盤龍出任這些官職的確切時間，僅列於永明五年（487、魏太和十一年）之後，參校同書〈武帝紀〉，明載任兗州刺史爲永明六年三月癸卯，詳見《南齊書》卷3〈武

眙，更是緣淮軍事重鎮，周盤龍遂率軍駐守於此。而淮河下游情勢果如齊武帝所料，北魏與南齊在淮河當地的駐軍於同月在角城爆發衝突。此次衝突起因乃南齊角城戍將張蒲與北魏勾結，乘大霧以船載小股魏軍直衝角城東門，角城齊軍立刻還擊，據《南齊書・周盤龍傳》載：〔註56〕

> （角城）戍主皇甫仲賢率軍主孟靈寶等三十餘人於門拒戰，斬三人，賊眾被創赴水，而虜軍馬步至城外已三千餘人，阻塹不得進。淮陰軍主王僧（虔）等領五百人赴救，虜眾乃退。

南北對峙時期，邊將反叛所在多矣，只是依其身份與官爵會有不同程度影響，如劉昶以劉宋宗室投魏，受到北魏極大重視。上述角城戍將張蒲，地位略遜一籌，因此北魏雖與其合作出兵攻打角城，但是在進攻失利後即決定退兵，不願因此引發更大衝突，而角城衝突也在雙方克制下未引起更大紛爭。

（三）桓誕之亂餘波：隔城之戰

角城衝突甫結束，次月（四月）魏齊又在邊境引爆另一波比角城規模更大的衝突，齊軍甚至攻入魏境，事件的起因乃桓誕之亂餘波。桓誕引魏軍攻打舞陰等地，雖於487年（魏太和十一年、齊永明五年）五月被舞陰戍主殷公愍擊退，但齊軍並未盡滅其眾，僅是驅逐而已，戰術上過於保守，故桓誕勢力仍在。他經一年休養後，於次年四月，再度引魏軍入寇，「（永明）六年（488、魏太和十二年），虜又遣眾助桓天生。」〔註57〕桓誕引魏軍爲援佔據隔城（今河南桐柏西北），齊武帝得知桓誕再次入寇消息，立遣游擊將軍曹虎率軍抵禦，《南齊書・曹虎傳》：〔註58〕

> （永明）六年四月，荒賊桓天生復引虜出據隔城，遣虎督數軍討之。虎令輔國將軍朱公恩領騎百匹及前行踏伏，值賊遊軍，因合戰破之。遂進至隔城。賊黨拒守，虎引（兵）圍柵，絕其走路，須臾，候騎還報虜援已至，尋而天生率馬步萬餘人迎戰，虎奮擊大敗之，獲二千餘人。明日，遂攻隔城拔之，斬僞虎威將軍襄城太守帛烏祝，復殺二千餘人，賊棄平氏城退走。

此役齊軍大勝，不僅俘斬四千餘人，〔註59〕更斬殺北魏虎威將軍、襄城太守

帝紀〉，頁 54。

〔註56〕《南齊書》卷29〈周盤龍傳〉，頁 545。

〔註57〕《南齊書》卷57〈魏虜傳〉，頁 989。

〔註58〕《南齊書》卷30〈曹虎傳〉，頁 562。

〔註59〕曹虎破魏軍俘斬二千餘人，次日戰鬥復破魏軍，又俘斬二千餘人，故俘斬約

帛烏祝，曹虎的勝利令齊武帝信心倍增，決定乘勝追擊，命陳顯達率軍侵入
魏境，陳顯達當時的官職為「使持節、散騎常侍、都督雍梁南北秦郢州之竟
陵司州之隨郡軍事、鎮北將軍，領寧蠻校尉、雍州刺史。」〔註60〕等於南齊
在雍梁地區最高軍政長官。陳顯達率領齊軍初始進展順利，迅速攻佔醴陽（今
河南葉縣）：〔註61〕

> 夏四月，……蕭賾（齊武帝）將陳顯達等寇邊。甲寅，（魏孝文帝）
> 詔豫州刺史元斤率眾禦之。……陳顯達攻陷醴陽，左僕射、長樂王
> 穆亮率騎一萬討之。

北魏顯然忽略齊軍挾隔城勝利餘威進攻魏境的企圖心，一開始僅以地方部隊
迎擊，派豫州刺史拓跋斤率所屬部隊抵禦，及至齊軍攻陷醴陽，北魏朝廷始
驚覺事態嚴重，須力阻齊軍攻勢，遂遣左僕射、長樂王穆亮領軍一萬抗敵。
由此可見，初始拓跋斤所領魏軍雖未載明兵力，但是由後來北魏有所警覺遣
軍一萬來看，首波忽略戰況派出的魏軍，應少於一萬。陳顯達陷醴陽後，續
攻沘陽，幸守將韋珍戰略正確，他認為南齊軍隊在隔城、醴陽接連戰勝，士
氣正盛，暫不與其正面交鋒，應以堅守城池為主，及至齊軍攻城疲憊時，再
全力出擊必能勝之。韋珍所採戰略深得《孫子兵法》精要：「是故朝氣銳，晝
氣惰，暮氣歸。故善用兵者，避其銳氣，擊其惰歸。」〔註62〕而結果果如韋
珍所料，史載：〔註63〕

> 蕭賾遣其雍州刺史陳顯達率眾來寇。城中將士咸欲出戰，（韋）珍
> 曰：「彼初至氣銳，未可便挫，且共堅守，待其攻我疲弊，擊之未
> 晚。」於是憑城拒戰，殺傷甚眾。相持旬有二日，夜開城門掩擊之，
> 賊遂奔潰。

在韋珍堅守下，齊軍攻勢疲軟，韋珍更趁夜晚開城門突襲，令齊軍防不勝防，
陳顯達判斷沘陽難以攻下，懼腹背受敵，因其後有穆亮所率北魏援軍一萬逼
近，遂退兵而還。

陳顯達的退兵使魏齊邊境衝突暫時平息，但未結束。第二年（489、魏太
和十三年、齊永明七年）正月衝突再起，「蕭賾遣眾寇邊，淮陽（今河南周口）

四千餘人。參見《資治通鑑》卷136〈齊紀二〉，武帝永明六年，頁4279～4280。
〔註60〕《南齊書》卷26〈陳顯達傳〉，頁490。
〔註61〕《魏書》卷7下〈高祖紀下〉，頁163～164。
〔註62〕孫武著、吳仁傑注譯，《孫子讀本》〈軍爭篇第七〉，頁50。
〔註63〕《魏書》卷45〈韋珍傳〉，頁1013。

太守王僧儁擊走之。」〔註 64〕齊軍的入侵，很快被北魏邊防守軍擊退，估計齊軍兵力不多，應只是試探性的進攻，探查能否突破北魏邊防。此後直至齊武帝崩逝止，南北史書皆未見魏齊衝突記載，故從 487～489（魏太和十一年至十三年、齊永明五年至七年）這三年間，誠如上所述魏齊的地方衝突，因雙方克制得宜，無論是文明太后、魏孝文帝以及齊武帝，皆未有擴大戰爭之想法，故能迅速結束衝突，避免引發大戰，這也是齊高帝在位十一年間，魏齊關係相對平和的原因。

二、齊武帝規畫北伐與曹虎詐降北魏

（一）齊武帝規畫北伐

一向與北魏維持和緩的戰略關係，不願主動開戰的齊武帝，突然於 493 年（魏太和十七年、齊永明十一年）下令於石頭城造露車三千乘，開始規畫北伐，準備收復失陷多年之彭城（今江蘇徐州市）。南齊此一軍事動作，使向來平和之魏齊關係頓時緊張起來。而北魏不甘陷於被動，遂謀南伐，意在先聲奪人掌握戰略主動，《魏書·劉昶傳》：〔註65〕

> （太和）十七年春，高祖（魏孝文帝）臨經武殿，大議南伐，語及劉、蕭篡奪之事，昶每悲泣不已。因奏曰：「臣本朝淪喪，艱毒備罹，冀恃國靈，釋臣私恥。」頓首拜謝。高祖亦為之流涕，禮之彌崇。

北魏與南齊皆進行情報戰刺探對方各項戰爭準備，當齊武帝得知北魏於淮泗間大積馬芻有南伐之意後，遂展開一連串防禦部署，他首先以軍事將領接任地方刺史備戰，「鎮軍大將軍陳顯達為江州刺史，右衛將軍崔慧景為豫州刺史。」〔註 66〕接著「發揚、徐州民丁，廣設召募。」〔註 67〕而魏孝文帝亦積極籌備南伐事宜，《魏書·高祖紀》：「六月丙戌，帝將南伐，詔造河橋。」〔註 68〕正當雙方積極醞釀大戰時，齊武帝於七月崩逝，延緩了戰爭爆發時機。

齊武帝主政十一年間，僅和北魏有邊境衝突，魏齊關係尚稱平緩，為何在末年欲興師北伐收復失地。若從他的執政歷程來看，永明年間的十一年是

〔註64〕《魏書》卷 7 下〈高祖紀下〉，頁 164。
〔註65〕《魏書》卷 59〈劉昶傳〉，頁 1309。
〔註66〕《南齊書》卷 3〈武帝紀〉，頁 60。
〔註67〕《南齊書》卷 57〈魏虜傳〉，頁 992。
〔註68〕《魏書》卷 7 下〈高祖紀下〉，頁 172。

南齊政治最清明、政務最上軌道時期，「永明之治」雖稱不上盛世，若云小康差可比擬，與劉宋「元嘉之治」相比，雖不中亦不遠矣。當齊武帝在內政上有所建樹，政治平穩後，自然將眼光對外，欲在外部事務有所突破，若能北伐收復淮北地區，甚至乘勝北進驅逐拓跋氏一統山河，不啻完成歷代南朝君主最偉大的國家目標，齊武帝的心中當然有這種理想與抱負。

齊武帝北伐的決心頗為堅定，史載：「永明末，世祖（齊武帝）欲北伐，使毛惠秀畫漢武北伐圖。」〔註69〕可見齊武帝希望能媲美漢武帝北逐匈奴，自己亦能驅逐北魏於荒漠之中，並混一宇內創不世之功。可惜齊武帝不久後病逝，但是再一次的魏齊大戰卻無法避免，原因在於從齊武帝造露車開始，魏軍也調動頻繁，雙方都在準備拉開戰爭的引信，故齊武帝崩逝僅是延遲衝突，卻無法避免，戰爭終於在齊明帝即位後不久爆發。

（二）曹虎詐降北魏

正當北魏積極進行南伐戰爭之際，494年（魏太和十八年、齊建武元年）十二月南境傳來令北魏朝廷驚喜訊息，「蕭鸞（齊明帝）雍州刺史曹虎據襄陽請降。」〔註70〕魏孝文帝聞之大喜，因襄陽乃江北重鎮，北魏若能佔有襄陽（今湖北襄陽），以之為據點盪平江北之地就不成問題，而襄陽也可以成為進取江南的前進基地。不過北魏朝廷有不少官員對曹虎的投降表示疑慮，被魏孝文帝指派領軍前往接應的尚書盧淵，即進言曰：「但恐曹虎為周魴耳，陛下宜審之。」〔註71〕任城王拓跋澄亦言曹虎降魏恐有詐，「降問若審，應有表質。而使人一返，靜無音問，其詐也可見。」〔註72〕曹虎的請降未派人質、未續遣使者，啟人疑竇。高閭時為鎮南將軍、相州刺史，表諫曰：「洛陽草創，（曹）虎既不遣質任，必非誠心，無宜輕舉。」〔註73〕然而魏孝文帝南伐決心已定，完全聽不進朝臣建言。事實上，即便沒有曹虎降魏之舉，魏孝文帝伐齊仍勢在必行，只不過本來可運用曹虎這顆活棋佔有襄陽，北魏

〔註69〕《南齊書》卷47〈王融傳〉，頁820。

〔註70〕《魏書》卷7下〈高祖紀下〉，頁175。

〔註71〕《魏書》卷47〈盧淵傳〉，頁1049。周魴乃三國孫吳鄱陽太守，於228年（魏太和二年、吳黃武七年）五月詐降曹魏，魏將曹休深信不疑接納之，結果導致八月石亭一役大敗於吳將陸遜，曹休舊疾復發至九月而卒。參見《三國志》卷60《吳書·周魴傳》，頁1387～1392。《資治通鑑》卷71〈魏紀三〉，明帝太和二年，頁2244～2246。

〔註72〕《魏書》卷19中〈景穆十二王中·任城王雲附子澄傳〉，頁466。

〔註73〕《魏書》卷54〈高閭傳〉，頁1206。

便能在南齊的中部打開戰略缺口，施以裡應外合戰術，如今未能佔有襄陽，便需由魏軍正面伐齊了。至於曹虎，果如盧淵、拓跋澄、高閭等北魏大臣所料，「虎果僞降。」〔註74〕

曹虎詐降的原因不明，在兩國戰火一觸即發之際，曹虎身爲南齊的雍州刺史，亦即當地的軍政首長，兼負前線抗魏之責，此時驟然降魏，不排除乃南齊戰略上的運用。如果曹虎是眞心降魏，之後又因其他考量而反悔，這中間過程南齊朝廷不可能不知，以齊明帝多疑的個性，必然將其貶官召回中樞就近監管，不太可能繼續讓其掌握雍州軍政實權。試看曹虎在魏齊第二次大戰爆發當年及次年戰爭進行中的經歷，「建武元年（494、魏太和十八年），進號右將軍。二年，進督爲監，進號平北將軍，爵爲侯，增邑三百戶。」〔註75〕以及再兩年後齊明帝又命曹虎屯軍襄陽抵禦北魏，「（建武）四年（497、魏太和二十一年），虜寇沔北，虎聚軍襄陽。」若曹虎眞有降魏之心，不可能持續受到齊明帝重用。易言之，若曹虎非眞心降魏，則戰略運用的成分提高，且不排除是齊明帝親自謀畫，或者知情但出自曹虎的計謀，否則以襄陽降魏是何等大事，此種叛國舉動，若非獲齊明帝授意或同意，曹虎豈敢獨力爲之。其實從史書所言曹「虎果僞降。」〔註76〕即可知其非眞心投降而是誘敵之計了。

在北魏積極進行戰爭準備的情況下，大戰幾不可免，若能在北魏出兵前挫其銳氣，如《孫子兵法》所云：「利而誘之。……攻其無備，出其不意。」〔註77〕以利引誘敵人，再採取出乎敵人意料之外的突擊行動。南齊以曹虎詐降獻襄陽爲餌，引誘北魏遣軍接應，同時設下埋伏，待魏軍進入陷阱後殲滅之，如此可在北魏大軍出擊前先挫其銳氣。不過，前文中已述及北魏多位朝臣對曹虎降魏持懷疑態度，前往接應的盧淵亦認爲其中有詐，故非常小心謹慎，而曹虎應該是知曉北魏已窺破其計謀，未有後續舉動，誘敵之計因而失敗。

三、魏軍出擊

494年（魏太和十八年、齊建武元年）十二月，北魏出動號稱三十萬大軍大舉伐齊，此三十萬非全爲作戰部隊，《南齊書‧魏虜傳》載魏軍「牛車及驢

〔註74〕《魏書》卷47〈盧淵傳〉，頁1049。
〔註75〕《南齊書》卷30〈曹虎傳〉，頁562。
〔註76〕《魏書》卷47〈盧淵傳〉，頁1049。
〔註77〕孫武著、吳仁傑注譯，《孫子讀本》〈計篇第一〉，頁7。

駱馳載軍資妓女，三十許萬人。」〔註78〕可見三十萬大軍尙包括後勤、維修、軍需等非作戰部隊，至於妓女，張金龍認爲可能用於賞賜將士。〔註79〕魏軍戰略目標鎖定南齊位於淮、沔流域的襄陽（今湖北襄陽）、義陽（今河南信陽）、鍾離（今安徽鳳陽東北）、南鄭（今陝西漢中東）等重鎮發動攻擊。北魏的戰略布署是「遣行征南將軍薛眞度督四將出襄陽，大將軍劉昶出義陽，徐州刺史元衍出鍾離，平南將軍劉藻出南鄭。」〔註80〕進攻義陽、鍾離可歸爲東路軍；攻南鄭者爲西路軍；而取襄陽者爲中路軍，魏孝文帝則親率大軍經懸瓠（今河南汝南）逕攻壽春。

　　齊明帝面對來勢洶洶的北魏四路大軍，立即遣軍迎擊，其迎敵布署爲「遣鎮南將軍王廣之督司州征討，右衛將軍蕭坦之督（北）徐州征討，尙書右僕射沈文季督豫州征討。」〔註81〕魏軍進攻的幾個箭頭：義陽、鍾離、壽春，乃南齊司州、北徐州、豫州等州的軍事重鎮，齊明帝擔憂當時的司州刺史蕭誕、北徐州刺史蕭惠休、豫州刺史蕭遙昌等，依各州現有之地方部隊實無法抵禦北魏大軍的入侵，遂由中央另遣王廣之、蕭坦之、沈文季等將領率軍至各州協助作戰，加強各州軍力。沈文季雖爲尙書右僕射，然其爲劉宋名將沈慶之之子，且自劉宋末以至南齊，歷任寧朔將軍、後軍將軍、冠軍將軍、征虜將軍、左衛將軍、平東將軍等職，〔註82〕嫻熟武事韜略。同時爲整合各地齊軍協同作戰，齊明帝另「加太尉陳顯達使持節、都督西北征討諸軍事。」〔註83〕以名將陳顯達爲抵禦魏軍總指揮，協調各路兵馬對魏軍作戰。

（一）東路魏軍

　　魏軍進展並未如想像中順利，東路軍攻勢受挫。義陽、鍾離二城分別爲南齊司州、北徐州治所，戰略地位重要，二城一失，將使北方門戶洞開，故南齊朝廷嚴令二城守將堅守。

1、義陽攻防

　　魏孝文帝「遣（王）肅與劉昶號二十萬眾，圍義陽。」〔註84〕攻義陽魏

〔註78〕《南齊書》卷57〈魏虜傳〉，頁994。
〔註79〕參見張金龍，《北魏政治史（六）》卷8〈孝文帝時代（476～499）上：內政、戰爭與外交〉，頁249。
〔註80〕《魏書》卷7下〈高祖紀下〉，頁175～176。
〔註81〕《南齊書》卷6〈明帝紀〉，頁86。
〔註82〕參見《南齊書》卷44〈沈文季傳〉，頁775～779。
〔註83〕《南齊書》卷6〈明帝紀〉，頁87。
〔註84〕《南齊書》卷57〈魏虜傳〉，頁994。

軍不可能有二十萬之多，實際數量遠低於此，《南齊書》會如此記載，主要是誇大齊軍擊退魏軍保衛義陽之功，故二十萬眾實不可信。南齊守衛義陽者乃司州刺史蕭誕，面對劉昶、王肅率魏軍猛攻，情勢頗為危急，「虜築圍塹柵三重，燒居民淨盡，并力攻城，城中負楯而立。」〔註85〕幸南齊朝廷遣鎮南將軍王廣之領軍救援，王廣之「少好弓馬，便捷有勇力。」〔註86〕他見義陽情勢危急，急調黃門侍郎蕭衍、太子右率蕭誄、輔國將軍徐玄慶、荊州軍主魯休烈等各路兵馬援助義陽。城內蕭誕見援軍大至，遂「遣長史王伯瑜及軍主崔恭祖出攻虜柵，因風放火，梁王（蕭衍）等眾軍自外擊之，昶、肅棄圍引退，追擊破之。」〔註87〕齊軍內外夾擊大敗魏軍，義陽遂轉危為安。

不過關於魏齊兩軍在義陽的攻防，南北史書記載有異，首先在南朝方面，前文引《南齊書‧魏虜傳》：「梁王（蕭衍）等眾軍自外擊之，昶、肅棄圍引退，追擊破之。」〔註88〕明確指出劉昶、王肅所領之魏軍放棄對義陽的攻擊行動，不但棄圍引退，更遭蕭衍等南齊將領率軍擊破。另據同書〈明帝紀〉：「司州刺史蕭誕與眾軍擊虜，破之。」〔註89〕也載明攻義陽魏軍遭蕭誕司州軍及馳援之齊軍擊退。其次在北朝方面，《魏書‧王肅傳》載：〔註90〕

> 尋除輔國將軍、大將軍長史，賜爵開陽伯。……於是假肅節，行平南將軍。肅至義陽，頻破賊（齊）軍，降者萬餘。高祖遣散騎侍郎勞之，以功進號平南將軍。賜駿馬一匹，除持節、都督豫東豫東郢三州諸軍事、本將軍、豫州刺史、揚州大中正。

由上述引文中「肅至義陽，頻破賊軍，降者萬餘。」可知魏軍大破齊軍，竟與《南齊書》齊軍擊退魏軍的結果大相逕庭，究竟何者趨近於事實，可從兩點分析之，其一：若真有萬餘齊軍投降，義陽早已攻下，此等大功史書必然書之，然在「降者萬餘」之後的敘述，即是魏孝文帝對王肅的封賞，進為平南將軍，並未有攻佔義陽的相關記載。另據《魏書‧劉昶傳》：「蕭頤（按應為蕭鸞）雍州刺史曹虎之詐降也，詔昶以兵出義陽，無功而還。」〔註91〕東路魏軍進攻義陽乃劉昶、王肅所領，如果是「無功而還」就不會有「降者萬

〔註85〕 《南齊書》卷57〈魏虜傳〉，頁994。
〔註86〕 《南齊書》卷29〈王廣之傳〉，頁546。
〔註87〕 《南齊書》卷57〈魏虜傳〉，頁994。
〔註88〕 《南齊書》卷57〈魏虜傳〉，頁994。
〔註89〕 《南齊書》卷6〈明帝紀〉，頁87。
〔註90〕 《魏書》卷63〈王肅傳〉，頁1407～1408。
〔註91〕 《魏書》卷59〈劉昶傳〉，頁1309。

餘」，因爲一萬多齊軍士兵降魏，對北魏而言乃一大功勞，領軍統帥劉昶、王肅皆有大功，按常理而言，史書不太可能稱劉昶「無功而還」，故《魏書·王肅傳》載「降者萬餘」一語不無疑問。再就同書〈高祖紀〉觀之，魏孝文帝曾下令將戰爭所俘之南齊軍民放還，「詔壽陽、鍾離、馬頭之師所獲男女之口皆放還南。」〔註92〕假設攻義陽魏軍俘獲萬餘人，而魏孝文帝爲彰顯其對南齊的仁慈之心，藉以收攬漢人民心，不可能僅釋放壽春、鍾離、馬頭等戰役所俘獲之齊人，而獨留義陽萬餘齊人不放。此外，《資治通鑑》關於義陽攻防的記載，亦無萬餘齊人投降北魏的記載。〔註93〕

　　綜上所述，魏齊兩軍在義陽的戰鬥以齊勝魏敗坐收應是無庸置疑，一般而言，南北史書因立場所限，往往誇耀自己、貶低對方，對戰爭結果亦然，故《南齊書》〈魏虜傳〉、〈明帝紀〉同載齊軍獲勝或許不足爲奇，但在《魏書》〈王肅傳〉、〈劉昶傳〉卻出現同書相異的記載，依北朝史書立場，《魏書》中各傳對義陽之戰應書魏勝齊敗，其中〈王肅傳〉確是依此規則記載，然〈劉昶傳〉卻稱劉昶攻義陽「無功而還。」可見《魏書》內部對義陽之戰有截然不同的看法。當南北史書對同一史實記載不同時，《資治通鑑》即成爲相當重要的參考依據，司馬光治史嚴謹，對同一史實而各部史書卻有不同記載時，均詳細參較互證，並旁徵博引找尋其他史料，以求獲得公正客觀的結果。《資治通鑑》對義陽之戰的結果，亦是採齊勝魏敗之書法，與《南齊書》〈魏虜傳〉、〈明帝紀〉及《魏書》〈劉昶傳〉均同。

　　至於《魏書》〈王肅傳〉爲何會有迥然不同的看法，云王肅「頻破賊軍，降者萬餘。」可能是要誇耀王肅戰功，以便爲其日後加官進爵鋪路，從《魏書·王肅傳》中王肅「頻破賊軍，降者萬餘。」之後的文字敘述便是魏孝文帝「遣散騎侍郎勞之，以功進號平南將軍。」來看，王肅頗得榮寵，由於王肅對魏孝文帝、魏宣武帝二朝的政治起重大影響，故有必要對王肅之背景加

〔註92〕《魏書》卷7下〈高祖紀下〉，頁176。
〔註93〕《資治通鑑》卷140〈齊紀六〉，明帝建武二年，頁4376載：「劉昶、王肅眾號二十萬，塹柵三重，并力攻義陽，城中負楯而立。王廣之引兵救義陽，去城百餘里，畏魏強，不敢進。城中益急，黃門侍郎蕭衍請先進，廣之分麾下精兵配之。衍間道夜發，與太子右率蕭諶等徑上賢首山，去魏軍數里。魏人出不意，未測多少，不敢逼。黎明，城中望見援軍至，蕭誕遣長史王伯瑜出攻魏柵，因風縱火，衍等眾軍自外擊之，魏不能支，解圍去。己未，誕等追擊，破之。」《資治通鑑》所載義陽攻防過程大致與《南齊書》卷57〈魏虜傳〉，頁994所載相同，魏軍遭義陽城內守軍及蕭衍所率援軍內外夾攻而敗退，同樣未見萬餘齊人降魏之內容。

以瞭解。王肅其實是南齊降臣，493 年（魏太和十七年、齊永明十一年）自南齊逃至北魏，「王肅，字恭懿，琅邪臨沂人，司馬衍（晉成帝）丞相（王）導之後也。父奐，蕭賾尚書左僕射。……父奐及兄弟並爲蕭賾所殺，肅自建業來奔，是歲，太和十七年也。」〔註 94〕魏孝文帝對王肅的來奔極爲重視，史載：

> 高祖幸鄴，聞肅至，虛襟待之，引見問故。肅辭義敏切，辯而有禮，高祖甚哀惻之。遂語及爲國之道，肅陳說治亂，音韻雅暢，深會帝旨。高祖嗟納之，促席移景，不覺坐之疲淹也。……器重禮遇日有加焉，親貴舊臣莫能間也。或屏左右相對談說，至夜分不罷。肅亦盡忠輸誠，無所隱避，自謂君臣之際猶玄德之遇孔明也。

北魏王朝乃鮮卑所建，雖國土、人口、軍事力量等強於南朝漢人政權，但南朝從劉宋至南齊，均自詡是正統衣冠所在，最大原因在於北魏的文化力、文明發展及封建化腳步遠不如南朝，而王「肅少而聰辯，涉獵經史，頗有大志。仕蕭賾，歷著作郎、太子舍人、司徒主簿、祕書丞。」〔註 95〕王肅在南齊朝廷任官的經歷，加上博學多聞，對漢人典章制度頗爲熟悉，適時填補北魏在這些方面的不足，故頗受魏孝文帝的禮遇與敬重。

從魏孝文帝對王肅的封賞，即可看出其受重視之程度。王肅初來歸時，即爲「輔國將軍、大將軍長史，賜爵開陽伯，肅固辭伯爵，許之。」〔註 96〕義陽戰後，除進號平南將軍外，魏孝文帝更「賜駿馬一匹，除持節、都督豫東豫東郢三州諸軍事、本將軍、豫州刺史、揚州大中正。」〔註 97〕由此可見王肅在魏孝文帝心中的地位。此外，魏孝文帝亦曾手詔王肅曰：「不見君子，中心如醉，一日三歲，我勞如何。餝館華林，拂席相待。」〔註 98〕所謂上之所好、下必從之，君主的喜惡，會影響大臣的好惡與作爲。既然王肅深受恩寵，故大臣、史官爲其美言乃是可想像之事，是故義陽戰役中，王肅之軍功或許被誇大，可能擄獲之齊人僅以千數，卻被渲染成萬人，不排除是史官受魏孝文帝寵信王肅之影響。〔註 99〕

〔註 94〕《魏書》卷 63〈王肅傳〉，頁 1407。
〔註 95〕《魏書》卷 63〈王肅傳〉，頁 1407。
〔註 96〕《魏書》卷 63〈王肅傳〉，頁 1407。
〔註 97〕《魏書》卷 63〈王肅傳〉，頁 1408。
〔註 98〕《魏書》卷 63〈王肅傳〉，頁 1408。
〔註 99〕北魏國史起步甚早，開國皇帝魏道武帝即命鄧淵撰國史，稱爲「代記」，之後崔浩、高允續撰魏史，此時之國史以編年書之。至 487 年（魏太和十一年、

　　東路魏軍的劉昶、王肅之所以從義陽敗退，筆者認為可歸納為三項主要因素、二項次要因素。在主要因素方面，第一為南齊司州刺史蕭誕的堅守，支撐至援軍到來；第二為南齊朝廷見魏軍往義陽方面移動時，立即遣軍馳援，並未採靜觀其變或待戰局惡化再派援軍，而援軍亦能迅速到達；第三為援軍將領如蕭衍等人作戰英勇、指揮得宜，始能與義陽守軍裡應外合擊退魏軍。上述原因均屬南齊部分，然有二項次要因素屬北魏部分亦不可不察，首先是魏軍領軍將領俱為南朝降人，劉昶為劉宋宗室、王肅為南齊大臣，以降臣身份指揮鮮卑或其他少數民族的部將必有一定隔閡，即便漢將亦多少會有不滿心態，這些魏軍中層、基層軍官，不論是漢族或少數民族均久事北魏政權，而劉宋、南齊皆為長期與北魏對抗的南朝政權，劉昶、王肅原先俱為敵人，如今反而變成須服從之上司，這些中、基層軍官，雖並非全部，但應有一小部分會有不滿心態，而軍隊上下無法同心，便會降低凝聚力，進而影響各項軍事行動的表現。其次是領軍將領的治軍方式，劉昶的降人身份多少會影響下屬對他的認同，若治軍殘暴，恐會加大認同差距，《魏書·陽固傳》：〔註100〕

> 太和中，從大將軍宋王劉昶征義陽，板府法曹行參軍，假陵江將軍。
>
> 昶嚴暴，治軍甚急，三軍戰慄無敢言者。（陽）固啟諫，并面陳事宜。
>
> 昶大怒，欲斬之。

治軍御下應恩威並施，劉昶一味嚴暴，雖有軍法為恃其下屬必須從命，然心中不滿可想而知，在「三軍戰慄無敢言者」的情況下，陽固不過出言勸諫，劉昶便欲殺之，雖然最終陽固並未被殺，但在領軍將領與其下屬有認同問題以及領導統御不佳的情況下，戰力必然無法百分百發揮，同時也間接減弱魏軍進攻義陽的力道。

　　綜上所述，義陽戰役魏軍遭齊軍擊敗，魏軍將領劉昶、王肅等人的問題不過僅佔一小部分，並非決定勝負的關鍵因素，南齊中央援軍的迅速抵達，及蕭誕、蕭衍等人的內外合擊才是勝敗主因。而魏軍在義陽戰場的失利，也影響東路魏軍拓跋衍部對鍾離的進攻。

齊永明五年）李彪、崔光主持國史時更易為紀傳體。魏孝文帝的起居注由邢巒、崔鴻、王遵業等人負責，記載完整。筆者認為，上述諸人在當朝時必然瞭解魏孝文帝對王肅的重視，故王肅在義陽之戰時會有「頻破賊軍，降者萬餘。」的記載，極可能是史官的溢美之詞。魏收撰《魏書》，大量採用、參考北魏的國史及起居注，有可能將對王肅過當的讚譽，未仔細辨明而納入，遂有《魏書》〈王肅傳〉、〈劉昶傳〉對義陽之戰相異之記載。

〔註100〕《魏書》卷72〈陽固傳〉，頁1603。

2、鍾離之役

魏軍進攻鍾離的統帥乃廣陵侯、徐州刺史拓跋衍，拓跋衍雖為宗室，但「性清愼，所在廉潔。」〔註101〕他領魏軍直撲鍾離而來。其對手為南齊鍾離守將徐州刺史蕭惠休，蕭惠休為劉宋大將蕭思話之子，乃將門之後，頗有武略。拓跋衍對鍾離發動多次攻城行動，均遭守軍擊退，《南齊書‧蕭惠休傳》：
〔註102〕

> 建武二年（495、魏太和十九年），虜圍鍾離，惠休拒守。虜遣使仲
> 長文眞謂城中曰：「聖上方脩文德，何故完城拒命？」參軍羊倫答曰：
> 「猲犾孔熾，我是用急。」虜攻城，惠休拒戰破之。

由於鍾離城防堅固，加上鍾離為戰略要地，北魏若進攻南齊必將鍾離列為戰爭熱點，而蕭惠休早已有此戰略意識，故對防禦工事、戰爭準備等事務非常重視，是故魏軍屢攻不下，「魏久攻鍾離不克，士卒多死。」〔註103〕甚至遭齊軍出城襲擊，兩軍在鍾離形成對峙局面。蕭誕、蕭惠休同是南蘭陵蘭陵人，二人防守義陽、鍾離的戰略思考均不約而同採嚴守拒敵，發揮南軍守城之長，使東路魏軍攻勢接連受挫。

雖然南齊義陽、鍾離守軍面對魏軍的攻勢皆能固守，齊軍更在義陽戰場獲得不錯的戰果，然北魏並未就此罷兵，若魏孝文帝增派援軍長期圍困，義陽和鍾離兩重鎮勢必陷入持久戰，因此為了減輕義陽、鍾離面對魏軍的防守壓力，齊明帝決定化被動為主動，開闢青徐戰場從戰略上牽制魏軍側翼，「虜并兵攻司州，詔青徐出軍分其兵勢。」〔註104〕當時南齊青冀二州刺史為王洪範，因甫就任未久，齊明帝擔憂他尚未能全盤瞭解當地防務，且依現有州軍力量，須同時負擔防守與開闢新戰場兩項戰略任務，一為守勢、一為攻勢，實力有未逮，故為彌補上述兩項不足，齊明帝命前青冀二州刺史、現任職中央的黃門侍郎張沖，「假沖節，都督青冀二州北討諸軍事。」〔註105〕率軍趕赴支援，並負責青徐戰場事宜。由於張沖剛卸任，對青徐地區軍政民情及戰略態勢相當瞭解，且諸般戰守規畫亦經其手或經其核定，因此齊軍在前後任青冀二州刺史張沖與王洪範聯手下，數敗魏軍，《南齊書‧張沖傳》：〔註106〕

〔註101〕《魏書》卷 19 上〈景穆十二王上‧陽平王新成附衍傳〉，頁 442。
〔註102〕《南齊書》卷 46〈蕭惠休傳〉，頁 811。
〔註103〕《資治通鑑》卷 140〈齊紀六〉，明帝建武二年，頁 4377。
〔註104〕《南齊書》卷 49〈張沖傳〉，頁 853～854。
〔註105〕《南齊書》卷 49〈張沖傳〉，頁 853。
〔註106〕《南齊書》卷 49〈張沖傳〉，頁 854。

沖遣軍主桑係祖由渣口攻拔虜建陵、驛馬、厚丘三城，多所殺獲。
又與（王）洪範遣軍主崔季延襲虜紀城，據之。沖又遣軍主杜僧護
攻拔虜虎坑、馮時、即丘三城，驅生口輜重還，至溢溝，虜救兵至，
緣道要擊，僧護力戰，大破之。

張沖在青徐戰場的勝利，對減緩魏軍對義陽、鍾離二城的攻擊有一定效果，
因魏軍在青徐戰場的失敗使戰力受損，攻城力道大打折扣，故義陽、鍾離二
城的勝利，部分應歸功於張沖在青徐戰場的牽制成功。

（二）西路魏軍

西路魏軍的戰略目標是南鄭，由時任秦州刺史的劉藻率領，與其他各路
魏軍相較，西路軍的進展較爲順利，《魏書·劉藻傳》載：〔註107〕

以藻爲岐州刺史。轉秦州刺史。……仍與安南將軍元英征漢中，頻
破賊軍，長驅至南鄭，垂平梁州，奉詔還軍，乃不果克。

西路魏軍原僅有一路，以劉藻爲統帥，引文中卻出現劉藻與安南將軍拓跋英
合征南鄭之語，其轉變乃是拓跋英向魏孝文帝自動請纓上陣。在魏孝文帝的
戰略構想中，西路魏軍的主要戰略目乃牽制南齊西面軍隊。當北魏大軍大
舉南伐，南齊受壓迫戰局吃緊之際，有可能抽調西面軍隊救援，故魏軍主動
進攻南齊西部重鎮南鄭，使南齊在該區域的軍隊必須留駐當地備戰防禦，無
法他調，達到削弱南齊軍隊反擊力量的目的。之後魏孝文帝擔憂劉藻所率西
路魏軍力量不足，懼其有失，遂令拓跋英「爲梁漢別道都將。後大駕臨鍾離，
詔英率眾備寇境上。」〔註108〕拓跋英的主要任務是掩護西路魏軍的行動，並
伺機進取。由引文可知魏孝文帝至鍾離時才交付拓跋英加強戰備的任務，而
拓跋英受命後，認爲此時應趁北魏大軍大舉南侵之際，對南齊西面採取更積
極進攻之戰略，「（拓跋）英以大駕親動，勢傾東南，漢中有可乘之會，表求
進討，高祖許之。」〔註109〕他認爲魏孝文帝御駕親征率軍南伐，南齊必然調
集各地軍隊迎戰，此時應趁其西部力量空虛之際，對西部重鎮漢中發動猛烈
攻勢。拓跋英的戰略評估改變了魏孝文帝的戰略思維，於是以牽制南齊西面
軍隊爲戰略目的之西路魏軍，在拓跋英的請求下，轉爲積極進攻之戰略。

劉藻時任秦州刺史，拓跋英則是「都督梁益寧三州諸軍事、安南將軍、

〔註107〕《魏書》卷70〈劉藻傳〉，頁1550。
〔註108〕《魏書》卷19下〈景穆十二王下·南安王楨附子英傳〉，頁495。
〔註109〕《魏書》卷19下〈景穆十二王下·南安王楨附子英傳〉，頁495。

領護西戎校尉、仇池鎮都大將、梁州刺史。」〔註110〕論軍事任務劉藻為主力，論實際職務拓跋英為劉藻上級，〔註111〕他又是拓跋宗室，所以在魏孝文帝同意拓跋英對南齊西面採取積極進攻的戰略後，拓跋英即成為西路魏軍總指揮，他所統領之魏軍也成為西路魏軍，而劉藻、拓跋英的兩路魏軍合併後，使西路魏軍軍力大增。魏孝文帝原以拓跋英為「梁漢別道都將」，乃為配合劉藻對南鄭的進攻，「別道都將」和「別將」有相類似之處。所謂別將一般在中、大型戰爭才會出現，這類戰爭除了各路將領所率各路軍隊外，尚需別道軍隊協同作戰，率領別道軍隊之將領則稱為別將。至於小型或局部戰爭，因規模小，往往只需一路或數路軍隊即可完成任務，不需出動別道軍隊。別將之名首見於曹魏，〔註112〕北魏稱別道將，始於魏太武帝。〔註113〕另據王仲犖《北周六典》卷 10〈總管府・別將〉載：〔註114〕

> 北魏中葉以來，出兵之制，軍之元帥曰都督，其與都督主力傅翼別
>
> 道而進者，初曰別道都將，……其後遂稱別將。

綜合上述，別將、別道將、別道都將雖職稱不同，但都有相同意函，皆是配合主力，率領別道部隊協同作戰的將領。

　　西路魏軍在拓跋英率領下直撲南鄭而來，南齊梁州刺史蕭懿率軍拒戰。前文曾述拓跋英為梁州刺史，時北魏、南齊皆設梁州刺史一職，北魏梁州治仇池，故拓跋英同時為仇池鎮都大將；南齊梁州則治南鄭。南鄭攻防可謂魏齊二位梁州刺史之戰。魏齊兩軍沿沮水（今陝西漢江北源黑河）展開激戰，齊軍依地形，「徹山立柵，分為數處，居高視下，隔水為營。」〔註115〕拓跋英詳細觀察形勢，窺出齊軍漏洞，遂據以擬定破敵計畫，《魏書・南安王楨

〔註110〕《魏書》卷 19 下〈景穆十二王下・南安王楨附子英傳〉，頁 495。

〔註111〕參見張金龍，《北魏政治與制度論稿》（蘭州：甘肅教育出版社，2003 年 3 月），頁 369。

〔註112〕《晉書》卷 2〈文帝紀〉，頁 32 載：「蜀將姜維之寇隴右也，征西將軍郭淮自長安距之。進帝（司馬昭）位安西將軍、持節，屯關中，為諸軍節度。（郭）淮攻（姜）維別將句安於麴，久而不決。」

〔註113〕《魏書》卷 83 上〈外戚上・賀訥傳附泥傳〉，頁 1813 載：「（賀泥）後從世祖（魏太武帝）征赫連昌，以功進爵為琅邪公，軍國大議，每參預焉。又征蠕蠕，為別道將。」

〔註114〕王仲犖，《北周六典》（臺北：華世出版社，1982 年 9 月）卷 10〈總管府・別將〉，頁 631。

〔註115〕《魏書》卷 19 下〈景穆十二王下・南安王楨附子英傳〉，頁 495。

附子英傳》：〔註116〕

> 英乃謀曰：「彼帥賤民慢，莫能相服，眾而無上，罔知適從。若選精
> 卒，并攻一營，彼不相救，我克必矣。若克一軍，四營自拔。」於
> 是簡兵三面騰上，果不相救。既破一處，四營俱潰。

齊軍負責抵禦拓跋英攻勢者為蕭懿派出的二位將領，「蕭懿遣將尹紹祖、梁季
羣等領眾二萬。」〔註117〕這二位齊軍將領名不見經傳，他們率軍「徼山立柵，
分為數處。」在沮水邊依靠山勢設五個營寨，優點是互為犄角可相互支援，
且居高臨下容易掌握魏軍動態。但缺點是將有限的兵力分散，尤其魏軍勇猛，
又有剽悍的鐵騎，齊軍集中優勢兵力都不一定能阻擋魏軍攻勢，何況二萬齊
軍分為五營，每營平均只有四千。尹紹祖、梁季羣的佈陣缺失，很快被拓跋
英掌握。他認為尹、梁二將，威望不高且無顯赫戰功，只要集中兵力攻下一
營，其他四營恐懼之下必然不戰自潰，「若克一軍，四營自拔。」《孫子兵法》
有云：「古之善用兵者，能使敵人前後不相及，眾寡不相恃。」〔註118〕古時善
於用兵的人，能使敵人的部隊無法前後兼顧，大部隊和小部隊間無法互相依
靠。拓跋英用兵頗得《孫子兵法》奧妙，他決定出奇不意採偷襲戰術，揀選
幹練士卒從三面攀山而上，偷襲其中一處齊軍軍營，而結果一如拓跋英所料，
其他四營「果不相救。既破一處，四營俱潰。」齊將梁季羣更遭魏軍俘虜。

　　尹紹祖、梁季羣二位齊將分軍為五營，互為支援的戰術也並非全錯，只
不過戰術的執行與為將者之良莠有很大關係。尹、梁二將在南齊軍界名聲不
顯，《魏書》、《南齊書》、《南史》、《北史》等南北史書均未立傳，可見乃無名
小將，一旦其中一營被魏軍擊破，在威望不足情況下，二將無法領導其他四
營聯軍反擊，導致各營如骨牌效應般潰敗。反之魏軍將領拓跋英則不然，史
書稱其「性識聰敏，博聞強記，便弓馬，解吹笛，微曉醫術。」〔註119〕且官
場生涯具多項軍事歷練，「高祖時，為平北將軍、武川鎮都大將、假魏公。未
幾，遷都督梁益寧三州諸軍事、安南將軍、領護西戎校尉、仇池鎮都大將、
梁州刺史。」〔註120〕據引文可知拓跋英大多在在西南地域為官、為將，在面
對戎族、氐族等少數民族的叛亂時，拓跋英勢必以武力鎮壓，故累積不少作

〔註116〕《魏書》卷 19 下〈景穆十二王下·南安王楨附子英傳〉，頁 495。
〔註117〕《魏書》卷 19 下〈景穆十二王下·南安王楨附子英傳〉，頁 495。
〔註118〕孫武著、吳仁傑注譯，《孫子讀本》〈九地篇第十一〉，頁 79。
〔註119〕《魏書》卷 19 下〈景穆十二王下·南安王楨附子英傳〉，頁 495。
〔註120〕《魏書》卷 19 下〈景穆十二王下·南安王楨附子英傳〉，頁 495。

戰經驗，而其戰略素養亦會在實戰中提升。

魏齊兩軍在沮水的戰鬥，由魏軍的拓跋英對上齊軍的尹紹祖、梁季羣，有如上駟對下駟，拓跋英乃統領方面大軍之上將，具獨立作戰能力，而尹、梁二將乃爲中級、甚至是基層軍官，據《南齊書·魏虜傳》載：〔註121〕

> 僞安南將軍、梁州刺史魏郡王元英十萬餘人通斜谷，寇南鄭。梁州
> 刺史蕭懿遣軍主姜山安、趙超宗等數軍萬餘人，分據角弩、白馬、
> 沮水拒戰，大敗。

《南齊書·魏虜傳》提到蕭懿遣軍與拓跋英對陣的將領是姜山安、趙超宗等將，與《魏書·元英傳》的尹紹祖、梁季羣二將不同，兩書的記載應該都正確且不衝突，筆者推測有兩個可能：其一爲蕭懿派出的援軍將領主要爲姜山安、趙超宗，而尹紹祖、梁季羣二將爲其部屬，奉姜、趙二人之命前往阻卻魏軍的進攻，而與魏軍爆發激烈戰鬥。其二爲蕭懿遣數支部隊抵禦拓跋英魏軍，如上引文「蕭懿遣軍主姜山安、趙超宗等數軍萬餘人。」數軍表示有多支部隊，而與拓跋英魏軍直接對抗者乃尹紹祖、梁季羣部。由此可見，不論尹紹祖、梁季羣是多支齊軍對抗魏軍中的一支；或隸屬於姜山安、趙超宗麾下，尹、梁二將皆非高階將領。是故齊軍一營遭魏軍攻滅時，以尹、梁二將之威望無法節制其餘四營，導致五營齊軍全遭魏軍殲滅。

如果用不同的戰略角度思考，假設是南齊名將陳顯達或梁州刺史蕭懿在沮水與拓跋英對陣，或許有不一樣的結果，即便一營覆滅，依陳顯達在南齊軍界或蕭懿在梁州之威望，應能有效指揮其他四營兵力實施反擊，或是有效撤退，不致五營皆墨。然上述假想不太可能出現，因魏軍大舉南侵，東路軍、中路軍對都城建康的威脅最大，故齊明帝必須將陳顯達置於魏軍威脅最大之處，幾乎不可能將其遣往梁州地區抵禦西路魏軍，《南齊書·陳顯達傳》：「建武二年（495、魏太和十九年），虜攻徐、司，詔顯達出頓，往來新亭白下，以爲聲勢。」〔註122〕足證齊明帝認爲這次魏軍進攻威脅最大的是徐州、司州地域，一旦魏軍突破該地域，其飄忽迅捷的騎兵便能長驅南下，而該地域爲東路魏軍進攻範圍，故需有大將抵禦魏軍攻勢，陳顯達自然是首選。至於蕭懿，他乃創建南梁的梁武帝蕭衍之兄，其人公忠體國，「永明季，授持節、都督梁南北秦沙四州諸軍事、西戎校尉、梁南秦二州刺史，加冠軍將軍。」

〔註121〕《南齊書》卷57〈魏虜傳〉，頁995。
〔註122〕《南齊書》卷26〈陳顯達傳〉，頁490。

〔註123〕蕭懿在齊武帝時即長期鎮守西陲，之後累官至尚書令，但他必須坐鎮梁州州治南鄭，不能親自領軍與拓跋英作戰，也因如此，南齊在西線的戰爭缺乏與魏軍抗衡的良將，遂在沮水與西路魏軍首波的衝突中落敗。

拓跋英旗開得勝，斬齊軍三千餘級、俘七百人，「乘勝長驅，將逼南鄭。」〔註124〕蕭懿見齊軍敗陣，遂續增援軍盼止住魏軍攻勢，然拓跋英指揮得宜，再敗齊軍，「（拓跋英）登高望賊，東西指麾，狀似處分，然後整列而前。賊謂有伏兵。俄然賊退，乘勢追殄，遂圍南鄭。」〔註125〕蕭懿的戰略構想是以沮水爲防線，居高臨下紮營抵禦魏軍，不料魏軍勢如破竹，大敗齊軍，再敗援軍，逼使蕭懿進行南鄭保衛戰，魏齊兩軍遂在南鄭城爆發激烈的攻防，史載：〔註126〕

> （拓跋）英進圍南鄭，土山衝車，晝夜不息。（蕭）懿率東從兵二千
> 餘人固守拒戰，……，死傷甚眾，軍中糧盡，擣麴爲食。

蕭懿爲增強南鄭防禦力量，遣將徵發少數民族，《南齊書・魏虜傳》：〔註127〕

> 懿先遣軍主韓嵩等征獠，回軍援州城，至黃牛川，爲虜所破。懿遣
> 氐人楊元秀還仇池，說氐起兵斷虜運道，氐即舉眾攻破虜歷城、罦
> 蘭、駱谷、仇池、平洛、蘇勒六戍。

雖然發獠人爲軍增援南鄭的戰略任務失敗，但以氐人斷魏軍運道的任務獲得不錯的成效，甚至攻破北魏六個鎮戍，達到牽制魏軍的戰略目的，使魏軍的後勤受到嚴重威脅。由於魏軍採攻勢，進入南齊地域與齊軍作戰，後勤補給非常重要，如今遭到氐人破壞，對圍攻南鄭的魏軍而言，形勢漸趨不利。

雖然蕭懿在南鄭城外的戰鬥不敵魏軍，卻成功守住南鄭，堅守三月有餘，魏軍始終無法攻下，直至魏孝文帝下詔班師止。事實上，西路魏軍與其他各路魏軍相較，進展較爲順利，且已圍攻南鄭不少時日，堅持下去或有攻陷南鄭之可能，爲何魏孝文帝會令拓跋英班師，關鍵在李沖的上表：〔註128〕

> 沖表諫曰：「秦州險阸，地接羌夷，自西師出後，餉援連續，加氐胡
> 叛逆，所在奔命，運糧摞甲，迄茲未已。……西道險阸，單徑千里，

〔註123〕《梁書》卷23〈長沙嗣王業附父懿傳〉，頁359。
〔註124〕《魏書》卷19下〈景穆十二王下・南安王楨附子英傳〉，頁495。
〔註125〕《魏書》卷19下〈景穆十二王下・南安王楨附子英傳〉，頁496。
〔註126〕《南齊書》卷57〈魏虜傳〉，頁995。
〔註127〕《南齊書》卷57〈魏虜傳〉，頁995。
〔註128〕《魏書》卷53〈李沖傳〉，頁1184～1185。

今欲深戍絕界之外，孤據羣賊之中，敵攻不可卒援，食盡不可運糧。……今鍾離、壽陽，密邇未拔；赭城、新野，跬步弗降。……東道既未可以近力守，西蕃寧可以遠兵固？……又今建都土中，地接寇壤，方須大收死士，平蕩江會。輕遣單寡，棄令陷沒，恐後舉之日，眾以留守致懼，求其死劫，未易可獲。推此而論，不戍為上。」高祖從之。

魏孝文帝以李沖為左僕射留守洛陽，他以旁觀者角度冷靜觀察戰局演變，所以不會有當局者迷之心態，故能盱衡全局做出有利建言。李沖認為應自南鄭撤軍的論點有三，第一：南鄭地理位置距離北魏遙遠，且地勢險峻，後勤補給不易，運送軍需即已耗損魏軍不少戰力。第二：當地民族情勢複雜，乃氐族、獠族等少數民族所在區域，這些少數民族分別歸屬北魏、南齊，故治理不易，即便順利攻取南鄭，也要面對少數民族及齊軍的反撲，加上補給線長，能否堅守實未可知，得地而不能守，不如現在放棄。第三：鍾離、壽春、赭陽等城均未攻下，東線、中線戰況對北魏不利，故不宜在西線戰場損耗過鉅，應將攻擊重點置於東路、中路魏軍。魏孝文帝衡量戰局後接受李沖建言，下詔拓跋英班師。魏軍班師為防齊軍從後追擊，「（拓跋）英於是先遣老弱，身勒精卒留後，……（蕭）懿乃遣將追英。英親自殿後，與士卒下馬交戰，賊眾莫敢逼之。」〔註 129〕雖然擊退追擊齊軍，但仍遭遇受蕭懿挑撥叛變之氐人襲擊，「會山氏並反，斷英歸路。英勒眾奮擊，且戰且行，為流矢所中。」〔註 130〕拓跋英雖中箭受傷，仍討平叛變氐人，率魏軍順利返回仇池，西線戰事至此結束。

李沖表請西路魏軍班師的內容中，提及當地民族複雜，這些少數民族分別臣服於北魏、南齊，故在魏齊二軍中，有為數不少的少數民族士兵，雙方的戰爭行為，也需得到當地少數民族酋首的支持。以梁州而言，大部分是氐族聚集區，鄰近的巴西、晉壽則是獠族聚集區，北魏與南齊均將少數民族部眾投入軍事行動中。以齊軍而言，如前述拓跋英撤軍時，蕭懿即曾煽動氐人埋伏襲擊魏軍，導致拓跋英受傷；至於魏軍，亦有利用獠人記載：〔註 131〕

先是，（拓跋）英未至也，蕭懿遣軍主范潔領三千餘人伐獠。潔聞大軍圍城，欲還救援。英遣統軍李平敵、李鐵騎等收合巴西、晉壽土

〔註 129〕《魏書》卷 19 下〈景穆十二王下・南安王楨附子英傳〉，頁 496。
〔註 130〕《魏書》卷 19 下〈景穆十二王下・南安王楨附子英傳〉，頁 496。
〔註 131〕《魏書》卷 19 下〈景穆十二王下・南安王楨附子英傳〉，頁 496。

人，以斷其路。潔以死決戰，遂敗平敵之軍。英候其稍近，以奇兵
掩之，盡皆擒獲。

巴西、晉壽土人指的就是獠人。蕭懿派遣討伐獠族之部隊，聽聞南鄭被圍，
雖迅速回師救援，但先勝後敗，最終遭拓跋英所擒。可見少數民族依違於南
北政權間，即便同一種族，但不同部落依其各自利益，分別臣服於北魏、南
齊者，所在多矣。西路魏軍在此次南伐進攻中比較順利，和二位將領通曉當
地夷情有相當大之關係。劉藻長期在少數民族地區任職：〔註132〕

時北地諸羌數萬家，恃險作亂，前後牧守不能制，……，（北魏）朝
廷患之，以（劉）藻爲北地太守。藻推誠布信，諸羌咸來歸附。……
遷龍驤將軍、雍城鎮將。先是氏豪徐成、楊黑等驅逐鎮將，故以藻
代之。至鎮，擒獲成、黑等，斬之以徇，羣氏震慴。……轉秦州刺
史。秦人恃嶮，率多粗暴，或拒課輸，或害長吏，……藻開示恩信，
誅戮豪橫，羌氏憚之。

劉藻治理少數民族頗有政績，以恩威並施方式獲得氏、羌等少數民族信服。
而拓跋英任仇池鎮都大將、梁州刺史，對氏族有相當瞭解，所以才能在蕭懿
鼓惑氏人叛變後迅速平定之，若不知氏情，叛變不僅會擴大，甚至會持續下
去。故此次西路魏軍在少數民族聚集區能順利進行軍事行動，無疑的，劉藻
和拓跋英對當地夷情的瞭解，提供了一定程度的助益。

　　《南齊書・魏虜傳》對魏齊二軍在南鄭的爭戰有詳細記載，與《魏書》
所載大致相同，但有少部份略爲不同。前文曾依《魏書》所載，述及魏軍包
圍南鄭九十餘日始退，但《南齊書・魏虜傳》則載拓跋「英攻城自春至夏六
十餘日不下。」〔註133〕《資治通鑑》未辨明何者爲非？僅以「圍城數十日」
一詞含糊帶過，數十日指六十或九十皆有可能，南北史書的認知誤差，可能
在於魏軍認爲抵達南鄭城外即是圍城；至於齊軍則認爲對外聯絡通道全斷才
是遭圍困，但不論如何，南鄭至少遭圍二個月以上，造成齊軍傷亡嚴重，多
位將領戰死沙場，「武都太守杜靈瑗、奮武將軍望法憘、寧朔將軍望法泰、州
治中皇甫耽竝拒虜戰死。」〔註134〕

　　西路魏軍進攻南鄭的兵力有多少？《南齊書・魏虜傳》載：「僞安南將

〔註132〕《魏書》卷70〈劉藻傳〉，頁1549～1550。
〔註133〕《南齊書》卷57〈魏虜傳〉，頁995。
〔註134〕《南齊書》卷57〈魏虜傳〉，頁995。

軍、梁州刺史魏郡王元英十萬餘人通斜谷，寇南鄭。」〔註135〕《魏書》則未載。拓跋英率十餘萬魏軍進攻南鄭，稍屬誇大，北魏大軍以東路和中路為主攻部隊，且魏孝文帝自己亦率另一支部隊，而在對南齊作戰的同時，尚需備禦北方柔然，故不太可能有十餘萬大軍置於西線戰場。南齊誇大魏軍兵力，可能是為了說明戰爭的激烈，凸顯南鄭保衛戰的成功及擊退魏軍之不易。

（三）中路魏軍：赭陽之役

中路魏軍由征南將軍薛真度統帥，督四將出襄陽，其中盧淵原奉魏孝文帝之命領軍接應曹虎，「會蕭昭業（按應為蕭鸞）雍州刺史曹虎遣使請降，乃以淵為使持節、安南將軍，督前鋒諸軍徑赴樊鄧。」〔註136〕但是盧淵認為曹虎不可能真心降魏，遂向魏孝文帝進言勿輕信曹虎之舉，其背後恐有圖謀，「具曹虎譎詐之問，兼陳其利害。」〔註137〕之後發展一如盧淵所料，曹虎果為詐降，魏孝文帝遂改變戰略目標：「詔淵進取南陽。淵以兵少糧乏，表求先攻赭陽（今河南方城東），以近葉倉故也。高祖許焉，乃進攻赭陽。」〔註138〕魏孝文帝鑑於無法因曹虎請降而取得襄陽，故在戰略環境已改變情況下，必須更換戰略目標，遂轉而鎖定另一雍州重鎮赭陽。

盧淵乃一介文臣，當魏孝文帝命其領軍接應曹虎時，「淵面辭曰：『臣本儒生，頗聞俎豆，軍旅之事，未之學也。惟陛下裁之。』」〔註139〕而事實也是如此，就盧淵為官歷程觀之，幾乎都與軍事職務無關，《魏書・盧淵傳》載：
〔註140〕

> 淵，字伯源，小名陽烏。性溫雅寡欲，有祖父（盧玄）之風，敦尚學業，閨門和睦。襲侯爵，拜主客令，典屬國。遷祕書令、始平王師。以例降爵為伯。給事黃門侍郎，遷兼散騎常侍、祕書監、本州大中正。

雖然魏孝文帝最後仍命盧淵按既定計畫領軍進攻赭陽，但盧淵未諳兵事必定為魏孝文帝所擔心，故命城陽王拓跋鸞協助合攻赭陽，《魏書・李佐傳》載安南將軍、河內公李佐，「被敕與征南將軍、城陽王鸞，安南將軍盧淵等軍

〔註135〕《南齊書》卷57〈魏虜傳〉，頁995。
〔註136〕《魏書》卷47〈盧淵傳〉，頁1049。
〔註137〕《魏書》卷47〈盧淵傳〉，頁1049。
〔註138〕《魏書》卷47〈盧淵傳〉，頁1049。
〔註139〕《魏書》卷47〈盧淵傳〉，頁1049。
〔註140〕《魏書》卷47〈盧淵傳〉，頁1047。

攻赭陽。」〔註141〕此外，攻赭陽者尚有平南將軍韋珍部魏軍，「車駕南討，（韋）珍上便宜，并自陳在邊歲久，悉其要害，願爲前驅。……尋加平南將軍、荊州刺史，與尚書盧淵征赭陽。」〔註142〕總計魏軍共盧淵、拓跋鸞、李佐、韋珍等四部合攻赭陽。

魏齊二軍於赭陽的攻防過程，《南齊書・魏虜傳》有詳細之記載：〔註143〕

> （魏孝文帝）先又遣偽尚書盧陽烏、華州刺史韋靈智攻赭陽城，北襄城太守成公期拒守。虜攻城百餘日，設以鉤衝，不捨晝夜，（成公）期所殺傷數千人。臺又遣軍主垣歷生、蔡道貴救援，陽烏等退，官軍追擊破之。

盧陽烏當指盧淵；韋靈智則是韋珍。依《南齊書・魏虜傳》所載，戰況似乎頗爲激烈，魏軍不分日夜猛攻，甚至死傷數千人，但是有可能死傷的僅是魏軍李佐部，因只有該部真正進行攻城行動，《魏書・李佐傳》載四部魏軍合攻赭陽戰況：「各不相節度，諸軍皆坐甲城下，欲以不戰降賊。（李）佐獨勒所部，晨夜攻擊。」〔註144〕魏軍不能合四部力量，以優勢兵力攻城，反而各自爲戰，甚至坐等勝利，凸顯魏軍指揮無方，註定失敗命運。

南齊朝廷聞知赭陽被圍，遣太子右衛率垣歷生、軍主蔡道貴率軍馳援。已無法同心協力攻城之魏軍，面對南齊援軍更不可能齊心抗敵，遂爲齊軍所破。由前引文「官（齊）軍追擊破之。」可看出魏軍敗退時遭齊軍自後追擊。與此同時，中路魏軍統帥薛真度，其部魏軍遭南齊南陽太守房伯玉敗於沙堨，〔註145〕北魏中路軍至此全數敗退而還，中線戰事結束。

魏孝文帝對中路魏軍協調不佳、毫無鬥志導致赭陽之敗，大怒，眾將遂紛至行宮請罪：〔註146〕

> 時高祖幸瑕丘，（拓跋）鸞請罪行宮。高祖引見鸞等，責之曰：「卿等總率戎徒，義應奮節，而進不能夷拔賊城，退不能殄茲小寇，虧損王威，罪應大辟。朕革變之始，事從寬貸，今捨卿等死罪，城陽降爲定襄縣王，削戶五百。古者，軍行必載廟社之主，所以示其威

〔註141〕《魏書》卷39〈李佐傳〉，頁894。
〔註142〕《魏書》卷45〈韋珍傳〉，頁1013～1014。
〔註143〕《南齊書》卷57〈魏虜傳〉，頁994。
〔註144〕《魏書》卷39〈李佐傳〉，頁894。
〔註145〕參見《資治通鑑》卷140〈齊紀六〉，明帝建武二年，頁4384。
〔註146〕《魏書》卷19下〈景穆十二王下・城陽王鸞傳〉，頁509～510。

惠各有攸歸，今徵卿等敗軍之罪於社主之前，以彰厥咎。」
除了拓跋鸞由城陽王降爲定襄縣王外；盧淵「坐免官爵爲民。」〔註147〕李佐
「坐徙瀛州爲民。」〔註148〕韋珍「免歸鄉里。」〔註149〕事實上勝敗乃兵家常
事，其餘各路魏軍敗退亦所在多矣，但未見如赭陽失利魏孝文帝震怒之記載，
竟連罷三將爲民，故上述處分不可謂不重。然在敗戰諸將懲處中，薛眞度卻
未受到重懲，據《魏書・薛眞度傳》載：〔註150〕

> 有司奏免（薛眞度）官爵。高祖詔曰：「眞度之罪，誠如所奏。但頃
> 與安都送款彭方，開闢徐宋，外捍沈攸、道成之師，內寧邊境烏合
> 之眾，淮海來服，功頗在茲。言念厥績，每用嘉美，赭陽百敗，何
> 足計也。宜異羣將，更申後效。可還其元勳之爵，復除荊州刺史，
> 自餘徽號削奪，進足彰忠，退可明失。」尋除假節、假冠軍將軍、
> 東荊州刺史。

魏孝文帝此詔透露出正負二點意涵，正面意涵似乎在幫薛眞度開脫，不但誇
讚他以彭城降附北魏的功勞，更細數其功績，「外捍沈攸、道成之師，內寧邊
境烏合之眾，淮海來服，功頗在茲。」並認爲赭陽敗戰的微過實與他對北魏
巨大的貢獻無法相擬。魏孝文帝這種舉動可視爲政治語言，因薛安都、薛眞
度於魏獻文帝時自劉宋來奔，《魏書・薛眞度傳》：「安都從祖弟眞度。初與安
都南奔，及安都爲徐州（刺史），眞度爲長史，頗有勇幹，爲其爪牙。從安都
來降，爲上客。」〔註151〕南北朝時，許多政治投機者依違於南北政權間，忽
而降南、忽而投北，薛安都、薛眞度即爲明顯之例。

薛氏一族爲強宗豪族，「薛安都，河東汾陰人也。世爲強族，同姓有三
千家。」〔註152〕薛安都原爲北魏「雍、秦二州都統，州各有刺史，都統總
其事。」〔註153〕因與族人薛永宗起事響應蓋吳之亂，遭魏太武帝領兵圍剿，
薛安都自知不敵，遂與薛眞度南奔劉宋。劉宋對薛安都、薛眞度二人頗爲禮
遇，不過在宋明帝與晉安王劉子勛爭位時，時爲徐州刺史的薛安都等人，表

〔註147〕《魏書》卷47〈盧淵傳〉，頁1049。
〔註148〕《魏書》卷39〈李佐傳〉，頁894。
〔註149〕《魏書》卷45〈韋珍傳〉，頁1014。
〔註150〕《魏書》卷61〈薛眞度傳〉，頁1356。
〔註151〕《魏書》卷61〈薛眞度傳〉，頁1355。
〔註152〕《宋書》卷88〈薛安都傳〉，頁2215。
〔註153〕《宋書》卷88〈薛安都傳〉，頁2215。

態支持劉子勛。兩方陣營內戰結果，宋明帝獲勝，遂遣軍征討薛安都。薛安都自知無法抗衡，便與薛眞度商議以彭城降魏。〔註 154〕二人入魏後均獲得不錯的待遇，魏獻文帝「拜安都使持節，散騎常侍，都督徐、南、北兗、青、冀五州、豫州之梁郡諸軍事，鎮南大將軍，徐州刺史，賜爵河東公。」〔註 155〕薛安都卒於 469 年（魏皇興三年、宋泰始五年），死後亦備極哀榮，「贈本將軍、秦州刺史、河東王，諡曰康。」〔註 156〕至於薛眞度，「從安都來降，爲上客。太和初，賜爵河北侯，加安遠將軍，爲鎮遠將軍、平州刺史，假陽平公。……久之，除護南蠻校尉、平南將軍、荊州刺史。」〔註 157〕由此可見，北魏對薛安都、薛眞度二人均頗爲禮遇，尤其魏孝文帝念茲在茲的是二人以徐州降魏之大功。徐州州治彭城，一直爲南北爭奪的軍事重鎮，而北魏因二人的請降遂能輕易佔有彭城，使北魏能以彭城爲起點，揮軍南下逐步佔領青齊地域，勢力直抵淮河地域，成就魏獻文帝一朝開拓疆土之榮耀。

　　魏孝文帝是個雄才大略的君主，他自然想超越其父魏獻文帝攻佔淮北和青齊之地的成就，甚至有更遠大的抱負，即消滅南朝建立大一統的北魏帝國。但是若以武力攻佔南齊城戍與領土，需付出不少代價，且在南齊激烈的抵抗下，不見得能成功。若能鼓勵南齊文臣武將以所領州郡降魏，將使北魏以最小代價獲得最大利益，此即孫武所謂：「拔人之城而非攻也。」〔註 158〕亦即奪取敵人的城池並非靠武力硬攻。魏孝文帝欲持續爭取南朝漢臣、漢將降附北魏，遂不願將薛眞度列入赭陽敗戰重懲諸將的範圍，而選擇輕輕放下，所顧慮者，在於一旦重懲，會減低南齊北方守將降魏的意願。魏孝文帝希望藉由薛眞度之例，透露南朝降將即便有過失，亦不會遭受重懲的訊息，藉以鼓勵南齊邊關守將能多有降魏之舉。

　　至於負面意涵，則是魏孝文帝的賞罰不明，輕者，影響其領導威信；重者，影響爾後北魏將領在作戰時的消極怠惰，進而造成戰爭失利損兵折將。同樣是敗軍之將，同樣因攻打赭陽失利，拓跋鸞、盧淵、李佐、韋珍等人都

〔註 154〕關於薛安都支持晉安王劉子勛與宋明帝爭位過程，及之後投降北魏經過，詳見筆者著，《北魏與劉宋戰略關係研究——從國家戰略觀點的解析（下）》第六章〈從黃河到淮河——魏獻文帝與劉宋之戰略關係〉，頁 328～331。
〔註 155〕《魏書》卷 61〈薛安都傳〉，頁 1354。
〔註 156〕《魏書》卷 61〈薛安都傳〉，頁 1354。
〔註 157〕《魏書》卷 61〈薛眞度傳〉，頁 1355～1356。
〔註 158〕孫武著、吳仁傑注譯，《孫子讀本》〈謀攻篇第三〉，頁 19。

受到降爵、免官爲民不等之處分，唯有薛眞度「可還其元勳之爵，復除荊州刺史，自餘徽號削奪，進足彰忠，退可明失。」〔註159〕由此引文可知薛眞度竟僅有「自餘徽號削奪」不痛不癢的處置。所謂「將者，智、信、仁、勇、嚴也。」〔註160〕指的是將帥需具備的五種素養與條件，其中的「信」就是賞罰有信，將帥賞罰須公正才能帶領部隊打勝仗。魏孝文帝身爲北魏軍隊的最高統帥，但在赭陽之役中顯然未達到這項要求，或許魏孝文帝認爲，拓跋鸞等人對這些懲處應不致有反彈，或有反彈亦在容許範圍內。事實上中路魏軍在赭陽的失利，魏孝文帝在意的是主帥領導無方，無法統合四部魏軍戰力，反而一分爲四。觀乎其切責眾將時，所稱眾將皆以拓跋鸞爲首，四將中以拓跋鸞具宗室身份，地位高於其餘三人，以他爲首實屬合理，故其應爲此次圍攻赭陽統帥，負節制諸軍之責，此從魏孝文帝授拓跋鸞之官職與權力即可知，「除使持節，征南大將軍，都督豫荊郢三州、河內山陽東郡諸軍事，與安南將軍盧淵、李佐攻赭陽。」〔註161〕可惜拓跋鸞並未展現出統帥應有的作爲。

　　拓跋鸞乃城陽王拓跋長壽次子，父兄卒後襲爲城陽王，史載其「身長八尺，腰帶十圍，以武藝著稱。」〔註162〕又多歷任武職，「頻爲北都大將。高祖時，拜外都大官，又出爲持節、都督河西諸軍事、征西大將軍、領護西戎校尉、涼州鎮都大將。」〔註163〕足證拓跋鸞久經兵事熟諳戰陣，爲何圍攻赭陽時未能協調各部魏軍聯合作戰，因史料未載故無從得知。有可能是魏孝文帝並未明言以拓跋鸞爲進攻赭陽的主帥，各部魏軍須受其節制，以致四將互不相服，導致四部魏軍橫向協調不足，遭齊軍所破。若魏孝文帝能如賦予薛眞度爲進攻襄陽統帥時所言：「薛眞度督四將出襄陽。」〔註164〕向魏軍言明拓跋鸞督三將趨赭陽，或許李佐、盧淵、韋珍就能統一在拓跋鸞指揮下攻陷赭陽也未可知。另外，魏孝文帝已知盧淵素無將略，卻仍要他帶兵圍攻赭陽，戰場上最忌未能知兵知將，因誤用將領而導致失敗，但是在知將的情形下，魏孝文帝未做積極處置，並未另命富有韜略之將替換盧淵，故赭陽之役的失敗，他自己也要承擔部分責任。

〔註159〕《魏書》卷61〈薛眞度傳〉，頁1356。
〔註160〕孫武著、吳仁傑注譯，《孫子讀本》〈計篇第一〉，頁4。
〔註161〕《魏書》卷19下〈景穆十二王下・城陽王鸞傳〉，頁509。
〔註162〕《魏書》卷19下〈景穆十二王下・城陽王鸞傳〉，頁509。
〔註163〕《魏書》卷19下〈景穆十二王下・城陽王鸞傳〉，頁509。
〔註164〕《魏書》卷98〈島夷蕭鸞傳〉，頁2168。

（四）魏孝文帝大軍

494 年（魏太和十八年、齊建武元年）十二月，北魏各路軍隊陸續向南進發後，魏孝文帝亦親率大軍出洛陽，當月戊辰至懸瓠（今河南汝南），懸瓠為淮北重鎮，南北交通重要孔道，戰略地位重要，「地當中原海岱地區南入淮上江漢諸道之樞紐，故自古為重鎮也。」〔註 165〕魏孝文帝遂於此設立伐齊的大本營，成為其往後南伐的重要軍事據點。次年正月己亥，渡過淮河抵達淮南，一路無戰事的魏孝文帝大軍，終於在渡淮時和齊軍遭遇，齊軍趁魏軍渡淮防禦力量薄弱時從中截擊，當時還有部分魏軍尚未渡淮，情況危急，《魏書‧奚康生傳》載：〔註 166〕

> 從駕征鍾離，駕旋濟淮，五將未渡，蕭鸞遣將率眾據渚，邀斷津路。
> 高祖敕曰：「能破中渚賊者，以為直閤將軍。」康生時為軍主，……，
> 遂便應募，縛筏積柴，因風放火，燒其船艦，依烟直進，飛刀亂斫，
> 投河溺死者甚眾。

魏軍渡淮太過大意，警戒不足，幸奚康生適時挺身而出，才使魏軍渡淮成功，否則魏孝文帝之大軍恐損傷過半，對士氣恐有不利之影響，也因這次疏忽累積寶貴經驗，故在班師渡淮北返時，魏孝文帝特別注重渡淮時的警戒。〔註 167〕

〔註 165〕嚴耕望著、李啓文整理，《唐代交通圖考》，中央研究院歷史語言研究所專刊之八十三（臺北：中央研究院歷史語言研究所，2003 年 4 月）卷 6〈河南淮南區〉，頁 1877。

〔註 166〕《魏書》卷 73〈奚康生傳〉，頁 1629。

〔註 167〕魏孝文帝在 495 年（魏太和十九年、齊建武二年）正月南渡淮河、三月結束與南齊戰事班師北渡淮河，參見《魏書》卷 7 下〈高祖紀下〉，頁 176。關於奚康生在魏孝文帝渡淮河時抗擊齊軍的記載，目前有兩種説法，一是在魏孝文帝南渡淮河；另一則是北渡時。《資治通鑑》採三月北渡淮河的説法，參見《資治通鑑》卷 140〈齊紀六〉，明帝建武二年，頁 4379～4380。而張金龍則是採正月南渡淮河之說，參見氏著，《北魏政治史（六）》卷 8〈孝文帝時代（476～499）上：內政、戰爭與外交〉，頁 246。南北史書對奚康生究竟是在魏孝文帝正月南渡、亦或三月北渡淮河，奮勇抗擊齊軍的時間點均無明確記載。據《南齊書》所載，當時率齊軍與渡淮魏軍戰鬥的齊軍將領主要是崔慧景、張欣泰二位，張欣泰隨崔慧景赴援鍾離，然〈崔慧景傳〉並未有其與奚康生交鋒的記載，參見《南齊書》卷 51〈崔慧景傳〉，頁 873。而〈張欣泰傳〉則載有他與崔慧景於淮河中之邵陽洲與魏軍作戰情形，但並未載魏軍將領之名，參見《南齊書》卷 51〈張欣泰傳〉，頁 882～883。至於〈明帝紀〉及〈魏虜傳〉皆無齊軍與魏軍在渡淮時作戰的相關記載，參見《南齊書》卷 6〈明帝紀〉，頁 86～87；卷 57〈魏虜傳〉，頁 993～994。至於《魏書》的記載，〈高祖紀〉和〈島夷蕭鸞傳〉未有魏軍渡淮和齊軍戰鬥的記載，參見《魏書》卷

而奚康生的勇猛表現，獲封爲直閤將軍。二月，魏軍進抵壽春，時南齊壽春守將爲豫州刺史蕭遙昌。由於壽春爲淮南重鎮，南齊特別注重防務，長年的經營使其城守堅固，若魏軍全力攻城恐死傷不少。正當魏孝文帝猶豫是否要下達攻城指令時，傳來東路魏軍於鍾離陷入苦戰訊息，此訊息改變了魏孝文帝的戰略思考，他決定放棄壽春，率大軍轉往淮河以東，增援鍾離。

在鍾離的戰況方面，南齊鍾離守將徐州刺史蕭惠休與魏軍拓跋衍部形成對峙之局，拓跋衍久攻不下，鍾離守軍略佔上風，若魏孝文帝大軍增援，鍾離恐有陷落之虞，故齊明帝急遣右衛將軍蕭坦之、左衛將軍崔慧景、寧朔將軍裴叔業等將率禁軍馳援，雙方激烈的鍾離攻防戰於焉展開，《南齊書·魏虜傳》載：〔註168〕

> （拓跋）宏自率眾至壽陽，……不攻城，登八公山，賦詩而去。別圍鍾離城，徐州刺史蕭惠休、輔國將軍申希祖拒守，出兵奮擊，宏眾敗，多赴淮死。

《魏書·高祖紀》則載二月「丙辰，車駕至鍾離。戊午，軍士擒蕭鸞三千卒。」〔註169〕《南齊書》稱魏軍敗；《魏書》則云魏軍俘齊軍三千人，南北史書一樣互誇戰果，但可確定的是，魏齊二軍戰鬥非常激烈，傷亡不少。

魏孝文帝原先的戰略規畫是突破淮河防線直達長江北岸，似乎有意循魏太武帝模式揚威長江，打擊南齊君臣及民心士氣。雖然北魏的綜合國力勝過南齊，但尚未達到能完全滅亡南齊的地步，魏孝文帝對此應有所體認，故現

---

7 下〈高祖紀下〉，頁 176；卷 98〈島夷蕭鸞傳〉，頁 2168～2169。但是在〈奚康生傳〉則明確記載奚康生在魏孝文帝渡淮時與齊軍英勇作戰情形，參見《魏書》卷 73〈奚康生傳〉，頁 1629。綜合上述古今史料，奚康生在魏孝文帝渡淮河時與齊軍發生戰鬥之史實已無庸置疑，至於是正月南渡亦或三月北渡則莫衷一是。張金龍採正月南渡淮河，而司馬光則採三月北渡淮河之說，但二人均未在其書中進一步說明採此時間點之理由或看法。筆者認爲應以張金龍之說爲是，觀《魏書》卷 73〈奚康生傳〉，頁 1629 載奚康生「從駕征鍾離，駕旋濟淮，五將未渡，蕭鸞遣將率眾據渚，邀斷津路。」據此可知奚康生隨魏孝文帝增援鍾離因而渡過淮河，而據《魏書》〈高祖紀〉則是魏孝文帝正月渡過淮河後增援鍾離，三月於邵陽洲再次渡過淮河北返，結束對南齊的戰事，詳見《魏書》卷 7 下〈高祖紀下〉，頁 176，故綜合《魏書》〈高祖紀〉、〈奚康生傳〉所載，魏孝文帝因鍾離久攻不下欲率軍增援，遂於 495 年（魏太和十九年、齊建武二年）正月南渡淮河，卻遭到齊軍伏擊，幸奚康生奮勇殺退齊軍，使魏孝文帝所領魏軍能順利渡過淮河。

〔註168〕《南齊書》卷 57〈魏虜傳〉，頁 994。

〔註169〕《魏書》卷 7 下〈高祖紀下〉，頁 176。

階段雖無滅亡南齊的實力，但若能把握機會，摧殘其民心士氣，令他們恐懼魏軍，如此便能增加日後魏軍對齊軍作戰時的心理優勢。而要突破淮河防線的關鍵點即是鍾離，鍾離能否攻破，對北魏南伐進程頗有影響，然而魏軍攻勢屢屢受挫，遂形成攻城拉鋸戰，這對補給線太長、後勤支援困難的魏軍不利，此時又發生二件事，改變了魏孝文帝的戰略意志，決定班師。一為司徒馮誕染病亡，馮誕乃文明太后之姪，與魏孝文帝同歲，甚得寵信，二人相處有如兄弟，《魏書‧馮誕傳》載：〔註170〕

> 誕與高祖同歲，幼侍書學，仍蒙親待。尚帝妹樂安長公主，拜駙馬都尉、侍中、征西大將軍、南平王。……高祖寵誕，每與誕同輿而載，同案而食，同席坐臥。彭城王勰、北海王詳，雖直禁中，然親近不及。（太和）十六年（492、齊永明十年），以誕為司徒。……尋加車騎大將軍、太子太師。……從駕南伐。十九年，至鍾離，誕遇疾不能侍從。高祖日省問，醫藥備加。

馮誕最後卒於軍中，魏孝文帝「夜至誕薨所，撫屍哀慟，若喪至戚，達旦聲淚不絕。」〔註171〕由上述引文可知，二人的兄弟情誼可能超過君臣名分，故馮誕之死對魏孝文帝打擊甚大，「若喪至戚，達旦聲淚不絕。」情緒上無法負荷，連帶影響對南齊作戰的決心。另一為鍾離久攻不下原因在於齊軍能不斷增援，故欲破鍾離須斷外援，魏孝文帝決定採「圍城阻援」戰術，遣部分魏軍至淮河中之小島邵陽洲，修築堡寨，並在與之相對的淮河兩岸築城，以斷援兵之路。鍾離齊軍相當瞭解魏軍此戰術若執行成功，水陸兩道將遭魏軍控制，鍾離必成孤城。為突破魏軍的封鎖，蕭坦之遂遣裴叔業「攻二城，拔之。」〔註172〕魏孝文帝的「圍城阻援」戰術因而失敗。

　　魏軍在鍾離陷入攻城戰泥沼，又無法完全封鎖鍾離城，戰況漸不利於魏軍，加上高閭〔註173〕、陸叡〔註174〕等重臣接連上表勸魏孝文帝罷兵回洛，終

〔註170〕《魏書》卷83上〈外戚上‧馮誕傳〉，頁1821。
〔註171〕《魏書》卷83上〈外戚上‧馮誕傳〉，頁1822。
〔註172〕《南齊書》卷57〈魏虜傳〉，頁994。
〔註173〕高閭表曰：「南土亂亡，僭主屢易，陛下命將親征，威陵江左，望風慕化，克拔數城，施恩布德，攜民襁負，可謂澤流邊方，威惠普著矣。然元非大舉，軍興後時；本為迎降，戎卒實少。兵法：十則圍之，倍則攻之。所率既寡，東西懸闊，難以並稱。伏承欲留戍淮南，招撫新附。昔世祖以回山倒海之威，步騎數十萬南臨瓜步，諸郡盡降，而盱眙小城，攻而弗克。班師之日，兵不戍一郡，土不鬭一塵。夫豈無人，以大鎮未平，不可守小故也。堰水先塞其

促成他結束戰事決心。高、陸二位大臣的觀點在於鍾離遲遲無法攻克，戰事已進入僵持狀態，這對遠道而來的魏軍頗為不利，不如先撤軍北返，先經營新都洛陽。北魏因遷都引起的政治裂痕，保守派反彈尚未完全平復，故目前施政重點應著重在洛陽新都的經營，及平息不滿遷都的各種聲浪，征討南齊並非急迫之務，對於南齊應積蓄實力，待日後尋有利戰機再圖大舉。

魏孝文帝評估國內外各項戰略局勢：馮誕過世、洛陽新都急待經營、保守派蠢動、與南齊戰事形成對峙等，若長久領軍在外，國內政局恐怕有變，遂決定罷兵北返，於 495 年（魏太和十九年、齊建武二年）二月「壬戌，乃詔班師。丁卯，遣使臨江數蕭鸞殺主自立之罪惡。」〔註175〕魏齊第二次戰爭

源，伐木必拔其本。源不塞，本不拔，雖翦枝竭流，終不可絕矣。壽陽、盱眙、淮陰，淮南之源本也。三鎮不克其一，而留兵守郡，不可自全明矣。既逼敵之大鎮，隔深淮之險，少置兵不足以自固，多留眾糧運難可充。又欲修渠通漕，路必由于泗口；泝淮而上，須經角城。淮陰大鎮，舟船素畜，敵因先積之資，以拒始行之路。若元戎旋旆，兵士挫怯，夏雨水長，救援實難。忠勇雖奮，事不可濟。淮陰東接山陽，南通江表，兼近江都、海西之資，西有盱眙、壽陽之鎮。且安土樂本，人之常情，若必留戍，軍還之後，恐為敵擒。何者？鎮戍新立，懸在異境，以勞禦逸，以新擊舊，而能自固者，未之有也。昔彭城之役，既克其城，戍鎮已定，而思叛外向者猶過數方。角城蕞爾，處在淮北，去淮陽十八里，五固之役，攻圍歷時，卒不能克。以今比昔，事兼數倍。今以向熱，水雨方降，兵刃既交，難以恩恤。降附之民及諸守令，亦可徙置淮北。如其不然，進兵臨淮，速渡士卒，班師還京。蹤太武之成規，營皇居於伊洛。畜力以待敵釁，布德以懷遠人，使中國清穆，化被遐裔。淮南之鎮，自劾可期；天安之捷，指辰不遠。」《魏書》卷 54〈高閭傳〉，頁 1207～1208。

〔註174〕 陸叡表曰：「臣聞先天有弗違之略，後天有順時之規。今蕭鸞盜有名目，竊據江左，惡盈罪稔，天人棄之。取亂攻昧，誠在茲日。愚以長江浩蕩，彼之巨防，可以德招，難以力屈。又南土昏霧，暑氣鬱蒸，師人經夏，必多疾病。而鼎遷草創，庶事甫爾，臺省無論政之館，府寺靡聽治之所，百僚居止，事等行路，沉雨炎陽，自成癘疫。且兵徭並舉，聖王所難。今介胄之士，外攻讎寇；羸弱之夫，內動土木；運給之費，日損千金。驅罷弊之兵，討堅城之虜，將何以取勝乎？陛下往冬之舉，政欲曜武江漢，示威衡湘，自春幾夏，理宜釋甲。願蹔旌旆，為持久之方；崇成帝居，深重本之固。聖懷無內念之虞，兆庶休斤板之役，修禮華區，諷風洛浦。然簡英略之將，任猛毅之雄，南取荊湘，據其要府，則梁秦以西觀機自服；撫附振威，回麾東指，則義陽以左馳聲可制。然後布仁化以綏近，播恩施以懷遠，凡在有情，孰不思奮！還遣慕德之人効其餘力，乘流而下，勢勝萬倍，蕞爾閩甌，敢不稽顙！豈必茲年，競斯寸尺。惟願顧存近救，納降而旋，不紆鑾輿，久臨炎暑。」《魏書》卷 40〈陸叡傳〉，頁 912。

〔註175〕 《魏書》卷 7 下〈高祖紀下〉，頁 176。

至此結束。

　　魏孝文帝渡淮時遭齊軍從中攔擊，現北魏大軍要渡淮北返，爲免重蹈覆轍，遂令前將軍楊播領三千步卒、五百騎兵殿後，於淮河南岸抵禦齊軍，掩護大軍渡淮。齊將崔慧景見魏軍北渡淮河，機不可失，即刻遣兵艦佔領江心島，切斷魏軍渡口通道，於是南齊水軍與楊播所率魏軍殿後部隊爆發正面衝突，《魏書・楊播傳》載：〔註176〕

　　　　時春水初長，賊眾（齊軍）大至，舟艦塞川。播以諸軍渡淮未訖，
　　　　嚴陳南岸，身自居後。諸軍渡盡，賊眾遂集，於是圍播。

楊播雖遭齊軍包圍，仍毫無畏懼，令士兵圍成圓形陣勢抵擋齊軍衝殺：〔註177〕

　　　　高祖在北而望之，既無舟船，不得救援。水勢稍減，（楊）播領精騎
　　　　三百歷其舟船，大呼曰：「今我欲渡，能戰者來。」賊（齊軍）莫敢
　　　　動，遂擁眾而濟。

在楊播奮勇掩護下，北魏大軍順利渡淮北返，魏孝文帝兩次渡淮皆遭齊軍攻擊險象環生，在前有奚康生、後有楊播英勇作戰下，均保魏孝文帝安全渡淮，二將勇猛殺敵，應是北魏此次南伐無具體勝果下，差可告慰之勝利。

　　魏孝文帝此番南伐，旗幟鮮明，主要是聲討蕭鸞弒君自立而來，因此爲了收攬南方漢人人心，對俘獲之南齊百姓、士卒，皆予以放還。如他至懸瓠時，獲報各路魏軍虜獲不少南齊百姓，他做了跟以往北魏君主及將領不太相同的決定，「詔壽陽、鍾離、馬頭之師所獲男女之口皆放還南。」〔註178〕鍾離攻防時，魏軍「擒蕭鸞三千卒，（魏孝文）帝曰：『在君爲君，其民何罪。』於是免歸。」〔註179〕魏太武帝和魏軍將領，習慣掠奪大量南朝軍民充作戰利品，此乃游牧民族舊習，何以進入北魏王朝後仍是如此？其一，將這些人虜回北方後，可投入耕作，增加生產力，且漢人精於農藝、織藝，可補游牧民族之不足。其二，北魏君主可將這些人當作賞賜，依戰功不等賜給臣下，不用耗費國家公帑。此外，在北魏實施俸祿制前，官員並無收入，趁南伐時掠奪漢人及其財產是快速增加財富的方式，因此魏軍將領才會毫無顧忌大肆掠奪漢人，而這也得到北魏君主的默許。這些遭魏軍強搶之漢人，很多充作代人貴族或北魏官員之奴僕，遭受極不公平之待遇，故南朝漢人對魏軍懷有

〔註176〕《魏書》卷58〈楊播傳〉，頁1280。
〔註177〕《魏書》卷58〈楊播傳〉，頁1280。
〔註178〕《魏書》卷7下〈高祖紀下〉，頁176。
〔註179〕《魏書》卷7下〈高祖紀下〉，頁176。

恐懼感，深怕遭俘至北方，他們對北魏政權之厭惡與懼怕，不僅是精神層面胡漢不兩立的民族情結，尚有遭魏軍強抓至北方的恐懼感。魏孝文帝深受漢文化影響，帶領北魏王朝褪去草原氣息，走在漢化道路上，這次親自領軍南伐，更自詡爲聲討蕭鸞罪惡的正義之師，儼然以正統王朝自居，故應解救百姓於水火，所以須揚棄以往劫掠百姓、財產的部落舊習。

　　魏孝文帝在遷都未久內外尚未完全穩定之際即發動對南齊的戰爭，其目的是要誇飾國力，與南齊爭正統，剛好趁蕭鸞得位不正之際南伐，故《南齊書・魏虜傳》有言：「（拓跋）宏聞高宗（齊明帝）踐阼非正，既新移都，兼欲大示威力。」〔註 180〕魏孝文帝除了向南齊展示國力外，也對北魏子民誇耀北魏富強，故在 495 年（魏太和十九年、齊建武二年）二月下詔班師結束伐齊戰事後，按常理應直接返回洛陽，不過他卻巡行天下，三個月後才回到洛陽，爲何他未立即回京，反而巡行州郡。筆者認爲：魏孝文帝這次巡行和以往北魏諸帝不同，此次乃遷移新都洛陽後首次巡視州郡，洛陽爲漢文化古都，魏孝文帝是北魏新都洛陽的首位帝王，他要向全國人民展現北魏大國氣魄，向北方漢人宣示遷都洛陽後，北魏已是不折不扣的漢式王朝；也向代人貴族及其他少數民族宣示，北魏將繼續往漢化道路邁進，基於上述原因與理想，魏孝文帝巡視州郡，並在部分州郡推行新的政策，或發佈新的命令，更有不少特殊作爲，茲分析魏孝文帝下詔班師渡淮後至洛陽的行程及其作爲如下：〔註 181〕

　　　　三月……乙未，幸下邳（今江蘇邳州市）。

　　　　四月庚子：車駕幸彭城。……丁未，曲赦徐豫二州，其運漕之士，
　　　　　　　復租賦三年。辛亥：詔賜百歲以上假縣令，九十以上賜
　　　　　　　爵三級，八十以上賜爵二級，七十以上賜爵一級；孤寡
　　　　　　　老疾不能自存者，賜以穀帛；德著丘園者具以名聞；蕭
　　　　　　　鸞民降者，給復十五年。

　　　　癸丑：幸小沛（今江蘇沛縣），遣使以太牢祭漢高祖廟。

　　　　己未：行幸瑕丘（今山東兗州市東北），遣使以太牢祠岱岳。詔
　　　　　　　宿衛武官增位一級。

〔註 180〕《南齊書》卷 57〈魏虜傳〉，頁 993。
〔註 181〕《魏書》卷 7 下〈高祖紀下〉，頁 176～177。

　　庚申：行幸魯城（今山東曲阜），親祠孔子廟。辛酉，詔拜孔氏
　　　　　四人、顏氏二人爲官。詔兗州刺史舉部內士人才堪軍國
　　　　　及守宰治行，具以名聞。又詔賜兗州民爵及粟帛如徐州。
　　　　　又詔選諸孔宗子一人，封崇聖侯，邑一百戶，以奉孔子
　　　　　之祀。又詔兗州爲孔子起園栢，修飾墳壟，更建碑銘，
　　　　　褒揚聖德。

　　戊辰：行幸碻磝（今山東茌平西南）。太和廟成。

　五月……甲戌，行幸滑臺（今河南滑縣東）。

　　丙子：次于石濟（今河南滑縣西南）。

　　癸未：車駕至自南伐，告于太廟。

魏孝文帝在各地區的作爲約可分爲三類，第一類：關懷百姓，體現漢文化仁
民愛物之心。如對孤寡老疾無法自行生活者，給予賞賜，另「詔賜百歲以上
假縣令，九十以上賜爵三級，八十以上賜爵二級，七十以上賜爵一級。」第
二類：獎勵官員，增加對朝廷的向心。如宿衛武官皆進位一級，上述兩類都
是對其治下臣民進行籠絡安撫。第三類，應是魏孝文帝巡行的最主要目的，
向上承繼漢文化的接口。漢高祖劉邦乃江蘇小沛人，魏孝文帝至小沛時，首
先遣使以太牢祭漢高祖廟，劉邦以漢爲國號，國祚長達四百二十三年，漢朝
建立的儒家體制對中國影響深遠，尤其漢代武功強盛，大漢盛世普遍存在漢
人心中，「漢人」更成爲華夏民族對少數民族的自稱，魏孝文帝祭祀漢高祖的
動作，除了對漢高祖表達崇敬之意外，其目的在爭取廣大漢人認同，尤其東
漢建都洛陽，而洛陽正是北魏新都，魏孝文帝藉此向廣大漢人宣示，其欲建
立與大漢盛世相媲美之大魏盛世。

　　魏孝文帝經常在外巡行時祭祀先聖先賢，但都是遣使祭祀，親自祭祀的
有孔子和殷商忠臣比干。祭祀比干乃褒獎其對國家之忠心，所謂兼聽則明偏
聽則暗，君主若不能納忠言，不但易成昏君，更容易造成政治混濁社會動盪，
非社稷之福。魏孝文帝理想宏大，他希望自己能成爲一代明君，也期望臣下
能直言極諫。至於親祀孔子則更有崇高目標，漢文化是以儒家思想爲主流，
反映在政治上亦是如此，儒家思想對中國歷代政治的影響，史料記載多矣。
魏孝文帝要實施漢化改革，即必須尊孔，且尊孔一定能得到廣大漢人認同，
因此他不但親祀孔子，對孔子後代亦予尊崇，「詔選諸孔宗子一人，封崇聖

侯，邑一百戶，以奉孔子之祀。」甚至推恩至其他儒家賢哲，「詔拜孔氏四人、顏氏二人爲官。」此外，更「爲孔子起園栢，修飾墳壠，更建碑銘，褒揚聖德。」這一系列尊孔措施，是要提升孔子地位至新的層次。南朝漢人政權雖自詡爲漢文化正統，但孔子故里並不在其境內，魏孝文帝正好利用孔子故里在北魏境內之優勢，遂行文化戰略。其實早在 492 年（魏太和十六年、齊永明十年）二月，魏孝文帝已「改諡宣尼曰文聖尼父，告諡孔廟。」〔註182〕這項作爲已看出他預備將尊孔列爲他漢化改革的指導原則，再搭配這次親至曲阜推行的一系列尊孔措施，其目的在向廣大漢人訴求，北魏乃承繼漢文化之正統王朝，並在民間塑造漢化氛圍，希望藉由民間力量，抗衡保守力量對漢化改革的反對。魏孝文帝深受漢文化薰陶，會如此尊孔，除了有推動漢化改革的政治現實外，他本身對漢文化的孺慕之情，也驅使他進行這一系列尊孔措施。

〔註182〕《魏書》卷 7 下〈高祖紀下〉，頁 169。

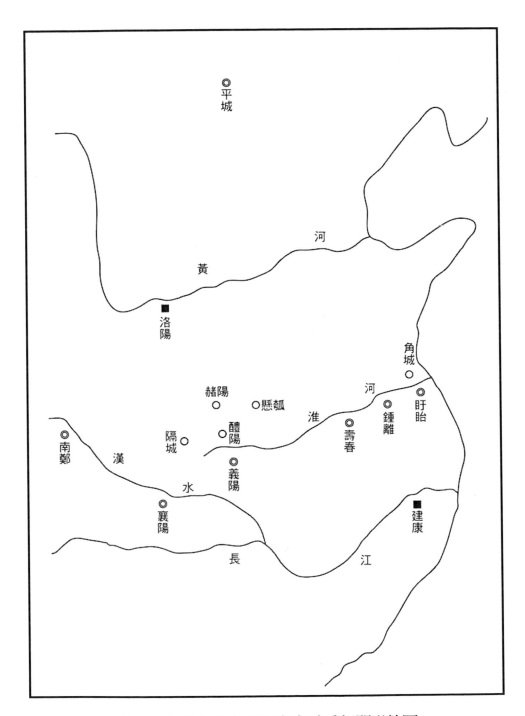

圖二：魏孝文帝中期與南齊戰爭相關形勢圖

第三節　戰爭檢討

　　北魏與南齊在淮漢大戰投入的兵力與軍事資源皆相當多，然就戰爭結果而言，北魏的東、中、西三路大軍都未有具體戰果，南方疆域的開拓也無進展；而南齊卻再次成功抗擊北魏軍隊的強大功勢。事實上，兩國在這場戰爭中，面臨的不僅是戰場上的戰術問題，如南齊防守時出現火攻等特殊戰術；尚有兩國各自受內部因素制約的戰略層次問題，如北魏的遷都及南齊的宗室屠戮，是故做戰爭檢討時，不能僅有戰場上的軍事戰鬥，尚須從戰略眼光切入，始能完整呈現北魏、南齊各自在戰爭上的勝負得失。

一、北魏遷都與南伐不宜同時進行

　　魏孝文帝遷都洛陽尚未站穩根基即興兵南伐，一個很重要因素是受王肅建言影響。王肅和其父兄原先仕於南齊，其父王奐，任齊武帝尚書左僕射，「使持節、散騎常侍、都督雍梁南北秦四州郢州之竟陵司州之隨郡軍事、鎮北將軍、雍州刺史。」〔註183〕前文述及王肅因其父兄爲齊武帝所殺，遂於493年（魏太和十七年、齊永明十一年）三月奔降北魏。九月時魏孝文帝率三十萬大軍抵洛陽，完成遷都大業，接著分派有司進行遷都後續作業，之後巡幸各州郡，十月抵鄴城，於此接見王肅，魏孝文帝見王肅「辭義敏切，辯而有禮。」〔註184〕大爲激賞。王肅更進言南齊政情動盪不安，「因言蕭氏危滅之兆，可乘之機，勸高祖大舉。」〔註185〕魏孝文帝本就有南伐之意，只是遷都尚未全部完成，官署的搬遷頗耗時日，遷都和南伐俱爲國家大事，動員規模皆頗爲龐大，二者實不宜同時進行，魏孝文帝應待遷都作業全部完成，讓行政體系運作順暢，使北魏上下能適應洛陽新都的政治運作後，再進入南伐時程。但是魏孝文帝卻在遷都不過一年時間，行政運作尚在磨合階段即決定興師南伐，不可諱言，王肅的建言起了重要作用，史載魏孝文帝聽王肅之言後「圖南之規轉銳。」〔註186〕或許魏孝文帝雖有南伐之意但並未如此積極，適逢王肅北奔，又逢其頗得魏孝文帝欣賞與信賴，他的進言強化了魏孝文帝南伐之心，才會在遷都後一年餘，趁齊明帝自立不過一個月時間，發動第二次侵齊戰爭。

〔註183〕《南齊書》卷49〈王奐傳〉，頁849。
〔註184〕《魏書》卷63〈王肅傳〉，頁1407。
〔註185〕《魏書》卷63〈王肅傳〉，頁1407。
〔註186〕《魏書》卷63〈王肅傳〉，頁1407。

　　自秦始皇建立皇帝制度至北魏遷都洛陽，歷代封建王朝罕有遷都者，五胡十六國割據政權及一度統一北方的前秦姑且不論，秦、漢、三國、晉，其都城皆與國祚相始終。其中西晉定都洛陽，永嘉之亂時，匈奴劉曜於311年（晉永嘉五年）攻陷洛陽俘晉懷帝，為延續晉祚，晉廷眾臣諸將奉司馬鄴即位於長安，是為晉愍帝，此乃因外患入侵都城陷落不得已而遷都。以拓跋氏遷都歷程而言，可分三階段：第一階段是北魏建立前的部落游牧時期，「國自上世，遷徙為業。」〔註187〕此時都城遷移不定，《魏書》載有多次遷移情形，「獻帝（拓跋鄰）命南移，山高谷深，九難八阻。」〔註188〕「（惠帝拓跋賀傉）以諸部人情未悉欽順，乃築城於東木根山，徙都之。」〔註189〕「（昭成帝拓跋什翼犍）議欲定都灅源川，連日不決，乃從太后計而止。……移都於雲中之盛樂宮。」〔註190〕第二階段是魏道武帝於386年（魏登國元年、晉太元十一年）正月創建北魏，二月「幸定襄之盛樂。」〔註191〕遂以此為都。隨著北魏勢力拓展，領土不斷擴張，盛樂狹小的規模，已無法適應北魏日漸上升的國勢，更無法成為封建王朝都城，魏道武帝遂有遷都念頭。398年（魏天興元年、晉隆安二年）正月，魏軍攻陷後燕鄴城，「（魏道武）帝至鄴，巡登臺榭，遍覽宮城，將有定都之意。」〔註192〕但是最後並未定都鄴城。之後魏道武帝於六月定國號為「魏」，七月「遷都平城，始營宮室，建宗廟，立社稷。」〔註193〕第三階段則是魏孝文帝為了推展漢化改革運動，及適應北魏封建化的發展需求，於493年（魏太和十七年、齊永明十一年）九月，將都城從平城遷至洛陽。

　　拓跋氏在部落聯盟時期和北魏創建之後的遷都不可相提並論，因部落聯盟時期的拓跋氏乃游牧民族習性，他們對都城的概念與農業民族不同。游牧民族認為都城並非永久性的堅固建築，而是部落酋首的居住地，亦即牙帳所在地，而牙帳是可移動的。至於魏道武帝將都城從盛樂遷到平城，其過程要簡單容易的多，當時北魏雖已有十二年歷史，但還是王朝初期的草創階段，且尚未統一北方，北方還有後秦、後燕、西秦、後涼等政權，北魏只是眾多

〔註187〕《魏書》卷13〈皇后・平文皇后王氏傳〉，頁323。
〔註188〕《魏書》卷1〈序紀〉，頁2。
〔註189〕《魏書》卷1〈序紀〉，頁10。
〔註190〕《魏書》卷1〈序紀〉，頁12。
〔註191〕《魏書》卷2〈太祖紀〉，頁20。
〔註192〕《魏書》卷2〈太祖紀〉，頁31。
〔註193〕《魏書》卷2〈太祖紀〉，頁33。

割據政權中的一個，能否延續國祚或是成為十六國另一個短命的政權，都還是未知數。當時北魏的國家規模並不大，魏道武帝於 396 年（魏皇始元年、晉太元二十一年）九月才「初建臺省，置百官。」〔註194〕此時尚未稱帝故官僚體系簡略。因此當 398 年（魏天興元年、晉隆安二年）魏道武帝稱帝並將都城從盛樂遷到平城時，由於當時沒有龐大且複雜的行政體系，所以魏道武帝的遷都是比較容易且簡單的。

魏道武帝稱帝後開始建構封建王朝的行政體系，所以在 399 年（魏天興二年、晉隆安三年）三月，「分尚書三十六曹及諸外署，凡置三百六十曹，令大夫主之。大夫各有屬官，其有文簿，當曹敷奏，欲以省彈駁之煩。」〔註195〕之後隨著北魏國家規模的擴大以至統一北方，行政體系定然逐漸增加且膨脹，故至魏孝文帝 493 年（魏太和十七年、齊永明十一年）遷都時已非魏道武帝當年的規模可比，北魏已成規模龐大之封建王朝，各部有司、官署衙門、內廷外朝，經百餘年建設，行政體系龐大且複雜，而且不止外朝的官僚機構需搬遷，內廷的后妃嬪御、女性職官、宦官三大職官系統亦需搬移。另外，還有各種內侍機構，陳琳國將其統稱為內侍諸曹，其主要任務為侍奉君主的生活起居，充任御前侍衛，起草詔誥文書，參與軍國大政，敷奏內、外，傳宣誥命。〔註196〕可見欲將北魏內外各種行政機構搬遷至洛陽，實為一艱鉅之任務。

北魏之前的封建王朝，未聞建國百年進入承平時期時的遷都之例，故魏孝文帝遷都洛陽實屬創舉，既為首例就無歷史經驗可供借鏡，一切需審慎為之。可以想見，遷都過程中，因平城至洛陽無水利之便，古代又非現代，有機械化交通工具幫忙，甚至空運，故多是運用獸力，馬車、牛車必頻繁來往於平城、洛陽間。而面對如此龐大之行政機構，少則一年、多則數年，才有可能搬遷完畢，故遷都所動員之人力、物力等有形資源，及耗損官員、宗室、軍隊心力之無形精神，實不亞於南伐，因此魏孝文帝應在完成遷都，讓整個官僚體系運作上軌道，以及全國上下皆適應洛陽取代平城成為全國行政中樞後，再議南伐之事為宜。魏孝文帝在北魏尚處於遷都的動盪中，即率爾對外發動戰爭並不明智。

〔註194〕《魏書》卷 2〈太祖紀〉，頁 27。
〔註195〕《魏書》卷 113〈官氏志〉9，頁 2972。
〔註196〕陳琳國，《魏晉南北朝政治制度研究》（臺北：文津出版社，1994 年 3 月），頁 108。

二、北魏朝廷眾臣的反對意見

　　魏孝文帝瞭解南伐茲事體大，若其一意孤行且朝廷眾臣反對，將對南伐有所傷害，故需先知曉朝臣意向爲何，遂召集「（任城王）澄及咸陽王禧、彭城王勰、司徒馮誕、司空穆亮、鎮南李沖等議之。」〔註197〕這六位王公大臣意見可分三派：其一爲反對派，任城王拓跋澄、李沖屬之，拓跋澄曰：〔註198〕

　　　　今代遷之眾，人懷戀本，細累相攜，始就洛邑，居無一椽之室，家
　　　　闕儋石之糧，而使怨苦即戎，泣當白刃，恐非歌舞之師也。今茲區
　　　　宇初構，又東作方興，正是子來百堵之日，農夫肆力之秋，宜寬彼
　　　　逋誅，惠此民庶。

李沖則曰：「臣等正以徒御草創，人斯樂安，內而應者未審，不宜輕爾動發。」〔註199〕二人從國家安定角度切入，認爲遷都過程勞師動眾，耗費人力、物力甚鉅，且遷都不過一年，現階段應休養生息積蓄國力，來日尋適當時機再大舉南伐。其二爲贊成派，以穆亮爲代表，「司空（穆）亮以爲宜行，公卿皆同之。」〔註200〕雖史未明載穆亮意見，想必是揣測魏孝文帝心理，所發之言自然是贊成南伐之語。其三爲附和派，乃咸陽王拓跋禧、彭城王拓跋勰、馮誕等三人，這三人無明顯贊成、反對立場，他們先觀察時勢，特別是魏孝文帝意見，看何種言論佔上風，再予以附和，故以附和派言之。一開始魏孝文帝要眾臣各抒己意時，「禧等或云宜行，或言宜止。」〔註201〕禧等指的就是拓跋禧和拓跋勰、馮誕三人。上述三派意見中，史載拓跋澄、李沖均有明顯反對意見；穆亮則贊同南伐的主張，而拓跋禧、拓跋勰、馮誕等三人卻無任何記載，所以「或云宜行」、「或云宜止」，指的就是沒有堅定主張的表現，純粹試探他人態度。在魏孝文帝表示「朕當爲宜行之論。」〔註202〕而穆亮又出言附和後，附和派三人已然洞悉魏孝文帝心思，南伐勢所必然，才會有「司空亮以爲宜行。」後面接著「公卿皆同之。」這些公卿指的就是附和派三人。如此一來，反對派拓跋澄、李沖勢單力孤，在六人中已爲少數，更不用說魏孝文帝之意志是要南伐，封建時代臣子很難抗衡君主，何況贊成南伐

〔註197〕《魏書》卷19中〈景穆十二王中・任城王雲附子澄傳〉，頁466。
〔註198〕《魏書》卷19中〈景穆十二王中・任城王雲附子澄傳〉，頁466。
〔註199〕《魏書》卷19中〈景穆十二王中・任城王雲附子澄傳〉，頁466。
〔註200〕《魏書》卷19中〈景穆十二王中・任城王雲附子澄傳〉，頁467。
〔註201〕《魏書》卷19中〈景穆十二王中・任城王雲附子澄傳〉，頁466。
〔註202〕《魏書》卷19中〈景穆十二王中・任城王雲附子澄傳〉，頁466。

已成多數，南伐決策遂成定局。

其實尙有另外一派意見值得重視，即郊廟下大夫李彥，他不反對發動對南齊的戰爭，但是不需由魏孝文帝御駕親征，遣一能征慣戰的良將率軍南討即可：「高祖南伐，彥以蕞爾江閩，不足親勞鑾駕，頻有表諫。雖不從納，然亦嘉其至誠。」〔註203〕但是以魏孝文帝欲藉遷都洛陽向南齊誇耀國力的想法，若遣一上將率軍南伐，無法顯示北魏對南齊的大國姿態，唯有魏孝文帝以君主之姿御駕親征，才能彰顯其向南齊誇示國力的心態。

三、魏孝文帝譴責齊明帝廢立的出師之名

魏孝文帝在齊明帝篡位自立後一個月，即迅速出兵伐齊，「（拓跋）宏聞高宗（齊明帝）踐阼非正，既新移都，兼欲大示威力。是冬，自率大眾分寇豫、徐、司、梁四州。」〔註204〕上述引文說明魏孝文帝興師的目的有二：其一，齊明帝弒君篡位，漢人觀感不佳，魏孝文帝認為師出有名，應能得到南方漢人支持；其二，洛陽乃漢文化精神象徵，北魏遷都至此，標誌北魏已是中原正統王朝，所以才會有「欲大示威力」之心態，向南方政權誇耀北魏將取代南齊成為中國正統王朝。而上述譴責齊明帝弒君自立的第一個興師目的，也成為魏孝文帝伐齊戰爭主軸，在戰爭過程中一再出現譴責齊明帝的行為，如魏軍兵臨壽春時，壽春守將豫州刺史蕭遙昌乃齊明帝之姪，魏孝文帝「遣使呼城內人，遙昌遣參軍崔慶遠、朱選之詣（拓跋）宏。」〔註205〕魏孝文帝見到二人後，毫不客氣出言干涉南齊內政，「齊主廢立，有其例不？……武帝子弟今皆何在？……如周公輔佐成王，而苟欲自取。」〔註206〕魏孝文帝這番話批評齊明帝三項罪惡：第一，斥責齊明帝擅行廢立，南齊未有此先例。第二，痛批齊明帝殘殺齊高帝、齊武帝諸子。第三，指責齊明帝不應自取大位，應立皇室近親，效法周公輔佐周成王才是正道。之後魏孝文帝結束南伐戰事北返時，仍不忘再度譴責齊明帝之罪行，「遣使臨江，數蕭鸞殺主自立之罪惡。」〔註207〕魏孝文帝似乎將此次伐齊定調為順天應民之舉，魏軍乃正義之師，為解救南齊百姓而來，如在〈後魏孝文帝出師詔〉開

〔註203〕《魏書》卷39〈李彥傳〉，頁888。
〔註204〕《南齊書》卷57〈魏虜傳〉，頁993。
〔註205〕《南齊書》卷45〈宗室・蕭遙昌傳〉，頁792。
〔註206〕《南齊書》卷45〈宗室・蕭遙昌傳〉，頁793。
〔註207〕《魏書》卷7下〈高祖紀下〉，頁176。

篇即嚴厲指責「蕭鸞悖道反德，唱逆滔天。」〔註208〕可見魏孝文帝在出師、戰時、班師，亦即開始、進行、結束三個階段，一再表達對齊明帝逆行的不滿，藉以訴求南齊百姓支持。

南方漢人對北魏自認正義之師的態度如何？顯然魏孝文帝忽略了南方漢人的心態，使北魏出師義舉在南齊百姓眼中，名不正、言不順。首先，北魏也曾發生弒君的宮廷政變，如409年（魏天賜六年、晉義熙五年）清河王拓跋紹弒其父魏道武帝自立，當時東晉並未出兵聲討拓跋紹弒逆罪行。452年（魏正平二年、宋元嘉二十九年）宦官宗愛弒魏太武帝，立其子南安王拓跋余，不久又殺拓跋余，時宋文帝雖見北魏二位君主連續遭弒，但並未揮師北討。其次，北魏與南齊關係，不似漢唐時期，漢廷的西域督護對西域南北道諸國，以及唐廷對天可汗體系內各國，若這些國家發生內亂，漢廷和唐廷對這些國家有控制權可遣軍平亂。此外，北魏、南齊也非藩屬國與宗主國關係，如清朝對韓國、越南之宗主與藩屬上下關係，藩屬國有內亂，宗主國有權平亂。北魏、南齊乃對等二國，非上下統領關係，以國際關係言之，應是國家平行，故北魏出兵問罪齊明帝，實已干涉他國內政，南方漢人對魏孝文帝之心態與作法，毫不領情，魏軍自然無法爭取民心。最後，北魏乃拓跋氏所建，漢人一向視胡人政權為僭偽，何況當時漢人在南方相繼建有東晉、劉宋、南齊等政權，乃漢文化正朔所在。漢人心態上已不屑文化較低的胡人，當然無法認同文化低者竟然聲討文化高者之作為悖道反德，因此一旦滲入民族情緒後，魏孝文帝即難得到南方漢人支持，他們的心態是，即便齊明帝弒君自立背離倫常，這也是漢人的事，容不下北魏闖進家門指責，故南方漢人對魏軍入寇甚為反感，支持就更不可能了。

四、齊軍特殊的火攻戰術

守城為南人所長，齊軍在此次戰爭中，面對魏軍攻擊，大多能堅守城池，且個別將領在戰術上有不錯表現，尤其在火攻部分，利用火焰使人畏懼的心態，擊退來犯魏軍，茲舉二例言之。其一，魏軍圍攻鍾離時，南齊「徐州刺史蕭惠休、輔國將軍申希祖拒守。」〔註209〕魏軍屢攻不下，士兵漸露疲態，此時南齊守軍趁敵不備執行火攻戰術，「惠休又募人出燒虜攻城車，虜力竭不

〔註208〕〔唐〕許敬宗等編，《文館詞林》（北京：中華書局，1985年新一版）卷662〈詔三二‧征伐上〉，頁101。
〔註209〕《南齊書》卷57〈魏虜傳〉，頁994。

能尅。」〔註210〕攻城器具乃攻城者必備，若遭焚燬，魏軍如何攻城，故最後只得撤退，鍾離之圍得解。《孫子兵法》有云：「凡火攻者有五：一曰火人，二曰火積，三曰火輜，四曰火庫，五曰火隊。」〔註211〕火人指焚燒敵軍營寨及燒死士兵；火積指燒毀糧秣；火輜指燒毀輜重等武器裝備；火庫指燒毀儲存物資的倉庫；火隊指以焚燒來切斷敵人的交通運輸線。〔註212〕蕭惠休執行的火攻戰術，正是所謂的火輜，燒毀敵軍武器裝備。其二，王肅與劉昶所部魏軍圍攻義陽時，南齊「司州刺史蕭誕拒戰。」〔註213〕在魏軍全力攻城下，義陽告急，南齊援軍由黃門侍郎蕭衍率領，直撲城外魏軍而來：〔註214〕

> 城內見援軍至，蕭誕遣長史王伯瑜及軍主崔恭祖出攻虜柵，因風放
>
> 火，梁王（蕭衍）等眾軍自外擊之，昶、肅棄圍引退，追擊破之。

蕭誕掌握風勢，因風放火焚燬魏軍營柵，符合孫武所謂「火人」，燒毀營柵及士卒，此時蕭衍所率援軍又衝入魏軍陣中，魏軍遭內外夾擊，劉昶、王肅敗退，南齊成功保衛住義陽。

五、魏孝文帝南伐決心與鎮撫柔然、蠻族之策

魏孝文帝對親政後首次對南齊的軍事行動，也是北魏與南齊的第二次大戰，展現了高度的重視與決心，因為479年（魏太和三年、齊建元元年）十一月北魏與南齊的首次戰爭，國政大權操之於文明太后，故動員準備、戰略規畫等，都是文明太后在運籌帷幄。而今，這些戰爭決策與事務，魏孝文帝都可全盤掌控，故他對這次南伐有很高的企圖心與堅定的信心，為了遂行對南齊的作戰，他做了許多戰爭準備，並盡力排除可能阻礙南伐的因素。前者可從《後魏孝文帝出師詔》看出他嚴格要求南境沿邊各州做好戰前準備，其詔曰：〔註215〕

> 今歲便敕豫、郢、東荊、東豫、東郢、南兗、南徐、東徐等，嚴兵
>
> 勒眾，南入揚威，迎降納附，廣張聲略。……若致稽疑，軍法從事，
>
> 一二亦有別敕耳。又詔徐、兗、光、南、青、荊、洛，纂備戎事，

〔註210〕《南齊書》卷57〈魏虜傳〉，頁994。
〔註211〕孫武著、吳仁傑注譯，《孫子讀本》〈火攻篇第十二〉，頁91。
〔註212〕孫武著、吳仁傑注譯，《孫子讀本》〈火攻篇第十二〉，頁91～92。
〔註213〕《南齊書》卷57〈魏虜傳〉，頁994。
〔註214〕《南齊書》卷57〈魏虜傳〉，頁994。
〔註215〕許敬宗等編，《文館詞林》卷662〈詔三二・征伐上〉，頁102。

應召必赴。

上述引文中的「今歲」應是指494年（魏太和十八年、齊建武元年），此詔彰顯出魏孝文帝南伐的決心，他積極作戰爭動員，命與南齊接壤的各州做好戰前準備，以便戰爭爆發時能迅速投入戰鬥。

另外魏孝文帝也廣徵士兵籌組大軍，如《魏書‧高道悅傳》載：「（高道悅）轉治書侍御史，加諫議大夫，正色當官，不憚強禦。車駕南征，徵兵秦雍，大期秋季閱集洛陽。」〔註216〕而〈高道悅墓誌〉也有相關記載：「轉治書侍御史，……徵兵秦雍，限期季秋，閱集洛陽。」〔註217〕兩則史料皆有「徵兵秦雍」一語，可見魏孝文帝確實於關隴地區徵兵，但事實上魏孝文帝籌組三十萬南伐大軍，不太可能僅從關隴地區徵兵，一定會從許多地區徵兵。另外從「大期秋季」、「限期季秋」來看，魏孝文帝應是欲待收成之後進入冬季的農閒時期徵兵，如此可對農業生產的影響降到最低，因此才會下令所征之兵於秋季在洛陽集中。對照魏孝文帝於494年（魏太和十八年、齊建武元年）十二月對南齊發動大規模攻勢的時間點，可見他的戰前準備有一定步驟，秋季末在洛陽匯集各地征召而來的部隊，冬季展開對南齊的攻勢，同時也證明魏孝文帝發動對南齊的第二次戰爭，並非臨時起意倉促南侵，而是有所規畫與圖謀。

至於盡力排除可能阻礙南伐的因素，則是避免在與南齊作戰時，遭到柔然及蠻族動亂的掣肘，使北魏尚需分兵應付。在穩定蠻區情勢方面，魏孝文帝在發兵南侵前的兩個月十月庚午，下詔曰：〔註218〕

> 比聞緣邊之蠻，多有竊掠，致有父子乖離，室家分絕，既虧和氣，
> 有傷仁厚。方一區宇，子育萬姓，若苟如此，南人豈知朝德哉？可
> 詔荊、郢、東荊三州勒敕蠻民，勿有侵暴。

此詔主要目的在安撫、籠絡蠻族，蠻族對南北政權而言一向是不穩定因素，一旦北魏與南齊開戰，蠻族若爆發動亂，北魏將陷入內外同時作戰的困境，既要南面對南齊作戰，又要派軍平定蠻亂，這對北魏朝廷的軍事調度必然產生嚴重影響，故為防範未然，魏孝文帝希望在戰前穩定蠻族，勿生動亂。

南北朝時期的蠻族一向在南北政權間夾縫中求生存，純粹是利益導向，

〔註216〕《魏書》卷62〈高道悅傳〉，頁1399。
〔註217〕秦公，〈釋北魏高道悅墓誌〉，《文物》，1979年第9期，頁61～63。
〔註218〕《魏書》卷7下〈高祖紀下〉，頁175。

今年依附北魏，明年可能轉而投靠南齊，一旦蠻族爲對方效力，動輒掀起叛亂，就會造成國防安全上的威脅。蠻族酋首桓誕在 487 年（魏太和十一年、齊永明五年）援引魏軍掀起的動亂，困擾南齊前後長達兩年，魏孝文帝對此教訓想必記憶猶新，幸而桓誕當時選擇結合北魏，若選擇南齊，則疲於奔命赴蠻區平亂的就是北魏了。故魏孝文帝欲對南齊大舉用兵，蠻區的穩定絕對是必要條件，因此才會在出兵前兩個月，詔蠻區各州官員，約束所轄蠻族勿有侵暴、竊掠之舉，避免因蠻人間的衝突引起動亂，而影響對南齊的戰事。

　　柔然是另一個會對北魏用兵南齊造成重大影響的因素，雖然柔然至魏孝文帝時已不復北魏初年的強盛，但是若與南齊南北夾攻，仍會對北魏的國防構成嚴重威脅。故爲了爾後對南齊用兵不受柔然掣肘，魏孝文帝親政後，亦秉持北魏歷代諸帝打擊柔然的國策，對其大加討伐：〔註219〕

> （太和）十六年（492、齊永明十年）八月，高祖遣陽平王頤、左僕射陸叡並爲都督，領軍斛律桓等十二將七萬騎討豆崙。部內高車阿伏至羅率眾十餘萬落西走，自立爲主。豆崙與叔父那蓋爲二道追之，豆崙出自浚稽山北而西，那蓋出自金山。豆崙頻爲阿伏至羅所敗。

伏古敦可汗豆崙「性殘暴好殺。」〔註220〕恣意殺害部將，柔然各部多有對其不滿者，阿伏至羅即是其中之一，他利用北魏軍隊攻打豆崙之際，率眾十餘萬落西走，自立爲主，豆崙領軍追擊反而爲其所敗，柔然即在這一連串內憂外患下勢力大衰。及至魏孝文帝發兵南齊的前四個月，爲了威嚇柔然，使北魏與南齊作戰時無後顧之憂，特地巡視北方邊防並視察六鎮，「（八月）甲辰，行幸陰山，觀雲川。丁未，幸閱武臺，臨觀講武。癸丑，幸懷朔鎮。己未，幸武川鎮。辛酉，幸撫冥鎮。甲子，幸柔玄鎮。乙丑，南還。」〔註221〕魏孝文帝親臨北疆各軍事重鎮並幸閱武臺講武，帶有展現北魏軍力，警告柔然勿輕舉妄動的意涵。而觀察魏齊第二次戰爭期間，柔然並未趁機進攻北魏，可見魏孝文帝的軍事鎮懾起了一定作用，同時蠻區也未有動亂發生，足證魏孝文帝對蠻族的安撫及對柔然的武力警示發揮功效。

〔註219〕《魏書》卷 103〈蠕蠕傳〉，頁 2296。
〔註220〕《魏書》卷 103〈蠕蠕傳〉，頁 2296。
〔註221〕《魏書》卷 7 下〈高祖紀下〉，頁 174。

六、齊明帝大殺宗室未引起動亂〔註222〕

據《南齊書·明帝紀》所載，蕭鸞殺海陵王蕭昭文後，於「建武元年（494、魏太和十八年）冬十月癸亥，即皇帝位。」〔註223〕南齊朝廷發生篡奪大事，北魏必然很快知曉。南北對峙期間，雙方都在敵方設有密探偵伺敵情，何況齊明帝新君登基，必然昭告天下，而且有可能蕭鸞規畫篡位時北魏早已知悉，且北魏君臣也會對南齊政情做各項研判，他們應該都會評估到蕭鸞早晚會篡位，只是時間問題。而魏孝文帝遷都後要開始解決南齊問題，勢必與其一戰，所等待的是有利於北魏的戰略時機，一旦蕭鸞篡位自立，加上他之前殘殺宗室諸王，造成政治不安，故可利用蕭鸞初即位的政治變動，趁機南伐。然魏孝文帝忽略一點，蕭鸞掌握南齊大權已久，蕭昭文不過傀儡，蕭鸞已是實際上皇帝，這可從其誅殺宗室諸王如此順利，便已知曉他已掌握皇權。

蕭鸞雖然掌握朝政大權，蕭昭文只是傀儡皇帝，但齊高、武二帝之子孫諸王遍布中央、地方，他們勢力雄厚，一旦聯合起來聲勢浩大，若真要篡位謀奪大寶，勢必會遭受極大的阻力也會爆發內亂，蕭鸞遂決定利用蕭昭文名義誅殺宗室諸王。蕭鸞殘殺宗室諸王分別在輔政及即帝位後兩個時期，〔註224〕輔政時期即是蕭昭文在位期間，以下分別就蕭鸞於輔政時期誅殺宗室諸王經過詳述之，以明何以如此有計劃的屠殺行動，未在南齊內部掀起巨大政治動盪之原因。

（一）鄱陽王蕭鏘、隨郡王蕭子隆

鄱陽王蕭鏘為齊高帝第七子；隨郡王蕭子隆則是齊武帝第八子。蕭鏘乃齊高帝在世諸子中最年長者，頗受齊武帝重用與信任，「世祖（齊武帝）即位，以鏘為使持節、督雍梁南北秦四州郢州之竟陵司州之隨郡軍事、北中郎將、寧蠻校尉、雍州刺史。……為左衛將軍，遷侍中，領步兵校尉。……轉征虜將軍，丹陽尹。尋加散騎常侍，進號撫軍。」〔註225〕鬱林王蕭昭業即位後對

〔註222〕齊明帝蕭鸞的稱謂，在494年（魏太和十八年、齊建武元年）十月即皇帝位後，因已是天子身分，故以齊明帝稱之；在此之前則以蕭鸞稱之。本段落所述殺害宗室諸王的時間，乃在其輔政海陵王蕭昭文時，尚未登九五之尊，故以其姓名蕭鸞稱之。

〔註223〕《南齊書》卷6〈明帝紀〉，頁85。

〔註224〕齊明帝即帝位後對宗室的殘殺，詳見本書，頁175～176、211～212。

〔註225〕《南齊書》卷35〈高祖十二王·鄱陽王鏘傳〉，頁627。

蕭鏘持續重用。〔註 226〕時蕭昭業疑忌蕭鸞，一度起殺機：〔註 227〕

> 鬱林心疑高宗（蕭鸞），諸王問訊，獨留（蕭）鏘謂之曰：「公聞鸞
> 於法身何如？」鏘曰：「臣鸞於宗戚最長，且受寄先帝。臣等年皆尚
> 少，朝廷之幹，唯鸞一人，願陛下無以為慮。」鬱林退謂徐龍駒曰：
> 「我欲與公共計取鸞，公既不同，我不能獨辦，且復小聽。」

蕭鏘的進言使蕭鸞逃過一劫，不過也因他的權勢過大，且甚得蕭昭業的敬
重，逐漸引起蕭鸞的猜忌。蕭鸞之後發動政變殺蕭昭業立蕭昭文為帝，南齊
宗室對蕭鸞竟然廢殺皇帝掌握大權頗為不滿，均「勸（蕭）鏘入宮發兵輔政。」
〔註 228〕制局監謝粲更策動蕭鏘與蕭子隆舉事，其曰：「殿下但乘油壁車入宮，
出天子置朝堂，二王夾輔號令，粲等閉城門上仗，誰敢不同？……」〔註 229〕
然蕭鏘優柔寡斷，一直未能下定決心，終致消息洩漏遭蕭鸞所害，「高宗（蕭
鸞）遣二千人圍（蕭）鏘宅害鏘，謝粲等皆見殺。鏘時年二十六。」〔註 230〕
蕭子隆亦於同日被殺，「高宗輔政，謀害諸王，世祖（齊武帝）諸子中，子
隆最以才兒見憚，故與鄱陽王鏘同夜先見殺。」〔註 231〕

（二）晉安王蕭子懋

晉安王蕭子懋為齊武帝第七子，其聞鄱陽王蕭鏘、隨郡王蕭子隆被殺，
「欲起兵赴難。」〔註 232〕蕭鸞得知後，以蕭昭文名義遣軍征討，「江州刺史
晉安王子懋起兵，遣中護軍王玄邈討之。」〔註 233〕蕭鸞懼王玄邈有失，若
不能迅速平定蕭子懋之亂，一旦宗室諸王舉兵相互聲援，恐形成地方對抗中
央之勢，故必須在蕭子懋形成一定聲勢前予以剿滅，便再「使軍主裴叔業與
（于）瑤之先襲尋陽。」〔註 234〕由於蕭子懋的「部曲多雍土人，皆踴躍願
奮，叔業畏之。」〔註 235〕雙方兵馬遂在尋陽形成對峙。

中兵參軍于琳之為蕭子懋母舅，見情勢緊繃，若南齊朝廷續遣軍增援，

〔註 226〕參見《南齊書》卷 35〈高祖十二王・鄱陽王鏘傳〉，頁 627。
〔註 227〕《南齊書》卷 35〈高祖十二王・鄱陽王鏘傳〉，頁 627。
〔註 228〕《南齊書》卷 35〈高祖十二王・鄱陽王鏘傳〉，頁 628。
〔註 229〕《南齊書》卷 35〈高祖十二王・鄱陽王鏘傳〉，頁 628。
〔註 230〕《南齊書》卷 35〈高祖十二王・鄱陽王鏘傳〉，頁 628。
〔註 231〕《南齊書》卷 40〈武十七王・隨郡王子隆傳〉，頁 710。
〔註 232〕《南齊書》卷 40〈武十七王・晉安王子懋傳〉，頁 708。
〔註 233〕《南齊書》卷 5〈海陵王紀〉，頁 79。
〔註 234〕《南齊書》卷 40〈武十七王・晉安王子懋傳〉，頁 709。
〔註 235〕《南齊書》卷 40〈武十七王・晉安王子懋傳〉，頁 709。

尋陽戰情恐不樂觀，遂向蕭子懋表示願出城勸降裴叔業，不料于琳之竟臨陣投敵，反而帶裴叔業士兵入城殺了蕭子懋：〔註236〕

> 中兵參軍于琳之，瑤之兄也。說子懋重賂叔業，子懋使琳之往。琳之因說叔業請取子懋，叔業遣軍主徐玄慶將四百人隨琳之入州城，僚佐皆奔散，琳之從二百人拔（刃）入齋，子懋罵曰：「小人何忍行此事。」琳之以袖郭面，使人害之。時年二十三。

蕭鸞在輔政時期所殺的宗室諸王中，蕭子懋乃抵抗較為激烈者，故蕭鸞尚需派軍隊征討，然因遭親母舅出賣，蕭子懋仍難逃失敗命運。

（三）安陸王蕭子敬

安陸王蕭子敬乃齊武帝第五子，時為「使持節、都督南兗兗徐青冀五州、征北大將軍、南兗州刺史。延興元年，加侍中。」〔註237〕蕭鸞殺了鄱陽王蕭鏘、隨郡王蕭子隆、晉安王蕭子懋後，將殺人目標轉向蕭子敬。他遣平西將軍、豫州刺史王廣之執行這項任務，「高宗誅害諸王，遣廣之征安陸王子敬於江陽。」〔註238〕王廣之遣部將陳伯之為先驅進軍廣陵城，陳伯之見城門大開，蕭子敬所屬部隊毫無防禦跡象，遂逕自入城殺了蕭子敬。〔註239〕

臨海王蕭昭秀為文惠太子蕭長懋三子，亦即齊武帝之孫，494年（魏太和十八年、齊延興元年）時年僅十二，〔註240〕蕭昭業繼位後以其「為使持節、都督荊雍益寧梁南北秦七州軍事、西中郎將、荊州刺史。」〔註241〕由於陳伯之殺蕭子敬並未遭遇抵抗頗為順利，故蕭鸞欲殺蕭昭秀時，並未遣大批兵馬前往，僅由徐玄慶率少數隨從前往荊州，雖然沒有遭到荊州方面武力的對抗，不過卻遭到何昌㝢的反對，《南齊書·何昌㝢傳》載：〔註242〕

> 臨海王昭秀為荊州，以昌㝢為西中郎長史、輔國將軍、南郡太守，行荊州事。明帝（蕭鸞）遣徐玄慶西上害蕃鎮諸王，玄慶至荊州，

〔註236〕《南齊書》卷40〈武十七王·晉安王子懋傳〉，頁709。
〔註237〕《南齊書》卷40〈武十七王·安陸王子敬傳〉，頁707。
〔註238〕《南齊書》卷29〈王廣之傳〉，頁548。
〔註239〕參見《資治通鑑》卷139〈齊紀五〉，明帝建武元年，頁4362。
〔註240〕據《南齊書》卷50〈文二王·巴陵王昭秀傳〉，頁862載：「隆昌之元，……其冬，改封昭秀為巴陵王。永泰元年（498、魏太和二十二年）見殺，年十六。」蕭昭秀被殺時僅十六歲，往前推算，蕭昭文時的延興元年（494、魏太和十八年）當為十二歲。
〔註241〕《南齊書》卷50〈文二王·巴陵王昭秀傳〉，頁861。
〔註242〕《南齊書》卷43〈何昌㝢傳〉，頁762。

欲以便宜從事。昌㝢曰：「僕受朝廷意寄，翼輔外蕃，何容以殿下
付君一介之使。若朝廷必須殿下還，當更聽後旨。」昭秀以此得還
京師。

蕭昭秀尚未成年，荊州大權掌握在西中郎長史、行荊州事的何昌㝢手中，故
他的態度至為關鍵，若其同意殺之，則蕭昭秀必為徐玄慶所殺，幸而何昌㝢
從中阻撓，徐玄慶始未得手。也因蕭鸞將心思都放在齊高帝、齊武帝成年的
子孫上，而蕭昭秀未成年，蕭鸞認為尚不具威脅，故暫時逃過一劫，但是仍
有潛在威脅，遂將其調至建康就近監管，「徵為車騎將車，衛京師。」〔註243〕
衛京師不過是表面文章，蕭鸞不可能將建康防禦交至蕭昭秀這位十二歲少年
手上，其主要目的是嚴密監控蕭昭秀的一舉一動。

（四）南平王蕭銳、宜都王蕭鏗、晉熙王蕭銶

裴叔業在尋陽殺了晉安王蕭子懋後，蕭鸞令其領軍向湘州進發，準備誅
殺齊高帝第十五子南平王蕭銳，蕭銳見裴叔業率眾而來惶惶無計，其「防閤
周伯玉勸銳拒叔業。」〔註244〕蕭銳雖為湘州刺史，但其僚屬及湘州軍均不願
與裴叔業對抗，裴叔業遂能順利誅殺時年十九的蕭銳。同時遇害的尚有齊高
帝第十八子，十六歲的郢州刺史晉熙王蕭銶；及第十六子，十八歲的南豫州
刺史宜都王蕭鏗。〔註245〕

蕭鸞遣裴叔業殘殺宗室諸王，先至江州殺晉安王蕭子懋；再至湘州殺南
平王蕭銳；接著又至郢州、南豫州分別誅殺晉熙王蕭銶與宜都王蕭鏗。裴叔
業為何願意替蕭鸞執行殘殺宗室的血腥任務？而蕭鸞又為何放心將此一重要
任務託付裴叔業，難道不怕他舉起反幟倒向其他宗室？原因在於二人很早即

〔註243〕《南齊書》卷50〈文二王・巴陵王昭秀傳〉，頁861。
〔註244〕《南齊書》卷35〈高祖十二王・南平王銳傳〉，頁630。
〔註245〕晉熙王蕭銶、宜都王蕭鏗在其列傳中均已「見害」兩字帶過，並未明言為裴叔
業所殺，參見《南齊書》卷35〈高祖十二王・晉熙王銶傳〉，頁631；同書同卷
〈高祖十二王・宜都王鏗傳〉，頁631。但據《資治通鑑》載：「裴叔業自尋陽
乃進向湘州，欲殺湘州刺史南平王銳。……乙酉，殺銳，又殺郢州刺史晉熙王
銶、南豫州刺史宜都王鏗。」參見《資治通鑑》卷139〈齊紀五〉，明帝建武元
年，頁4363。司馬光將晉熙王蕭銶、宜都王蕭鏗被殺繫於南平王蕭銳被殺之下，
便是認為蕭銶、蕭鏗同樣被裴叔業所殺，筆者亦認為蕭銶、蕭鏗應是遭裴叔業
所殺，從《南齊書》卷51〈裴叔業傳〉，頁870所載可為旁證：「（蕭鸞）使領
軍掩襲諸蕃鎮，叔業盡心用命。」據此引文便可知裴叔業殺了多位宗室諸王，
既是諸藩鎮，不會只有蕭子懋、蕭銳二人，自然包括蕭銶、蕭鏗二人在內。

曾共事，裴叔業爲蕭鸞僚屬，「高宗爲豫州，叔業爲右軍司馬，加建威將軍、軍主，領陳留太守。」〔註246〕蕭鸞將裴叔業引爲心腹，故誅殺宗室此等絕對不能失敗的任務自然交付可以信任的裴叔業，「叔業早與高宗接事，高宗輔政，厚任叔業以爲心腹，使領軍掩襲諸蕃鎮，叔業盡心用命。」〔註247〕

（五）桂陽王蕭鑠、衡陽王蕭鈞、江夏王蕭鋒

桂陽王蕭鑠、衡陽王蕭鈞、江夏王蕭鋒分別是齊高帝第八子、第十一子、第十二子。桂陽王蕭鑠與鄱陽王蕭鏘齊名，「時鄱陽王鏘好文章，鑠好名理，時人稱爲『鄱桂』。」〔註248〕蕭鏘被殺後，蕭鑠惶恐不已，然因任職朝廷，並非出鎮地方，故亦無計可施，《南齊書‧桂陽王鑠傳》載：〔註249〕

> 鄱陽王見害，鑠遷中軍將軍，開府儀同三司。鑠不自安，至東府詣
> 高宗還，謂左右曰：「向錄公見接慇懃，流連不能已，而貌有愧色，
> 此必欲殺我。」三更中，兵至見害。時年二十五。

至於蕭鈞，雖是齊高帝第十一子，然名義上早已過繼給齊高帝長兄蕭道度，蕭道度卒於劉宋之世並無子嗣。齊高帝建立南齊王朝後，對已逝親貴皆予以追封，蕭道度亦不例外，「追加封諡。無子，太祖（齊高帝）以第十一子鈞繼道度後。」〔註250〕蕭鈞名義上雖已非齊高帝之子，但血緣上仍是，故仍逃不過蕭鸞的誅殺，「海陵立，轉撫軍將軍，侍中如故。尋遇害，年二十二。」〔註251〕

蕭鋒性格強悍，「有武力。高宗殺諸王，鋒遺書誚責，左右不爲通，高宗深憚之。不敢於第收鋒。」〔註252〕蕭鸞擔憂若於其府第捕殺，恐引起其府第兵勇反抗，激起動亂，進而引發無法想像的後果，遂以蕭昭文名義遣其至太廟祭祖，讓蕭鋒離開府宅，再於太廟埋伏士兵殺之。〔註253〕

（六）建安王蕭子眞、巴陵王蕭子倫

建安王蕭子眞爲齊武帝第九子，巴陵王蕭子倫則爲第十三子，蕭鸞將誅

〔註246〕《南齊書》卷51〈裴叔業傳〉，頁870。
〔註247〕《南齊書》卷51〈裴叔業傳〉，頁870。
〔註248〕《南齊書》卷35〈高祖十二王‧桂陽王鑠傳〉，頁628。
〔註249〕《南齊書》卷35〈高祖十二王‧桂陽王鑠傳〉，頁629。
〔註250〕《南齊書》卷45〈衡陽元王道度附子鈞傳〉，頁787。
〔註251〕《南齊書》卷45〈衡陽元王道度附子鈞傳〉，頁788。
〔註252〕《南齊書》卷35〈高祖十二王‧江夏王鋒傳〉，頁630。
〔註253〕參見《南齊書》卷35〈高祖十二王‧江夏王鋒傳〉，頁630。

殺宗室目標轉向齊武帝子孫，乃齊高帝諸子幾乎誅除殆盡，僅剩河東王蕭鉉而已，「高宗誅諸王，以鉉年少才弱，故未加害。」〔註254〕蕭鉉因此暫時逃過一劫。

蕭鸞派典籤柯令孫殺蕭子真，〔註255〕遣「中書舍人茹法亮殺子倫。」〔註256〕過程中沒有遇到任何反抗，柯令孫和茹法亮順利完成任務。茹法亮能順利鴆殺蕭子倫，乃獲得典籤華伯茂相助，「伯茂手自執鴆逼之（蕭子倫），左右莫敢動者。……因仰之而死，時年十六。」〔註257〕

觀乎蕭鸞在輔政時期對宗室諸王的屠殺，需特別注意典籤的角色，許多誅殺行動都是透過典籤才得以順利完成，否則諸王出鎮地方手握重兵，一旦起兵反抗，南齊境內勢必烽火遍地，如前述蕭子倫「時鎮琅邪城，有守兵，子倫英果，明帝恐不即罪。」〔註258〕典籤華伯茂勸蕭鸞無需擔心：「公若遣兵取之，恐不即可辦，若委伯茂，一小吏力耳。」〔註259〕蕭鸞對宗室諸王的誅殺行動能如此順利且未引起地方的武力對抗，實應歸功於典籤，然典籤何以能手握州郡大權，其淵源始自劉宋，南齊沿之：〔註260〕

> 先是（齊）高帝、武帝為諸王置典籤帥，一方之事，悉以委之。每
> 至覲接，輒留心顧問，刺史行事之美惡，係於典籤之口，莫不折節
> 推奉，恒慮弗及，於是咸行州部，權重蕃君。

宗室諸王雖名為刺史，不過虛銜罷了，凡事皆受制於典籤，故「明帝誅異己者，諸王見害，悉典籤所殺，竟無一人相抗。」〔註261〕

蕭鸞在殺了蕭子倫後，剷除宗室諸王的行動暫時畫下休止符，但並未結束。在其輔政蕭昭文的三個月期間，從延興元年（494、魏太和十八年）的七月至十月，共殺害十二位齊高、武二帝子孫，而蕭鸞在十月登基為帝後，又展開另一波對宗室諸王的屠殺。

綜合以上戰爭檢討所述，魏孝文帝選擇蕭鸞篡位自立的時機大舉伐齊，就

〔註254〕《南齊書》卷35〈高祖十二王・河東王鉉傳〉，頁631。
〔註255〕參見《資治通鑑》卷139〈齊紀五〉，明帝建武元年，頁4365。
〔註256〕《南齊書》卷40〈武十七王・巴陵王子倫傳〉，頁712。
〔註257〕《南史》卷44〈齊武帝諸子・巴陵王子倫〉，頁1115。
〔註258〕《南史》卷44〈齊武帝諸子・巴陵王子倫〉，頁1115。
〔註259〕《南史》卷44〈齊武帝諸子・巴陵王子倫〉，頁1115。
〔註260〕《南史》卷44〈齊武帝諸子・巴陵王子倫〉，頁1115。
〔註261〕《南史》卷44〈齊武帝諸子・巴陵王子倫〉，頁1116。

戰略時機的選擇而言，堪稱允當，且魏孝文帝並非見南齊突然發生此政治變動而驟然伐齊，乃是做了長期戰爭準備，如將蠻族、柔然會影響伐齊戰事的因素予以排除，以安撫或威嚇方式穩定兩方情勢；並命南方沿邊各州郡作好戰爭準備，同時徵發士兵，可見在戰略時機、戰爭準備方面實利於北魏。但是何以戰爭結果不如預期，顯然魏孝文帝忽略了其他因素，或者是認為這些因素會產生影響，不過對整體戰局影響不大，但是這些因素還是左右了戰局的發展。在北魏方面，如遷都和朝臣對南伐的反對意見，事實上在封建專制時代，若君主掌握百分之百皇權，君主所欲為之事，朝臣的反對通常起不了太大作用。但是遷都帶來的影響則不同，遷都和南伐同時進行，必然影響北魏的國力與政治運作，值此之際出兵伐齊，的確會為北魏朝廷帶來雙重負擔。但是，蕭鸞大殺南齊宗室並篡位，這種政治上的動盪可遇不可求，使魏孝文帝不得不面對遷都與南伐同時進行的政治與軍事負擔，而魏孝文帝的首要戰略目標還是伐齊，故他選擇兩者同時進行。如同 479 年（魏太和三年、齊建元元年）十一月爆發的第一次魏齊戰爭，也是趁齊高帝篡位政治不安之際南侵，最終並無具體戰果一樣，這次利用蕭鸞篡位時機南伐，也是相同的結果，可見北魏兩次利用南齊新君篡位時機南侵，戰爭結果都不如預期。

　　南齊的政治穩定，顯然也出乎北魏君臣的意料，其實分析南齊的政治局勢，即可知北魏方面有所忽略。蕭昭業雖有蕭鸞輔政，但皇權並未旁落，他甚至有殺蕭鸞之心，但是在蕭鸞發動政變殺蕭昭業後，他已掌握國政大權，所立之蕭昭文不過傀儡，蕭鸞實質上已是南齊君主，否則在其殺一兩位宗室親王時，早已激起動亂，不會有十二個宗室諸王接連被殺，而毫無反抗餘地。另外，南朝從東晉、劉宋以至南齊，累積一百餘年對抗北方政權的經驗，水軍的優勢與特殊戰術的運用，都是北魏軍隊須防範與破解的，但是北魏將領往往都欠缺這些戰略思考，尤其在這次戰爭當中，鍾離和義陽的齊軍都使用火攻戰術，令魏軍猝不及防而敗退，如同 479 年（魏太和三年、齊建元元年）的魏齊戰爭，壽春齊軍使用水淹戰術大敗魏軍一樣，南齊利用水火戰術抗擊魏軍都收到成效，可見南齊軍隊在戰術多樣化的運籌與執行上都優於魏軍，這也是往後北魏用兵南齊時，須審慎評估與面對的。

第四節　小　結

　　魏孝文帝中期與南齊的戰略關係與前期相較呈現截然不同的樣貌。首

先，前期的戰略主導權完全操之於文明太后，而中期則是魏孝文帝已親政，百分百擁有戰略主導權。其次，前期與南齊的戰略關係，呈現和平、衝突兼而有之的戰略樣貌。中期的戰略關係雖然也是和平、衝突兼而有之，從 490年（魏太和十四年、齊永明八年）至 495 年（魏太和十九年、齊建武二年）這六年間的戰爭狀態僅有 494 年（魏太和十八年、齊建武元年）十二月至 495年二月，維持不過三個月，其他時間除不可免的邊區小型衝突外，並未有大型戰爭產生，北魏與南齊大致呈現和平狀態，但是北魏統治者的戰略思維並不同。魏孝文帝前期並未親政，北魏統治者乃文明太后，前文已述，她在 481年（魏太和五年、齊建元三年）二月結束北魏第一次與南齊的戰爭後，即專注內政改革，與南齊維持和緩的戰略關係，故其戰略思維傾向於和平。但中期已擁有全部皇權的魏孝文帝則不然，他不論對內、對外都具有積極的企圖心，他並非如文明太后一樣，暫停與南齊的衝突而將全部精神專注於改革，魏孝文帝是雙管齊下，在 495 年（魏太和十九年、齊建武二年）二月結束與南齊的戰爭後，仍繼續推動漢化改革，對南齊的戰略思維也充滿積極性與主動性，即使北魏與南齊未有戰爭，但都是在從事戰爭準備與戰爭動員，此從497 年（魏太和二十一年、齊建武四年）十月，不過距淮漢大戰僅兩年時間，魏孝文帝二次領軍再伐南齊即可得到驗證。

　　再從遷都洛陽而言，即是明顯攻勢作為的表現，前文已述，以洛陽為都除了便於推動漢化改革及擺脫文明太后和保守勢力的羈絆外，尚有對南方用兵的軍事考量。以洛陽位於北魏國土中樞及更靠近南齊的地理位置而言，遷都洛陽至少在對南齊作戰時享有三項優勢，其一：更便於軍事訊息的傳遞。古代通訊不便，須靠軍士騎馬傳遞軍情，以往北魏朝廷位於平城，路途遙遠，現只要傳至洛陽即可，縮短北魏君臣對前線戰事的反應時間。可見平城距柔然近，當北魏用兵柔然時，以平城為都，實便於掌握柔然敵情並迅速做出反應。當柔然勢衰，北魏將戰略目標轉至南邊的南齊時，若欲隨時能掌控南齊的戰略形勢，則平城不如洛陽。其二：距離蠻區及南方各州近。方便穩定蠻區情勢及與南齊沿邊各州的掌控，有助於統籌蠻區及南方各州的部隊、物資對南齊作戰。其三：中央禁軍支援方便。以往前線戰事不利需遣中央禁軍赴援時，禁軍須從平城長途奔行至淮河地域或江淮區域，雖云北魏騎兵機動性強，但不可避免會造成人馬疲累，影響部隊戰力發揮。如今從洛陽調派禁軍，至少路途短於從平城出發的禁軍，可減少部隊抵達前線的時間及疲累感。

　　魏孝文帝中期與南齊戰略關係的一大特色是文化戰略的出現，不過，文化影響與文化戰略不同，一般而言，文化上的浸染及影響，率皆從文化水準高者影響文化水準低者，因此都是農業民族的漢文化影響游牧民族的草原文化，依此邏輯推演，應當是南齊影響北魏，的確，事實便是如此，但是此乃就文化的傳播與影響而言，著重在平常生活與接觸中潛移默化，並無任何特殊目的。文化戰略則不同，帶有其目的，雖名為戰略，但並未如軍事戰略般帶給對方壓迫，若軍事戰略是透過軍事力量的硬實力，摧毀對方意志並迫其遵從我方意志；文化戰略則是透過文化的軟實力，改變對方看法並爭取認同。在魏孝文帝中期對南齊的文化戰略作為，約有下列數端：

　　第一：放還在戰爭中俘虜的南齊百姓，此與北魏前期君主如魏太武帝，動輒擄掠南人北返造成南人對魏人的恐慌，二位君主對南人的態度不可同日而語。《魏書·高祖紀》載 494 年（魏太和十八年、齊建武元年）十二月，「詔壽陽、鍾離、馬頭之師所獲男女之口皆放還南。」〔註262〕次年正月「詔禁淮北之民不得侵掠，犯者以大辟論。」〔註263〕四月，「蕭鸞民降者，給復十五年。」〔註264〕由上述引文可知，魏孝文帝並非只有消極性的放還所俘之人，更採取積極作為，嚴禁北魏所屬淮北之民對南齊百姓的侵掠，更以給復十五年的優惠措施鼓勵齊人來降。魏孝文帝這些作為便是要彰顯儒家仁民愛物的思想，以及他與北魏前期君主對漢人劫掠造成恐懼心態的不同，他具有漢式君主仁慈博愛的胸懷。雖然魏孝文帝時仍有劫掠南人及其身家財產的惡行，但至少未如前期的頻繁，且願意放還百姓，起碼標誌北魏在文化上的進步，雖然遭放還的南齊百姓並不一定會感謝魏孝文帝，或亦知其目的在收攬人心，但至少在尊重南人生命財產這項文化上的思維有所成長。

　　第二：巡遊孔子故里並尊崇孔子，同時推崇其他儒家賢哲。眾所周知，漢文化以儒家思想為主體，而南朝則是漢文化正統所在。魏孝文帝欲推動他的漢化改革工程，以及與南齊互別儒家文化苗頭，即需高舉孔子大纛，如此可獲得北魏治下的漢人及南方漢人的認同，因對孔子及儒家採正面的文化政策，至少有利而無害。而孔子故里在北魏境內的優勢，對魏孝文帝實施尊孔的文化戰略實為一大助益。

〔註262〕《魏書》卷 7 下〈高祖紀下〉，頁 176。
〔註263〕《魏書》卷 7 下〈高祖紀下〉，頁 176。
〔註264〕《魏書》卷 7 下〈高祖紀下〉，頁 177。

　　第三：祭奠比干。比干乃商朝忠臣，因勸諫商紂王而被殺，魏孝文帝祭奠比干透露出兩點意涵：其一，漢人特別重視氣節，尤其是能犯顏直諫的忠臣，若因此而遇害，在民間的形象更為崇高，如前述的比干和春秋時的屈原，故魏孝文帝投漢人之所好，藉以爭取南人對北魏在文化上的認同。其二：南朝自劉宋以至南齊，多位忠臣良將被殺，如劉宋名將檀道濟被宋文帝所殺，〔註265〕劉宋上下咸以為冤。〔註266〕又如劉宋、南齊接連發生宗室屠殺，宋孝武帝、宋前廢帝、宋明帝均有大肆殘殺宗室之舉，〔註267〕而蕭鸞殺南齊宗室經過一如前述。在這些被殺的宗室中，雖有紈袴子弟類型，但不乏公忠體國的宗室，如劉宋南郡王劉義宣、南齊鄱陽王蕭鏘等，〔註268〕他們被冤殺，民間會強化他們的冤屈形象，其事蹟則會廣為流傳。而魏孝文帝祭奠比

〔註265〕《宋書》卷5〈文帝紀〉，頁84載：「（436、魏太延二年、宋元嘉十三年）三月己未，司空、江州刺史檀道濟有罪伏誅。」

〔註266〕《宋書》作者沈約對檀道濟的評價，即已清楚說明其為國家盡忠盡職，未有謀反或不忠之心，卻反遭猜忌而殺害的慨歎。「史臣曰：夫彈冠出里，結組登朝，道申於夷路，運艱於險轍，是以古人裝回於出處，交戰乎臨岐。若其任重於身，恩結自主，雖復據鼎承劍，悠然不以存歿為懷。當二公受言西殿，跪承顧託，若使死而可再，固以赴蹈為期也。及逢權定之機，當震主之地，甫欲攘抑後禍，御蔽身災，使桐宮有辛迫之痛，淮王非中霧之疾。若以社稷為存亡，則義異於此。但彭城無燕刺之釁，而有楚英之戮。若使一昆延曆，亦未知定終所在也。謝晦言不以賊遺君父，豈徒言哉。」《宋書》卷43〈檀道濟傳〉，頁1345。

〔註267〕宋孝武帝殺南平王劉鑠、南郡王劉義宣、武昌王劉渾、竟陵王劉誕、海陵王劉休茂等。宋前廢帝殺江夏王劉義恭及其四個兒子、新安王劉子鸞、南海王劉子師等。宋明帝殺廬江王劉褘、晉平王劉休祐、建安王劉休仁、巴陵王劉休若等。宋孝武帝、宋前廢帝、宋明帝殺害宗室諸王的經過，筆者有詳細論述，參見筆者著，《北魏與劉宋戰略關係研究——從國家戰略觀點的解析（下）》，頁298～302、325～326、359～362。

〔註268〕劉宋南郡王劉義宣、南齊鄱陽王蕭鏘對劉宋、南齊的貢獻，略述如後。「（元嘉）二十一年，（宋文帝）乃以義宣都督荊雍益梁寧南北秦七州諸軍事、車騎將軍、荊州刺史、持節、常侍如故。……義宣至鎮，勤自課屬，政事修理。……值元凶弒立，以義宣為中書監、太尉、領司徒、侍中如故。義宣聞之，即時起兵，微聚甲卒，傳檄近遠。會世祖（宋孝武帝）入討，義宣遣參軍徐遺寶率眾三千，助為前鋒。世祖即位，以義宣為中書監，都督揚豫二州、丞相、錄尚書六條事、揚州刺史。」《宋書》卷68〈武二王·南郡王義宣傳〉，頁1798～1799。鄱陽王蕭鏘頗受齊武帝重用與信任，齊武帝「以鏘為使持節、督雍梁南北秦四州郢州之竟陵司州之隨郡軍事、北中郎將、寧蠻校尉、雍州刺史。……為左衛將軍，遷侍中，領步兵校尉。……轉征虜將軍，丹陽尹。尋加散騎常侍，進號撫軍。」《南齊書》卷35〈高祖十二王·鄱陽王鏘傳〉，頁627。

干則是將其與上述南朝宗室、良將被殺作個反差，標誌南朝枉殺宗室大臣，而北魏重視忠臣。

所謂柔弱勝剛強，文化戰略若執行成功，其效益及廣度要較軍事戰略強，但是文化戰略不能單獨執行，需與軍事戰略相輔相成，而這也成為魏孝文帝中期與南齊戰略關係的一大特色，軍事、文化戰略雙管齊下，使北魏與南齊的戰略關係在這一時期出現了新的樣貌。總的來說，魏孝文帝中期與南齊的戰略關係，因魏孝文帝積極的戰略思維，一直在為南伐作準備，故呈現緊張的對峙，隨時有爆發戰爭的可能，但是卻又出現試圖利用文化力感染南齊軍民的文化戰略，使本時期在緊繃的氛圍中，出現了軟性質的文化滲透與文化對抗。

北魏國力和軍事力確實優於南齊，但是文化力未必如此。北魏歷代君主對於南朝的國家戰略，大多以以武力征討為主，在漢化程度不夠深的情況下，文化上尚未能形成戰略思維，因此北魏與南朝間並未出現文化攻防，率皆軍事力的對抗。但是北魏在百餘年漢文化的洗禮下，傳至愛慕漢文化也深受漢文化影響的魏孝文帝時，他不僅有統一南北的雄心，更以漢式君主自居，因此，北魏作為一個有影響力的大國，除了軍事上的硬實力勝過南朝外，尚須在文化、藝術等軟實力方面也具有領先地位，故提高文化軟實力，建設北魏為文化強國是其文化戰略的價值目標。而這一文化戰略目標的實現，即是希望透過上述各項文化戰略上的作為，增進齊人對北魏的向心。不過，文化影響是一條漫長的道路，並非如軍事上以武力佔領城戍或土地可立即看到效果，而是要經過歲月的累積。或許終魏孝文帝一生都未能看到效果，且南齊的文化優勢也非北魏短時間內僅用幾項文化作為所能趕上的，但至少他跨出這一步，使北魏在文化上開始發展，在他之後的魏宣武帝、靈太后時期，佛教文化藝術的昌盛不輸南朝，其部分原因，若歸功於魏孝文帝開啟對文化的重視，相信亦不為過。

第三章　統一南北之志
——魏孝文帝後期與南齊之戰略關係（495～499）（上）

　　魏孝文帝的首次親征南齊，在他於 495 年（魏太和十九年、齊建武二年）二月「遣使臨江數蕭鸞殺主自立之罪惡」後，[註1] 主觀上已無繼續對南齊用兵之意志，北魏與南齊的第二次大戰——淮漢大戰至此結束，後續的零星戰鬥，僅是撤軍北返時與齊軍各地部隊的小型衝突。雖然這次的南伐並未有具體的戰果，但並未改變魏孝文帝欲持續用兵南齊的戰略思維，可以想見，北魏與南齊的烽火必然再起，同時也開啓兩國另一個戰略關係階段，進入魏孝文帝後期與南齊之戰略關係。

　　淮漢大戰結束後，魏孝文帝全面啓動漢化改制列車，北魏國內從中央到地方、從宗室到百姓，均被此一漢化之風浸染。而魏孝文帝也在漢化改制至一定階段後，欲實現其混一南北的決心，遂再度親征南齊爆發沔北大戰，這是魏孝文帝第二次親征、第三度對南齊用兵，是他在北魏封建化逐漸成熟、漢化已見績效的政治基礎下發動對南齊的戰爭，與首次親征發動淮漢大戰的戰略背景不同。

　　魏孝文帝在文明太后卒後就迫不急待進行遷都大業，未經縝密籌畫，甚至害怕群臣反對，竟以伐南齊爲名，以半強迫群臣方式遷都洛陽。歷來對魏孝文帝遷都的種種作爲與過程多有評論，但是不妨用北魏漢化過程及魏孝文

〔註1〕《魏書》卷 7 下〈高祖紀下〉，頁 176。

帝漢化的人格特質角度觀之。北魏自魏道武帝登國元年（386）建國至魏孝文帝時已傳六帝百餘年，亦即漢化已歷百餘年，雖然不少代人貴族抗拒漢化潮流並以草原文化自詡，但漢文化水準高，文化水準低的草原文化，勢必逐漸被漢文化影響與同化，且漢化是在生活中不知不覺影響，故雖有部分代人貴族嚴拒漢文化，卻無法抵擋漢化的洪流遍及北魏上下，魏孝文帝即是在這種環境下成長並接掌帝位。此外，一手撫養魏孝文帝的文明太后，本身即有漢人血統，〔註2〕且其推動一連串的封建化措施，包括前文已有述及的三長制、俸祿制、均田制，都是取經於漢民族王朝，魏孝文帝在其躬自撫養下，加上外在環境已漢化百餘年的浸淫下，魏孝文帝成長為具漢文化風格的北魏君主乃勢所必然。

漢民族王朝強調大一統之義，魏孝文帝在北魏封建化成熟後，自然想持續推動漢化並消滅南方漢人政權完成統一大業，他曾為詩曰：「白日光天無不曜，江左一隅獨未照。」〔註3〕可見其念茲在茲的是要完成南北統一，但是要對南方用兵及持續推動漢化改革，平城並不適合，除了彌漫草原文化氛圍及保守勢力籠罩外，平城適合作為用兵柔然的都城，對南方用兵則距離遙遠，即便魏孝文帝未御駕親征，但就戰略角度言之，欲掌握前線諸般戰略情況，平城遠不如洛陽適當，且洛陽居當時南北統一後的中心地帶，又曾為漢民族統一王朝東漢之都，不論其象徵與實質意義，洛陽均較平城為佳，故以國家戰略角度觀之，洛陽實為魏孝文帝全面推動漢化與消滅南齊成就北魏為大一統王朝的最佳都城。

文明太后卒後，魏孝文帝雖然如願遷都洛陽，不過卻在立足洛陽未穩之際，率爾發動對南齊的戰爭，原本欲利用齊明帝篡奪大寶內部不穩之際，趁機興兵，期望能獲取城戍或土地之利益，不料南齊抵抗激烈未能如願。魏孝文帝雖班師北返，但其滅亡南齊之決心並未改變，於是魏孝文帝決定先鞏固

〔註2〕 文明太后乃長樂信都（今河北冀縣）人，北燕皇室後裔，祖父馮弘為北燕主，魏太武帝於 436 年（魏太延二年、宋元嘉十三年）滅北燕後，其父馮朗降於北魏。「文成文明皇后馮氏，長樂信都人也。父朗，秦、雍二州刺史、西城郡公，母樂浪王氏。后生於長安，有神光之異。朗坐事誅，后遂入宮。」《魏書》卷 13〈皇后・文成文明皇后馮氏傳〉，頁 328。另筆者在《北魏皇位繼承不穩定性之研究》一書中，對文明太后的漢人血統與族屬關係有詳細之論析，參見筆者著，《北魏皇位繼承不穩定性之研究》（臺北：花木蘭文化出版社，2010 年 9 月），頁 119～120。

〔註3〕 《魏書》卷 56〈鄭道昭傳〉，頁 1240。

內部，待洛陽根基已穩及各項漢化措施上軌道後再行南伐。而 497 年（魏太和二十一年、齊建武四年）六月，魏孝文帝認爲再次南伐的內外條件已然成熟，遂決定親自領軍南伐，北魏與南齊的第三次大型戰爭——沔北之戰即是在上述之戰略背景下爆發。

第一節　戰略環境分析

從魏孝文帝首次親征爆發淮漢大戰到第二次親征爆發沔北大戰之間，雙方的戰略環境都發生不少變化。北魏方面，魏孝文帝不顧反對遷都洛陽，而在遷都洛陽後，原本即欲大刀闊斧進行漢化改革，然因親征南齊的軍事行動，注意力全部投注在對外的南齊事務上，故內政上的漢化改革不得不有所延誤，而在與南齊戰爭告一段落後，他自然將所有精力傾注於漢化運動，推行一系列漢化措施。然而並非所有人都贊成漢化改制，熱衷草原文化的保守派，在北魏內部形成與漢化派對峙的局面，雖然以魏孝文帝爲首的漢化派最終贏得勝利，漢化腳步得以繼續前進，但魏孝文帝也付出太子元恂〔註 4〕犧牲的家庭悲劇。至於南齊，因淮漢大戰的主要戰場都在南齊境內，受創嚴重自不待言，故齊明帝積極進行戰後復原工作，包括減免租稅與鼓勵生產等。另一方面，齊明帝殘殺宗室的屠刀並未放下，在淮漢大戰時因他的精力全部投注於抵禦北魏的入侵，故無餘力對齊高帝、齊武帝子孫施以毒手，現淮漢大戰結束，齊明帝得以聚焦在齊高、武二帝子孫身上，再次誅殺宗室諸王。現將沔北大戰爆發前，上述所云北魏、南齊的戰略環境分述如下。

一、魏孝文帝的漢化改制

魏孝文帝結束首次親征南齊的淮漢戰爭後，495 年（魏太和十九年、齊建武二年）五月返抵洛陽，六月即迫不及待開始推動各項漢化措施。

（一）斷北語

495 年（魏太和十九年、齊建武二年）六月己亥，魏孝文帝「詔不得以北俗之語言於朝廷，若有違者，免所居官。」〔註 5〕語言是推行教化的主要

〔註 4〕太子拓跋恂之姓名改以元恂稱之，因魏孝文帝在太和「二十年（496、齊建武三年）春正月丁卯，詔改姓爲元氏。」《魏書》卷 7 下〈高祖紀下〉，頁 179。故本書自本章起，對北魏皇族、宗室之姓氏拓跋氏均改爲元氏，以符合歷史事實。
〔註 5〕《魏書》卷 7 下〈高祖紀下〉，頁 177。

工具，若仍是以鮮卑語為官方語言，對漢化改革是一大阻礙，故魏孝文帝先斷鮮卑語，改以漢語為官方語言，先從統治階層著手，官員仍操鮮卑語者，一律免官，處分不可謂不重。然魏孝文帝亦知語言非短時期可改變，因此推行時依年齡不同而有彈性空間，史載：〔註6〕

> 高祖（魏孝文帝）曰：「自上古以來及諸經籍，焉有不先正名，而得行禮乎？今欲斷諸北語，一從正音。年三十以上，習性已久，容或不可卒革；三十以下，見在朝廷之人，語音不聽仍舊。若有故為，當降爵黜官。各宜深戒。」如此漸習，風化可新。

以三十歲為分界，高於三十者因習性已久，故給予彈性空間，且三十歲以上在朝任官者，大部分皆為中、上層官員，強迫他們改操漢語，勢必激起反彈，不利漢語推行，因此適度妥協換取他們的諒解，有助降低推行漢語的阻力。至於三十歲以下則沒有這方面顧慮，全部強迫需持漢語，否則降爵黜官，因為他們在官場上尚是起步階段，大多屬中、基層官員，故魏孝文帝手段明顯強硬許多。

（二）變服飾

魏孝文帝在 494 年（魏太和十八年、齊建武元年）十二月南伐前，即已下詔「革衣服之制。」〔註7〕服飾的變革並未如語言的改變有彈性空間，而是不論年齡大小，一律改穿漢服。魏孝文帝頒詔後隨即領軍南下，未在洛陽親自監督，故成效不彰。次年五月魏孝文帝班師返回洛陽，仍看見婦女穿著胡服的「夾領小袖」，頗為不滿地責問留京官員，「卿等何為而違前詔？」〔註8〕於是魏孝文帝決定改變策略，先從朝廷做起蔚為風氣，進而影響民間，以收風行草偃之效。遂於十二月重申前詔，並「引見羣臣於光極堂，班賜冠服。」〔註9〕此冠服乃是李沖等人花六年時間設計的漢式朝服，如此一來，朝廷百官全部改穿漢式朝服上朝。

（三）改籍貫

籍貫乃人的祖上源流所在，無論漢人、鮮卑人皆有籍貫觀念，而拓跋氏興起於代北，他們的籍貫自然在代北，也視代北為他們的故鄉。北魏遷都後，

〔註6〕　《魏書》卷21上〈獻文六王上‧咸陽王禧傳〉，頁536。
〔註7〕　《魏書》卷7下〈高祖紀下〉，頁176。
〔註8〕　《魏書》卷21上〈獻文六王上‧咸陽王禧傳〉，頁536。
〔註9〕　《魏書》卷7下〈高祖紀下〉，頁179。

大批代人隨遷至洛陽，戶口雖在洛陽，籍貫仍書代北，不少人死後還葬代北。此種觀念嚴重影響代人與漢人的融合，於是魏孝文帝重新以戶口定籍貫，495年（魏太和十九年、齊建武二年）六月「丙辰，詔遷洛之民，死葬河南，不得還北。於是代人南遷者，悉爲河南洛陽人。」〔註10〕此乃以其戶口所在定籍貫，籍貫訂定方式不再是根據其祖上源流，而是以現居地之戶口，於是遷洛之代人籍貫全改爲洛陽，洛陽成爲他們的故鄉，魏孝文帝從改變根本觀念上做起。

（四）易姓氏

鮮卑人原無姓氏，之後受漢文化影響，始有姓氏觀念，遂漸以部落名爲姓。但是拓跋氏以及其他代人的複姓，和漢人普遍的單姓顯得格格不入，嚴重阻礙代人與漢人融合，因爲從姓氏即可明顯辨別漢人、代人，且代人複姓充滿草原文化氣息，實有必要改爲富漢文化的單姓。魏孝文帝於太和二十年（496、齊建武三年）正月，「詔改姓爲元氏。」〔註11〕至於爲何要以元爲姓，他認爲：〔註12〕

> 北人謂土爲拓，後爲跋。魏之先出於黃帝，以土德王，故爲拓跋氏。
> 夫土者，黃中之色，萬物之元也；宜改姓元氏。諸功臣舊族自代來
> 者，姓或重複，皆改之。

更易姓氏的規模相當龐大，包括帝室十姓〔註13〕、勳臣八姓、內入諸姓、四方諸姓〔註14〕，全部改爲漢姓，於是絕大多數的複姓皆改成漢式單姓，代人

〔註10〕《魏書》卷7下〈高祖紀下〉，頁178。
〔註11〕《魏書》卷7下〈高祖紀下〉，頁179。
〔註12〕《資治通鑑》卷140〈齊紀六〉，明帝建武三年，頁4393。
〔註13〕帝室十姓指拓跋氏及其宗族，《魏書》卷113〈官氏志〉，頁3005～3006載：「魏氏本居朔壤，地遠俗殊，賜姓命氏，其事不一，亦如長勺、尾氏、終葵之屬也。初，安帝統國，諸部有九十九姓。至獻帝時，七分國人，使諸兄弟各攝領之，乃分其氏。自後兼并他國，各有本部，部中別族，爲內姓焉。年世稍久，互以改易，興衰存滅，間有之矣，今舉其可知者。獻帝以兄爲紇骨氏，後改爲胡氏。次兄爲普氏，後改爲周氏。次兄爲拓拔氏，後改爲長孫氏。弟爲達奚氏，後改爲奚氏。次弟爲伊婁氏，後改爲伊氏。次弟爲丘敦氏，後改爲丘氏。次弟爲侯氏，後改爲亥氏。七族之興，自此始也。又命叔父之胤曰乙旃氏，後改爲叔孫氏。又命疏屬曰車焜氏，後改爲車氏。凡與帝室爲十姓，百世不通婚。」
〔註14〕勳臣八姓指北魏建國初期勳臣之後，「其穆、陸、賀、劉、樓、于、嵇、尉八姓，皆太祖（魏道武帝）已降，勳著當世，位盡王公。」《魏書》卷113〈官

和漢人的姓氏特徵已不復存在，有助二者之融合。

（五）聯婚姻

提倡胡漢通婚是血統與文化融合最快速的方法，魏孝文帝不僅大力推行，更以身作則，除了立漢人為后外，更「以范陽盧敏、清河崔宗伯、滎陽鄭羲、太原王瓊四姓，衣冠所推，咸納其女以充後宮。」〔註15〕並為諸弟娶漢族高門之女：〔註16〕

> 長弟咸陽王禧可娉故潁川太守隴西李輔女，次弟河南王幹可娉故中
> 散代郡穆明樂女，次弟廣陵王羽可娉驃騎諮議參軍滎陽鄭平城女，
> 次弟潁川王雍可娉故中書博士范陽盧神寶女，次弟始平王勰可娉廷
> 尉卿隴西李沖女，季弟北海王詳可娉吏部郎中滎陽鄭懿女。

其實北魏並未禁止胡漢通婚，歷代君主一直有納漢女入後宮之例，並有多位漢人皇后。如魏明元帝「密皇后杜氏，魏郡鄴人。」〔註17〕魏文成帝「元皇后李氏，梁國蒙縣人。」〔註18〕魏獻文帝「思皇后李氏，中山安喜人。」〔註19〕而北燕皇室馮氏之後即有三女成為北魏皇后，其中對魏孝文帝漢化影響最深者乃文明太后，她是長樂信都人，為魏文成帝皇后。而文明太后執掌大權後，欲家世貴寵，將其兄馮熙二女皆選入掖庭，姊妹先後為魏孝文帝皇后。不過當時北魏對胡漢通婚是採順其自然態度，未鼓勵也未禁止，因此規模不大。遷洛後魏孝文帝開始以行政力量提倡胡漢聯姻，上層社會的胡漢聯姻始逐漸增多。魏孝文帝雖大力提倡胡漢通婚，但仍有其侷限性，他並非要代人貴族和漢人平民百姓通婚，而是僅鼓勵代人貴族和漢人士族間通婚，雙方結合成一穩固政治集團，共同捍衛北魏政權，同時也透過富有文化教養之漢族士女，影響代人家庭，將胡漢融合從社會最基本的家庭做起。

氏志〉，頁 3014。內入諸姓指拓跋部在部落聯盟時期征服及歸順之部落，後與拓跋部共同建立北魏，「神元皇帝時，餘部諸姓內入者。」共有是連氏等六十八姓，《魏書》卷 113〈官氏志〉，頁 3006～3012。四方諸姓乃北魏建國後征服及歸降之部落，「凡此四方諸部，歲時朝貢，登國初，太祖散諸部落，始同為編民。」計有宇文氏等三十二姓，《魏書》卷 113〈官氏志〉，頁 3012～3014。這三類姓氏更易情形詳見《魏書》卷 113〈官氏志〉，頁 3006～3014。

〔註15〕《資治通鑑》卷 140〈齊紀六〉，明帝建武三年，頁 4393。
〔註16〕《魏書》卷 21 上〈獻文六王上・咸陽王禧傳〉，頁 535。
〔註17〕《魏書》卷 13〈皇后列傳・明元密皇后杜氏傳〉，頁 326。
〔註18〕《魏書》卷 13〈皇后列傳・文成元皇后李氏傳〉，頁 331。
〔註19〕《魏書》卷 13〈皇后列傳・獻文思皇后李氏傳〉，頁 331。

二、保守派對魏孝文帝漢化的反撲

　　魏孝文帝的漢化改革，激起忠於草原文化保守勢力的反對，他們認為拓跋氏能夠征服中原地區，完全是靠游牧民族的戰鬥方式和生活習慣，一旦遷都洛陽漢化後，原有之勇猛善戰性格將會消失，拓跋氏會被漢人同化，不僅無法維持北魏政權，反而會有滅國危機。保守派以東陽王元丕；馮翊侯、定州刺史穆泰；都督恒朔二州諸軍事、恒州刺史陸叡等為代表。元丕是保守派首要人物，歷仕五朝，在政治上有極大影響力，曾助文明太后誅除乙渾；反對魏獻文帝禪位京兆王拓拔子推；反對文明太后廢魏孝文帝另立咸陽王元禧等。他反對遷都和漢化，「丕雅愛本風，不達新式，至於變俗遷洛，改官制服，禁絕舊言，皆所不願。」〔註20〕這批保守派大多位於平城，遂形成平城保守派和洛陽漢化派的對抗。魏孝文帝在推行漢化措施時，對保守派做了許多妥協與讓步，如前文所述，三十歲以上並不強迫操漢語；另《魏書・常山王遵附暉傳》載：「初，高祖遷洛，而在位舊貴皆難於移徙，時欲和合眾情，遂許冬則居南，夏便居北。」〔註21〕《魏書・尒朱榮傳》則載：「及遷洛後，特聽冬朝京師，夏歸部落。」〔註22〕《北史・庫狄干傳》亦載：「以家在寒鄉，不宜毒暑，冬得入京師，夏歸鄉里。」〔註23〕這種冬季在洛陽，夏季聽其回歸北方或部落的情況，肇因於保守派人士習慣草原氣候，不能適應洛陽酷熱氣候而妥協下的產物，魏孝文帝雖對保守派採取容忍態度，卻仍無法獲得他們的諒解。

　　保守派無法忍受魏孝文帝背離傳統草原文化，遂計畫發動政變另立忠於草原文化之新君，人選鎖定太子元恂。因其儲君身份頗具號召力，且他不似其父愛慕漢文化，反而喜愛草原文化，「恂不好書學，體貌肥大，深忌河洛暑熱，意每追樂北方。」〔註24〕元恂乃魏孝文帝長子，493 年（魏太和十七年、齊永明十一年）七月癸丑立為皇太子。魏孝文帝對他寄望甚深，希望元恂能持續他的漢化事業，故對他的漢化教育非常重視，由當時名重北魏的學者劉芳、李詔、游肇、李平、高道悅等人教育他。魏孝文帝期望在儒家教育的薰陶下，元恂能夠成為一位熱衷漢文化的君主，可惜終歸失敗。元恂不喜漢文化，且無法適應

〔註20〕　《魏書》卷 14〈神元平文諸帝子孫・東陽王丕傳〉，頁 360。
〔註21〕　《魏書》卷 15〈昭成子孫・常山王遵附暉傳〉，頁 358。
〔註22〕　《魏書》卷 74〈尒朱榮傳〉，頁 1644。
〔註23〕　〔唐〕李延壽，《北史》（中華書局點校本）卷 54〈庫狄干傳〉，頁 1956。
〔註24〕　《魏書》卷 22〈孝文五王・廢太子恂傳〉，頁 588。

南方酷熱的氣候，因此被北方的保守派視爲可恢復他們草原文化的領導人物，而他的太子名位，更足以號召保守勢力和魏孝文帝的漢化派對抗。

洛陽是漢化派勢力範圍，保守派欲在洛陽發動政變實不可能，而平城是保守勢力大本營，遂計畫誘騙魏孝文帝至平城。而此時太師馮熙於 495 年（魏太和十九年、齊建武二年）三月卒於平城，〔註25〕元丕、陸叡等人遂利用此良機表請魏孝文帝北上奔喪，「丕又以熙薨於代郡，表求鑾駕親臨。」〔註26〕「叡表請車駕還代，親臨太師馮熙之喪。」〔註27〕魏孝文帝見元丕、陸叡二人聯袂上表，多少知悉其企圖，若至保守勢力籠罩之平城，對己頗爲不利，遂遣元恂代表前往：「朕既居皇極之重，不容經赴舅氏之喪，欲使汝展哀舅氏，拜汝母墓，一寫爲子之情。」〔註28〕皇帝無法親臨，以太子替代前往，此爲自古以來慣例，如此魏孝文帝可不用親臨平城，對保守派也有所交代，同時避免將自己暴露於危險之中。

元恂赴代後，在北方保守勢力的包圍下，應和保守派有相當的接觸和計畫，故元恂返抵洛陽後，趁魏孝文帝幸嵩山命其留守金墉之際，欲逃奔北方，《魏書·廢太子恂傳》載：〔註29〕

> （元恂）與左右謀欲招牧馬，輕騎奔代，手刃（高道）悅於禁中，領軍元儼，勒門防過，夜得寧靜，厥明，尚書陸琇馳啓高祖，高祖聞之駭惋，外寢其事，仍止汴口而還，引恂數罪，與咸陽王禧等親杖恂，又令禧更代百餘，扶曳出外，不起有月餘，拘於城西別館，引見群臣於清徽堂議廢之。

元恂奔代揭開保守派政變序幕，若其成功至平城，極有可能和保守派另立政權，如此北魏將分裂成南、北二部，北部成爲保守派草原文化的勢力範圍，魏孝文帝苦心推行的漢化改革將遭受嚴重摧殘。而元恂行動失敗後太子之位被廢，保守派雖失去具號召力的標的人物，但是行動並未因此終止。穆泰、陸叡聯合安樂侯元隆；撫冥鎮將、魯郡侯元業；驍騎將軍元超；陽平侯賀頭；射聲校尉元樂平；前彭城鎮將元拔；代郡太守元珍，鎮北將軍、樂陵王元思

〔註25〕 參見《魏書》卷 7 下〈高祖紀下〉，頁 176。《資治通鑑》卷 140〈齊紀六〉，明帝建武二年，頁 4381。

〔註26〕 《魏書》卷 14〈神元平文諸帝子孫·東陽王丕傳〉，頁 360～361。

〔註27〕 《魏書》卷 40〈陸俟附孫叡傳〉，頁 912～913。

〔註28〕 《魏書》卷 22〈孝文五王·廢太子恂傳〉，頁 588。

〔註29〕 《魏書》卷 22〈孝文五王·廢太子恂傳〉，頁 588。

譽等人謀推朔州刺史陽平王元頤爲主，「頤不從，僞許以安之，密表其事。」〔註30〕魏孝文帝得知後，爲了迅速撲滅動亂，於 496 年（魏太和二十年、齊建武三年）十二月，遣任城王元澄率軍平亂，「恒州刺史穆泰等在州謀反，遣行吏部尙書任城王澄案治之。」〔註31〕平亂過程《魏書‧穆泰傳》有詳細之記載：〔註32〕

> （元）澄先遣治書侍御史李煥單車入代，出其不意，（穆）泰等驚駭，計無所出。煥曉諭逆徒，示以禍福，於是凶黨離心，莫爲之用。泰自度必敗，乃率麾下數百人攻煥郭門，冀以一捷。不克，單馬走出城西，爲人擒送。澄亦尋到，窮治黨與。

保守派雖然聲勢浩大，但是元澄掌握戰略先機，遠道奔襲攻敵於不意，迅速平定亂事。

　　保守派原先計畫誘騙魏孝文帝至平城，利用他們在北方掌握的軍事力量，逼其取消漢化、還都平城，此乃上策；若不從，只得行下策，廢黜魏孝文帝擁太子元恂繼位。至於保守派有無可能弒魏孝文帝呢？筆者認爲，元丕歷經多場宮廷政變，且是宗室，應無弒君可能，或許元恂繼位後，尊魏孝文帝爲有名無實之太上皇較有可能。保守派在元恂奔代失敗後，必須另覓足資號召之宗室，其中南安王元禎最具號召力，然其時在洛陽，且是贊成遷都之漢化派。於是再推陽平王元頤爲主，若其不從，將再逼樂陵王元思譽。幸元頤虛與委蛇，密報魏孝文帝，使他能及早應變，順利敉平這場叛亂。

　　497 年（魏太和二十一年、齊建武四年）二月魏孝文帝抵平城，親自審問參與謀反者。首謀穆泰處死、賜陸叡自裁，至於元丕，雖未參與謀反，但其子元隆、元超曾告知此計畫，「時丕以老居并州，雖不預其始計，而隆、超咸以告丕。」〔註33〕魏孝文帝考量其對北魏之貢獻，「詔以丕應連坐，但以先許不死之詔，躬非染逆之身，聽免死，仍爲太原百姓。」〔註34〕但是其弟元業；其兩子元隆、元超，皆以謀逆處死。元思譽「知而不告，恕死，削封爲庶人。」〔註35〕此事變牽連之廣，正如《魏書‧于烈傳》所載：「是逆

〔註30〕　《魏書》卷 27〈穆泰傳〉，頁 663。
〔註31〕　《魏書》卷 7 下〈高祖紀下〉，頁 180。
〔註32〕　《魏書》卷 27〈穆泰傳〉，頁 663。
〔註33〕　《魏書》卷 14〈神元平文諸帝子孫‧東陽王丕傳〉，頁 361。
〔註34〕　《魏書》卷 14〈神元平文諸帝子孫‧東陽王丕傳〉，頁 361。
〔註35〕　《魏書》卷 19 下〈景穆十二王下‧樂陵王胡兒附子思譽傳〉，頁 516。

也，代鄉舊族，同惡者多，唯烈一宗，無所染預。」〔註36〕這次政變幸而魏孝文帝先得消息，制敵機先，否則以保守派聲勢之大，若主持得人、號召有方，勝負實難預料。

三、魏孝文帝以洛陽爲都城的國防觀與正統觀

魏孝文帝以洛陽爲都城的國防觀主要是對南齊用兵及加強對蠻區的控制；至於正統觀則是消滅南齊，建立大一統的北魏王朝。

（一）國防觀

北魏都城從平城遷至洛陽後，代表國防觀已有所改變。平城僻處北疆一隅，主要是對付強敵柔然，柔然騎兵飄忽迅捷，機動性強，北魏爲了能快速反應柔然的來襲，以平城爲都是較佳選擇。而魏孝文帝遷都洛陽，乃著眼於柔然在北魏歷代君主多次遠征，甚至渡漠追擊後，實力大減，已無法像北魏初年可構成嚴重威脅。故若非柔然勢衰，魏孝文帝當不至於遷都，因洛陽距北境甚遠，一旦柔然入寇，都城位於洛陽的北魏朝廷，其反應當不若在平城來的敏捷。魏孝文帝鑑於柔然已衰，北魏主要之敵已由北轉南，爲便於南伐的遂行，洛陽較平城爲佳，若仍都於平城，與南方作戰時的指揮調度，將因距離而大打折扣。

洛陽作爲北魏都城，距離南齊國境十分接近，故防禦縱深不足，雖南齊並無如柔然般快速剽悍之騎兵，但仍有軍事威脅之憂慮，故爲強化洛陽國防安全，需將沔水以北地區納入魏境，甚至再往南拓地，才能將南齊對洛陽的威脅降到最低。此外，荊雍地區蠻族遍佈，他們依其本身利益各自臣服於北魏、南齊，但不論是臣服於何方，都會爲洛陽地區帶來威脅。臣服南齊之蠻族可能受其煽動攻擊北魏；而蠻族一向叛服無常，即使臣屬北魏之蠻族也會叛變作亂，故唯有展現北魏強大的軍事力量，強化在蠻區的統治，才能確保洛陽國防安全，是故魏孝文帝在上述的考量下，他的第二次南伐、北魏第三次伐齊的戰略目標，鎖定南齊沔北地區。

（二）正統觀

魏孝文帝遷都洛陽即是爲了實現其正統觀，他的正統觀從太和十四年（490、齊永明八年）令群臣議定北魏德運行次即可看出端倪。歷代封建王

〔註36〕《魏書》卷31〈于烈傳〉，頁738。

朝爲了統治的合法性，每個朝代都有相應的德運，此德運取材於戰國陰陽家
的「五德終始說」，以五行金、木、水、火、土爲基本元素，每個朝代都有
一個德運，謂之金德、木德、水德、火德、土德，搭配「五行相生」說：木
生火、火生土、土生金、金生水、水生木。朝代興亡間，新朝取代舊朝，其
德運則依五行相生順序，如兩漢爲火德，曹魏承漢即爲土德。北魏當爲何種
德運，朝臣出現兩派意見，一派是北魏建國以來的傳統觀點，以中書監高閭
爲代表，他認爲「魏承漢，火生土，故魏爲土德。晉承魏，土生金，故晉爲
金德。」〔註37〕西晉亡後進入五胡十六國，幾個主要政權爲了宣稱其統治的
合法性與正當性，紛紛爲自己政權編上德運：〔註38〕

> （後）趙承（西）晉，金生水，故（後）趙爲水德。（前）燕承（後）
> 趙，水生木，故（前）燕爲木德。（前）秦承（前）燕，木生火，故
> （前）秦爲火德。（前）秦之未滅，皇魏未克神州，秦氏既亡，大魏
> 稱制玄朔。……若繼晉，晉亡已久；若棄（前）秦，則中原有寄。
> 推此而言，承（前）秦之理，事爲明驗。故以（北）魏承（前）秦，
> 魏爲土德。

北魏承前秦當爲土德的主張，遭到另一派以秘書丞李彪、著作郎崔光爲首的
反對，該派論點爲：〔註39〕

> 神元皇帝與晉武並時，桓、穆二帝，仍修舊好。始自平文，逮于太
> 祖（魏道武帝），抗衡秦、趙，終平慕容。晉祚終於秦方，大魏興於
> 雲朔。據漢棄秦承周之義，以皇魏承晉爲水德。

此派主張北魏應直接上承西晉爲水德，拓跋力微（神元帝）時雖僅是部落聯
盟，尚未具備政權規模，但已與西晉關係密切，其子拓跋沙漠汗至洛陽，「爲
魏賓之冠。……魏晉禪代，和好仍密。」〔註40〕待其北返時，「晉武帝具禮護
送。」〔註41〕之後雙方關係一直穩定成長，晉懷帝封拓跋猗盧（穆帝）爲代
公、晉愍帝更進其爲代王。此派利用拓跋氏在部落聯盟時期已與西晉具密切
之政治關係，尤其拓跋猗盧曾受西晉朝廷封賜爲代王這一有力論點，主張北
魏應直接承繼西晉的金德，當爲水德，西晉滅亡後的後趙、前燕、前秦等政

〔註37〕　《魏書》卷108之1〈禮志一〉，頁2745。
〔註38〕　《魏書》卷108之1〈禮志一〉，頁2745。
〔註39〕　《魏書》卷108之1〈禮志一〉，頁2747。
〔註40〕　《魏書》卷1〈序紀〉，頁4。
〔註41〕　《魏書》卷1〈序紀〉，頁4。

權，僅是割據一隅的僭偽，亦即將西晉至北魏間的所有政權全數否決。此派論點逐漸受到朝臣百官支持，均認為「趙、秦、二燕雖地據中華，德祚微淺，並獲推敘，於理未愜。」〔註42〕北魏宜承西晉為水德。魏孝文帝接受後者的論點，於491年（魏太和十五年、齊永明九年）正月下詔，「朝賢所議，豈朕能有所違奪。便可依為水德。」〔註43〕魏孝文帝要群臣議定北魏德運，可能他心中早有定見，北魏當以水德直接繼承西晉之金德，所以在平時議政時會不經意顯露其意志，而朝臣可能早已知其意向，且北魏上承西晉的主張，亦是大部分朝臣之想法，是故此派論點獲得壓倒性勝利。

魏孝文帝因其正統觀的驅使，欲統一南北以正統王朝自居，因此對南齊的戰爭隨時可能再爆發。而高閭就曾為避免戰爭，以其保守正統觀勸魏孝文帝毋一味南伐，《魏書·高閭傳》載：〔註44〕

> 閭曰：「……今雖江介不賓，小賊未殄，然中州之地，略亦盡平，豈可於聖明之辰，而闕盛禮。齊桓公霸諸侯，猶欲封禪，而況萬乘。」
> 高祖曰：「由此桓公屈於管仲。荊揚未一，豈得如卿言也。」閭曰：
> 「漢之名臣，皆不以江南為中國。且三代之境，亦不能遠。」高祖
> 曰：「淮海惟揚州，荊及衡陽惟荊州，此非近中國乎？」

此段對話的背景是太和十九年（495、齊建武二年）魏孝文帝下詔班師結束第二次魏齊戰爭——淮漢大戰，北返途中於五月抵達石濟行宮接見高閭時產生的對話。由此可看出，高閭為了避免生靈塗炭，以漢代及三代之例，說明中國並不一定涵蓋江南地區，但顯然不被魏孝文帝接受，他仍認為正統的中國勢必包含江南地區，因此消滅南方政權，就成為他恢宏的戰略目標。

四、北魏強化騎兵戰馬供應

北魏王朝雖然日漸漢化與封建化，魏孝文帝更遷都洛陽，但是北魏的軍事力量仍以騎兵見長，騎兵結合士兵、馬匹、武器三合一的戰力，利於衝鋒陷陣。而南方農業地區馬匹產量不大，因此南人軍隊以步兵為主力兵種，欠缺騎兵。魏孝文帝既有混一南北的志向，在戰爭準備方面，也必須強化北魏騎兵優勢，而騎兵最重要者，乃戰馬來源需不虞匱乏，因此北魏牧場的經營

〔註42〕《魏書》卷108之1〈禮志一〉，頁2747。
〔註43〕《魏書》卷108之1〈禮志一〉，頁2747。
〔註44〕《魏書》卷54〈高閭傳〉，頁1208。

特別重要，魏孝文帝對此也高度重視。

　　北魏在平城時期的牧場主要在河西地區，乃魏太武帝平統萬、滅赫連氏政權盡有河西之地後，以該地區為官營牧場，使河西成為北魏畜產供應地：〔註45〕

　　　　世祖（魏太武帝）之平統萬，定秦隴，以河西水草善，乃以為牧地。

　　　　畜產滋息，馬至二百餘萬匹，橐駝將半之，牛羊則無數。

由「馬至二百餘萬匹」一語觀之，河西牧場成為北魏穩定的戰馬供應來源已無庸置疑。然魏孝文帝遷都洛陽後，由於有對南齊發動戰爭的想法，故他對戰馬和牧場有不同的戰略思維，當然，魏孝文帝對管理牧產的官員，仍然和以往北魏的君主一樣重視，而這些官員對北魏牧產也做出積極貢獻，如李堅、宇文福等人。李堅為宦官，「文明太后臨朝，稍遷至中給事中。……高祖遷洛，轉被委授，為太僕卿，檢課牧產，多有滋息。」〔註46〕而宇文福乃「河南洛陽人，其先南單于之遠屬，世為擁部大人。……及從代移雜畜於牧所，福善於將養，並無損耗，高祖嘉之。」〔註47〕二人中宇文福最獲魏孝文帝重用。魏孝文帝命其在新都洛陽附近設置牧場，《魏書・宇文福傳》：「時仍遷洛，敕福檢行牧馬之所。福規石濟以西、河內以東，拒黃河南北千里為牧地。事尋施行，今之馬場是也。」〔註48〕此新牧場即為河陽牧場，約在洛陽東北的南北狹長地區，南抵黃河，東至石濟（石濟津，今河南滑縣西南）、西達河內（今河南沁陽縣）。北魏原有之河西牧場戰馬供應無虞，為何魏孝文帝遷都洛陽後要新設河陽牧場，其實有其戰略意涵在：〔註49〕

　　　　高祖即位之後，復以河陽為牧場，恒置戎馬十萬匹，以擬京師軍警

　　　　之備。每歲自河西徙牧於并州，以漸南轉，欲其習水土而無死傷也。

分析上述引文有二項戰略意涵，其一：在洛陽常備十萬匹戰馬，「以擬京師軍警之備。」即是便於魏孝文帝遂行對南齊的戰爭。北魏從平城遷都洛陽，原因眾多，其中軍事考量乃因洛陽距南齊近，容易調撥各項戰爭物資，戰馬亦是其中之一。而欲使洛陽常備大量戰馬，牧場不能太遠，故須在洛陽附近設新牧場。其二：南北氣候、水土差異大，南人無法適應北方嚴寒氣

〔註45〕　《魏書》卷110〈食貨志〉，頁2857。
〔註46〕　《魏書》卷94〈閹官・李堅傳〉，頁2026。
〔註47〕　《魏書》卷44〈宇文福傳〉，頁1000。
〔註48〕　《魏書》卷44〈宇文福傳〉，頁1000。
〔註49〕　《魏書》卷110〈食貨志〉，頁2857。

候；反之北人亦不習南方酷熱，馬匹亦然。爲避免對南齊用兵時，戰馬因氣候水土不服導致生病、死亡，進而減低魏軍戰力，故有必要令戰馬適應較爲溫熱的氣候及水土，因此每年須將河西牧場馬匹遷移至并州及其以南地區放牧，以便逐漸適應南方氣候，而要容納河西牧場南移的馬匹，設置新牧場勢所必然。

北魏有代郡、漠南、河西、河陽四大官營牧場，代郡牧場爲魏道武帝所設，漠南牧場、河西牧場則是魏太武帝，不過漠南牧場因地處北魏與柔然的交界，不久便日趨沒落。〔註50〕至於魏孝文帝創設河陽牧場的原因已如前述，河陽牧場位於中原腹地，距洛陽近，而代郡牧場和河西牧場均距離洛陽甚遠，故爲了應付用兵南齊的軍事需求，河陽牧場的戰略地位遠超過上述三個牧場，成爲北魏後期最重要的牧場。

五、南齊戰後復原

魏孝文帝的首次親征南齊，在 495 年（魏太和十九年、齊建武二年）二月下詔班師後結束，此次戰爭爲南齊帶來巨大的破壞，尤其大部分戰場均在齊境，其遭受戰爭損害遠比北魏來的大，故戰爭結束後，南齊當務之急便是積極進行戰後復原。另一方面，北魏的入寇充滿不確定性，甚至沒有任何理由即可揮軍南下，故南齊必須儘速恢復元氣，隨時備戰北魏入侵。

齊明帝在魏軍退兵後的次月（三月），對徵發爲兵及遭魏軍肆虐之家，連下二道減免稅調之詔書，戊申詔：「南徐州僑舊民丁，多充戎旅，蠲今年三課。」己未詔：「雍、豫、司、南兗、徐五州遇寇之家，悉停今年稅調。其與虜交通，不問往罪。」〔註51〕接著在「丙寅，停青州麥租。」〔註52〕爲了抵禦魏軍，南齊百姓付出沉痛代價，不僅丁男受徵發爲兵，家園更遭魏軍鐵蹄蹂躪、農作遭踐踏。由引文中可知，雍、豫、司、南兗、徐五州，應是家園遭破壞最嚴重地區，所以減免稅調；而青州麥田遭破壞故停麥租。值得注意的是，齊明帝對「與虜交通，不問往罪。」其採行寬厚作法之原因，當是認知兩國對戰期間，部份人士迫於形勢及魏軍壓迫不得不然，並非是眞正心向北魏，因此給予自新機會。齊明帝施行此仁政也在避免投魏效應，若與

〔註50〕關於北魏的四大官營牧場，可參見陳金全，〈試論北魏的官營苑囿與國營牧場〉，《宜春學院學報》，第 33 卷第 6 期，2011 年 6 月，頁 111～113。

〔註51〕《南齊書》卷 6〈明帝紀〉，頁 87。

〔註52〕《南齊書》卷 6〈明帝紀〉，頁 87。

北魏交通者，一律問罪，如此反而會激起他們降魏之心，在爾後北魏南伐時，恐有不少百姓降魏，這也是齊明帝對處於中間地帶的百姓，不得不然之作法。

　　496年（魏太和二十年、齊建武三年）正月乙酉，齊明帝詔：「去歲索虜寇邊，緣邊諸州郡將士有臨陣及疾病死亡者，竝送還本土。」〔註53〕此詔透露出南齊復原速度不快，戰事結束近一年，仍有死亡戰士未送還家鄉，從而驗證南齊受創嚴重。再從另一詔所云：「民產子者，蠲其父母調役一年，又賜米十斛。新婚者，蠲夫役一年。」〔註54〕可見齊明帝在鼓勵生育增加人口，戰爭中有生力量的補充最爲緩慢，不似武器、兵仗短時間可見其效，至於穀糧生產雖也需耗費頗長時間，但也不像男丁需十餘年的成長。由齊明帝對生育的父母及新婚夫妻皆有獎勵來看，他採積極的生育政策，據此也證明南齊在與北魏的戰爭中，犧牲不少士兵，故齊明帝鼓勵生育，希望能早日補充戰爭中損失的有生力量。至於北魏，因戰場大多在南齊疆土，故其損失多集中在軍事方面，如兵員、武器等，不似南齊土地、莊園、百姓等都受到戕害，也因南齊蒙受損害範圍較廣，故需較長時間復原。

六、齊明帝二度誅殺宗室

　　蕭鸞首度誅殺宗室是海陵王蕭昭文在位時，其經過前文已有詳述。〔註55〕而他第二次大殺宗室，是他即帝位的第二年，上距與北魏結束淮漢大戰不過四個月的495年（魏太和十九年、齊建武二年）六月。這次的殺戮，齊高帝、齊武帝子孫多人遇害，《南齊書·明帝紀》載齊明帝「誅領軍將軍蕭諶、西陽王子明、南海王子罕、邵陵王子貞。」〔註56〕蕭子明、蕭子罕、蕭子貞三人俱爲齊武帝之子，齊明帝以三人與蕭諶勾結爲由殺之。蕭諶「字彥孚，南蘭陵蘭陵人也。」〔註57〕乃南齊皇室宗親，齊高帝以其輔助太子蕭賾，之後領東宮宿衛。蕭賾（齊武帝）即位後重用蕭諶，使其得以參預機要，「世祖（齊武帝）齋內兵仗悉付之，心膂密事，皆使參掌。」〔註58〕可見蕭諶權傾一時。齊武帝崩，太孫「鬱林（蕭昭業）即位，深委信（蕭）諶。」〔註59〕蕭諶雖

〔註53〕《南齊書》卷6〈明帝紀〉，頁88～89。
〔註54〕《南齊書》卷6〈明帝紀〉，頁89。
〔註55〕參見本書，頁149～154。
〔註56〕《南齊書》卷6〈明帝紀〉，頁87。
〔註57〕《南齊書》卷42〈蕭諶傳〉，頁745。
〔註58〕《南齊書》卷42〈蕭諶傳〉，頁745。
〔註59〕《南齊書》卷42〈蕭諶傳〉，頁745。

仍獲新君鬱林王蕭昭業寵信，但之後蕭鸞廢蕭昭業、蕭昭文的兩次廢立行動，蕭諶均與蕭鸞同一陣線，故蕭鸞（齊明帝）即位後，蕭諶認為他對齊明帝有擁立之功，更加驕橫，「（蕭）諶親要日久，眾皆憚而從之。」〔註60〕蕭諶威權日重，引起齊明帝警覺，決定殺之，於495年（魏太和十九年、齊建武二年）六月賜死蕭諶，其兄蕭誕、弟蕭誄一併誅殺。其實齊明帝對蕭諶不滿已久，早擬剪除，「以（蕭）誕在邊鎮拒虜，故未及行。虜退六旬，諶誅，遣黃門郎梁王為司州別駕，使誅（蕭）誕。」〔註61〕齊明帝顧慮頗為周到，當時正是第二次魏齊戰爭期間，北魏東路軍圍攻南齊司州治所義陽，時蕭誕為司州刺史，於義陽城內率軍民堅守，若此時殺其弟蕭諶，義陽方面可能產生譁變，如果蕭誕得知蕭諶被殺，因怨憤齊明帝轉而舉城降魏，後果非常嚴重，一旦義陽陷魏，在當時義陽、鍾離均遭魏軍圍攻的情形下，會影響鍾離齊軍守城意志，若義陽、鍾離均失，魏軍必將長驅南下，甚至直抵長江，嚴重威脅京師建康，故未免因誅殺蕭諶引起蕭誕叛齊降魏，齊明帝只得等魏軍北返戰爭結束後才動手。

附帶一提，齊明帝誅殺宗室的腳步並未隨著這次的殺戮而停止，尚有第三次。第三次對宗室的屠戮，正當第三次魏齊戰爭如火如荼進行之際，當時齊明帝患重病，自知不久人世，他擔心年僅十六歲的太子蕭寶卷即位後無法鞏固皇權，易遭他人覬覦皇位，尤其是齊高、武二帝尚有十位子孫在世，大都成年且全數封王，為協助蕭寶卷掃除以後統治的障礙，決定將此十人全部誅殺。498年（魏太和二十二年、齊永泰元年）春正月「誅河東王鉉、臨賀王子岳、西陽王子文、衡陽王子峻、南康王子琳、永陽王子珉、湘東王子建、南郡王子夏、桂楊王昭粲、巴陵王昭秀。」〔註62〕齊明帝的兇殘於此可見一斑。齊高帝、齊武帝子孫遭齊明帝三輪誅殺後，已無近親可威脅蕭寶卷皇位，然諷刺的是，齊明帝雖猛力屠戮皇室蕭氏子孫，但蕭寶卷最終還是遭蕭氏遠支宗親蕭衍所殺，而蕭衍也隨後稱帝建立南梁政權。

七、魏齊邊境衝突

在北魏495年（魏太和十九年、齊建武二年）二月第二次對南齊戰爭結束，魏孝文帝497年（魏太和二十一年、齊建武四年）九月發動第三次對南

〔註60〕《南齊書》卷42〈蕭諶傳〉，頁745～746。
〔註61〕《南齊書》卷42〈蕭諶傳〉，頁747。
〔註62〕《南齊書》卷6〈明帝紀〉，頁90。

齊的戰爭前，這二年半的時間，北魏、南齊邊疆仍不平靜，雙方互有衝突。
首先是 495 年四月「索虜圍漢中，（南齊）梁州刺史蕭懿拒退之。」〔註63〕
魏軍的入寇漢中，應僅是一般的邊界衝突，規模不大，迅速被梁州刺史蕭懿
逐退。南齊的梁州並非專設，而是與秦州同時並稱，故蕭懿的官銜應爲梁、
秦二州刺史。〔註64〕蕭懿雖然在史籍上名聲不顯，但是其三弟乃後來開創南
梁王朝的梁武帝蕭衍。另一個衝突則是北魏洛州刺史賈異對甲口的攻擊，據
《南齊書‧魏虜傳》載：「時僞洛州刺史賈異寇甲口，爲上洛太守李靜所破。」
〔註65〕賈異進攻南齊甲口的武力應只是地方部隊，衝突型態也僅是騷擾罷
了，故南齊上洛太守李靜，以所屬地方武力即能擊破魏軍。

　　漢中、甲口衝突平息後，司州地域接著爆發衝突，不同的是司州衝突規
模較大，雙方均投入較多的兵力，「（建武）三年（496、魏太和二十年），虜
（北魏）又攻司州欒城，爲戍主魏僧岷所拒破。」〔註66〕司州除欒城外，龍
城亦遭到魏軍的攻擊，「建武三年，虜遣（田）益宗攻司州龍城戍，爲戍主朱
僧起所破。」〔註67〕魏軍對南齊司州欒城、龍城二城戍的攻擊均被當地守將
擊退，但魏軍對南齊邊境的騷擾並未結束，同年秋又在漣口爆發衝突：「秋，
虜遣軍襲漣口，東海太守鄭延祉棄西城走，東城猶固守，臺遣冠軍將軍兗州
刺史徐玄慶救援，虜引退，延祉伏罪。」〔註68〕與前幾次的衝突相較，魏軍
對漣口的攻擊達到一定的效果，攻佔了西城，不過最後結果也是退兵。而漣
口衝突，也是地方齊軍無法守住魏軍攻勢，唯一一次需外來援軍始能擊敗魏
軍的地方衝突，至於當地守將東海太守鄭延祉因棄西城走，也在事後伏罪。

　　綜觀上述北魏與南齊幾次的邊疆衝突，不難發現有幾個特色，第一：魏
軍的軍事行動以淺攻騷擾爲主，其戰略目的在製造齊軍防守壓力，同時依以
往南朝軍隊懼怕魏軍的心態，持續製造齊人恐魏的心理，以便在日後魏齊戰
爭中，降低齊軍的心理戰力，如此一來便能增加魏軍攻擊的力道。第二：魏
軍的進攻模式是以地方武力製造衝突趁機攻城掠地，若南齊守軍抵抗不力，
魏軍能佔領便佔領之，如此可達到拓展北魏疆域的國家目標；一旦齊軍堅守

〔註63〕《南齊書》卷 6〈明帝紀〉，頁 87。
〔註64〕參見《南齊書》卷 4〈鬱林王紀〉，頁 71。
〔註65〕《南齊書》卷 57〈魏虜傳〉，頁 995。
〔註66〕《南齊書》卷 57〈魏虜傳〉，頁 995。
〔註67〕《南齊書》卷 58〈蠻傳〉，頁 1009。
〔註68〕《南齊書》卷 57〈魏虜傳〉，頁 995～996。

抵抗，魏軍進攻無效便撤軍回返，不會戀棧或擴大衝突範圍，以免魏軍遭受更大損失或升高衝突層級。第三：從漣口衝突中，南齊東海太守鄭延祉抵抗失利，南齊朝廷便迅速遣軍增援觀之，在南北長久處於對峙且衝突不斷的戰略環境下，不論北魏或南齊朝廷皆對邊界衝突、糾紛密切注意，一旦地方守軍無法阻遏對方攻勢，中央會立即遣將領軍赴援，避免失城陷地造成更大危機，此從南齊朝廷速遣徐玄慶救援漣口即可得證。第四：北魏對南朝一向採蠶食鯨吞的戰略，不論是劉宋、南齊，甚至之後的南梁皆是如此。北魏發動大型戰爭，魏軍大舉南下，即是採鯨吞戰略，希冀以北魏大軍之聲勢，大敗南齊佔領大片領土，甚至達成滅亡南朝的最終國家目標。至於蠶食則是由地方將領發動，在與南齊交界地帶挑釁發動攻擊，趁南齊守軍抵抗不力時佔領城戍或土地，如此一來積少成多，北魏的疆域將會日漸擴大，上述漢中、甲口、漣口的地方衝突，都是北魏典型蠶食戰略的實施。

第二節　戰略規畫與作戰經過

　　魏孝文帝於太和十八年（494、齊建武元年）首次親征南齊爆發淮漢大戰，當時北魏尚處於遷都動盪之中，故未能取得輝煌勝果。戰後魏孝文帝調整內部，積極推動漢化改革，發佈許多新的措施，如斷北語、改姓氏、定籍貫、易服飾等，對遷都前已推行的漢化措施也加以鞏固，如胡漢聯姻、俸祿制、均田制、三長制等。魏孝文帝以二年時間安定內部，待行政體系與官僚機構在新都洛陽運行已上軌道後，決定再次發動對南齊的戰爭。

一、戰前準備與作戰部署

　　497 年（魏太和二十一年、齊建武四年）六月，魏孝文帝「詔冀、定、瀛、相、濟五州發卒二十萬，將以南討。」〔註69〕魏孝文帝對伐齊相當積極，前次南伐於 495 年（魏太和十九年、齊建武二年）五月回到洛陽後，隨即開始準備再次南伐事宜，如八月時，「詔選天下武勇之士十五萬人爲羽林、虎賁，以充宿衛。」〔註70〕十月「詔徐、兗、光、南青、荊、洛六州纂嚴戒備，應須赴集。」〔註71〕顯現他再次伐齊的企圖心甚爲強烈。而第三次的伐齊戰

〔註69〕《魏書》卷 7 下〈高祖紀下〉，頁 182。
〔註70〕《魏書》卷 7 下〈高祖紀下〉，頁 178。
〔註71〕《魏書》卷 7 下〈高祖紀下〉，頁 178。

爭前後持續一年半，自 497 年九月至 499 年（魏太和二十三年、齊永元元年）二月，是魏孝文帝三次對南齊戰爭中歷時最久的。

　　魏孝文帝在親率大軍南伐前，對洛陽的留守作了處置，以北海王元詳、任城王元澄、李沖、李彪留守洛陽處理政務。元詳爲魏孝文帝之弟，時任秘書監，「車駕南伐，詳行中領軍，留守。」〔註72〕魏孝文帝令其「善守京邑，副我所懷。」〔註73〕元澄時任吏部尚書，「車駕南伐，留澄居守復兼右僕射。」〔註74〕元澄一直是魏孝文帝頗爲信賴之宗室，如在遷都過程中引起保守派與魏孝文帝的關係緊張時，元澄從洛陽返回平城，曉諭保守派同意遷都之舉；以及領兵敉平太子元恂與保守派之謀反，故由他坐鎮京師，可使魏孝文帝無後顧之憂。魏孝文帝洛陽留守安排二宗室、二漢臣，乃基於宗室爲皇族血親，可保宗廟社稷無虞，但是二位親王對朝政運作並非十分熟稔，遂安排二位漢臣協助。李沖時任左僕射，前次魏孝文帝南伐亦以其留守洛陽，內外處置得宜，故此次仍委以留守大任。至於李彪，時任御史中尉，「車駕南伐，彪兼度支尚書，與僕射李沖、任城王等參理留臺事。」〔註75〕不料李彪的這項人事安排卻造成後方留守官員不合，直接影響前線作戰，不合的原因及影響，留待後面篇章中詳述。

　　魏孝文帝二次親征南齊的作戰部署分爲四部份，第一：荊州刺史薛眞度率主力十萬兵向南陽，攻南齊之雍州，此爲魏軍進攻之重心。第二：魏孝文帝親統十萬魏軍，並以彭城王元勰爲中軍大將軍負責指揮。第三：河南尹李崇督隴右諸軍迤趨南鄭。第四：豫州、徐州等地的地方軍就地與南伐大軍協同作戰。齊明帝洞悉魏軍的戰略目標在雍州，故須扼守中路避免魏軍長驅直入，雍州地域遂成爲雙方第一個決戰點。齊明帝除嚴令當地守軍堅守城池外，更立即派出援軍，遣直閣將軍胡松領軍助北襄城太守成公期守赭陽；軍主鮑舉率軍助西汝南、北義陽二郡太守黃瑤起守舞陰。

二、大戰前的衝突：楊靈珍之亂

　　北魏大軍尚未進攻，內部卻先發生叛亂，南梁州刺史氐人楊靈珍舉州降

〔註72〕《魏書》卷21上〈獻文六王列傳上·北海王詳傳〉，頁559。
〔註73〕《魏書》卷21上〈獻文六王列傳上·北海王詳傳〉，頁559。
〔註74〕《魏書》卷19中〈景穆十二王列傳中·任城王雲附子澄傳〉，頁469。
〔註75〕《魏書》卷62〈李彪傳〉，頁1391。

南齊，率先點燃西方戰火。楊靈珍並送母、子爲人質以示降齊決心，「（楊靈珍）送母及子雙健、阿皮於南鄭爲質。」〔註76〕氐人原本即依違於南北政權間，北魏雖以氐酋楊靈珍爲南梁州刺史，但其志不堅，一旦南齊以利誘之，很容易叛魏附齊，《魏書・李崇傳》載：〔註77〕

> 氐楊靈珍遣弟婆羅與子雙領步騎萬餘，襲破武興，與蕭鸞相結。詔（李）崇爲使持節、都督隴右諸軍事，率眾數萬討之。

李崇出其不意採襲擊戰術擊破楊靈珍：「崇槎山分進，出其不意，表裏以襲。羣氐皆棄靈珍散歸，靈珍眾減太半。」〔註78〕楊靈珍部眾雖逃亡大半，但仍據險頑抗，「靈珍又遣從弟建率五千人屯龍門，躬率精勇一萬據鷲硤。龍門之北數十里中伐樹塞路，鷲硤之口積大木，聚礌石，臨崖下之，以拒官軍。」〔註79〕李崇見楊靈珍佔龍門險要具地形優勢，若與之硬拚恐損兵折將，故決定仍採奇襲戰術，「崇乃命統軍慕容拒率眾五千，從他路夜襲龍門，破之。崇乃自攻靈珍，靈珍連戰敗走。」〔註80〕楊靈珍連戰連敗，緊急向南齊求援，「蕭鸞梁州刺史陰廣宗遣參軍鄭猷、王思考率眾援靈珍。」〔註81〕李崇所率隴右魏軍與南齊援軍爆發激烈戰鬥，魏軍大勝殺千餘人，生擒鄭猷，楊靈珍奔逃漢中，亂平。時魏孝文帝已至南陽（今河南南陽），「覽表大悅，曰：『使朕無西顧之憂者，李崇之功也。』以崇爲都督梁秦二州諸軍事、本將軍、梁州刺史。」〔註82〕

楊靈珍叛魏降齊也獲得他應有報酬，齊明帝「以氐楊靈珍爲北秦州刺史、仇池公、武都公。」〔註83〕氐、羌等少數民族本來即是利之所趨，今日歸順南齊，他日北魏再施恩或以官爵籠絡，楊靈珍有可能再豎魏幟，所以如何收服魏齊邊境的少數民族，一直是南北政權的頭痛問題。但是不論如何，李崇平定楊靈珍之亂，讓北魏南伐大軍無西顧之憂，避免其遭西部情勢牽制，而無法集中力量進攻雍州。

〔註76〕《南齊書》卷 59〈氐傳〉，頁 1031。
〔註77〕《魏書》卷 66〈李崇傳〉，頁 1466。
〔註78〕《魏書》卷 66〈李崇傳〉，頁 1466。
〔註79〕《魏書》卷 66〈李崇傳〉，頁 1466。
〔註80〕《魏書》卷 66〈李崇傳〉，頁 1466。
〔註81〕《魏書》卷 66〈李崇傳〉，頁 1466。
〔註82〕《魏書》卷 66〈李崇傳〉，頁 1466。
〔註83〕《南齊書》卷 6〈明帝紀〉，頁 90。

三、雍州攻防

　　497 年（魏太和二十一年、齊建武四年）九月，北魏大軍首先進攻南陽，但薛真度攻城無方，遭南齊南陽太守房伯玉擊退。時魏孝文帝正領軍至赭陽附近，聞訊大怒，以南陽小郡，誓必滅之，遂「留諸將攻赭陽。」〔註 84〕自率元勰等三十六軍前後相繼共約十萬，親自攻打南陽郡治宛城。魏軍雖順利攻克宛城外城，但是房伯玉採「棄外城、守內城」的戰術，且內城防禦工事異常堅固，魏軍屢攻不破，雙方形成對峙局面。魏孝文帝見宛城城守堅固，一時難以攻破，若揮軍強攻，魏軍士兵會有不少死傷，將不利爾後戰事的遂行，遂決定改採招降之策，《孫子兵法》有云：「凡用兵之法，全國爲上，破國次之；全軍爲上，破軍次之。」〔註 85〕魏孝文帝欲不戰而屈人之兵，於是遣中書舍人公孫延景至城下勸降，但房伯玉拒不投降。〔註 86〕魏孝文帝見勸降之計失敗，若繼續攻打宛城，恐遲滯大軍行動，遂留太尉咸陽王元禧、前將軍元英續攻宛城，自率大軍南下攻新野。

　　十月丁己，新野攻防戰展開，魏軍在魏孝文帝親自指揮下，四面進攻新野，南齊新野太守劉思忌嬰城固守，魏軍久戰無功。魏孝文帝不願在新野一城耗費太多戰力，雖在宛城勸降房伯玉失敗，但魏孝文帝仍欲再次嘗試，所謂「屈人之兵而非戰也，拔人之城而非攻也。」〔註 87〕使敵人屈服不靠戰鬥，奪取敵人城池不靠硬攻，此爲用兵的最高指導原則。魏孝文帝認爲宛城、新

〔註 84〕《魏書》卷 7 下〈高祖紀下〉，頁 182。
〔註 85〕孫武著、吳仁傑注譯，《孫子讀本》〈謀攻篇第三〉，頁 17。
〔註 86〕公孫延景勸降房伯玉的對話，詳見《魏書》卷 43〈房伯玉傳〉，頁 973：高祖南伐，克宛外城，命舍人公孫延景宣詔於伯玉曰：「天無二日，土無兩王，是以躬總六師，蕩一四海。宛城小戍，豈足以禦抗王威？深可三思，封侯胙土，事在俯仰。」伯玉對曰：「外臣荷國厚恩，奉任疆境，爲臣之道，未敢聽命。伏惟遊鑾遠涉，願不損神。」高祖又遣謂曰：「朕親率虎旅，遠清江沔，此之小戍，豈足徘徊王師。但戎輅所經，纖介須殄，宜量力三思，自求多福。且卿早蒙蕭賾殊常之眷，曾不懷恩，報以塵露。蕭鸞妄言入繼道成，賾子無子遺。卿不能建忠於前君，方立節於逆豎，卿之罪一。又頃年傷我偏師，卿之罪二。今鑾旆親戎，清一南服，不先面縛，待罪麾下，卿之罪三。卿之此戍，多則一年，中則百日，少則三旬，克殄豈遠。宜善思之，後悔無及。」伯玉對曰：「昔蒙武帝愷悌之恩，忝侍左右，此之厚遇，無忘夙夜。但繼主失德，民望有歸。主上龍飛踐極，光紹大宗，非直副億兆之深望，實兼武皇之遺敕。是以勤勤懇懇，不敢失墜。往者，北師深入，寇擾邊民，輒屬將士，以救蒼生。此乃邊戍常事，陛下不得垂責。」
〔註 87〕孫武著、吳仁傑注譯，《孫子讀本》〈謀攻篇第三〉，頁 19。

野均被魏軍圍困，房伯玉和劉思忌不太可能互通聲息，劉思忌必然不知宛城的眞實情況，故房伯玉是降是守，對劉思忌會造成一定的心理壓力。若房伯玉堅守宛城，必然會堅定劉思忌堅守新野決心；反之，若房伯玉已降，而魏軍已佔有宛城，劉思忌堅守之心恐會有所動搖。由於宛城、新野二城音訊隔絕，遂給了魏孝文帝心理戰略的操作空間，決定再施以勸降之計，遣人遊說劉思忌，《南齊書·魏虜傳》：〔註88〕

> （拓跋）宏攻圍新野城，戰鬥不息。遣人謂城中曰：「房伯玉已降，汝南（爲）獨自取糜碎？」思忌令人對曰：「城中兵食猶多，未暇從汝小虜語也。」

古代通訊不發達，訊息傳遞大多靠人，宛城、新野皆正與魏軍處於戰鬥狀態中，訊息傳遞的確困難。魏孝文帝原期望以北魏大軍的聲勢，能對新野的齊軍造成一定程度的威嚇，再施以房伯玉已降、宛城陷魏之訊息，定能對新野軍民造成嚴重打擊，劉思忌應會自動開城獻降。不料事與願違，劉思忌嚴拒招降。魏孝文帝於是決定圍城，「詔左右軍築長圍以守之。」〔註89〕魏軍雖連攻赭陽、宛城、新野不下，卻對南齊防守造成莫大壓力。此時的戰略態勢是，魏軍佈滿整個雍州地區，赭陽、宛城、新野等城戍均遭魏軍圍攻，危在旦夕，隨時可能陷落。

由於魏軍進攻主力指向雍州，爲牽制南齊東部地方駐軍對雍州的支援，魏孝文帝遣軍從東線對司州治所義陽展開進攻，「詔（王）肅討蕭鸞義陽，……於是假肅節，行平南將軍。」〔註90〕王肅在義陽頻傳捷報，使司州齊軍自顧不暇無法他調，北魏的牽制戰略獲得成功。由於司州齊軍無法抵禦魏軍王肅部之進攻，齊明帝從中央派出禁軍往援，「冬十月，（北魏）又寇司州，甲戌，遣太子中庶子梁王（蕭衍）、右軍司馬張稷討之。」〔註91〕由蕭衍、張稷所任職務爲太子中庶子、右軍司馬觀之，二人統率之援軍當爲禁軍無疑。至於雍州情勢亦日益危急，齊明帝也派出兩支兵馬往援，一爲冠軍將軍、徐州刺史裴叔業，《南齊書·裴叔業傳》：「虜主寇沔北，上令叔業援雍州。」〔註92〕另一爲度支尙書崔慧景，《南齊書·崔慧景傳》：「虜主攻沔北五郡，

〔註88〕《南齊書》卷57〈魏虜傳〉，頁997。
〔註89〕《魏書》卷7下〈高祖紀下〉，頁182。
〔註90〕《魏書》卷63〈王肅傳〉，頁1408。
〔註91〕《南齊書》卷6〈明帝紀〉，頁90。
〔註92〕《南齊書》卷51〈裴叔業傳〉，頁870。

假慧景節，率眾二萬，騎千匹，向襄陽。雍州眾軍竝受節度。」〔註93〕由雍州眾軍皆要受崔慧景節制來看，他應是南齊在雍州地區抵禦魏軍的最高指揮官。

在魏孝文帝親自督陣的情況下，魏軍在雍州的攻勢相當猛烈，不少南齊守將抵擋不住魏軍攻勢，集體降魏，「十有一月甲午，蕭鸞前軍將軍韓秀方、弋陽太守王副之、後軍將軍趙祖悅等十五將來降。」〔註94〕接著，魏軍在沔水以北大敗齊軍，「獲其將軍王伏保等。」〔註95〕再度俘獲一批南齊將領。裴叔業為解雍州、司州之危，建議採「圍魏救趙」之策，向齊明帝獻策曰：〔註96〕

> 「北人不樂遠行，唯樂侵伐虜堺，則雍司之賊，自然分張，無勞動
> 民向遠也。」上從之。叔業率軍攻虹城，獲男女四千餘人。徙督豫
> 州、輔國將軍、豫州刺史，持節如故。

裴叔業針對雍、司二州困境，主張開闢新戰場，採攻勢入侵魏境，吸引進攻雍、司二州魏軍前來營救。裴叔業入寇魏境攻下虹城（今安徽五河西），獲男女四千餘人，戰略執行初步獲得成功。同時齊明帝欲擴大打擊面牽制雍州魏軍主力，遣三路兵馬攻魏：命王曇紛率萬餘人攻黃郭戍（今江蘇贛榆西北）；魯康祚、趙公政領軍一萬攻太倉口（今河南息縣東南）；裴叔業則乘勝追擊攻打楚王戍（今安徽臨泉西南）。詎料，三路齊軍盡皆敗陣，北魏黃郭戍主崔僧淵大敗王曇紛，該部齊軍全軍覆沒；另，北魏豫州刺史王肅遣長史傅永迎戰，先敗魯康祚、趙公政齊軍，斬首數千級，並於陣前斬殺魯康祚、俘虜趙公政；繼之於楚王戍伏擊裴叔業齊軍，大破之，「圍魏救趙」之策宣告失敗，雍州各城仍持續遭魏軍圍困，戰況對南齊漸趨不利。

498 年（魏太和二十二年、齊永泰元年）正月，齊明帝有疾且雍州益發危急，內外交迫下，齊明帝「遣太尉陳顯達持節救雍州。」〔註97〕並改元永泰以圖吉利，但仍無法挽回齊軍在雍州戰場的頹勢。是月，沔北諸城相繼陷落，沔北大震：〔註98〕

〔註93〕《南齊書》卷51〈崔慧景傳〉，頁873。
〔註94〕《魏書》卷7下〈高祖紀下〉，頁182。
〔註95〕《魏書》卷7下〈高祖紀下〉，頁182。
〔註96〕《南齊書》卷51〈裴叔業傳〉，頁870。
〔註97〕《南齊書》卷6〈明帝紀〉，頁90。
〔註98〕《魏書》卷7下〈高祖紀下〉，頁183。

丁亥，（魏軍）拔新野，獲蕭鸞輔國將軍、新野太守劉思忌，斬之於
宛。戊子，鸞湖陽戍主蔡道福棄城遁走。辛卯，鸞赭陽戍主成公期、
軍主胡松棄城遁走。壬辰，鸞輔國將軍、舞陰戍主黃瑤起及直閤將軍、
臺軍主鮑舉，南鄉太守席謙相尋遁走，瑤起、鮑舉為軍人所獲送。

新野、湖陽、赭陽、舞陰、南鄉等城戍均被魏軍佔領，但南齊敗勢仍未停止，
二月甲子，魏軍終於攻克圍困多時的宛城，「（蕭）鸞冠軍將軍南陽太守房伯
玉面縛出降。」〔註99〕南齊雍州治所襄陽以北城池均告淪陷，襄陽、樊城遂
首當其衝成為魏軍之後的攻擊目標。

四、司州攻防

王肅在司州頻傳捷報，進圍司州治所義陽，南齊面臨前所未有困境，北
魏二路大軍，一在雍州、一在司州，若襄樊、義陽皆被魏軍攻下，魏軍即可
二路挺進長江威脅建康。而沔北的陷魏，使南齊在對抗北魏的中線防禦陷入
被動態勢，齊明帝面對此困境，決定解義陽之危，對於北魏大軍壓境，不採
正面迎擊方式，擬再行「圍魏救趙」之策，開闢渦陽（今安徽蒙城）戰場牽
制魏軍，「裴叔業率眾圍渦陽，欲解義陽之急。」〔註100〕可見齊明帝發動渦陽
之戰的戰略目的，是要將圍攻義陽的魏軍王肅部吸引至渦陽以解義陽之危，
同時為了避免裴叔業所率進攻渦陽的齊軍，不致在中途為魏軍截擊，齊明帝
於「二月癸丑，遣左衛將軍蕭惠休假節援壽陽。」〔註101〕其目的在做為側翼，
掩護裴叔業率五萬齊軍自鍾離大規模進攻渦陽，「永泰元年（498、魏太和二
十二年），叔業領東海太守孫令終、新昌太守劉思効、馬頭太守李僧護等五萬
人圍渦陽。」〔註102〕

北魏渦陽守將南兗州刺史孟表面對裴叔業大軍來勢洶洶，雖堅守抵禦，
但形勢危急，裴叔業且令部屬「積所斬級高五丈，以示城內。」〔註103〕運用
心理戰術威嚇渦陽魏軍。裴叔業明白唯有攻下渦陽，引其他魏軍來援，始能
解雍州之危，故攻勢猛烈。裴叔業更以圍點打援戰術，進攻渦陽附近的城戍，
遣軍主蕭璝、成寶真二將攻龍亢戍，目的在阻卻外援，並瓦解渦陽的防禦體

〔註99〕《魏書》卷7下〈高祖紀下〉，頁183。
〔註100〕《魏書》卷73〈奚康生傳〉，頁1630。
〔註101〕《南齊書》卷6〈明帝紀〉，頁90。
〔註102〕《南齊書》卷51〈裴叔業傳〉，頁870。
〔註103〕《南齊書》卷51〈裴叔業傳〉，頁870～871。

系。以魏孝文帝為首的魏軍大本營聽聞渦陽危急，緊急派出第一波援軍，由廣陵王元羽率二萬魏軍、騎五千匹，〔註104〕急馳至龍亢，蕭璝接戰不敵敗退，「叔業三萬餘人助之，數道攻虜。虜新至，營未立，於是大敗。廣陵王與數十騎走。」〔註105〕魏孝文帝沒料到元羽的二萬援軍，竟迅速遭擊退，渦陽情勢遂更加危急。

　　面對渦陽及襄樊的戰略情勢，魏孝文帝陷入兩難，是要持續擴大魏軍對司州、雍州的打擊，在攻陷沔北五郡的基礎上，〔註106〕繼續擴大戰果，加強在襄樊、義陽兩戰場對南齊的攻擊；亦或增援渦陽確保其地。若渦陽遭齊軍攻陷，對魏孝文帝而言實顏面無光，因渦陽乃魏孝文帝首次南伐時所得，「（太和）十九年（495、齊建武二年），（蕭）璝龍陽縣開國侯王朗自渦陽來降。」〔註107〕一旦渦陽再被南齊奪回，對南齊的民心士氣將是一大鼓舞，卻同時對北魏造成傷害，尤其當時魏軍在襄樊、義陽兩戰場的攻勢正陷入瓶頸，是故確保渦陽即成為魏孝文帝當前的首要戰略目標，而要確保渦陽，勢

〔註104〕廣陵王元羽率二萬魏軍、騎五千匹馳援乃據《南齊書》卷51〈裴叔業傳〉，頁871所載，二萬魏軍之數稍嫌誇大，有突出裴叔業戰功之嫌，故《資治通鑑》僅載「魏廣陵王羽救之。叔業引兵擊羽。大破之。」未載元羽所率兵馬數量。考《魏書》卷21上〈獻文六王上・廣陵王羽傳〉，頁550載：「車駕南伐，羽進號衛將軍，除使持節、都督青齊光南青四州諸軍事、征東大將軍、開府、青州刺史。」此為元羽在魏孝文帝第二次南伐時相關記載，僅寥寥數句，並未有其援助渦陽內容。魏孝文帝南伐共有二次，第一次南伐命元羽留守，「高祖將南討，遣（元）羽持節安撫六鎮，發其突騎，夷人寧悅。還領廷尉卿。車駕既發，羽與太尉（元）丕留守，加使持節。」同書同卷，頁546。故可知頁550所載乃魏孝文帝第二次南伐，魏收未記元羽兵援渦陽，可能僅是一場支援行動，且並未成功，故捨去不提。而《南齊書》、《資治通鑑》均有元羽救援渦陽記載，應屬可信，但援軍未如《南齊書》所言達二萬之數，當時襄樊戰場、義陽戰場，魏、齊雙方均呈對峙緊繃狀態，魏軍欲抽調二萬兵馬有其難處，故應從《資治通鑑》所載為是。

〔註105〕《南齊書》卷51〈裴叔業傳〉，頁871。

〔註106〕《南齊書》中多次出現「沔北五郡」一詞，也明確指出該五郡陷魏事實，如卷26〈陳顯達傳〉，頁491：「是時虜頻寇雍州，眾軍不捷，失沔北五郡。」卷51〈崔慧景傳〉，頁873：「冬，虜主攻沔北五郡，假慧景節，率眾二萬，騎千匹，向襄陽。」卷57〈魏虜傳〉，頁998：「虜得沔北五郡。」但是均未具體指出是哪五郡。程維榮認為沔北五郡應是南陽、新野、北襄城、西汝南、北義陽等五郡，參見氏著，《拓跋宏評傳》（南京：南京大學出版社，2002年4月），頁244。另沔北五郡郡名可參見《南齊書》卷15〈州郡志下〉，頁281～287。

〔註107〕《魏書》卷98〈島夷蕭道成傳〉，頁2168。

必抽調北魏在司州或雍州的部隊前往增援，如此一來襄樊戰場、義陽戰場的攻勢必然停頓，也就是渦陽和襄樊、義陽戰場必有一失，果如此，將成就南齊「圍魏救趙」戰略的成功。觀乎魏孝文帝之後的戰略作為，似乎欲同時保有二者，他認為渦陽必須確保，因其對北魏而言具有戰略意涵；另一方面魏軍在襄樊、義陽的戰鬥不能停頓，必須擴大北魏南伐的戰果，因此他寄望孟表能堅守渦陽抵禦裴叔業的進攻，同時在不影響襄樊、義陽兩戰場的攻勢下，派一部分魏軍往援，增強渦陽的防禦力量。魏孝文帝期望能同時兼顧三個戰場的戰事，但顯然他期待的戰略情勢並未出現。

五、襄樊戰場的攻防

魏軍進攻襄樊的部隊雖是魏孝文帝親率的魏軍主力，但進攻襄樊的行動並不順利。襄陽乃南齊雍州治所，自古即為南北重鎮，「跨對樊、沔，為鄢郢北門。」〔註108〕此地一失，魏軍即可長驅南下，齊明帝自然瞭解其重要性，急令崔慧景等諸軍速援襄陽，《南齊書・崔慧景傳》：〔註109〕

> 慧景至襄陽，五郡已沒。加慧景平北將軍，置佐史，分軍助戍樊城。慧景頓渦口村，與太子中庶子梁王（蕭衍）及軍主前寧州刺史董仲民、劉山陽、裴颭、傅法憲等五千餘人進行鄧城。前參騎還，稱虜軍且至。須臾，望數萬騎俱來，慧景據南門，梁王據北門，令諸軍上城上。

崔慧景率南齊援軍在襄陽外圍城戍鄧城與魏軍爆發激烈戰鬥。

崔慧景率領的這支軍隊主力當以中央禁軍為主，因其時任度支尚書、領太子左率，而其下屬蕭衍時任太子中庶子，可見所領援軍應是中央禁軍。而這支赴援襄陽的部隊，在崔慧景率領下從長江下游建康長途行軍至中游的漢水流域，士兵疲態畢現，而齊軍中更有人投奔魏營，揭露齊軍士兵困頓的情形：「時慧景等蓐食輕行，皆有饑懼之色。（齊）軍中北館客三人，走投虜，具告之。」〔註110〕魏軍攻城行動由中軍大將軍、彭城王元勰指揮，他獲悉此重要情報後，決定趁崔慧景齊軍立足未穩，尚未恢復戰力前，對鄧城發動攻勢，《南齊書・崔慧景傳》記載了元勰的攻城佈署：「偽武衛將軍元蚪（虯）

〔註108〕《南齊書》卷15〈州郡志下〉，頁282。
〔註109〕《南齊書》卷51〈崔慧景傳〉，頁873。
〔註110〕《南齊書》卷51〈崔慧景傳〉，頁873。

趣城東南，斷慧景歸路，僞司馬孟斌向城東，僞右衛將軍播正屯城北，交射城內。」〔註111〕元勰對鄧城的東、北、東南三個方向同時發動攻勢。

齊軍的防禦規畫則是由蕭衍守北門、崔慧景守南門，蕭衍建議趁魏軍三路攻城部隊尚在協調整合之際，主動出擊或可擊退魏軍，卻遭崔慧景否決，其云：「虜不夜圍人城，待日暮自當去也。」〔註112〕他認為魏軍沒有夜晚攻城的習慣，不料此次卻出乎意料。魏軍三路部隊合攏後，藉夜色掩護對鄧城發動攻勢，雙方爆發激烈戰鬥。由於崔慧景所在的南門，乃齊軍主力，故抵抗激烈，魏軍遂由防禦力量較弱的北門打開缺口，攻入鄧城。崔慧景見魏軍已入城，決定棄守鄧城轉進襄陽，「慧景於南門拔軍，眾軍不相知，隨後奔退。」〔註113〕軍主劉山陽負責斷後與魏軍周旋，「劉山陽與部曲數百人斷後死戰」〔註114〕由於劉山陽作戰英勇，遂使齊軍能順利退回襄陽。

鄧城之役齊軍未遭魏軍殲滅，崔慧景甚至能全身而退，劉山陽居功厥偉，據《南齊書・崔慧景傳》載：〔註115〕

> 虜遣鎧馬百餘匹突取山陽，山陽使射手射之，三人倒馬，手殺十餘人，不能禁，且戰且退。慧景南出過閘溝，軍人蹈藉，橋皆斷壞，虜軍夾路射之，軍主傅法憲見殺，赴溝死者相枕。山陽取褽杖填溝，乘之得免。虜主率大眾追之，晡時，虜主至沔北，圍軍主劉山陽。山陽據城苦戰，至暮，虜乃退。眾軍恐懼，其夕皆下船還襄陽。

按《南齊書・崔慧景傳》所載鄧城之役乃劉山陽功勞，皆是他率軍與魏軍苦戰，齊軍才未遭魏軍全殲，不過《梁書・武帝紀》卻對同一場戰役有迥異之記載：〔註116〕

> 慧景與高祖（蕭衍）進行鄧城，魏主十萬餘騎奄至。慧景失色，欲引退，高祖固止之，不從，乃狼狽自拔。魏騎乘之，於是大敗。高祖獨帥眾距戰，殺數十百人，魏騎稍却，因得結陣斷後，至夕得下船。慧景軍死傷略盡，惟高祖全師而歸。

據上引文所述，鄧城之役幾乎都是蕭衍功勞，看不到劉山陽的戰功，甚至崔

〔註111〕《南齊書》卷51〈崔慧景傳〉，頁874。
〔註112〕《南齊書》卷51〈崔慧景傳〉，頁874。
〔註113〕《南齊書》卷51〈崔慧景傳〉，頁874。
〔註114〕《南齊書》卷51〈崔慧景傳〉，頁874。
〔註115〕《南齊書》卷51〈崔慧景傳〉，頁874。
〔註116〕〔唐〕姚思廉，《梁書》（中華書局點校本）卷1〈武帝紀上〉，頁2～3。

慧景及其他部隊死傷慘重時，惟蕭衍部能「全師而歸」。事實上蕭衍為南梁開國皇帝，《梁書》為其美言實為理所當然。另據《資治通鑑》所載，〔註117〕大體與《南齊書》無異，皆書劉山陽與魏軍激戰之功，未見蕭衍有傑出貢獻，可見司馬光認同《南齊書》所載。筆者認為蕭衍確實有參與鄧城之役，有些許功勞，但未如《梁書》誇大之記載，應如《南齊書》、《資治通鑑》所載為劉山陽之功。另外在崔慧景所率齊軍兵力部分，南北史書亦有不小差異，前引《南齊書・崔慧景傳》載其「率眾二萬，騎千匹，向襄陽。」〔註118〕然《魏書・宇文福傳》卻載：〔註119〕

> 至鄧城，（宇文）福選兵簡將，為攻圍之勢。高祖（魏孝文帝）望福軍法齊整，將士閑習，大被褒歎。蕭鸞遣其尚書崔慧景、黃門郎蕭衍率眾十萬來救。高祖指麾將士，敕福領高車羽林五百騎出賊南面，奪其橋道，過絕歸路。賊眾大恐，六道來戰。福據鞍誓眾，身先士卒，賊不得前，遂大奔潰。

宇文福時為驍騎將軍、太僕、典牧令、兼武衛將軍，從上述記載可知齊明帝給崔慧景十萬兵馬救援襄陽，此與《南齊書》所載差了八萬。當時北魏大軍攻入司州、雍州等地，齊軍在各地與魏軍抗衡，南齊各地方部隊不太可能放棄原有的防禦任務，抽調出來助守襄陽，因為魏孝文帝不知何時會向何處發動攻勢，故地方軍須做好防禦準備。在地方軍調度不易的情形下，為了救援襄陽，齊明帝只能抽調精銳的中央禁軍二萬交付崔慧景。試想，若齊明帝交付崔慧景十萬兵馬，則建康城防及京畿地區的防務幾近撤守，可能性不大，故在南齊中央、地方兵力吃緊之際，不太可能動員十萬兵眾援助襄陽，故《南齊書》所載二萬較為合理且趨近事實。

　　然何以《魏書》誇大齊軍兵力，筆者認為誇耀戰功的成分較大，由於鄧城之役魏軍大敗齊軍，擊垮二萬大軍和十萬大軍所獲之戰功不同，尤其攻城總指揮為元勰，擊垮十萬齊軍，不僅可提升元勰、宇文福之戰功，更可增加魏軍之威勢，宣傳齊軍之不堪一擊與魏軍之勇猛，是故《魏書》書十萬實有其緣由。事實上，在鄧城與魏軍交戰的僅有五千，前引《南齊書・崔慧景傳》已載：「（崔慧景）與太子中庶子梁王（蕭衍）及軍主前寧州刺史董仲民、劉

〔註117〕參見《資治通鑑》卷141〈齊紀七〉，明帝永泰元年，頁4420～4421。
〔註118〕《南齊書》卷51〈崔慧景傳〉，頁873。
〔註119〕《魏書》卷44〈宇文福傳〉，頁1001。

山陽、裴颺、傅法憲等五千餘人進行鄧城。」〔註120〕可見崔慧景將援軍大部留在襄陽，僅率五千至鄧城與魏軍交戰，而《魏書》不但將崔慧景所率全部軍隊加進去，更膨脹至十萬，由此可知，魏軍在鄧城之勝利，僅是戰勝五千齊軍而已。

　　至於樊城，魏孝文帝親率大軍圍攻，他先致書勸降自襄陽移防樊城的南齊雍州刺史曹虎，〔註121〕希望不戰而屈曹虎之兵，不料曹虎不為所動。〔註122〕而樊城在曹虎堅守下，魏軍攻城無功。魏孝文帝見襄陽、樊城守將皆閉城據守，短期內不易攻陷，此時又得知渦陽危機，在衡量襄樊與渦陽的戰略形勢後，決定放棄襄陽力保渦陽，遂率魏軍退出襄樊戰場轉往縣瓠。與此同時，魏孝文帝派出第二波援軍至渦陽，三月「乙未，詔將軍鄭思明、嚴虛敬、宇文福等三軍繼援。」〔註123〕這三人均是禁衛武官，當時正隨魏孝文帝在沔北征戰，因渦陽情勢危急，魏孝文帝乃先遣身邊禁衛武官率輕騎支援，同時他也知這支援軍兵力不足，無法解渦陽之危，只盼能延長防禦戰線，使渦陽不致太早陷落，欲救渦陽仍須遣大軍往援。魏孝文帝接著以安遠將軍傅永為渦陽援軍統帥，領五部兵馬赴援，「遣（傅）永為統軍，與高聰、劉藻、成道益、

〔註120〕《南齊書》卷51〈崔慧景傳〉，頁873。
〔註121〕魏孝文帝致書勸降曹虎內容，詳見《南齊書》卷30〈曹虎傳〉，頁562～563載：「虜主元宏遺虎書曰：『皇帝謝偽雍州刺史：神運兆中，皇居闡洛。化總元天，方融八表。而南有未賓之吳，治為兩主之隔。幽顯含嗟，人靈雍（泰）。且漢北江邊，密爾乾縣，動鳳駕，整我神邑。卿進無陳平歸漢之智，退闕關羽殉節之忠，嬰閉窮城，憂頓長沔，機勇兩缺，何其嗟哉。朕比乃欲造卿，逼冗未果，且還新都，饗厥六戎，入彼春月，遲遲揚斾，善脩爾略，以俟義臨。』」
〔註122〕曹虎拒絕魏孝文帝勸降內容，詳見《南齊書》卷30〈曹虎傳〉，頁563載：「虎使人答書曰：『自金精失道，皇居徙縣，喬木空存，茂草方鬱。七狄交侵，五胡代起，顧瞻中原，每用弔焉。知棄皋蘭，隨水瀍澗，伊川之象，爰在茲日。古人有云：『匪宅是卜，而鄰是卜。』樊、漢無幸，咫尺殊風，折膠入塞，乘秋犯邊，親屬窮於斬殺，士女困於虜劉。與彼蠢左，共為脣齒，仁義弗聞，苛暴先露。乃復改易甎裘，妄自尊大。我皇開運，光宅區夏，而式亂遄逃，棄同即異。每欲出車鞠旅，以征不庭，所冀干戚兩階，叛命來格，遂復遊魂不戰，乾沒孔熾。孤總連率，任屬方邵，組甲十萬，雄戟千羣，以此戡難，何往不克。主上每矜率土，哀彼民黎，使不戰屈敵，兵無血刃。故部勒小戎，閉壁清野，抗威遵養，庶能懷音。若遂迷復，知進忘退，當金鉦戒路，雲旗北掃，長驅燕代，併虜名王，使少卿忽諸，頭曼不祀。兵交無遠，相為惘然。』」
〔註123〕《魏書》卷7下〈高祖紀下〉，頁183。

任莫問等往救之。」〔註124〕不料，傳永和其他將領因作戰方式意見不一，無法統合戰力以致大敗，《魏書·傳永傳》：〔註125〕

> （魏）軍將逼賊（齊軍），永曰：「先深溝固壘，然後圖之。」（高）聰等不從，裁營輜重，便擊之，一戰而敗。聰等棄甲，徑奔懸瓠。永獨收散卒徐還，賊追至，又設伏擊之，挫其鋒銳。四軍之兵，多賴之以免。永至懸瓠，高祖俱鎖之。聰、（劉）藻徙爲邊民，永免官爵而已。

傳永等人的失敗，出乎魏孝文帝意料，成爲此次南伐最大敗仗，萬餘魏軍遭殲、三千人被俘，軍器輜重損失更是難以估計，《南齊書·裴叔業傳》：〔註126〕

> 虜又遣偽將劉藻、高忽（即高聰）繼至，叔業率軍迎擊破之，再戰，斬首萬級，獲生口三千人，器仗驢馬絹布千萬計。

前文述及魏孝文帝初始的戰略構想是攻擊與防禦兼具，渦陽必須守住，同時魏軍也繼續進攻其他城戍，但是在傳永等人大敗後，魏孝文帝不得不重新做戰略評估。第一波廣陵王元羽的二萬援軍，或許可解釋爲輕敵，且雙方兵力對比有一段差距，裴叔業率五萬大軍進攻渦陽，齊軍兵力二點五倍於魏軍，故魏孝文帝或許可接受敗戰之事實。然傳永等人所率的第二波援軍，竟然亦遭裴叔業重挫，這等戰略形勢逼使魏孝文帝不得不思考是否放棄攻擊與防禦兼顧的戰略思維，爲保渦陽必須放棄魏軍在其他城戍的攻擊行動。

六、渦陽之戰

在司州圍攻義陽的王肅，聽聞渦陽危機後率先請纓赴援，「表求更遣軍援渦陽。」〔註127〕魏孝文帝雖同意王肅撤圍攻義陽之魏軍救援渦陽，卻要王肅負擔此戰略決策之責，其詔曰：〔註128〕

> 今日之計，唯當作必克之舉，不可爲狐疑之師，徒失南兗也。卿便息意停彼，以圖義陽之寇。宜止則止，還取義陽；宜下則下，鎮軍淮北。深量二途，勿致重爽。若孟表糧盡，軍不及至，致失渦陽，卿之過也。

〔註124〕《魏書》卷70〈傳永傳〉，頁1552。
〔註125〕《魏書》卷70〈傳永傳〉，頁1552。
〔註126〕《南齊書》卷51〈裴叔業傳〉，頁871。
〔註127〕《魏書》卷63〈王肅傳〉，頁1410。
〔註128〕《魏書》卷63〈王肅傳〉，頁1410。

魏孝文帝原欲力保渦陽不失，但是隨著戰局變化，在兩波援軍均遭裴叔業擊敗後，他的戰略思考也有所不同，魏孝文帝思考的面向約有數端，其一：在魏軍接連增援渦陽皆失敗後，有無必要繼續投入援軍？其二：即便渦陽遭攻陷，齊軍能否堅守尚是一大問題，魏軍是否可再奪回。其三：王肅圍攻義陽已有時日，義陽容或有攻陷之可能，若撤義陽之魏軍援助渦陽，在王肅趕赴渦陽途中，渦陽卻遭齊軍攻陷；而原本評估可攻陷之義陽卻因王肅撤軍而無法佔領，豈非兩頭空？雖然魏孝文帝最後仍決定繼續增援渦陽，但上述第三個思考面向才是他最在意的，所以才有「唯當作必克之舉」的說法，要王肅自負其中責任。但是王肅仍決定赴援渦陽，同時也獲得魏孝文帝同意，於是王肅率楊大眼、奚康生等北魏猛將領步騎十餘萬救渦陽，成為北魏第三波渦陽援軍，《南齊書・裴叔業傳》載：「虜主聞廣陵王敗，遣偽都督王肅、大將軍楊大眼步騎十餘萬救渦陽。」〔註129〕另據《魏書・奚康生傳》則有其參與救援渦陽及立功的經過：「裴叔業率眾圍渦陽，……時刺史孟表頻啟告，高祖敕（王）肅遣康生馳往赴援。一戰大破之。」〔註130〕

　　王肅認為裴叔業連敗元羽、傅永等兩波北魏援軍，這支齊軍士氣、戰力不可小覷。不料裴叔業見十萬魏軍勢盛，兼之楊大眼、奚康生等北魏戰將亦在陣中，竟心生畏懼連夜率本部兵馬遁逃，「叔業見兵盛，夜委軍遁走。明日，官軍（齊軍）奔潰，虜（魏軍）追之，傷殺不可勝數，日暮乃止。」〔註131〕次日，齊軍眾將士見主帥竟於接戰前夕遁走，軍心大亂，各路部隊無心戀戰，紛紛南撤，王肅指揮魏軍自後追擊，由引文中「傷殺不可勝數」一語觀之，齊軍死傷慘重，而渦陽也終於轉危為安。北魏抽調圍攻義陽之師救援渦陽，失去了攻陷義陽機會；魏孝文帝也因襄樊無法攻下，加上渦陽危機的震撼，也促使他放棄襄樊戰場，領軍往懸瓠為渦陽聲援。整體而言，南齊達成發動渦陽之戰的戰略目的，將進攻雍州、司州的二路魏軍吸引至渦陽，解襄樊及義陽之圍，其「圍魏救趙」戰略可謂成功。

七、北魏與南齊內部因素的掣肘

　　498年（魏太和二十二年、齊永泰元年）三月渦陽會戰後，北魏、南齊內

〔註129〕《南齊書》卷51〈裴叔業傳〉，頁871。
〔註130〕《魏書》卷73〈奚康生傳〉，頁1630。
〔註131〕《南齊書》卷51〈裴叔業傳〉，頁871。

部不約而同發生動亂與政治紛擾，魏孝文帝也身染重病，這些內部因素對前線戰事均造成一定程度的影響。

（一）南齊：王敬則之亂

四月「丁卯，大司馬會稽太守王敬則舉兵反。」〔註132〕王敬則，晉陵南沙人，助齊高帝創建南齊，在齊高帝、齊武帝二朝深受寵信。齊明帝即位後，大殺齊高、武二帝子孫，「敬則自以高、武舊臣，心懷憂恐。（齊明）帝雖外厚其禮，而內相疑備，數訪問敬則飲食體幹堪宜，聞其衰老，且以居內地，故得少安。」〔註133〕齊明帝病重後，對王敬則頗為憂慮，遂「以張瓌為平東將軍、吳郡太守，置兵佐，密防敬則。內外傳言當有異處分。」〔註134〕王敬則不滿齊明帝日漸猜忌，擔憂遭其所殺，決定舉兵反，擁立南康王蕭子恪起事，蕭子恪為齊高帝之孫、豫章王蕭嶷次子。王敬則倉促起事並未與蕭子恪互通聲息，他聞訊後大懼，急奔建康向齊明帝輸誠，「明帝悉召子恪兄弟親從七十餘人入西省，至夜當害之。會子恪棄郡奔歸，是日亦至，明帝乃止。」〔註135〕幸蕭子恪判斷正確，否則其本人及兄弟親從七十餘人恐為齊明帝所殺。

王敬則之亂令南齊陷入內憂外患中，當時北魏大軍已佔領沔北五郡，正虎視眈眈欲擴大戰果，故王敬則亂事需速予平定，否則魏軍趁亂南下，在內外戰事互相壓迫下，南齊面臨的戰略情勢將更加嚴峻。齊明帝遂急命平東將軍、吳郡太守張瓌率軍平亂，「瓌遣將吏三千人迎拒於松江，聞敬則軍鼓聲，一時散走，瓌棄郡逃民閒。」〔註136〕張瓌所率齊軍，未戰即敗，這給王敬則很大鼓舞，與此同時，對朝廷不滿之百姓紛紛加入叛軍，「敬則以舊將舉事，百姓檐篙荷鍤隨逐之，十餘萬眾。」〔註137〕雖有十餘萬大軍，但大多數是烏合之眾，真正具戰鬥力者，僅王敬則舊部，不足一萬人。齊明帝見亂事擴大，重新部署平亂方針，決定派出臺城精銳部隊：〔註138〕

遣輔國將軍前軍司馬左興盛、後軍將軍直閣將軍崔恭祖、輔國將軍

〔註132〕《南齊書》卷6〈明帝紀〉，頁91。
〔註133〕《南齊書》卷26〈王敬則傳〉，頁485。
〔註134〕《南齊書》卷26〈王敬則傳〉，頁485。
〔註135〕《梁書》卷35〈蕭子恪傳〉，頁507。
〔註136〕《南齊書》卷24〈張瓌傳〉，頁455。
〔註137〕《南齊書》卷26〈王敬則傳〉，頁487。
〔註138〕《南齊書》卷26〈王敬則傳〉，頁487。

　　劉山陽、龍驤將軍直閤將軍馬軍主胡松三千餘人，築壘於曲阿長岡，

　　右僕射沈文季爲持節都督，屯湖頭，備京口路。

叛軍攻朝廷軍左興盛、劉山陽部，然面對訓練有素之臺城部隊，叛軍左支右絀，雖有人數優勢，卻始終無法取勝。朝廷軍則趁機發動攻勢，左右夾擊叛軍，未習兵陣之事的百姓，面對朝廷軍猛烈攻勢，驚慌失措之下紛紛敗逃，王敬則止不住敗逃之勢，被崔恭祖刺於馬下，亂軍之中遭左興盛部軍士斬殺。王敬則之亂雖聲勢浩大，但不到一個月時間即被迅速平定，南齊穩住內部，不致因亂事擴大影響對北魏的防禦戰略。

（二）北魏：李沖、李彪不合

　　前文述及魏孝文帝以宗室任城王元澄、北海王元詳，漢臣李沖、李彪組成洛陽留守團隊，兼顧以宗室守衛政權、漢臣熟稔政務運作之完美組合。詎料，留守團隊竟發生內鬥，不過，並非宗室與漢臣不合，而是漢臣李沖、李彪互相傾軋，且有愈演愈烈之勢。「李彪，字道固，頓丘衛國人，高祖賜名焉。」〔註139〕其出身「孤微寡援」，〔註140〕對李沖頗爲敬重，他能在北魏朝廷官運亨通，賴李沖提攜與魏孝文帝賞識，「沖亦重其器學，禮而納焉，每言之於高祖，公私共相援益。」〔註141〕之後李彪受魏孝文帝寵信，官位扶搖直上，漸露驕倨之色，對李沖遂有輕視之心，「無復宗敬之意也，沖頗銜之。」〔註142〕埋下二人不合種子。

　　李彪留守洛陽期間，與李沖爭鬥浮上檯面，「彪素性剛豪，與沖等意議乖異，遂形於聲色，殊無降下之心。自謂身爲法官，莫能糾劾己者，遂多專恣。」〔註143〕由於李彪的恣意妄爲已影響朝政運作，李沖欲將其問罪，但二人均爲漢臣，需有留守宗室元澄、元詳的支持，「沖與吏部尚書、任城王澄並以彪倨傲無禮，遂禁止之。」〔註144〕李沖並上表魏孝文帝，「免彪所居職，付廷尉治獄。」〔註145〕魏孝文帝對李沖、李彪衝突演變至此頗爲驚訝：〔註146〕

〔註139〕《魏書》卷62〈李彪傳〉，頁1381。
〔註140〕《魏書》卷53〈李沖傳〉，頁1187。
〔註141〕《魏書》卷53〈李沖傳〉，頁1188。
〔註142〕《魏書》卷53〈李沖傳〉，頁1188。
〔註143〕《魏書》卷62〈李彪傳〉，頁1391。
〔註144〕《魏書》卷53〈李沖傳〉，頁1188。
〔註145〕《魏書》卷62〈李彪傳〉，頁1391。
〔註146〕《魏書》卷62〈李彪傳〉，頁1393。

> 高祖在懸瓠，覽表歎愕曰：「何意留京如此也！」有司處彪大辟，高
> 祖恕之，除名而已。彪尋歸本鄉。

顯然魏孝文帝採納了李沖意見，或許元澄支持李沖乃關鍵之因素。宗室乃同源血親，元澄又是魏孝文帝極爲信任之宗室，當時魏孝文帝出征在外，漢臣間的爭端，無法親自辨明是非，唯有賴元澄之意見定奪。事實上魏孝文帝對二人爭執頗有無法親詳是非之憾，史載：「高祖覽其表，歎悵者久之，既而曰：『道固（李彪）可謂溢也，僕射（李沖）亦爲滿矣。』」〔註147〕表面上李彪遭免職返鄉，李沖似乎較佔上風，但是李沖卻爲此事付出生命代價，《魏書‧李沖傳》：〔註148〕

> 沖時震怒，數數責彪前後怨悖，瞋目大呼，投折几案。盡收御史，
> 皆泥首面縛，詈辱肆口。沖素性溫柔，而一旦暴恚，遂發病荒悸，
> 言語亂錯，猶扼腕叫詈，稱李彪小人。醫藥所不能療，或謂肝藏傷
> 裂。旬有餘日而卒，時年四十九。

李沖之死帶給魏孝文帝極大震撼，除了對其至爲痛惜外，二位留守漢臣一死一歸鄉，北魏朝廷無熟悉朝政大臣負責，政務運作恐會出現問題，這給在前線的魏孝文帝留下一大難題。

（三）魏孝文帝積勞成疾

太和二十二年（498年、齊永泰元年）魏孝文帝不過三十二歲，正是體力強健、精神充沛時期，卻因遷都洛陽及推動漢化改革，耗費心力，精氣神俱傷，加上爲實現大一統帝國理想，兩次御駕親征南齊，甚至親自指揮作戰。此外，爲瞭解地方漢化改革成果，常巡行州郡，長期鞍馬勞頓的結果對身體傷害頗大，故魏孝文帝雖僅三十二歲之齡，身體狀況卻已不佳。

魏孝文帝在太和二十二年三月率軍退出襄樊戰場後轉往懸瓠，據《魏書‧高祖紀》載，三月「辛亥，行幸懸瓠。」〔註149〕直至九月「丙午，車駕發懸瓠。」〔註150〕可見在懸瓠待了半年之久。從《魏書‧彭城王勰傳》可知魏孝文帝病情加重，在懸瓠靜養，「高祖不豫，勰內侍醫藥，外總軍國之務，迢迺肅然，人無異議。」〔註151〕爲了醫治魏孝文帝，更從洛陽緊急

〔註147〕《魏書》卷53〈李沖傳〉，頁1188。
〔註148〕《魏書》卷53〈李沖傳〉，頁1188。
〔註149〕《魏書》卷7下〈高祖紀下〉，頁183。
〔註150〕《魏書》卷7下〈高祖紀下〉，頁184。
〔註151〕《魏書》卷21下〈獻文六王下‧彭城王勰傳〉，頁574。

詔侍御師徐謇赴懸瓠診治，《魏書・徐謇傳》載：〔註152〕

> （太和）二十二年，高祖幸懸瓠，其疾大漸，乃馳驛召（徐）謇，
> 令水路赴行所，一日一夜行數百里。至，診省下治，果有大驗。高
> 祖體少瘳，內外稱慶。

徐謇，字成伯，丹陽人，善醫藥，曾爲文明太后、魏獻文帝治疾，其醫術頗
獲魏孝文帝肯定，「及所寵馮昭儀有疾，皆令處治。」〔註153〕依常理而言，魏
孝文帝貴爲天子至尊，領軍在外應有御醫隨侍在側，且北魏君主蒞臨懸瓠，
也會延請懸瓠當地名醫爲其診治。會請徐謇由洛陽長途跋涉至懸瓠，應該是
御醫和懸瓠名醫都無明顯療效，由此可知魏孝文帝的病應該相當嚴重。而徐
謇長期診治魏孝文帝，對其身體、病徵知之甚詳，故診治之後病情逐漸好轉。
不過李沖的死對魏孝文帝乃一大打擊，當李沖死訊傳至懸瓠時，「高祖爲舉哀
於懸瓠，發聲悲泣，不能自勝。」〔註154〕此乃源自於李沖深受魏孝文帝寵信，
多項漢化改革均假其手推行，對北魏貢獻良多，之後魏孝文帝不斷緬懷和李
沖的君臣之情：〔註155〕

> 後車駕自鄴還洛，路經（李）沖墓，左右以聞，高祖臥疾望墳，掩
> 泣久之。……及與留京百官相見，皆敍沖亡沒之故，言及流淚。高
> 祖得留臺啓，知沖患狀，謂右衛宋弁曰：「……朕以仁明忠雅，委以
> 台司之寄，使我出境無後顧之憂，一朝忽有此患，朕甚懷愴慨。」
> 其相痛惜如此。

漢臣能在魏孝文帝心中有如此份量殊屬難得，可見他頗爲惜才、愛才，故李
沖之死對魏孝文帝病勢的加重也是原因之一。

　　渦陽之戰南齊雖然失利未能攻下渦陽，但是雙方在此戰投入大量兵力，
尤其王肅解義陽之圍救援渦陽，魏孝文帝亦因襄樊防守嚴密，撤軍轉往懸瓠
關注渦陽發展，表面上齊軍屢攻渦陽不下，實際上已將雍州、司州魏軍引至
渦陽戰場，解襄樊、義陽之危。魏孝文帝雖在懸瓠靜養，仍密切關注戰局發
展，對如此態勢頗爲遺憾，北魏雖已佔領沔北五郡，達成初步戰略目標，但
是魏孝文帝仍欲擴大戰果，實現其一統華夏目標，他判斷本次大戰中，齊軍
遭魏軍連番攻擊，戰力損失極大且已露疲態，故他雖在懸瓠養病，仍持續擬

〔註152〕《魏書》卷91〈術藝・徐謇傳〉，頁1967。
〔註153〕《魏書》卷91〈術藝・徐謇傳〉，頁1967。
〔註154〕《魏書》卷53〈李沖傳〉，頁1188。
〔註155〕《魏書》卷53〈李沖傳〉，頁1188～1189。

定作戰計畫，預備發動另一波大規模攻勢，四月「庚午，發州郡兵二十萬人，限八月中旬集懸瓠。」〔註 156〕魏孝文帝發出召集令，再徵發二十萬大軍，顯然他認為自己的病體並不是問題，若在乎自己身體需靜養的話，就不會再徵二十萬大軍欲一舉盪平南齊了。

從《魏書·高祖紀》載其遷都後風塵僕僕巡視各州郡，更親自領軍二度南伐，經年在外奔波對身體損傷頗大，可見他對身體並非太在乎。另可從魏孝文帝親臨前線觀戰證之其對身體之輕視，「車駕南征，高祖微服觀戰所，有箭欲犯帝，（元）志以身障之，高祖便得免。矢中志目，因此一目喪明。」〔註 157〕宗室元志時為從事中郎隨軍南伐，適時挺身保護魏孝文帝，足見當時之危險，若箭中魏孝文帝後果不堪設想。君主至前線觀戰充滿危機，戰場上充滿不確定性，隨時可能犧牲生命。魏孝文帝至前線觀戰並非僅有此例，在圍攻南陽郡治宛城時，他亦至城外觀戰，遭南齊南陽太守房伯玉遣敢死隊襲擊，險遭不測：〔註 158〕

> （元）宏引軍向城南寺前頓止，從東南角溝橋上過，（房）伯玉先遣勇士數人著斑衣虎頭帽，從伏竇下忽出，宏人馬驚退，殺數人，宏呼善射將原靈度射之，應弦而倒。宏乃過。

魏孝文帝一再令自己身陷險境，足見對己身安危和身體之輕忽，故在懸瓠時雖有恙在身，但他不會讓病體成為他建立大一統帝國的阻礙，仍然決定繼續發動攻勢。

魏孝文帝自己的身體病症及洛陽留守官員不合的問題，都不足以讓他撤軍，但是高車的叛變使他不得不審慎思考退兵問題。「高車，蓋古赤狄之餘種也，初號為狄歷，北方以為敕勒，諸夏以為高車、丁零。」〔註 159〕高車人勇猛體健，「部落強大，常與蠕蠕為敵，亦每侵盜于國家。」〔註 160〕魏道武帝為了免於遭高車侵擾，多次親征及遣將渡漠遠征高車，逐漸收服高車諸部。之後魏道武帝離散諸部時，「唯高車以類粗獷，不任使役，故得別為部落。」〔註 161〕北魏保持高車部落型態有其目的，乃欲維持高車尚武之風，充做魏軍

〔註 156〕《魏書》卷 7 下〈高祖紀下〉，頁 184。
〔註 157〕《魏書》卷 14〈神元平文諸帝子孫·元志傳〉，頁 363。
〔註 158〕《南齊書》卷 57〈魏虜傳〉，頁 997。
〔註 159〕《魏書》卷 103〈高車傳〉，頁 2307。
〔註 160〕《魏書》卷 103〈高車傳〉，頁 2307。
〔註 161〕《魏書》卷 103〈高車傳〉，頁 2309。

兵源，高車人驍勇善戰，一直是魏軍主要兵源之一。魏孝文帝徵召大軍進行伐齊戰爭，亦徵發高車人爲軍。然從劉宋至南齊，南北戰爭不斷，高車人不斷爲北魏衝鋒陷陣犧牲生命，終於招致反彈，引發叛變，《魏書・高車傳》載：
〔註162〕

> 後高祖召高車之眾隨車駕南討，高車不願南行，遂推袁紇樹者爲主，
> 相率北叛，遊踐金陵，都督宇文福追討，大敗而還。又詔平北將軍、
> 江陽王繼爲都督討之。

高車諸部推袁紇樹者爲領導者起兵叛變，時在 498 年（魏太和二十二年、齊永泰元年）八月，此時魏孝文帝尚在懸瓠，他對高車叛亂至爲重視，迅速做出處置，遣宇文福平亂。叛亂初始魏孝文帝尚認爲高車不足慮，遣一上將足可平亂，並繼續南伐進程，不料宇文福大敗而還，遂促使魏孝文帝開始意識班師的可能性。高車戰鬥力強，若繼續遍擾各地，而北魏境內種族複雜，一旦其他種族乘勢而起，將會激起大規模動亂，故魏孝文帝在宇文福失敗後，接著以江陽王元繼督軍北討。

在高車敗宇文福魏軍的同時，魏孝文帝已有結束戰爭想法，卻班師無名，而此時南齊政局發生變化。齊明帝崩於七月己酉，太子蕭寶卷繼位，年僅十六，〔註163〕史稱東昏侯。魏孝文帝正欲趁南齊皇位更替良機繼續南伐，不料八月卻傳來高車叛亂，且有擴大趨勢。魏孝文帝遂以齊明帝崩逝爲由班師，「九月己亥，（魏孝文）帝以蕭鸞死，禮不伐喪，乃詔反旆。庚子，仍將北伐叛虜。丙午，車駕發懸瓠。」〔註164〕由引文中可知魏孝文帝真正在意的是高車亂事，在撤軍結束伐齊戰爭後，「仍將北伐叛虜。」幸而高車亂事在元繼的安撫政策下，於十二月順利平定，《魏書・高車傳》：「繼先遣人慰勞樹者。樹者入蠕蠕，尋悔，相率而降。」〔註165〕另《魏書・高祖紀》：「十有二月甲寅，以江陽王繼定敕勒，乃詔班師。」〔註166〕魏孝文帝二次親征南齊拓地沔北，獲南陽（今河南南陽）、新野（今河南新野）、北襄城、西汝南（今河南泌陽西北）、北義陽（今河南信陽東）等沔北五郡，確保都城洛陽安全，而高車亂事也順利平

〔註162〕《魏書》卷 103〈高車傳〉，頁 2309～2310。
〔註163〕東昏侯在位三年，遭弒時年僅十九，故即位時爲十六歲。參見《南齊書》卷
　　　　7〈東昏侯紀〉，頁 102。
〔註164〕《魏書》卷 7 下〈高祖紀下〉，頁 184。
〔註165〕《魏書》卷 103〈高車傳〉，頁 2310。
〔註166〕《魏書》卷 7 下〈高祖紀下〉，頁 184。

定，可謂魏孝文帝對南齊用兵戰績最輝煌的一次。

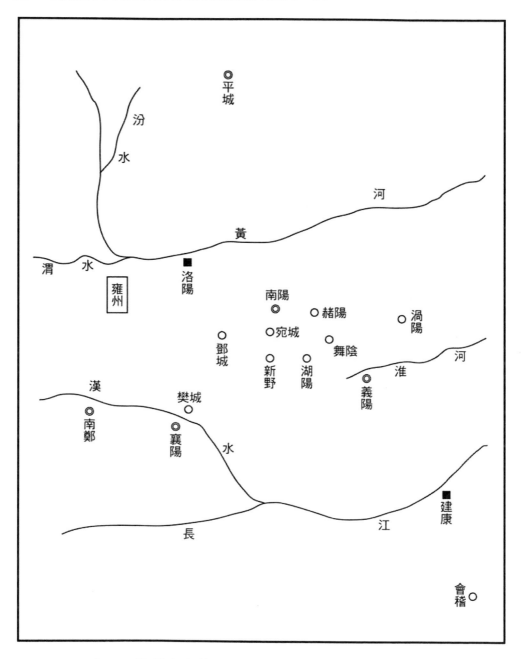

圖三：魏孝文帝後期與南齊戰爭相關形勢圖（上）

第三節　戰爭檢討

　　魏孝文帝的第二次親征南齊，在其主動進軍、主動退兵下結束，這也是魏孝文帝和齊明帝最後一次的較量，因齊明帝尚在戰事未完全結束之際，已於永泰元年（498、魏太和二十二年）七月崩逝；而魏孝文帝也於次年四月崩逝。〔註167〕這場戰爭在戰略戰術的運籌與執行上，不僅是上述的兩位君主，其他的主帥、將領，都有可供稱述及批評的地方。

一、北魏佔沔北五郡保障洛陽南面安全

　　北魏攻佔南齊沔北五郡有雙重意義。首先，乃繼魏獻文帝時慕容白曜取劉宋青齊之地後，北魏再一次往南擴張領土。其次，北魏遷都洛陽後，距南齊國境不遠，都城防禦縱深不足，爲保證洛陽南面門戶安全，須將南齊沔北五郡畫入北魏版圖，拉長防禦縱深，故佔沔北以衛洛陽，即成爲魏孝文帝的戰略思維，也因此他將這次親征南齊的戰略目標鎖定於沔北地區。事實上，以沔北地區爲戰略目標，除了魏孝文帝自己的定見外，臣下的建議，更加深他的決策力道，《魏書・薛眞度傳》載：〔註168〕

> 初，遷洛後，眞度每獻計於高祖，勸先取樊鄧，後攻南陽，故爲高祖所賞。……詔曰：「……眞度爰自遷京，每在戎役，沔北之計，恒所與聞，知無不言，頗見採納。及六師南邁，朕欲超據新野，羣情皆異，眞度獨與朕同。」

薛眞度的先取樊鄧、後攻南陽的戰略思維與魏孝文帝不謀而合。另據上引文，還可觀察出北魏君臣對沔北地區的看法不太一致，故而有魏孝文帝欲據新野，羣情皆異的情況發生。北魏朝廷原本即有部分朝臣不贊成與南方進行長期戰爭，高閭即爲其中代表，可歸爲鴿派。前次魏孝文帝伐齊於495年（魏太和十九年、齊建武二年）二月撤軍前，欲留軍駐守淮南，高閭卻不贊成，他認爲：「若必留戍，軍還之後，恐爲敵擒。……降附之民及諸守令，亦可徙置淮北。」〔註169〕其意見相當程度代表一部份朝臣想法。魏孝文帝也知

〔註167〕齊明帝於498年（魏太和二十二年、齊永泰元年）七月己酉，崩於正福殿，年四十七。參見《南齊書》卷6〈明帝紀〉，頁91。魏孝文帝則於499年（魏太和二十三年、齊永元元年）四月丙午朔，崩於穀塘原之行宮，參見《魏書》卷7下〈高祖紀下〉，頁185。

〔註168〕《魏書》卷61〈薛眞度傳〉，頁1356。

〔註169〕《魏書》卷54〈高閭傳〉，頁1207～1208。

道群臣並非均贊成其持續對南齊用兵，但他思考的是，若直接面對這些反戰朝臣，雖以帝王之尊，仍能貫徹其意志再次發動南伐，且朝臣不敢正面反對，但是私下反對南侵之氣氛恐對伐齊行動造成傷害，會影響南伐將領作戰態度，一旦將帥無積極求勝心態，必會影響其所率軍隊。因此，在薛眞度主張對南方採取主戰的立場下，可知他屬鷹派。而魏孝文帝以薛眞度的戰略思維與己相符大家讚賞，此時他便成爲鷹派、鴿派不同意見中，公正裁決者角色，雖仍然需面對鴿派高閭等人之壓力，但畢竟力道小的多，對鞏固北魏上下南伐的意志，多少有其幫助。

二、北魏在關鍵時刻的戰略決策正確

魏孝文帝二次親征南齊企圖心明確，「南蕩甌吳，復禮萬國。」〔註 170〕胸懷建立統一帝國之雄心壯志，表現在軍事行動上，積極進取攻勢連連。觀乎北魏在戰爭過程中，其戰爭主導者魏孝文帝，在幾個關鍵點判斷相當正確，下達的決策都能符合當時戰略形勢下應有的作爲，這些關鍵點如援助渦陽、高車叛亂、撤出襄樊戰場、退兵時機等。

（一）渦陽危機的解除

魏軍大本營共派出三波援軍援助渦陽，才得以擊退齊軍解除渦陽危機，渦陽並無特殊戰略地位，爲何北魏如此重視，筆者認爲原因有二，其一：渦陽是魏孝文帝 495 年（魏太和十九年、齊建武二年）首次親征南齊時入北魏版圖，在北魏已統治渦陽三年的情況下，自然不願南齊奪回。且魏孝文帝此次南伐，一路攻城掠地，佔領了沔北五郡，在北強南弱態勢下，魏孝文帝爲維持北魏尊嚴，更不願渦陽陷齊。其二：渦陽守將孟表的堅守，「城中食盡，唯以朽革及草木皮葉爲糧。（孟）表撫循將士，勠力固守。」〔註 171〕孟表爲南齊降將，但關鍵時刻並未歸降南齊，對如此堅貞之猛將，自應全力救之，塑造成經典模範。亦即當城戍遭圍困時，北魏必會遣軍救援，以堅定守將固守之決心，否則渦陽任其陷落，遂成負面示範，北魏其餘城戍守將見此，自忖堅守城池也無法獲魏軍救援，與其最後遭攻破，不如及早投降，爲避免有此不良影響，魏孝文帝派出多路援軍援助渦陽。

渦陽危機時，魏孝文帝將攻擊主軸置於雍州，而當時已佔領沔北，接下

〔註170〕《魏書》卷 7 下〈高祖紀下〉，頁 185。
〔註171〕《魏書》卷 61〈孟表傳〉，頁 1376。

來要直指襄樊，故其戰略思維是：其他地方的衝突不可妨礙到魏軍在雍州的軍事行動。對於渦陽遭齊軍攻擊，由於情況不明，上策是渦陽守軍直接擊退來犯齊軍；中策乃是調一部份魏軍支援；下策則是在渦陽不可陷齊的思維下，抽調正進攻襄樊、義陽的魏軍救援，但是如此一來等於放棄對襄樊及義陽的進攻。魏孝文帝不可能在渦陽攻守態勢未明朗前即採下策，所以先由渦陽守將孟表做自我防衛。然而，齊軍攻擊力道顯然出乎他的意料，渦陽陷入困境，於是派廣陵王元羽率軍馳援，卻遭擊敗。此時魏軍進攻襄樊不利，魏孝文帝率魏軍轉進懸瓠，準備聲援渦陽，並實施中策。途中先遣禁衛武官率輕騎支援，接著命傅永領五部兵馬往援，但仍不敵齊軍，至此魏孝文帝始知事態嚴重，不得已乃放棄義陽，由魏軍王肅部馳援渦陽，終得擊退裴叔業守住渦陽。觀乎當時戰略態勢，魏孝文帝所率魏軍已往懸瓠行進爲渦陽聲援，再加上王肅的大軍赴援，二路北魏大軍聲勢必然頗爲震撼。果然王肅十餘萬魏軍一到，「叔業見魏兵盛，夜，引軍退；明日，士眾奔潰，魏人追之，殺傷不可勝數。」〔註172〕魏孝文帝應認爲，王肅魏軍倍於裴叔業齊軍，當能解渦陽之危，若不濟，爲力保渦陽不失，魏孝文帝所率主力極有可能投入渦陽戰場。

（二）高車叛亂的決策

高車叛亂亦是相同情況，魏孝文帝在態勢未明朗前，不可能放棄對南齊之戰爭，轉而討伐高車，故先遣宇文福率一部魏軍鎮壓，若能平服即罷，然而事與願違，高車頑強抵抗，宇文福任務失敗。魏孝文帝至此方覺亂事之嚴重，乃遣江陽王元繼率軍平亂。過程中魏孝文帝已結束對南齊戰爭，可見高車叛亂對北魏影響之大，若掀起大亂可能令北魏陷入南北作戰之困境，故魏孝文帝結束南方戰爭，準備隨時對高車鎮壓。筆者推測，魏孝文帝對高車叛亂應訂有上中下三策，上策乃遣將率少部魏軍配合當地駐軍平亂；中策即派宗室或猛將率大軍予以平定，若上策、中策皆失敗，按魏孝文帝常御駕親征且在戰場中更親臨前線指揮作戰的個性，如進攻雍州時與齊軍崔慧景部、蕭衍部遭遇：〔註173〕

> 高祖指麾將士，敕（宇文）福領高車羽林五百騎出賊南面，奪其橋道，過絕歸路。賊眾大恐，六道來戰。福據鞍誓眾，身先士卒，賊不得前，遂大奔潰。

〔註172〕《資治通鑑》卷141〈齊紀七〉，明帝永泰元年，頁4421。
〔註173〕《魏書》卷44〈宇文福傳〉，頁1001。

他極有可能親自率軍平定，因高車問題關係北魏兵源，須徹底降服以保證爾後兵源無虞。

　　魏孝文帝處理戰場危機模式，皆是維持既定戰略主軸不輕易更改，除非是危機已嚴重到需更改戰略目標。故面對渦陽危機及高車叛亂，魏孝文帝一貫先遣小部魏軍前往處理，失利後再派大軍支援，而在上述兩種方式皆無法解決問題時，就必須更動戰略目標，此即：1、王肅棄義陽援渦陽，戰略目標由進攻義陽轉為力保渦陽。2、結束南伐班師北返，戰略目標由進攻南齊轉為討伐高車。由此可見，魏孝文帝的戰略決策相當彈性，會隨著戰略環境改變，更動原先設定之戰略目標或戰略目的。

（三）撤出襄樊戰場

　　魏孝文帝所率魏軍主力直趨雍州攻下沔北五郡後，在襄樊戰場遇到瓶頸。襄陽在齊明帝遣崔慧景、蕭衍等部齊軍增援後，穩住防守態勢，魏軍無法突破；樊城則在守將曹虎堅守下，魏軍亦無法越雷池一步。何以南齊傾全力也要守住襄陽，關鍵在於襄陽戰略地位重要，「江陵去襄陽步道五百，勢同脣齒，無襄陽則江陵受敵。」〔註174〕南齊雍州州治襄陽、荊州州治江陵，二者脣齒相依，若襄陽失、江陵必危，江陵再失，北魏即可控制長江流域並橫渡長江，則建康危矣。故南齊的防禦戰略乃是守江陵必先保襄陽，因此齊明帝才會「假慧景節，率眾二萬，騎千匹，向襄陽。」〔註175〕接著又命蕭衍、董仲民、劉山陽等將再率五千兵馬往援。〔註176〕而魏軍攻勢則因襄樊齊軍全力固守屢屢無功，迫使魏孝文帝不得不思考轉進的可行性。他評估襄陽對南齊而言乃戰略重鎮，有不可失之壓力，增援部隊必源源不斷而來，魏軍自497年（魏太和二十一年、齊建武四年）九月進軍南齊，至次年三月已半年有餘，疲態漸現，且未能趁攻佔沔北五郡之際乘勢攻下襄陽，魏軍銳氣漸失，若持續進攻襄陽，而南齊援軍陸續從各地開來，這些齊軍都是未投入戰場的新銳之師，以師老兵疲之魏軍與戰力堅強的齊軍相抗，雖云魏軍整體戰力較齊軍為佳，但魏孝文帝並無必勝之把握，故決定暫時退出襄樊戰場，予魏軍整補休養再圖後舉。魏孝文帝這項戰略決策可謂正確，若一味進攻襄

〔註174〕《南齊書》卷15〈州郡治下〉，頁273。
〔註175〕《南齊書》卷51〈崔慧景傳〉，頁873。
〔註176〕「（齊明帝）假慧景節，率眾二萬，騎千匹，向襄陽。……慧景頓渦口村，與太子中庶子梁王（蕭衍）及軍主前寧州刺史董仲民、劉山陽、裴颿、傅法憲等五千餘人進行鄧城。」《南齊書》卷51〈崔慧景傳〉，頁873。

樊，久戰不下有損魏軍士氣，一旦南齊各路援軍雲集，乘勢反攻，加上裴叔業齊軍正進攻渦陽，新佔沔北五郡有可能受到鼓舞起兵響應，如此一來，南齊收復沔北之地不無可能。是故魏孝文帝決定採穩健策略，先求鞏固新佔領區沔北五郡及堅守渦陽，因此退出襄樊戰場轉進懸瓠，同時密切注意沔北及渦陽動靜，一方面穩固沔北五郡，並伺機支援渦陽；另一方面隨時準備發動大規模攻勢，所以才會有發州郡兵二十萬限八月中匯集懸瓠之舉。

（四）退兵時機與穩固沔北之地

影響北魏結束伐齊戰事因素有三：洛陽留守官員不合、魏孝文帝身體狀況、高車叛亂，若是僅有前兩項因素，當不致令魏孝文帝退兵北返，真正令他下定決心者乃高車叛亂，並非前兩項因素未列入考慮，只是強弱不同，魏孝文帝雖先考慮高車因素，但實際上是將前兩項因素一併列入退兵考量的。高車人勇悍體健，北魏長年至高車部落徵兵，北魏伐齊大軍亦有眾多高車人在內，若魏孝文帝繼續向南進軍，魏軍中之高車部隊，一旦響應其母族部落之反叛行動發生兵變，如此一來，魏軍在內有高車兵變、外有齊軍夾擊的情況下可能大敗，甚至拱手讓出沔北地區，故魏孝文帝決定以安內為主，先撤軍北返處理高車問題。魏軍若撤回北魏境內，在沒有與齊軍對抗的情形下，北魏軍隊裡的高車部隊要揭竿而起的困難度相對增高，即使叛變，北魏也能全力鎮壓，並阻絕高車部隊與高車部落相互聲援，使兵變規模不致擴大。

魏孝文帝退兵時機掌握得宜，不妨從兩個角度思考。首先，魏軍伐齊已歷一年有餘，兵疲馬困之下容易有厭戰心理，且補給線長後勤供應不易。北魏至魏孝文帝時逐漸封建化，不復魏初可隨意劫掠南人及其財富，魏軍之軍需仰賴本國補給，後勤支援耗費甚鉅，如今已取得沔北五郡，達成出兵時設定之戰略目標，實應讓魏軍休養生息。其次，北魏初佔沔北之地，統治力並不穩固，若南齊進行敵後工作，徒增沔北地區動亂，故首要之務乃穩定沔北地區統治，進行戰後復原。

魏孝文帝拓地南齊新佔沔北之地，乃 469 年（魏皇興三年、宋泰始五年）北魏自魏獻文帝遣慕容白曜取劉宋青齊之地以來，近三十年來最大的疆域擴展：「（太和）二十一年（497、齊建武四年）十一月，大敗齊師于沔北。明年春，復大破之，下二十餘城，於是悉定沔漢諸郡。」〔註177〕北魏所佔沔

〔註177〕《魏書》卷 105 之 4〈天象志・星變下〉，頁 2428。

漢諸郡屬南齊雍州及寧蠻府所轄，〔註178〕魏孝文帝將這次所佔領土，大部分畫歸荊州，使荊州版圖大為擴張，他為了迅速強化沔漢諸郡的統治，州刺史的選擇以忠誠度為優先考量，故以宗室出任為宜，「沔北既平，廣陽王嘉為荊州刺史。」〔註179〕「起（元）英為左衛將軍，加前將軍，尋遷大宗正，又轉尚書，仍本將軍，鎮荊州。」〔註180〕廣陽王元嘉乃魏太武帝之孫，與魏文成帝同輩；元英則為景穆太子拓跋晃之孫，與魏獻文帝同輩，二位宗室輩份皆高於魏孝文帝，可見魏孝文帝未以輩份低淺宗室出鎮荊州，乃是借重元嘉、元英輩份威望之考量，希其將北魏統治力落實至沔北地區。

　　至於次級地方官員，以嫻熟行政事務，具忠誠之幹練長才為首要考量，茲舉二例說明：「復起（韋）珍為中軍大將軍、彭城王勰長史。沔北既平以珍為建威將軍，試守魯陽郡。」〔註181〕《魏書・李佐》載：〔註182〕

> 以佐為（元）嘉鎮南府長史。加輔國將軍，別鎮新野。及大軍凱旋，
> 高祖執佐手曰：「沔北，洛陽南門。卿既為朕平之，亦當為朕善守。」

韋珍、李佐均曾任彭城王元勰、廣陽王元嘉二位親王的長史一職，不僅熟悉政務且易與朝廷溝通，而能任親王長史其忠誠度不在話下，其中李佐更是攻下新野功臣，「蕭鸞新野太守劉思忌憑城固守，（李）佐率所領攻拔之。」〔註183〕從州刺史到郡太守，魏孝文帝均經過審慎挑選，可見其對統治新佔領區之重視。此外，為防止南齊進行敵後工作，魏孝文帝更派要員至當地善加撫慰，「屬荊郢新附，南寇窺擾，又詔（柳）崇持節與州郡經略，兼加慰喻。」〔註184〕柳崇，字僧生，河東解人，其人方雅有器量，「兼有學行。舉秀才，射策高第。」〔註185〕時任尚書右外兵郎中之職。魏孝文帝令其撫諭

〔註178〕南齊雍州領郡二十二，其中南上洛郡、北河南郡、弘農郡、從陽郡、西汝南郡、北上洛郡、齊安郡、齊康郡、招義郡等九郡，在南上洛郡下有「建武中，此以下郡皆沒虜。」之注。寧蠻府領郡二十四，其中左義陽郡、南襄城郡、廣昌郡、東襄城郡、北襄城郡、懷安郡、北弘農郡、西弘農郡、析陽郡、北義陽郡、漢廣郡、中襄城郡等十二郡，於中襄城郡下注有「右十二郡沒虜。」參見《南齊書》卷15〈州郡志下〉，頁281～287。

〔註179〕《魏書》卷39〈李佐傳〉，頁895。

〔註180〕《魏書》卷19下〈景穆十二王下・南安王楨附子英傳〉，頁496。

〔註181〕《魏書》卷45〈韋珍傳〉，頁1014。

〔註182〕《魏書》卷39〈李佐傳〉，頁895。

〔註183〕《魏書》卷39〈李佐傳〉，頁894～895。

〔註184〕《魏書》卷45〈柳崇傳〉，頁1029。

〔註185〕《魏書》卷45〈柳崇傳〉，頁1029。

新佔領區，不僅表達北魏朝廷對該地之重視，更能將民情直達天聽，使北魏朝廷與新佔領區間無所隔閡，加速沔漢諸郡融入北魏領土過程。更重要的是，該區域關乎京畿國防，若能迅速安定秩序做好復原工作，不僅可保障洛陽安全，還可在下次南伐時，不致因統治未穩導致後方生變，而有沔漢諸郡響應南齊之情事發生。

三、北魏開闢義陽戰場之關鍵

為了牽制南齊向沔北地區增援，妨礙魏軍主力進攻雍州，魏孝文帝另遣一軍由王肅率領，由淮河中下游向南齊司州進攻，開闢義陽戰場，義陽戰場的成敗實居此次南伐關鍵因素之一，影響北魏、南齊的戰略執行。首先，對北魏而言，若王肅進攻義陽失敗，南齊即能調遣各路兵馬救援雍州，當魏軍面對多路齊軍抗擊，兵力分散的結果，能否攻陷沔北五郡實未可知；反之，若王肅進攻義陽成功，便能貫徹魏孝文帝以魏軍主力進攻雍州之戰略規畫，不致受到南齊其他援軍掣肘。其次，在南齊方面，由於雍州面對魏軍的壓力愈來愈大，為了舒緩魏軍對雍州的進攻，遂以攻擊代替防禦，採「圍魏救趙」之策，對北魏發動兩波攻勢，希望能吸引進攻雍州的魏軍轉進支援受齊軍攻擊的北魏城戍，「蕭鸞遣將魯康祚、趙公政眾號一萬，侵豫州之太倉口。（王）肅令（傅）永勒甲士三千擊之。」〔註 186〕對於南齊的這兩波攻勢，魏孝文帝以準備進攻義陽的豫州刺史王肅所部魏軍拒敵。若齊軍能擊敗王肅魏軍，則北魏開闢義陽戰場牽制其他齊軍援助雍州的戰略作為將失敗；而齊軍敗王肅後，更能乘勝追擊，擴大對北魏其餘城戍的打擊，迫使魏孝文帝抽調進攻雍州的魏軍來協防，因此，南齊「圍魏救趙」戰略能否成功，王肅魏軍與齊軍的戰鬥結果至為重要。

王肅遣其長史傅永迎擊魯康祚、趙公政的一萬齊軍，時齊軍列淮南、魏軍居淮北，傅永決定採伏擊戰術，趁齊軍渡淮襲擊魏營時，設伏夾擊之，而齊軍果中伏大敗，「溺死、斬首者數千級，生擒公政。康祚人馬墜淮，曉而獲其屍，斬首，并公政送京師。」〔註 187〕南齊第一波攻擊失利，緊接著開啟第二波攻勢，由「裴叔業率王茂先、李定等來侵楚王戍。（傅）永適還州，（王）肅復令永討之。」〔註 188〕傅永二度出擊仍不負使命，再敗齊軍，傅

〔註 186〕《魏書》卷 70〈傅永傳〉，頁 1551。
〔註 187〕《魏書》卷 70〈傅永傳〉，頁 1551。
〔註 188〕《魏書》卷 70〈傅永傳〉，頁 1552。

永「夜伏戰士一千人於城外。曉而叔業等至，……（傅）永所伏兵於左道擊其後軍，破之。……叔業進退失圖，於是奔走。」〔註189〕傅永擊退齊軍進攻，破其「圍魏救趙」之策，使魏軍主力能專力進攻雍州，王肅更乘勝追擊進圍義陽，義陽戰場的成功，有賴魏孝文帝正確的戰略決策，但王肅、傅永合作無間亦功不可沒，「肅以永宿士，禮之甚厚。永亦以肅爲高祖眷遇，盡心事之，情義至穆。」〔註190〕更難能可貴的是，因魏軍主力進向雍州，魏孝文帝無法配置王肅太多軍隊，遂希望由其招募兵員：〔註191〕

詔肅討蕭鸞義陽。聽招募壯勇以爲爪牙，其募士有功，賞加常募一等；其從肅行者，六品已下聽先擬用，然後表聞；若投化之人，聽五品已下先即優授。

從這段記載可知，王肅征討義陽的兵源尚需自己招募，雖史未明載招募兵員數目爲何？但是進攻義陽之軍隊顯然非魏軍主力。而王肅、傅永能完成魏孝文帝交付之任務，令北魏攻陷沔北五郡獲得雍州戰場勝利，實根基於王肅、傅永在義陽戰場初期之成功。

不過，頗耐人尋味的是，王肅和傅永都是南朝降人，因此當魏孝文帝欲以王肅領軍進攻義陽時，其忠誠度不免遭質疑，北魏內部即有反對聲浪，「咸陽王禧慮肅難信，言於高祖。」〔註192〕畢竟以王肅南人的身份，不太容易獲得元宗室及代人貴族的認同，若讓其領兵，是否會不戰而降甚至陣前倒戈，不得而知。而魏孝文帝回答咸陽王元禧其處置方式是：「已選傅脩期爲其長史。」〔註193〕脩期爲傅永的字，他亦是南朝降人，且游移於南北政權間，「幼隨叔父洪仲與張幸自青州入國（北魏），尋復南奔。……自東陽禁防爲崔道固城局參軍，與道固俱降，入爲平齊民。」〔註194〕其實元禧的疑慮也不無道理，將十餘萬大軍交由南朝降人擔任的主帥與長史，一旦二人聯合南奔，的確很難預防。但或許是魏孝文帝的識人之明與疑人不用、用人不疑，二人不但沒有投奔南齊，更全力與齊軍奮戰獲得勝利。可見南朝降人並非全然不可信，仍然可賦予重任，他們是否會有異心，其實是取決於個人的人格特質與忠誠度。

〔註189〕《魏書》卷70〈傅永傳〉，頁1552。
〔註190〕《魏書》卷70〈傅永傳〉，頁1551。
〔註191〕《魏書》卷63〈王肅傳〉，頁1408。
〔註192〕《魏書》卷70〈傅永傳〉，頁1551。
〔註193〕《魏書》卷70〈傅永傳〉，頁1551。
〔註194〕《魏書》卷70〈傅永傳〉，頁1550～1551。

四、魏孝文帝的跳躍式戰術

南人長於守城、短於野戰，與北人正好相反，故南朝面對北魏的進攻，大多採據城堅守的防禦戰略。魏軍以騎兵見長，利於寬闊平原衝鋒陷陣；齊軍以步兵為主缺乏戰馬，與魏軍野戰無非以己之短攻敵之長。但是一旦進入城池攻防戰，尤其南北朝時期，北魏多採積極主動攻勢，入侵南方機率多，不可避免要進攻南方城池，此時優勢便轉至防禦一方，故南朝面對北魏大軍進攻時，率多構築防禦工事加強城防，只要能堅守城池，魏軍遠道來伐，補給不易，時日一久往往自動退兵，這是南朝對抗北魏的基本戰略思維。

魏孝文帝面對齊人長於守城之優勢，極思破解之術，一旦進入城池攻防時，便採用跳躍式戰術。如魏孝文帝所率的魏軍主力，原正進攻赭陽，但赭陽城防堅固，且齊明帝聞北方有警，「先遣軍主直閤將軍胡松助北襄城太守成公期守赭陽城。」〔註195〕在南齊預先加強防禦力量下，魏軍喪失攻城先機，攻守雙方遂進入冗長圍城階段。此時，魏軍薛真度部攻南陽敗績，遭南陽太守房伯玉擊退，魏孝文帝聞訊大怒，欲親自率軍進攻，遂留部分軍隊續攻赭陽，自率魏軍攻打南陽郡治宛城，但宛城在房伯玉堅守下，魏軍攻城行動並不順利。不過魏孝文帝並未戀戰，再留一部份軍隊圍攻宛城，逐率大軍進攻下個戰略目標新野，而新野同樣在其守將新野太守劉思忌固守下，魏軍無法攻克。

魏孝文帝所率魏軍主力，連攻赭陽、宛城、新野，皆無法順利攻克，看似無功，其實已對南齊造成莫大壓力。魏孝文帝更分遣諸將率軍各自進攻沔漢諸城戍，南齊整個雍州正面佈滿魏軍。魏孝文帝不願在單一據點和齊軍決戰，而是採遍地開花式攻擊，到處引燃戰火，令齊軍疲於奔命。魏軍如和齊軍在單一據點決戰，以宛城攻防為例，若魏孝文帝不留部份軍隊續攻赭陽，而是率全部魏軍至宛城與齊軍決戰，如此一來，反而讓齊軍發揮防禦優勢，魏軍陷入進攻劣勢。南齊朝廷可遣各路援軍源源不斷開往宛城，魏軍將會陷入齊軍內外包圍之窘境，即便魏軍以優勢兵力攻下宛城，犧牲慘重實在所難免，能否繼續往南進軍不無疑問。但是依魏孝文帝現行戰術，未因攻赭陽、宛城、新野不下而遭拖延，僅留部分軍隊續攻，主力繼續南下，採壓迫性攻擊造成雍州遍地魏軍景象，有如星火燎原。南齊朝廷欲遣中央禁軍或抽調他處地方部隊赴援，也會因諸城戍皆遭魏軍圍攻，不知如何派遣，更增加其軍

〔註195〕《南齊書》卷 57〈魏虜傳〉，頁 997。

事調度的困難。

魏孝文帝的跳躍式戰術對南齊形成防守壓力，魏軍只要能突破一點，便容易形成骨牌效應。果然在 497 年（魏太和二十一年、齊建武四年）十一月甲午，南齊前線十五位將領降魏，足見齊軍防守壓力已繃至臨界點。次年正月新野陷落，魏軍攻破這一點後，其餘各城戍有如潰隄般紛遭魏軍攻陷，《南齊書‧魏虜傳》載：〔註196〕

> 永泰元年（498、魏太和二十二年），（新野）城陷，縛（劉）思忌，問之曰：「今欲降未？」思忌曰：「寧爲南鬼，不爲北臣。」乃死。……
> 於是沔北大震，湖陽戍主蔡道福、赭陽城主成公期及軍主胡松、舞陰城主黃瑤起及軍主鮑舉、從陽太守席謙竝棄城走。……數日，房伯玉以（宛）城降。

上述引文中述及房伯玉以宛城降魏，不過其下場南北史書記載卻大不同，《魏書》載魏孝文帝指責房伯玉「卿何得事逆賊蕭鸞，自貽伊譴！」因房伯玉本非南人，而是「坐弟叔玉南奔。」面對魏孝文帝的指責與羞辱，房伯玉的態度顯得非常惶恐與不安，只求活命而已，「伯玉乞命而已，更無所言。」〔註197〕後來在房伯玉堂弟時任北魏統軍房思安求情下，房伯玉得以存活。至於《南齊書》則盛讚其氣節，齊明帝知其身在魏營心在齊，並未爲難房伯玉之子房希哲，「虜以爲龍驤將軍，伯玉不肯受。高宗（齊明帝）知其志，月給其子希哲錢五千，米二十斛。」之後房希哲奔至北魏見房伯玉，卻遭房伯玉大罵曰：「我力屈至此，不能死節，猶望汝在本朝以報國恩。我若從心，亦欲間關求反。汝何爲失計？」〔註198〕南北朝時南北對立且互爲敵國，南北史書因立場所限，

〔註196〕《南齊書》卷 57〈魏虜傳〉，頁 997～998。

〔註197〕關於《魏書》所載房伯玉降魏後，魏孝文帝對其之譴責與房伯玉之回應，詳見《魏書》卷 43〈房伯玉傳〉，頁 973～974 載：及克宛，伯玉面縛而降。高祖引見伯玉并其參佐二百人，詔伯玉曰：「朕承天馭宇，方欲清一寰域，卿蕞爾小戍，敢拒六師，卿之愆罪，理在不赦。」伯玉對曰：「臣既小人，備荷驅使，緣百口在南，致拒皇略，罪合萬死。」高祖曰：「凡立忠抱節，皆應有所至。若奉逆君，守迷節，古人所不爲。卿何得事逆賊蕭鸞，自貽伊譴！」伯玉對曰：「臣愚癡晚悟，罪合萬斬，今遭陛下，願乞生命。」高祖曰：「凡人惟有兩途：知機獲福，背機受禍。勞我王師，彌歷歲月，如此爲降，何人有罪！且朕前遣舍人公孫延景城西共卿語云：『天無二日，土無二王。』卿答云：『在此不在彼。』天道攸遠，變化無方，卿寧知今日在此不在彼乎？」伯玉乞命而已，更無所言。高祖以思安頻爲伯玉泣請，故特宥之。

〔註198〕關於《南齊書》所載房伯玉降魏後的種種作爲，詳見《南齊書》卷 57〈魏虜

對己有利者必然大書特書；不利者則隱諱不談。以房伯玉爲例，《魏書》載其面對魏孝文帝的譴責與羞辱，只能表現出揣揣不安的態度並卑躬屈膝的乞求活命，其目的在彰顯大魏天子的威嚴，頌揚魏孝文帝擒獲南齊將領的功績。反觀《南齊書》，房伯玉遭北魏俘虜確爲事實，不過焦點卻集中在其風骨，不願接受北魏龍驤將軍一職，並在其子房希哲奔至北魏時，大罵他失南齊臣節，《南齊書》此種筆法，主要也是在彰顯南齊將領雖然降魏，卻是無奈之下不得已的選擇，其內心仍然忠於南齊。由此可見，南北史書因各自立場所限，取材本就有所偏頗，故房伯玉事蹟，南北史書記載不同也是情理之中。

　　魏孝文帝的跳躍式戰術雖獲得成功，但值得注意的是，此種戰術在勢均力敵時並不適合，其背景應設定在攻方實力大於守方時，若攻方實力不足，再分散兵力進攻各城，力量更減，容易遭守方各個擊破，故並非所有戰術皆可一體適用，而是要依戰術執行者考量當時戰略環境及雙方實力等背景因素，綜合分析後做出判斷。

　　其實這種戰術在魏太武帝對劉宋戰爭時已有前例，450年（魏太平眞君十一年、宋元嘉二十七年）的魏宋戰爭中，魏太武帝因彭城、盱眙防守嚴密，遂略過不攻，他不顧堅城在後，率軍直抵長江北岸瓜步，並聲言渡江，震撼建康城內的劉宋君臣。魏太武帝這種大膽戰術依賴的是宋人對魏軍的恐懼，在魏軍背後的彭城、盱眙及其他各城不敢出兵從後突襲，若各路宋軍從後襲擊魏軍，魏軍不無失敗可能。魏太武帝亦知此後果，遂不敢停留太久，在對劉宋君臣施以心理威脅後隨即退兵，〔註199〕只是不知魏孝文帝執行跳躍式攻城戰術時，是否有受其先祖之啓發。

五、南齊「圍魏救趙」戰略的成功與失敗

　　南齊在戰爭中作爲被動防禦的一方，戰略與戰術上相對而言缺乏靈活空

傳〉，頁997～998載：房伯玉以城降。伯玉，清河人。既降，虜以爲龍驤將軍，伯玉不肯受。高宗知其志，月給其子希哲錢五千，米二十斛。後伯玉就虜求南邊一郡，爲馮翊太守，生子幼，便教其騎馬，常欲南歸。永元末，希哲入虜，伯玉大怒曰：「我力屈至此，不能死節，猶望汝在本朝以報國恩。我若從心，亦欲間關求反。汝何爲失計？」遂卒虜中。

〔註199〕關於450年（魏太平眞君十一年、宋元嘉二十七年）的魏宋大戰，筆者有詳細的論述與分析，參見筆者著，《北魏與劉宋戰略關係研究——從國家戰略觀點的解析（下）》第四章〈全國總動員的對抗——魏太武帝後期與劉宋之戰略關係（439～452）〉，頁171～270。

間，大都爲囤積糧食嚴密城防，採堅守久戰之策，此乃針對魏軍後勤補給不易，利於速戰速決，不適合長期圍城所擬定之防禦戰略，若當地守軍無法擊退來犯魏軍，再由南齊朝廷遣軍支援，此爲南齊防禦之固定模式，而在這次戰爭中，南齊亦大致循此戰略模式守禦。但是在雙方攻守過程中，南齊出現「圍魏救趙」戰略，執行成功並達成目標，在南齊僵化的防衛模式下，呈現出靈活的一面。

南齊實施「圍魏救趙」戰略共有兩次，該項戰略要義誠如《孫子兵法》所云：「故我欲戰，敵雖高壘深溝，不得不與我戰者，攻其所必救也。」〔註200〕第一次由裴叔業建議，其背景是魏軍圍攻沔漢諸城及義陽時，齊軍各城戍守將在魏軍全面進攻下，無力支撐，有陷落危機。裴叔業建議齊明帝開闢新戰場，進攻北魏各城戍，將雍州戰場、義陽戰場的魏軍吸引過來，以解各城之危。齊明帝接受裴叔業建議，並調度三路兵馬同時發動攻勢，第一路由裴叔業領軍攻北魏虹城、楚王戍；第二路由王曇紛率萬餘人攻黃郭戍；第三路由魯康祚、趙公政領軍一萬攻太倉口，不過這三路齊軍最後均遭魏軍擊退，戰術執行失敗。裴叔業與魯康祚、趙公政這兩路軍前文已述，具遭北魏豫州刺史王肅及其長史傅永率軍擊敗。至於王曇紛這一路，《魏書‧島夷蕭鸞傳》載：「鸞將王曇紛等萬餘人寇南青州，黃郭戍主崔僧淵擊破之，悉虜其眾。」〔註201〕王曇紛這路齊軍的戰略目標與其他兩路稍有差異，黃郭戍位處淮北濱海地域，選定此戍爲攻擊目標，不排除齊明帝有開闢淮海戰場，藉以牽制魏軍對司州、雍州攻擊的想法。可惜三路齊軍都遭魏軍擊退，齊軍連攻下北魏城池的基本要件皆未能達成，根本無法吸引其他戰場正在攻打南齊城戍的魏軍赴援上述三個城戍，故南齊首次「圍魏救趙」戰略失敗。

第二次採「圍魏救趙」之背景乃北魏已攻下沔北五郡，正圍攻襄樊及義陽，且上述城池均有陷落危機。齊明帝就前次失敗吸取教訓，不再多路並進，而是全力進攻一地，令裴叔業率五萬兵馬直取北魏渦陽。爲了確保這支部隊不受其他魏軍截擊，由左衛將軍蕭惠休另領一軍增援壽春，其目的在作爲側翼，消除魏軍對裴叔業齊軍之干擾，不致因五萬齊軍未至渦陽即遭魏軍擊散。裴叔業至渦陽後連敗兩波北魏援軍，渦陽戰況危急，終於迫使北魏放棄義陽，由正在攻打義陽的魏軍王肅部兼程赴援，而王肅與裴叔業兩軍交戰結果，魏

〔註200〕孫武著、吳仁傑注譯，《孫子讀本》〈虛實篇第六〉，頁39。
〔註201〕《魏書》卷98〈島夷蕭鸞傳〉，頁2169。

軍大敗齊軍解渦陽之危。裴叔業雖未能攻下渦陽，但「圍魏救趙」戰略執行成功，戰略目的已達成。齊明帝鎖定渦陽為進攻目標，乃攻其所必救也，抓住北魏在連克沔漢諸城的勝利情形下，當不願讓齊軍攻陷渦陽，因此判斷北魏應會盡全力保住渦陽，並調動其他戰場魏軍援助渦陽。另外，第一次分三路兵力進攻魏境諸城失敗的情形這次並未發生，可見齊明帝集中兵力專攻一地的戰略發揮效果，不但藉由兵力優勢將北魏兩波援軍全數擊敗，更逼使王肅魏軍解義陽之圍增援渦陽，而魏孝文帝亦因襄樊久戰不利，更撤出襄樊戰場轉進懸瓠為渦陽聲援，可見南齊第二次「圍魏救趙」戰略的成功，使襄樊、義陽脫離魏軍圍攻的困境。

六、齊明帝殺宗室激起王敬則之亂

　　南齊面對北魏大軍壓境，正該朝野同心抗敵以保家園，卻因齊明帝病重，自知來日無多，為掃除宗室對太子蕭寶卷之奪位威脅，於 498 年（魏太和二十二年、齊永泰元年）正月，第三次〔註202〕誅殺齊高帝、齊武帝子孫，「丁未，誅河東王鉉、臨賀王子岳、西陽王子文、衡陽王子峻、南康王子琳、永陽王子珉、湘東王子建、南郡王子夏、桂楊王昭粲、巴陵王昭秀。」〔註203〕誅河東王蕭鉉時，他兩個尚在襁褓中的兒子亦無法倖免，慘遭殺害，如此殘酷殺害同源血親，清人趙翼認為齊明帝的冷血心態實為古今所罕見：〔註204〕

　　　　宋子孫多不得其死，猶是文帝、孝武、廢帝、明帝數君之所為，至
　　　　齊高、武子孫，則皆明帝一人所為，其慘毒自古所未有也。

而齊明帝的第三次誅殺行動，乃與其侄子始安王蕭遙光合謀，《南齊書・蕭遙光傳》：〔註205〕

　　　　上（齊明帝）以親近單少，憎忌高、武子孫，欲並誅之，（蕭）遙光
　　　　計畫參議，當以次施行。永泰元年，……（齊明）帝不豫，遙光數
　　　　入侍疾，帝漸甚，河東王鉉等七王一夕見殺，遙光意也。

齊高帝上有蕭道度、蕭道生二位兄長，蕭道生有蕭鳳、蕭鸞、蕭緬三子，蕭

〔註202〕前二次誅殺情形，參見本書，頁 149～154、175～176。
〔註203〕《南齊書》卷 6〈明帝紀〉，頁 90。
〔註204〕趙翼著、王樹民校證，《廿二史劄記校證》（北京：中華書局，2007 年 9 月）
　　　　卷 12〈宋齊梁陳書并南史〉，頁 248～249。
〔註205〕《南齊書》卷 45〈宗室・始安貞王道生附遙光傳〉，頁 789。

遙光乃蕭鳳之子。〔註206〕南齊皇位原為齊高帝一脈繼承，至蕭鸞廢海陵王蕭昭文自即帝位後，始轉為蕭道生一脈。齊明帝為鞏固太子蕭寶卷皇位，自然找系出同脈的侄子蕭遙光商議。然何以蕭遙光力贊齊明帝誅殺宗室之議，從之後歷史演變來看，蕭遙光實有其陰謀，即是他對皇位的野心。齊明帝崩後蕭寶卷即位，「遙光既輔政，見少主即位，潛與江祏兄弟謀自樹立。」〔註207〕蕭遙光既有陰謀自立之意，故對齊明帝誅殺齊高、武子孫極力贊成，因為這些宗室皆有繼承皇位資格，即便他日後能從蕭寶卷手中奪取大位，難保這些宗室諸王對皇位不會有覬覦之心，為永絕後患，自然同意齊明帝誅除這些親王，先一步掃除障礙。

齊明帝誅殺十位親王後，內部紛爭並未落幕，三個月之後的四月丁卯，頻遭齊明帝猜忌的大司馬、會稽太守王敬則舉兵反，一時聲勢浩大，但迅速被平定，「五月壬午，遣輔國將軍劉山陽率軍東討。乙酉，斬敬則傳首，曲赦浙東、吳、晉陵七郡。」〔註208〕隨王敬則舉兵者多是烏合之眾，因此朝廷軍才能迅速平亂，並未掀起大亂影響與北魏之戰爭。

齊明帝值此與北魏戰爭之關鍵時刻，在沔北之地已失，魏軍尚在北境縱橫穿突之際，他未安定內部反而激起動亂，頗不可思議，幸誅殺十位親王與王敬則之亂沒有激起更大連鎖反應。而齊明帝誅殺宗室引起的政治動盪，何以未對正在進行中的魏齊戰爭未有太大影響，究其原因，可分內外兩部分析論之。就內部因素而言，十位親王勇氣、智力稍嫌不足，若能全部起兵舉起反幟，十顆火種一引燃，會讓齊明帝疲於平亂，其結果，可能親王中有人取齊明帝代之即位稱帝；也有可能北魏趁亂攻滅南齊實現魏孝文帝統一寰宇理想，惜親王們皆束手待斃，缺乏放手一搏的氣概。而王敬則之亂也未激起社會動盪引發大型民變，實乃南齊幸運之處。至於外部因素，北魏因留洛官員不合、魏孝文帝病體、高車叛亂等因素，不得不班師北返，但是一國之安危不可建立在敵國內部不安的環境上，應先鞏固內部向心，避免製造分離，才能一致對外，故齊明帝殘殺宗室、引起官員謀反實屬不智，假設北魏無上述內部因素掣肘，而南齊宗室諸王率皆起兵與齊明帝相抗；兼之王敬則之亂激起更大的社會動亂，南齊在這些內外動亂夾擊下，恐有亡國之虞，故齊明帝

〔註206〕參見《南齊書》卷45〈宗室列傳〉，頁787～788。
〔註207〕《南齊書》卷45〈宗室‧始安貞王道生附遙光傳〉，頁789。
〔註208〕《南齊書》卷6〈明帝紀〉，頁91。

在戰爭中做出引發內部動亂之決策，實有欠周詳考慮。

七、渦陽之戰的檢討

　　渦陽之戰乃南齊主動挑起，以攻擊代替防禦，由裴叔業率齊軍進攻渦陽；而北魏為保渦陽，先後派出三支部隊馳援。雙方在戰鬥過程中齊軍雖先勝後敗，卻成功解義陽、襄樊之危，而魏軍雖然最終大敗齊軍保住渦陽，卻也放棄對義陽、襄樊的進攻，此後便未見對南齊有大規模的攻勢作為，魏孝文帝也萌生退兵之念，由此可見渦陽之戰在這次魏齊戰爭中的關鍵地位，故須將其徹底檢討，以明魏軍、齊軍勝敗緣由及該戰役對這次戰爭的影響。

（一）孟表堅守渦陽對北魏的戰略意義

　　北魏能夠成功保住渦陽，最大功臣非渦陽守將孟表莫屬，由於他的堅守，終於等到王肅率第三波援軍擊退裴叔業齊軍。孟表雖在渦陽會戰中表現出色，不過他卻在南北政權中游走，曾任南齊馬頭太守，《魏書·孟表傳》：「孟表，字武達，濟北蛇丘人也。自云本屬北地，號索里諸孟。青徐內屬後，表因事南渡，仕蕭鸞為馬頭太守。」〔註209〕之後孟表於494年（魏太和十八年、齊建武元年）以所屬馬頭郡降北魏，「（孟）表據郡歸誠，除輔國將軍、南兗州刺史，領馬頭太守，賜爵譙縣侯，鎮渦陽。」〔註210〕孟表雖曾任齊明帝馬頭太守，與裴叔業可謂同朝為官，但孟表在渦陽危急時刻卻表現出對北魏的忠誠，未以所屬投降，反而固守待援，《魏書·孟表傳》：〔註211〕

> 後蕭鸞遣其豫州刺史裴叔業攻圍六十餘日，城中食盡，唯以朽草及草木皮葉為糧。表撫循將士，勠力固守。會鎮南將軍王肅解義陽之圍，還以救之，叔業乃退。

孟表堅守渦陽未遭裴叔業攻陷對北魏而言具有兩項重大戰略意義，第一：阻止裴叔業進一步攻擊北魏其他城戍。雖然裴叔業的戰略目的，主要是執行「圍魏救趙」戰略，藉攻打渦陽吸引魏軍回師救援，以減輕司州、雍州面對魏軍進攻的壓力，然裴叔業一旦攻陷渦陽，難保不會繼續進攻其他城戍，擴大對北魏的威脅。

　　設想，若孟表未堅守渦陽甚至獻城投降，讓裴叔業迅速佔領之，不論裴

〔註209〕《魏書》卷61〈孟表傳〉，頁1376。
〔註210〕《魏書》卷61〈孟表傳〉，頁1376。
〔註211〕《魏書》卷61〈孟表傳〉，頁1376。

叔業有無繼續進攻北魏其他城戍，都將對魏孝文帝及在司州、雍州境內的魏軍造成震撼，因爲自戰爭開始，均是魏軍攻佔南齊城戍，現在卻是北魏城戍遭齊軍攻陷，對魏軍的軍心士氣必然有所影響，故魏孝文帝有可能提早結束對襄樊與義陽的攻勢，將魏軍投入渦陽的救援行動中。但是因孟表的堅守渦陽，魏孝文帝不用立即中止對襄樊與義陽的攻勢，他先派出兩波援軍赴援渦陽，直到兩波援軍均救援失敗後，魏孝文帝始令王肅退出義陽戰場救援渦陽。雖然魏軍最終均未能在襄樊與義陽戰場進一步擴大戰果，但不可否認，至少孟表爭取一段時間讓魏孝文帝繼續做進攻襄樊與義陽的嘗試，故不能以結果論否定孟表的貢獻。反之，若魏軍最後攻佔義陽，則孟表堅守渦陽使王肅不須赴援而能持續進攻義陽，豈非大功一件。

第二：爲南齊降將起示範作用，避免他們見異思遷回歸南齊。南北對立期間，北人降南、南人投北早已司空見慣，戰爭期間更是所見多矣！這些降人的忠誠度，往往對接納他們的政權是一大考驗，有時在戰爭關鍵時刻，若戰況趨於劣勢，加上其原本國家的溫情攻勢及官祿利誘下，回歸的機率極大。是故曾任齊明帝馬頭太守的孟表在渦陽危急存亡之秋，表現出對北魏的忠誠，並未以渦陽降裴叔業，使原南齊降將叛魏歸齊的情況並未發生。南齊自齊明帝即位以來，已有多位官員、將領降魏，如鸞龍陽縣開國侯王朗；〔註212〕前軍將軍韓秀方、弋陽太守王副之、後軍將軍趙祖悅等十五將；〔註213〕南陽太守房伯玉等，〔註214〕雖然這些南齊降將，並不會因孟表表現出對北魏的忠誠，而影響自己是否對北魏效忠或回歸南齊。然不可否認，所謂成事不足敗事有餘，若孟表面對裴叔業大軍，未加抵抗或稍加抵抗即投降，當然會對北魏境內的南齊降將造成一定的心理衝擊，一旦這些降將追隨孟表腳步，響應裴叔業並回歸南齊，北魏不可避免的會損失一些城戍與軍隊。

（二）北魏將領的優劣表現

魏孝文帝派遣三波救援渦陽的魏軍，其將領的表現與軍事素養，優劣皆

〔註212〕495 年（魏太和十九年、齊建武二年）正月：「丙子，（蕭）鸞龍陽縣開國侯王朗自渦陽來降。」《魏書》卷7下〈高祖紀下〉，頁176。

〔註213〕497 年（魏太和二十一年、齊建武四年）十一月甲午：「蕭鸞前軍將軍韓秀方、弋陽太守王副之、後軍將軍趙祖悅等十五將來降。」《魏書》卷7下〈高祖紀下〉，頁182。

〔註214〕498 年（魏太和二十二年、齊永泰元年）二月甲子：「鸞冠軍將軍南陽太守房伯玉面縛出降。」《魏書》卷7下〈高祖紀下〉，頁183。

有，且影響援助任務的成敗，以下分述之。

1、第一波援軍

北魏第一波援渦陽的援軍將領乃廣陵王元羽，其為魏孝文帝之弟，雖是皇室貴冑，但並非昏愚無能之輩，《魏書・廣陵王羽傳》載：「羽少而聰慧，有斷獄之稱。……典決京師獄訟，微有聲譽。」〔註 215〕元羽擅長的領域在刑獄司法方面，戰場殺伐非其所長，雖有征東大將軍、衛將軍之銜，但觀乎《魏書》其本傳所載，〔註 216〕他參與的戰事多是隨同魏孝文帝出征，其任務多是協同、輔助大軍作戰，甚少獨領一軍獨立作戰，而率軍馳援渦陽，從《魏書・廣陵王羽傳》觀之，乃是他的一次獨立作戰。是故在戰略素養與獨立作戰經驗不足的情況下，無法與南齊沙場老將裴叔業抗衡，元羽之援軍遂遭其所敗。

2、第二波援軍

第二波援軍的先頭部隊由鄭思明、嚴虛敬、宇文福等三位禁軍將領率領，他們均是護衛魏孝文帝的禁軍武官，魏孝文帝遣他們出援渦陽，主要是替傅永的援軍爭取時間，增強渦陽的防禦力量，不致在傅永援軍到達前陷落。禁軍將領的主要任務是護衛君主安全，因此作戰目標和軍事訓練與一般的作戰部隊不盡相同，他們專精近身搏擊及各項防衛術，戰場上的衝鋒陷陣非其主要訓練目標，就如同現今台灣之憲兵，他們的任務是保護總統安全及維持軍紀，除非是戰情吃緊，憲兵才會投入戰場。而當時魏孝文帝面對的戰略情勢亦是非常緊急，他不希望渦陽陷落，故派出身邊禁衛武官投入渦陽的戰鬥。而在兵力不足、軍事特質不同的情況下，鄭思明這支禁軍欲打敗裴叔業實有一定的難度。其實也有可能鄭思明等人僅是在旁掠陣，觀察渦陽情勢發展，並未真正與齊軍交鋒，雖然史籍未載最後結果如何，不過即便真正投入戰鬥，這支以禁軍為主的援軍，戰勝裴叔業齊軍的機會並不高。

至於以傅永、高聰、劉藻、成道益、任莫問等五將組成的第二波北魏援軍主力，成道益、任莫問名聲不顯，《魏書》中無傳，應不會是戰功彪炳的名將，否則史書中當會有傳，故二人暫且不論。高「聰微習弓馬，乃以將用自許。」〔註 217〕但也只僅是微習而已並非精通，可見兵陣之事非其所長。

〔註 215〕《魏書》卷 21 上〈獻文六王列傳上・廣陵王羽傳〉，頁 545～546。
〔註 216〕參見《魏書》卷 21 上〈獻文六王列傳上・廣陵王羽傳〉，頁 545～551。
〔註 217〕《魏書》卷 68〈高聰傳〉，頁 1521。

其實高聰之長在文才，曾獲漢人重臣高允欣賞並向北魏朝廷推薦，「聰涉獵經史，頗有文才，（高）允嘉之，數稱其美，言之朝廷。」〔註218〕可見高聰文采勝於武事。至於劉藻，其功績皆建立在治理邊疆的少數民族上，《魏書‧劉藻傳》：〔註219〕

> 時北地諸羌數萬家，恃險作亂，前後牧守不能制，姦暴之徒，並無名實，朝廷患之，以（劉）藻爲北地太守。藻推誠布信，諸羌咸來歸附。……先是氐豪徐成、楊黑等驅逐鎮將，故以藻代之。至鎮，擒獲成、黑等，斬之以徇，羣氐震懾。……轉秦州刺史。秦人恃嶮，率多粗暴，或拒課輸，或害長吏。……藻開示恩信，誅戮豪橫，羌氐憚之。

雖然劉藻有不少作戰經驗，不過大部分是鎮壓少數民族，「秦人紛擾，詔藻還州。……仍與安南將軍元英征漢中，頻破賊軍，長驅至南鄭，垂平梁州。」〔註220〕由上述兩則引文可知劉藻之任職與戰爭經歷皆是與少數民族有關，相對之下與齊軍的作戰經驗略爲不足。綜合言之，五將中以傅永、高聰、劉藻地位較高，但高聰、劉藻與齊軍作戰，其軍事才能和作戰經驗都有不足之處，若能由一傑出將領統領作戰，發揮優秀戰略、戰術，或許稍能彌補高聰、劉藻等人的缺憾，擊退裴叔業齊軍，然事實並非如此。

傅永等五將所率第二波援軍救援失敗的原因有二：一爲將領間意見不一，無法有效整合，以致貽誤戰機；二爲部分魏軍軍紀敗壞，而這兩個敗戰原因在高聰身上皆可發現。魏孝文帝「遣（傅）永爲統軍，與高聰、劉藻、成道益、任莫問等往救之。」〔註221〕可見五將應是以傅永爲首，高聰等四將應受其節制，但高聰、劉藻等人不見得會完全服從傅永，「（魏）軍將逼賊（齊軍），（傅）永曰：『先深溝固壘，然後圖之。』」〔註222〕高聰等人並不贊同傅永的戰術，並自行發起攻擊行動，結果大敗，「（高）聰等不從，裁營輜重，便擊之，一戰而敗。聰等棄甲，徑奔懸瓠。」〔註223〕可見高聰違抗軍令導致北魏援軍敗退。至於軍紀不佳，《魏書‧高聰傳》載：「聰躁怯少威

〔註218〕《魏書》卷68〈高聰傳〉，頁1520。
〔註219〕《魏書》卷70〈劉藻傳〉，頁1549～1550。
〔註220〕《魏書》卷70〈劉藻傳〉，頁1550。
〔註221〕《魏書》卷70〈傅永傳〉，頁1552。
〔註222〕《魏書》卷70〈傅永傳〉，頁1552。
〔註223〕《魏書》卷70〈傅永傳〉，頁1552。

重，所經淫掠無禮，及與賊交，望風退敗。」〔註224〕從「躁怯少威重」一
語觀之，高聰的領導統御大有問題，導致其所屬士兵軍紀敗壞，行經各地時
「淫掠無禮」。在軍威不行、軍紀散漫的情況下，高聰所率魏軍戰鬥力低落，
一旦與齊軍作戰，「望風退敗」情形當可想見。

　　傅永和王肅同為南朝降人，因此當王肅受魏孝文帝重用後，對傅永積極
提拔，「王肅之為豫州，以永為建武將軍、平南長史。……肅以永宿士，禮
之甚厚。永亦以肅為高祖眷遇，盡心事之，情義至穆。」〔註225〕王肅自493
年（魏太和十七年、齊永明十一年）北奔後，次年隨即參與了魏孝文帝挑起
的伐齊戰爭——淮漢大戰，並在這場戰役中立有功績，「以功進號平南將
軍，……豫州刺史、揚州大中正。肅善於撫接，治有聲稱。」〔註226〕在王
肅治理豫州期間，傅永是其得力助手，兩人合作無間。之後齊明帝首度執行
「圍魏救趙」戰略，遣將先後進犯北魏豫州太倉口與楚王戌時，傅永均秉王
肅之命擊退齊軍。首先是魯康祚、趙公政率一萬齊軍進攻太倉口，「肅令永
勒甲士三千擊之。」傅永認為：〔註227〕

> 吳楚之兵，好以斫營為事，即夜分兵二部，出於營外。又以賊若夜
> 來，必應於渡淮之所，以火記其淺處。永既設伏，乃密令人以瓠盛
> 火，渡淮南岸，當深處置之，教之云：「若有火起，即亦然之。」其
> 夜，康祚、公政等果親率領，來斫永營。東西二伏夾擊之，康祚等
> 奔趨淮水。火既競起，不能記其本濟，遂望永所置之火而爭渡焉。
> 水深，溺死、斬首者數千級。

從此次與齊軍交鋒來看，傅永以少勝多，以三千軍士力挫一萬齊軍，可見其
戰略戰術確有高明之處，更深知齊軍的習性，「吳楚之兵，好以斫營為事。」
遂預為謀畫設下埋伏，果然大敗齊軍。而第二次與齊軍交戰，更是直接與裴
叔業交手，當時裴叔業率軍進攻楚王戌，「肅復令永討之。」傅永同樣先設下
埋伏：〔註228〕

> 永將心腹一人馳詣楚王戌，至即令填塞外塹，夜伏戰士一千人於城
> 外。曉而叔業等至，頓於城東，列陳，將置長圍。永所伏兵於左道擊

〔註224〕《魏書》卷68〈高聰傳〉，頁1521。
〔註225〕《魏書》卷70〈傅永傳〉，頁1551。
〔註226〕《魏書》卷63〈王肅傳〉，頁1408。
〔註227〕《魏書》卷70〈傅永傳〉，頁1551。
〔註228〕《魏書》卷70〈傅永傳〉，頁1552。

其後軍，破之。叔業乃令將佐守所列之陳，自率精甲數千救之。永上
門樓，觀叔業南行五六里許，便開門奮擊，遂摧破之。叔業進退失圖，
於是奔走。左右欲追之，永曰：「弱卒不滿三千，彼精甲猶盛，非力
屈而敗，自墮吾計中耳。既不測我之虛實，足喪其膽。停此足矣，何
假逐之。」獲叔業傘扇鼓幕甲仗萬餘。兩月之中，遂獻再捷。

這次與裴叔業的直接交鋒，使傅永對裴叔業的用兵方略有一定的認識，而且
兩月之間對齊軍連戰連勝，獲魏孝文帝嘉獎與讚譽：「高祖嘉之，遣謁者就豫
州策拜永安遠將軍、鎮南府長史、汝南太守、貝丘縣開國男，食邑二百戶。
高祖每歎曰：『上馬能擊賊，下馬作露布，唯傅脩期耳。』」〔註229〕據上載可
知傅永深獲魏孝文帝信任，這也就不難理解魏孝文帝遣五將援助渦陽要以傅
永爲首的原因了。

　　傅永有戰勝裴叔業的經驗，多少能知悉他的戰略思考方向，此乃有利魏
軍之處，若能讓傅永完全發揮，魏軍未嘗沒有擊退裴叔業的空間，然因高聰
等將領並未能完全聽從傅永指揮，導致上述有利魏軍的戰略優勢無法發揮。
傅永率領援軍面對氣勢正盛的齊軍，所擬定的戰略乃「先深溝固壘，然後圖
之。」〔註230〕或許考量的正是北魏士兵爲救援渦陽，快速行軍身心疲累，且
齊軍甫戰勝元羽的二萬魏軍，士氣正旺，應「避其銳氣，擊其惰歸。」〔註231〕
故傅永的戰略思考是先恢復魏軍士兵戰力，然後觀察齊軍士氣、戰力消長後，
再與之決戰，傅永所持乃穩紮穩打戰略。不過此舉並未獲高聰等人認同，他們
認爲不應示弱應主動出擊，遂領軍出戰，而高聰等人率爾出兵的結果遭致大
敗。魏孝文帝對傅永等人的大敗大爲震怒，據《南齊書・裴叔業傳》載齊軍對
魏軍的戰果，「斬首萬級，獲生口三千人，器仗驢馬絹布千萬計。」〔註232〕魏

〔註229〕《魏書》卷70〈傅永傳〉，頁1552。
〔註230〕《魏書》卷70〈傅永傳〉，頁1552。
〔註231〕孫武著、吳仁傑注譯，《孫子讀本》〈軍爭篇第七〉，頁50。
〔註232〕《南齊書》卷51〈裴叔業傳〉，頁871。雖然南北史書因立場所限，往往誇勝
　　　　諱敗，且《魏書》相關紀傳並未有傅永等人敗戰的損失與確實數據，《魏書》
　　　　卷70〈傅永傳〉，頁1552僅以「一戰而敗」含糊帶過魏軍的敗戰，故《南齊
　　　　書》〈裴叔業傳〉的相關殲敵數據及擄獲的成果是否有誇大可能，對比《資治
　　　　通鑑》可得解答，《資治通鑑》卷141〈齊紀七〉，明帝永泰元年，頁4421載：
　　　　「凡斬首萬級，俘三千餘人，獲器械雜畜財物以千萬計。」與《南齊書》所
　　　　載數據完全一致。司馬光考證詳實治史嚴謹，從其採《南齊書》史料來看，
　　　　北魏的大敗及損失大致可信。

孝文帝追究敗戰責任，將傅永免官，高聰、劉藻「徙爲邊民。」〔註233〕成道益、任莫問二人下場史書未載，估計應與高聰、劉藻的懲處相去不遠。

傅永畢竟較具膽識也是難得將才，史書稱其「有氣幹，拳勇過人。……涉獵經史，兼有才筆。」〔註234〕可謂文武雙全，魏孝文帝亦曾評論傅永「雖威儀不足，而文武有餘矣。」〔註235〕也因爲有傅永這種勇於任事與富韜略的將領，在高聰等人的敗退過程中，賴傅永挺身與齊軍周旋並收聚散兵，從而減低魏軍的損失，「（傅）永獨收散卒徐還，賊追至，又設伏擊之，挫其鋒銳。四軍之兵，多賴之以免。」〔註236〕魏孝文帝在敗戰之初，對傅永等人的大敗無法接受，故懲處頗爲嚴厲，之後隨著敗退經過逐漸明朗，魏孝文帝始知傅永在敗戰之後的諸般戰略作爲，遂重新啓用之，「不經旬日，詔曰：『脩期在後少有擒殺，可揚武將軍、汝陰鎮將，帶汝陰太守。』」〔註237〕

綜上所述，北魏的第二波援軍，鄭思明等禁軍將領因軍事特質不同，且兵力不足以與裴叔業齊軍抗衡，故無所成。而高聰、劉藻等人的軍事才能不足且欠缺與齊軍作戰經驗，雖有傅永軍事才華及其與裴叔業作戰經驗彌補，然五將無法整合協調，使有利於魏軍的戰略優勢消失，終遭齊軍擊滅，魏軍有生力量及軍械財物損失慘重。

3、第三波援軍

北魏將領除孟表表現出大無畏精神外，楊大眼、奚康生二位將領亦表現出色，楊、奚二人乃北魏第三波援軍將領，亦是大敗裴叔業決定渦陽之戰魏勝齊敗的關鍵將領。史載楊大眼「善騎乘，裝束雄竦，攬甲折旋，見稱當世。」〔註238〕他乃「武都氐難當之孫也。少有膽氣，跳走如飛。」〔註239〕隨同魏孝文帝征討南齊時，作戰英勇身先士卒，「從高祖征宛、葉、穰、鄧、九江、鍾離之間，所經戰陳，莫不勇冠六軍。」〔註240〕至於另一驍將奚康生，「河南洛陽人。其先代人也，世爲部落大人。」〔註241〕他的勇猛亦不遑多讓，「康生性

〔註233〕《魏書》卷70〈傅永傳〉，頁1552。另參見《魏書》卷68〈高聰傳〉，頁1521。
〔註234〕《魏書》卷70〈傅永傳〉，頁1550～1551。
〔註235〕《魏書》卷70〈傅永傳〉，頁1551。
〔註236〕《魏書》卷70〈傅永傳〉，頁1552。
〔註237〕《魏書》卷70〈傅永傳〉，頁1552。
〔註238〕《魏書》卷73〈楊大眼傳〉，頁1635。
〔註239〕《魏書》卷73〈楊大眼傳〉，頁1633。
〔註240〕《魏書》卷73〈楊大眼傳〉，頁1634。
〔註241〕《魏書》卷73〈奚康生傳〉，頁1629。

驍勇，有武藝，弓力十石，矢異常箭，爲當時所服。」〔註242〕隨王肅圍攻義
陽時，不僅展現強大臂力，更擊退齊軍屢建功勳，據《魏書・奚康生傳》載：
〔註243〕

> 蕭鸞置義陽□，招誘邊民。康生復爲統軍，從王肅討之，進圍其城。
> 鸞將張伏護自昇城樓，言辭不遜，肅令康生射之。以強弓大箭望樓
> 射窗，扉開即入，應箭而斃。彼民見箭，皆云狂弩。以殺伏護，賞
> 帛一千匹。又頻戰再退其軍，賞三階，帛五百匹。

王肅救援渦陽的軍隊中擁有楊大眼、奚康生二員猛將，其威名竟震懾已連敗
北魏兩波援軍的裴叔業，連夜撤軍遁逃，魏軍能在渦陽之戰中反敗爲勝，楊
大眼、奚康生二人功不可沒。

　　北魏第三波救援渦陽的部隊，其將領的戰略素養與軍事才能與前兩波
魏軍將領有很大的不同。主帥王肅，乃東晉名相王導之後，「肅少而聰辯，
涉獵經史，頗有大志。」〔註244〕在南齊朝廷歷任多項職務，有一定行政歷
練。而王肅轉事北魏政權後，亦建立不少功業。如在這次魏齊戰爭中奉魏
孝文帝之命進攻南齊司州州治義陽時，屢敗齊軍展露軍事才華，〔註245〕足
證王肅非平庸無能之輩，戰陣之事亦非全然無知。可見以王肅、楊大眼、
奚康生爲主的北魏第三波援軍，將帥的戰略素養與軍事才能較前兩波援軍
將帥爲佳。

（三）齊軍敗退原因分析

　　南齊進攻渦陽的戰略目的，是以攻擊代替防禦，藉以緩解魏軍進攻義陽
等地帶來的軍事壓力，「鎮南將軍王肅攻（蕭）鸞義陽。鸞遣將裴叔業寇渦
陽。」〔註246〕「蕭寶卷（按應爲蕭鸞之誤）將裴叔業率眾圍渦陽，欲解義
陽之急。」〔註247〕渦陽之戰齊軍先勝後敗，原因可歸納爲三個方向：孤立
渦陽的戰略作爲失敗、齊軍兵力居於劣勢及主帥裴叔業個人的因素等。

1、孤立渦陽的戰略作爲失敗

　　裴叔業襲擊渦陽的確對北魏造成壓力，當時雙方的戰略態勢是：北魏是

〔註242〕《魏書》卷73〈奚康生傳〉，頁1629。
〔註243〕《魏書》卷73〈奚康生傳〉，頁1630。
〔註244〕《魏書》卷63〈王肅傳〉，頁1407。
〔註245〕參見《魏書》卷63〈王肅傳〉，頁1408。
〔註246〕《魏書》卷7下〈高祖紀下〉，頁183。
〔註247〕《魏書》卷73〈奚康生傳〉，頁1630。

進攻一方，掌握戰略主動，魏軍攻入南齊境內，在司州、雍州等地爆發多次戰鬥，且佔領多處城戍；而南齊只能被動防守，由齊明帝調動軍隊援助各地遭魏軍圍攻的城戍，陷於戰略被動。但是裴叔業的襲擊渦陽，乃「攻其所必救也。」〔註248〕稍稍改變了雙方的戰略態勢。不過渦陽在孟表的堅守下，齊軍的攻勢沒有太大進展，裴叔業爲了早日攻克渦陽，決定內外雙管齊下，瓦解渦陽的防禦力量。在外部方面，裴叔業準備孤立渦陽，切斷外部對渦陽的援助，於是分兵進攻渦陽周圍城戍，「又遣軍主蕭璝、成寶眞分攻龍亢戍，即虜馬頭郡也。虜閉城自守。」〔註249〕由北魏守軍「閉城自守」來看，蕭璝、成寶眞未能佔領龍亢戍，孤立渦陽的效果遂大打折扣。在內部方面，則採諜報戰，派出內應潛伏至渦陽城內，偵蒐當面敵情，不料此用間之計卻遭孟表識破：〔註250〕

> 有一南人，自云姓邊字叔珍，攜妻息從壽春投表，云慕化歸國。未及送關，便值（裴）叔業圍城。（孟）表後察叔珍言色，頗疑有異，即加推覈，乃云是叔業姑兒，爲叔業所遣，規爲內應，所攜妻子並亦假妄。表出叔珍於北門外斬之，於是人情乃安。

雖然裴叔業的用間之計遭孟表破獲而失敗，但不可否認，裴叔業在渦陽之戰第一階段的各項戰術行動，均凸顯出其戰略素養精湛，也迫使魏孝文帝開始重視渦陽危機，派出援軍兼程赴援。

2、齊軍兵力居於劣勢

由於裴叔業在渦陽的步步進逼，迫使魏孝文帝遣軍增援以防渦陽陷落，不過裴叔業面對北魏援軍毫無懼色，先大敗廣陵王元羽的部隊，接著再擊垮以傅永爲首的第二波北魏援軍。裴叔業在前兩個階段的表現相當出色，戰略指導、戰術執行均有稱頌之處，且齊軍在裴叔業領導下更加強對渦陽的進攻，若北魏再無援軍援助，渦陽恐遭攻陷。然面對以王肅爲首及楊大眼、奚康生二位猛將在內的十萬魏軍，裴叔業在第三階段的作戰方針，竟是不願迎戰，反而率本部兵馬連夜撤軍，導致其他各部齊軍不明所以，遭魏軍追殺以致大敗。裴叔業爲何面對北魏第三波援軍的表現有如此大的反差，其原因當是齊軍與第三波魏軍兵力對比的不同。

〔註248〕孫武著、吳仁傑注譯，《孫子讀本》〈虛實篇第六〉，頁39。
〔註249〕《南齊書》卷51〈裴叔業傳〉，頁871。
〔註250〕《魏書》卷61〈孟表傳〉，頁1376。

　　在北魏的三波援軍中，第一波和第二波兵力都不如齊軍。裴叔業率五萬齊軍攻打渦陽，〔註251〕齊明帝在司州、雍州戰事吃緊之際，仍能調度五萬兵馬交予裴叔業，可見他欲貫徹「圍魏救趙」戰略的決心，希望加重對渦陽的軍事壓力，吸引其他戰場的魏軍至渦陽，也因裴叔業擁有五萬大軍，使渦陽守將孟表兵力不足無法出城反擊，只能固守而已。而魏孝文帝的第一波援軍是廣陵王元羽的二萬魏軍，前段已有論證，這支援軍不會超過二萬，〔註252〕故裴叔業在兵力優勢下，正面迎戰，而結果亦如裴叔業所願，元羽魏軍大敗，北魏首次救援渦陽失敗。北魏的第二波援軍並非集中領導，乃採多將作戰，由禁衛武官鄭思明等三位禁軍將領赴援；接著遣安遠將軍傅永等五將往援。鄭思明等禁軍將領率所屬兵馬直奔渦陽，因為是護衛魏孝文帝的禁軍，且為爭取時間輕裝前往，故數量必定不多，雖史未明載數目為何，但絕對不會高於裴叔業的五萬齊軍。至於傅永等五將之援軍數目，先從敗戰後的死傷統計來看，遭齊軍斬守萬餘、被俘三千人，〔註253〕由傅永等五人全軍覆沒僅以身免來看，這支救援部隊應在一萬三千人左右。另外，再從五將兵力配置分析之，魏孝文帝曾要高聰率二千兵士聽王肅節制，「（魏孝文帝）假（高）聰輔國將軍，統兵二千，與劉藻、傅永、成道益、任莫問俱受（王）肅節度，同援渦陽。」〔註254〕故據此推估，五將每人至少統兵二千總計是一萬，而其中一二位將領多個一二千士兵也是正常，五將中以傅永為首，若傅永部有三、四千兵士亦屬合理，故傅永所率援軍有一萬三千人，當屬合理估算範圍。而不論是鄭思明或傅永的援軍，其兵力皆不足五萬，兩者相加亦不如，是故裴叔業面對北魏第二波援軍時，仍採正面迎戰，果然再度大敗魏軍，締造此次魏齊交戰中最大的勝利。在接連兩波援軍俱遭裴叔業攻滅後，迫使魏孝文帝放棄義陽戰場，令王肅率軍趕赴渦陽，王肅率十萬魏軍聲勢浩大，裴叔業見雙方兵力比為二比一，齊軍僅為魏軍一半，正面與魏軍衝突不但無必勝把握，

〔註251〕裴叔業率五萬齊軍在《南齊書・裴叔業傳》中有載：「永泰元年（498、魏太和二十二年），叔業領東海太守孫令終、新昌太守劉思劾、馬頭太守李僧護等五萬人圍渦陽。」《南齊書》卷51〈裴叔業傳〉，頁870。另參見《資治通鑑》卷141〈齊紀七〉，明帝永泰元年，頁4421。
〔註252〕參見本書，頁185，〔註104〕。
〔註253〕《南齊書・裴叔業傳》載其大敗傅永魏軍的戰果，「斬首萬級，獲生口三千人，器仗驢馬絹布千萬計。」《南齊書》卷51〈裴叔業傳〉，頁871。另參見《資治通鑑》卷141〈齊紀七〉，明帝永泰元年，頁4421。
〔註254〕《魏書》卷68〈高聰傳〉，頁1521。

若孟表率軍從渦陽殺出，齊軍腹背受敵恐有覆滅之虞，遂不敢與之交戰，更連夜遁逃，遭魏軍從後追殺，齊軍大敗。

3、裴叔業個人因素的檢討

裴叔業在渦陽之戰的表現高下對比太大，筆者認爲其表現可分三個階段，率軍渡淮河圍攻渦陽，並派出間諜及遣軍攻打外圍城戍屬第一階段，該階段的戰略作爲至爲成功。而與北魏援軍交戰則進入第二、第三階段，大勝北魏前兩波援軍屬第二階段；遭北魏第三波援軍擊潰則是第三階段。裴叔業在第一、二階段的表現堪稱優異，但在第三階段卻兵敗如山倒，究其原因乃未戰先怯。一位優秀的將領，在困境與逆勢中仍要設法求勝，故面對第三波王肅的十萬魏軍時，即使自忖只有五萬齊軍無法匹敵，亦應規畫撤軍步驟。事實上，裴叔業將王肅攻打義陽的魏軍吸引至渦陽，已達成原先設定之戰略目的，義陽危機因此解除。是故裴叔業應思考的是，如果不願和王肅兵力龐大的魏軍作戰，需如何保全齊軍戰力，避免無謂犧牲。若裴叔業能擬妥撤軍計畫，將齊軍各部排定秩序先後撤離，如此不但能保存齊軍有生力量，還能爲南齊在渦陽之戰畫下勝利句點，渦陽之役當可列裴叔業生平代表戰役。惜裴叔業恐懼過甚，竟趁夜拔營後撤且未知會其餘各部齊軍，慌亂盲目之表現，完全沒有將帥必備的冷靜、沈穩，導致齊軍遭魏軍截殺，死傷慘重，原可避免之損傷卻未能避免，身爲主帥的裴叔業應負最大責任。

第四節　小　結

北魏與南齊的第三次戰爭——沔北之戰，雖然是由魏孝文帝主動挑起的戰爭，但是也因爲北魏、南齊各種主客觀環境成熟，以及魏孝文帝的個人意志，使這次的魏齊戰爭成爲時勢使然下的產物，何以言之，茲分北魏、南齊、魏孝文帝三方面分述之。

北魏方面，自文明太后開始大力推動的漢化改革，至魏孝文帝接棒後仍持續爲之，且有過之而無不及。他甚至於 493 年（魏太和十七年、齊永明十一年）以南伐爲名宣布遷都洛陽，〔註255〕此舉代表以魏孝文帝爲中心的統治階級脫離平城草原文化的思維，進入漢文化的中心精華地帶。魏孝文帝接著實施一系列漢化措施，諸如斷北語、變服飾、改籍貫、易姓氏、聯婚姻等，

〔註255〕參見《魏書》卷 7 下〈高祖紀下〉，頁 172-173。

使北魏上下浸染在漢文化的氛圍中。加上魏孝文帝以任城王元澄順利敉平忠於草文化保守派的反撲，其意義在於，北魏內部最後一絲抗拒漢化的力量已遭瓦解，代表漢化浪潮在北魏內部已然是沛然莫之能禦的思想與力量，魏孝文帝爾後實已不需再刻意的推動，因為漢文化因子已自然而然存在北魏各個領域與階層。至於北方的大敵柔然，在與北魏百餘年的爭戰下，勢力亦已不復北魏初期的強盛，且能動輒威脅北魏的生存，加上都城已遷至洛陽，距柔然遠甚，受柔然侵略的危機大為降低，反而受南齊侵略的危機升高，京畿國防的重點已由柔然轉為南齊。

魏孝文帝方面，從其施政的目標與歷程來看，其執政下北魏的國家目標有其階段性。當文明太后於 490 年（魏太和十四年、齊永明八年）九月崩逝後，[註256] 他即迫不及待的於三年後遷都洛陽，並在國家行政與權力中樞轉換尚未適應之際，即發動對南齊的戰爭——淮漢大戰，可見魏孝文帝將遷都漢化與消滅南齊兩個國家目標同時進行，由此亦可知魏孝文帝欲推動這兩大國家目標之迫切。然而淮漢大戰結果顯然不符魏孝文帝的期望，因此他便轉換施政方向，將內外雙軌同時進行的國家目標調整成先內後外，先全力鞏固以洛陽為中心的行政體系，並推動一系列前段所述的漢化改革，及至內部事務穩定後，再論南齊的問題。而在淮漢大戰後兩年的 497 年（魏太和二十一年、齊建武四年），魏孝文帝認為北魏內部已趨向穩定，需進入外部事務南齊問題的階段。另外，洛陽面對南齊威脅的國防問題，也需一勞永逸的解決，故依魏孝文帝急迫的個性，再次對南齊用兵已是情勢使然，只不過不知何時會提至魏孝文帝的時程上，因對南齊用兵，尚需視其內部情形而動。

南齊方面，齊明帝以宗室旁支篡奪大寶，並連弒鬱林王蕭昭業、海陵王蕭昭文，必然引起齊高帝、齊武帝一系宗室的不滿，這些反對力量會影響南齊內部的穩定，若北魏「乘其瑕而蹈其隙」兵進南齊，實符合兵法原則。另外，495 年（魏太和十九年、齊建武二年）二月結束的魏齊第二次戰爭淮漢大戰，戰場多在南齊境內，其人口、土地等戰爭損失較北魏嚴重，而這些戰後復原必會損耗南齊不少國力。綜合上述，魏孝文帝於 497 年（魏太和二十一年、齊建武四年）六月時認為洛陽行政體系已日趨穩定，保守的草原文化勢力已無法與漢化改革浪潮抗衡，加上北魏的大敵及洛陽的國防安全 皆由柔然

[註256] 參見《魏書》卷 13〈皇后・文成文明皇后馮氏傳〉，頁 330。《魏書》卷 7 下〈高祖紀下〉，頁 166。

轉換成南齊，最重要的是魏孝文帝正統觀的驅使，同時也因南齊的戰爭損耗及齊明帝大殺宗室提供了北魏出兵的契機，使魏齊第三次戰爭沔北之戰成為當時南北情勢及魏孝文帝戰略思維下的必然產物。

沔北大戰雖是魏孝文帝在各項戰略評估下發起的戰爭，也出動二十萬大軍分四路進軍南齊，同時也御駕親征，展現滅亡南齊一統南北的氣概，但是戰爭結果並未能如其所預期。雖然魏軍和齊軍在雍州、司州、襄樊等地都發生激戰，而魏軍也連戰皆捷，佔領南齊許多城戍，然戰爭結果仍無法擺脫既往北魏與南朝戰爭的宿命，初期展現魏軍氣勢與實力，力挫南朝軍隊並攻佔多處城戍與土地，但至後期卻無法突破，得地而不能守，撤退北返後所佔城戍與土地又為南朝收復。這次沔北大戰亦復如此，不過並非所有城戍與土地皆遭齊軍奪回，魏孝文帝仍達成其初步戰略目標，佔領沔北地區，藉以消除南齊對洛陽南面的威脅。筆者認為，魏孝文帝發動此次戰爭的目的，應有初期及終極戰略目標，其首要之務當是鞏固洛陽南面國防，故必須佔領沔北以護衛洛陽，這個戰略目標必須達成。若能一路長勝乘機攻入建康，完成其「統一南北之志」亦無不可，而這應是魏孝文帝的終極目標。然就最終結果而言，顯然魏孝文帝僅佔領沔北而已，並未能遂行其建立大一統王朝的宏願，總結其原因，在戰爭過程與戰略戰術方面，出現了魏孝文帝無法掌握的變數，這部分同樣分北魏、南齊、魏孝文帝三方面述之。

北魏方面，因柔然勢衰，故基本上排除了其影響北魏對南齊用兵的因素，不料另一游牧部族高車的叛亂，影響了北魏後方國防安全，尤其高車人粗獷善戰，乃北魏軍隊重要兵源之一，一旦叛亂擴大，對魏軍內高車士兵的情緒與忠誠會有極大影響。另外就是洛陽留守李沖、李彪的內鬥，影響北魏朝廷的運作與穩定。南齊方面，齊明帝雖然三次大肆屠殺南齊宗室，但是並未掀起宗室大規模的武力反抗，僅有零星式的舉兵謀反，在力量不足情況下，遭齊明帝敉平當不意外。至於王敬則之亂，亦未能形成氣候，導致叛亂迅速被平定，使南齊內部政治情勢未能如魏孝文帝所願，因宗室遭屠戮及王敬則之亂導致南齊情勢不穩。至於魏孝文帝的病體，也是出乎他意料之外的嚴重，使他不得不在懸瓠靜養一段時日，這當然也影響其對戰事的掌握與運籌。綜上所述，由於太多出乎魏孝文帝意料與控制之外的情況，故在無法完全掌握各項足以影響戰事遂行因素的情況下，魏孝文帝只能在達成佔領沔北的戰略目標後，先收兵北返，另視之後南北情勢演變再行南伐。

在這次戰爭過程中的多次戰役與會戰中，渦陽之戰可謂魏齊二軍氣勢盛

衰的關鍵，也影響整體戰事走向。齊明帝開闢渦陽戰場主動進攻之，目的是欲吸引當時圍攻襄樊、義陽等地的魏軍來援，以解襄樊或義陽之危機。相對的，魏孝文帝並不希望由襄樊或義陽魏軍赴援，但是在前二波援軍均無法擊退裴叔業齊軍對渦陽攻擊的情況下，最終仍需動用進攻義陽的王肅魏軍馳援渦陽，使齊明帝圍魏救趙戰略獲得成功，而此後戰局也開始出現逆轉，各種不利北魏遂行戰事的因素相繼出現，終於迫使魏孝文帝班師北返，足證渦陽之戰確為影響戰爭的關鍵。若裴叔業齊軍遭北魏第一波或第二波援軍擊退，則魏軍對襄樊、義陽等地的攻擊將持續，且齊軍在渦陽遭擊退，心理層面對南齊的影響更大，加上一旦襄樊或義陽遭魏軍攻破，在魏孝文帝統一南北之志的鞭策下，他乘勝南下或續增援軍的機率極大，如此一來，南齊恐會進入長江防線的攻守及建康保衛戰，由此可見，南齊在渦陽之戰的戰略成功，凸顯該戰役在整場戰爭中的關鍵與重要性。

　　沔北之戰不管是對北魏、南齊二國或魏孝文帝、齊明帝都有深遠影響。北魏當然是攻佔了沔北地區，在開疆拓土上又有了進展；南齊則是失城陷地，沔漢地區形勢更為不利。至於對二位南北君主的影響則更為直接，二人都直接、間接付出了生命的代價。齊明帝在戰爭尚未結束時，即於 498 年（魏太和二十一年、齊永泰元年）七月駕崩，〔註257〕魏孝文帝則是因全心投入這次戰爭而使病情加重，亦於次年四月崩逝。〔註258〕北魏做為發動戰爭的一方，如若魏孝文帝未發兵南伐，是否就不會使其和齊明帝一樣，二人都對戰爭運籌帷幄而勞心傷神，進而影響身體與年壽。事實上，歷史不容假設，而二位君主是否因戮力戰事而付出生命代價，這無從證明也無法證明，但有一點可肯定的是，沔北大戰並不一定會發生，但北魏與南齊的戰爭不會停止。將戰略目標鎖定在沔北保障洛陽國防安全，牽涉到北魏君主的戰略認知，若仍是魏孝文帝在位，即使他未於 497 年（魏太和二十一年、齊建武四年）挑起戰爭，但沔北大戰應當還是會發生，只不過時間早晚罷了。如若魏孝文帝未發動沔北大戰前即崩逝，如此則要視其後繼者的戰略眼光，若以正常繼承來看，需視魏宣武帝是否具攻佔沔北藉以護佑洛陽安全的戰略思維，換言之，雖北魏、南齊間不一定有沔北戰事的發生，但絕對會有下一次的戰爭，蓋南北對立，除非某一國完成統一使命，否則南北戰爭將是二國永無休止的宿命。

〔註257〕參見《南齊書》卷6〈明帝紀〉，頁91。
〔註258〕參見《魏書》卷7下〈高祖紀下〉，頁185。

第四章　區域衝突與紛爭
——魏孝文帝後期與南齊之戰略關係（495～499）（下）

　　魏孝文帝第二次親征南齊，以齊明帝崩，禮不發喪為由，於498年（魏太和二十二年、齊永泰元年）九月班師北返，以佔領沔北之地坐收。而南齊在齊明帝崩後由太子蕭寶卷繼為南齊主，是為東昏侯，在位雖僅三年，卻與北魏發生兩次嚴重的軍事衝突，引起區域戰爭，一次是499年（魏太和二十三年、齊永元元年）正月，東昏侯以名將陳顯達掛帥北討欲收復沔北失地；另一次是500年（魏景明元年、齊永元二年）正月，肇因於南齊豫州刺史裴叔業欲以壽春降魏爆發的壽春爭奪戰。這兩次戰爭都是北魏獲勝，不但保有沔北之地更進佔壽春，使北魏勢力續往淮南擴展。值得注意的是，南齊新敗未久，未休養生息反而主動挑釁，可見北魏與南齊的戰略關係依舊緊繃。

第一節　南齊陳顯達伐魏

　　陳顯達乃南齊能征慣戰宿將，素有威名，499年（魏太和二十三年、齊永元元年）時已是七十二歲高齡，但仍是南齊倚重之將領。沔北五郡陷魏後，南齊君臣無時不想收復失地，陳顯達遂於正月率齊軍入寇魏境，這是魏齊對峙中，南齊少見的攻勢作為。這場邊境衝突引發的區域戰爭，上距去年九月魏孝文帝下詔班師北返結束兩國戰爭狀態，不過三月有餘，因此可視為第三次魏齊戰爭——沔北大戰的餘緒。

一、戰略環境分析

在這次南齊主動挑起的軍事衝突中，戰略環境與甫結束不久的沔北大戰有相同、也有不同之處，即便是相同，亦有差異存在；而在不同中也有其相似處。相同之處在於北魏的統治者未變，仍是魏孝文帝，不過其中仍有差異，即他的身體狀況大不如前。在沔北大戰末期，魏孝文帝頻為病痛所苦，雖有專屬醫療團隊調養，但改善效果不大，故魏孝文帝的病體，也是影響戰略環境的一個關鍵。至於南齊統治者由齊明帝更易為東昏侯乃其不同之處，但是其中仍有相似處，即國政方針依然遵循齊明帝路線，原因在於東昏侯即位後未能親掌皇權，大權旁落齊明帝指定的六位顧命大臣，而這六人遵循的自然是齊明帝的政策方向，當然，其中也包括與北魏的戰略關係。另外，長期以來，魏齊戰爭的戰場大多在南齊境內，因此南齊遭受戰爭的破壞極大，而南齊朝廷在國家尚未完全復原之際，即挑起對北魏的戰爭，使南齊社會繼續承載戰爭所帶來的負荷，此乃戰略環境對南齊的不利之處。

（一）南齊的政治變動

東昏侯初即位，政務尚在摸索階段，且僅十六歲之齡，不太可能命陳顯達率軍北伐，應是執行齊明帝遺志，此從東昏侯繼位之初，未能掌控政治權力即可窺知一二。齊明帝為使蕭寶卷日後皇位安穩無虞，除三次誅殺齊高、武子孫外，病重時更立下遺詔，指定一批顧命大臣輔佐年齡尚輕的蕭寶卷：
[註1]

> 徐令可重申八命，中書監本官悉如故，沈文季可左僕射，常侍護軍如故，江祏可右僕射，江祀可侍中，劉暄可衛尉。軍政大事委陳太尉。內外眾事無大小委徐孝嗣、遙光、坦之、江祏，其大事與沈文季、江祀、劉暄參懷。心膂之任，可委劉悛、蕭惠休、崔惠景。

陣容如此龐大之顧命團，史上少見，但是朝政大權主要操在其中六人之手，時稱「六貴同朝」：[註2]

> （齊）明帝崩，東昏即位，揚州刺史始安王（蕭）遙光、尚書令徐孝嗣、尚書右僕射江祏、右將軍蕭坦之、侍中江祀、衛尉劉暄更直內省，分日帖敕。高祖（蕭衍）聞之，謂從舅張弘策曰：「政出多門，亂其階矣。詩云：『一國三公，吾誰適從？』況今有六，而可得

〔註1〕《南齊書》卷6〈明帝紀〉，頁91。
〔註2〕《梁書》卷1〈武帝紀〉，頁3。

乎！……」

政出多門不亂也難，蕭衍一語道破南齊朝廷的政治亂象。而六貴總攬大權，不僅架空東昏侯，甚至欲廢東昏侯另立新君，最終因六貴內部意見不一，被東昏侯各個擊破取回大權。東昏侯開始誅殺六貴是從永元元年（499、魏太和二十三年）八月開始，「戊午，斬（蕭）遙光傳首。」〔註3〕十月乙未，「誅尚書令新除司空徐孝嗣。」〔註4〕而陳顯達北伐是當年正月，「太尉陳顯達督平北將軍崔慧景軍四萬擊魏，欲復雍州諸郡。」〔註5〕此時尚是六貴執政時期，陳顯達身為齊明帝指定的顧命大臣，執行之政策自然遵循他的遺志或其生前既定之規劃。

齊明帝有無北伐規劃，先從《南齊書‧明帝紀》觀之，齊明帝在第三次魏齊戰爭雍州戰事吃緊之際，「遣太尉陳顯達持節救雍州。」〔註6〕此記載繫於永泰元年（498年、魏太和二十二年）正月乙巳之下，之後即無陳顯達之記載，直至七月癸卯，齊明帝以「太子中庶子梁王（蕭衍）為雍州刺史，太尉陳顯達為江州刺史。」〔註7〕方有陳顯達之記載出現。從他正月奉命救援雍州至七月任江州刺史這段期間，魏齊戰爭歷經魏勝、魏小敗、停頓三個階段。從正月至二月，乃魏軍鋒芒最盛之時，南齊沔漢諸郡相繼陷魏，可見陳顯達救雍州並無明顯效果。三月的渦陽之戰後，北魏遭受挫敗，魏軍相繼退出襄樊、義陽，南齊轉危為安。之後兩國皆受內部因素困擾，南齊四月爆發王敬則之亂，雖於五月平定亂事，但齊明帝又病重。至於北魏則是前有渦陽之戰失利，繼之又有留守洛陽的李沖、李彪互相爭鬥，而魏孝文帝亦受重疾所擾於懸瓠休養，戰事遂陷入停頓。

齊明帝雖然在六月時病情加重，但他從渦陽之戰獲得信心，魏軍並非不敗之師、齊軍亦非常敗之軍，遂有收復沔北之謀。他以蕭衍為雍州刺史、陳顯達為江州刺史，即是為北伐做準備，《南齊書‧陳顯達傳》清楚揭露齊明帝的北伐意念：〔註8〕

〔註3〕《南齊書》卷7〈東昏侯紀〉，頁98。

〔註4〕《南齊書》卷7〈東昏侯紀〉，頁99。

〔註5〕《資治通鑑》卷142〈齊紀八〉，東昏侯永元元年，頁4433。

〔註6〕《南齊書》卷6〈明帝紀〉，頁90。

〔註7〕《南齊書》卷6〈明帝紀〉，頁91。

〔註8〕《南齊書》卷26〈陳顯達傳〉，頁491。齊明帝北討詔書全文：「晉氏中微，宋德將謝，蕃臣外叛，要荒內侮，天未悔禍，左衽亂華，巢穴神州，逆移年載。朕嗣膺景業，踵武前王，靜言隆替，思乂區夏。但多難甫夷，恩化肇洽，

是時虜頻寇雍州，眾軍不捷，失沔北五郡。永泰元年，乃遣顯達北討。詔曰：「晉氏中微，宋德將謝，蕃臣外叛，要荒内侮，……巢穴神州，逆移年載。……傳檄以定三秦，一麾而臣禹迹，在此舉矣。……侍中太尉顯達，可暫報槐陰，指授羣帥。」

從北討詔書中可見齊明帝恢弘遠大之意圖，但是為何齊軍遲未行動，可能與當時北境情勢有關。由於北魏與南齊尚處戰爭狀態，魏孝文帝在懸瓠關注後續戰況，北魏大軍並未返回北方，隨時有發動攻勢之可能。故齊明帝雖有北伐之意，仍不敢輕舉妄動，遂先靜觀戰場變化，調陳顯達至江州、蕭衍至雍州這兩個前線州區做北伐準備。然而齊明帝此時已病篤，還未出師旋於七月己酉崩逝，故北伐的開展，需藉由其任命之顧命大臣來完成。

（二）戰爭對南齊的破壞

北魏與南齊經年的戰爭，對兩國社會、經濟等各個層面影響極大，尤其南齊多是被侵略者，戰場多在其境內，因此農田、糧食等生產方面的破壞遠較北魏嚴重。其中糧食因以軍糧供應為優先，加上戰爭頻仍，軍糧需求極大，故必須增加生產因應。然因戰爭對土地的破壞，導致農田荒廢、水利失修，糧食產量無法積極提升，也使糧食生產始終成為南齊重要的軍事、經濟課題。事實上南齊官員已有多人意識到此問題，如尚書令徐孝嗣，「是時連年虜動，軍國虛乏，孝嗣表立屯田。」〔註9〕徐孝嗣字始昌，東海郯人，乃齊明帝心腹，在齊明帝秉政未登九五時，即在其身旁謀畫多項政治行動：〔註10〕

高宗（齊明帝）謀廢鬱林，以告孝嗣，孝嗣奉旨無所鶩贊。高宗入殿，孝嗣戎服隨後。鬱林既死，高宗須太后令，孝嗣於袖中出而奏之，高宗大悅。以廢立功，封枝江縣侯，食邑千户。給鼓吹一部，甲仗五十人入殿。轉左僕射，常侍如故。明帝即位，加侍中、中軍大將軍，定策勳，進爵為公，增封二千户。給班劍二十人，加兵百人。

興師擾眾，非政所先，用戰遠圖，權緩北略，冀戎夷知義，懷我好音。而凶醜剽狡，專事侵掠，驅扇異類，蟻聚西偏，乘彼自來之資，撫其天亡之會，軍無再駕，民不重勞，傳檄以定三秦，一麾而臣禹迹，在此舉矣。且中原士庶，久望皇威，乞師請援，結軌馳道。信不可失，時豈終朝。宜分命方嶽，因茲大號。侍中太尉顯達，可暫報槐陰，指授羣帥。」

〔註9〕《南齊書》卷44〈徐孝嗣傳〉，頁773。
〔註10〕《南齊書》卷44〈徐孝嗣傳〉，頁772～773。

徐孝嗣追隨齊明帝參與廢立、篡位等大逆之罪，一旦失敗必死無疑，而齊明帝願意讓他參與這些謀畫，可見徐孝嗣實為齊明帝心腹，故徐孝嗣之建言，會得到相當程度的重視。而徐孝嗣在齊明帝晚期，曾針對農田與糧食問題上表提出他的看法，《南齊書・徐孝嗣傳》載：〔註11〕

> 竊尋緣淮諸鎮，皆取給京師，費引既殷，漕運艱澀。聚糧待敵，每（苦）不周，利害之基，莫此為急。臣比訪之故老及經彼宰守，淮南舊田，觸處極目，陂遏不脩，咸成茂草。平原陸地，彌望尤多。今邊備既嚴，戍卒增眾，遠資餽運，近廢良疇，士多飢色，可為嗟歎。愚欲使刺史二千石躬自履行，隨地墾闢。精尋灌溉之源，善商肥确之異。州郡縣戍主帥以下，悉分番附農。今水田雖晚，方事菽麥，菽麥二種，益是北土所宜，彼人便之，不減粳稻。開創之利，宜在及時。所啟允合，請即使至徐、兗、司、豫，爰及荊、雍，各當境規度，勿有所遺。別立主曹，專司其事。田器耕牛，臺詳所給。歲終言殿最，明其刑賞。此功克舉，庶有弘益。若緣邊足食，則江南自豐，權其所饒，略不可計。

徐孝嗣的建言點出農糧問題的兩個重點，其一：「緣淮諸鎮」乃與北魏交界的戰爭熱點，由於兩國軍隊長期於該地區交戰，遂使土地荒蕪、百姓流散，生產幾乎停頓，因此駐紮當地的齊軍，無法因地取糧，所需糧食「皆取給京師」，如此一來不但曠日廢時，加上「漕運艱澀」更顯現運輸的艱難，不論陸運、漕運皆所費不貲。而一旦戍守北疆的南齊軍士無充足糧食供應，必然影響士氣及戰力，故如何解決戍邊將士的軍糧供應，乃南齊朝廷必須面對、解決之急務。其二：徐孝嗣認為斧底抽薪的辦法是讓戍邊部隊屯田，如此便能就地取糧。因此，首先應整理因戰爭荒蕪的「淮南舊田」並修復水利設施，同時在與北魏交界的各州郡開始屯田，如此一來駐守北方軍隊的糧食便能自給自足，從而解決糧食需從京師遠運及供應不足的問題。

　　徐孝嗣此表確實點中因長年戰爭引發的軍糧供應問題，也提出切實可行之方案，故獲得齊明帝採納，惜其當時已病重，最終仍未實施，「事御見納。時（齊明）帝已寢疾，兵事未已，竟不施行。」〔註12〕綜上所述，徐孝嗣已將南齊北方徐、兗、司、豫、荊、雍等各州軍糧困窘問題揭露出來，且此問

〔註11〕《南齊書》卷44〈徐孝嗣傳〉，頁773～774。
〔註12〕《南齊書》卷44〈徐孝嗣傳〉，頁774。

題困擾南齊已有一段時間，加上因齊明帝的逝世無法推行徐孝嗣的建議，可見與魏軍作戰時，軍糧的供應仍是一大考驗，故陳顯達在軍糧問題尚未能一勞永逸解決的情況下北伐，其軍糧供應還是步上以往的老路，由京師遠道運輸而來，如此則無法確保前線齊軍糧食能供應無虞，一旦在運輸過程中遇上阻礙而耽擱，對前線齊軍的戰力不免有所影響，可見由南齊主動挑起的北伐，糧食問題依舊無法完全解決，而這也是陳顯達率領的北伐軍必須面對的課題。

（三）魏孝文帝的病體

困擾魏孝文帝令其決定結束對南齊用兵的三個因素：他的病體、高車叛亂、李沖與李彪的衝突，隨著時間發展分別有了不同變化。魏孝文帝於 499 年（魏太和二十三年、齊永元元年）正月回到了洛陽，在此之前，高車叛亂於去年十二月，在江陽王元繼剿撫並施的策略下平定。而隨著李沖的過世，李沖與李彪之爭也劃下句點。魏孝文帝在返回洛陽途中，「路經（李）沖墓，左右以聞，高祖臥疾望墳，掩泣久之。」〔註 13〕由此可見李沖在魏孝文帝心中的份量，以一漢臣能受北魏君主如此重視實屬不易。三個因素尚餘魏孝文帝病體未能解決，而這又是最為關鍵之因素，其實魏孝文帝南伐時已患病，《魏書·宋弁傳》載其病情頗為嚴重：〔註14〕

> 高祖在汝南不豫，大漸，旬有餘日，不見侍臣，左右唯彭城王勰等
> 數人而已。小瘳，乃引見門下及宗室長幼諸人，入者未能知致悲泣，
>
> （宋）弁獨進及御床，歔欷流涕曰：「臣不謂陛下聖顏毀瘠乃爾！」

魏孝文帝退出襄樊轉往懸瓠靜養，其病體亦是原因之一，他為了一統南北頻歲南伐，同時遷都洛陽持續推動漢化改革，心神俱傷終使他身體不堪負荷，於南伐途中病倒。雖從洛陽急召侍御師徐謇前來，「徐謇，當世之上醫也。」〔註15〕診治後一度好轉，魏孝文帝更「命左右宣（徐）謇救攝危篤振濟之功，宜加酬賚。」〔註16〕但始終未曾痊癒，從懸瓠經鄴城返回洛陽途中再度發病，「從行至鄴，高祖猶自發動，（徐）謇日夕左右。」另從前述引文中，魏孝文帝途經李沖墓時，僅能「臥疾望墳」，足見其病非輕。

〔註13〕《魏書》卷 53〈李沖傳〉，頁 1188。
〔註14〕《魏書》卷 63〈宋弁傳〉，頁 1415。
〔註15〕《魏書》卷 21 下〈獻文六王下·彭城王勰傳〉，頁 574。
〔註16〕《魏書》卷 91〈術藝·徐謇傳〉，頁 1967。

　　魏孝文帝身患重疾之事南齊應早已知曉，在南北對峙時期，雙方皆有諜報人員偵伺各項情報，南齊朝廷或許已就此事做過分析，欲北伐收復沔北失土，最佳出兵時機爲何？而在魏孝文帝回返洛陽時，無疑是出兵契機。因北魏大軍已逐漸遠離齊境，對南齊威脅減弱，且魏孝文帝因病疾無法親理軍國要務，據《魏書・彭城王勰傳》載，班師途中都是由彭城王元勰「內侍醫藥，外總軍國之務。」〔註 17〕而返回洛陽後，重病之魏孝文帝需長期靜養，北魏伐齊大軍也歸建原建制，徵召之兵亦返鄉，此時乘敵不備揮師北伐正是最佳時機。

二、戰略規畫與作戰經過

　　499 年（魏太和二十三年、齊永元元年）正月，齊軍在北伐統帥陳顯達率領下二路伐魏，欲復沔北失地，《魏書・島夷蕭寶卷傳》：〔註 18〕

　　　　寶卷改元爲永元，遣其太尉陳顯達率崔慧景攻馬圈城，詔前將軍元
　　　　英討之。寶卷遣將寇順陽，詔振威將軍慕容平城率騎討之。

南齊北伐軍兵力依《南齊書・陳顯達傳》：「顯達督平北將軍崔慧景眾軍四萬，圍南鄉堺馬圈城。」〔註 19〕知其總兵力約四萬之眾，沿沔北向北魏新佔城戍發動攻勢。一路由陳顯達自領進攻馬圈戍（今河南鄧縣東北）；另一路由軍主莊丘黑、蔡道福、成公期率領逕取順陽（今河南淅川）。

（一）馬圈戍之爭奪

　　北魏面對南齊入侵，上引文雖載由前將軍元英、振威將軍慕容平城二路兵馬迎擊，但是進一步分析，北魏一開始即低估齊軍戰鬥力，並不認爲齊軍入寇有何威脅，故僅由地方駐軍防衛。《魏書・高祖紀》的記載更爲明確：〔註 20〕

　　　　（太和）二十有三年春正月，……蕭寶卷遣太尉陳顯達寇荊州。癸
　　　　未，詔前將軍元英討之。……三月……甲申，以順陽被圍危急，詔
　　　　振武將軍慕容平城率騎五千赴之。

慕容平城是奉詔前往救援，可見順陽守軍無法擊退來犯齊軍，甚至有陷落之

〔註 17〕　《魏書》卷 21 下〈獻文六王下・彭城王勰傳〉，頁 574。
〔註 18〕　《魏書》卷 98〈島夷蕭寶卷傳〉，頁 2169。
〔註 19〕　《南齊書》卷 26〈陳顯達傳〉，頁 491。
〔註 20〕　《魏書》卷 7 下〈高祖紀下〉，頁 184～185。

虞，魏孝文帝始緊急遣將赴援，馬圈戍情形亦如出一轍。北魏佔領沔漢諸郡後，將其大部份劃歸荊州，為有效穩定北魏統治，接連以元宗室出鎮荊州，先命「廣陽王嘉為荊州刺史。」〔註21〕繼之以元英「鎮荊州。」〔註22〕陳顯達率齊軍進攻馬圈戍，元英本就有守土之責，若守軍無法抵禦，自應調遣荊州各地駐軍赴援，無須待北魏朝廷詔令。而魏孝文帝「詔前將軍元英討之。」應屬制式行政反應，面對齊軍的入侵，自然須由當地最高行政長官因應。不過由此亦可看出，北魏忽略南齊此次進攻，認為以地方駐軍即能擊退齊軍。

北魏朝廷的判斷與決策顯然錯誤，荊州地方軍無法抵禦齊軍進攻，「蕭寶卷將陳顯達等寇荊州，（元）英連戰失利。」〔註23〕馬圈戍也在魏軍堅守四十天後淪陷，《南齊書·陳顯達傳》：〔註24〕

> （陳顯達）攻之四十日，虜食盡，噉死人肉及樹皮，外圍既急，虜
> 突走，斬獲千計。官軍競取城中絹，不復窮追。顯達入據其城。

齊軍攻佔馬圈戍震驚魏孝文帝，順陽郡治南鄉城也在齊軍圍攻下岌岌可危。魏孝文帝權衡時勢後，雖重病在身仍決定御駕親征，「二月……癸酉，顯達攻陷馬圈戍。三月庚辰，車駕南伐。」〔註25〕馬圈戍於二月癸酉陷齊，魏孝文帝隨即做出反應，迅速於三月庚辰親自領軍回擊，可見齊軍攻陷馬圈戍帶給魏孝文帝的震撼有多大。南北對峙長期處於北強南弱背景下，大多由北魏採取攻勢攻佔南齊城戍，甚少由南齊入寇魏境甚至攻陷城戍，由魏孝文帝的反應也可證明渦陽之戰時，他對渦陽不可陷齊心態之堅定。

（二）魏孝文帝的反擊戰

魏孝文帝對元英守土失責頗為不滿，「車駕至南陽，免（元）英官爵。」〔註26〕之後開始佈署魏軍的反擊戰。首先，馬圈戍已失，順陽不能再陷，遂急召振武將軍慕容平城率五千鐵騎速援順陽。其次，陳顯達雖已攻佔馬圈戍，但因南齊北伐軍僅有四萬，分二路全數進攻馬圈戍與順陽，後方並無預備部隊接應，南齊朝廷亦無調動軍隊增援前線動作，故魏孝文帝決定切斷前線齊軍與後方之聯絡，斷其歸路再前後夾擊殲滅之。他先親率魏軍從正面進攻陳

〔註21〕《魏書》卷39〈李佐傳〉，頁895。
〔註22〕《魏書》卷19下〈景穆十二王下·南安王楨附子英傳〉，頁496。
〔註23〕《魏書》卷19下〈景穆十二王下·南安王楨附子英傳〉，頁496。
〔註24〕《南齊書》卷26〈陳顯達傳〉，頁491。
〔註25〕《魏書》卷7下〈高祖紀下〉，頁185。
〔註26〕《魏書》卷19下〈景穆十二王下·南安王楨附子英傳〉，頁496。

顯達齊軍，另詔「鎮南大將軍、廣陽王嘉斷均（沟）口〔註 27〕，邀顯達歸路。」〔註 28〕但是這個二部魏軍合擊齊軍的戰略，因元嘉的失職一開始並未成功，「詔（元）嘉斷均口。嘉違失指授，令賊得免。（魏孝文）帝怒，責之曰：「叔祖定非世（祖）孫，何太不上類也！」〔註 29〕元嘉乃魏世祖太武帝之孫，與魏孝文帝祖父魏文成帝同輩，故魏孝文帝稱其叔祖。魏太武帝滅大夏、北燕、北涼等統一華北，親自領軍北逐柔然、南伐劉宋，武功強盛，魏孝文帝怒責元嘉語氣之嚴厲，證明他對齊軍在魏境內馳騁，攻城掠地相當憤怒。雖然元嘉無法完成截斷齊軍退路之任務，但魏軍在魏孝文帝親自率領下在鷹子山（今河南淅川西南）一帶與齊軍正面對決，《魏書・高祖紀》記錄魏軍大勝齊軍經過：〔註 30〕

> 三月……戊戌，頻戰破之，其夜，（陳）顯達及崔惠景、曹虎等宵遁。己亥，收其戎資億計，班賜六軍。諸將追奔及於漢水，斬獲及赴水而死者十八九，斬寶卷左軍將軍張于達等。

上述引文雖未載明齊軍傷亡數目，但從《南齊書・陳顯達傳》所載：「臺軍緣道奔退，死者三萬餘人。」〔註 31〕陳顯達所率齊軍幾近全軍覆沒。另一路進攻順陽齊軍，見陳顯達大敗，魏軍接著便要移師順陽，驚恐之下，「賊將蔡道福、成公期率數萬人棄順陽遁走。」〔註 32〕南齊北伐遂以慘敗收場，同時也使陳顯達英名毀於一旦，「顯達素有威名，著於蠻虜，至是大損喪焉。」〔註 33〕

魏孝文帝雖順利將入寇齊軍擊退，但是病情卻更加嚴重，尚未返抵洛陽即在途中崩逝，「夏四月丙午朔，帝崩于穀塘原之行宮，時年三十三。祕諱，至魯陽發哀，還京師。」〔註 34〕魏孝文帝在穀塘原已駕崩，卻至魯陽（今河南魯山）始發喪，這應是彭城王元勰所決定。據《魏書・高祖紀》載：「三月……丙戌，（魏孝文）帝不豫，司徒、彭城王勰侍疾禁中，且攝百揆。」魏孝文帝

〔註 27〕《梁書》卷 18〈校勘記〉3，頁 296 載：「沟口」各本皆作「沟均口」。王鳴盛《十七史商榷》云：「沟當作沟。均字乃後人旁注，而傳寫者誤入正文。」按：王說是。沟口即《水經沔水注》之均口，爲沟水入沔之口。

〔註 28〕《魏書》卷 7 下〈高祖紀下〉，頁 185。

〔註 29〕《魏書》卷 18〈太武五王・廣陽王建附子嘉傳〉，頁 428。

〔註 30〕《魏書》卷 7 下〈高祖紀下〉，頁 185。

〔註 31〕《南齊書》卷 26〈陳顯達傳〉，頁 491。

〔註 32〕《魏書》卷 7 下〈高祖紀下〉，頁 185。

〔註 33〕《南齊書》卷 26〈陳顯達傳〉，頁 492。

〔註 34〕《魏書》卷 7 下〈高祖紀下〉，頁 185。

以元勰攝百揆，代表其病重後由元勰決斷內外一切事務，故其崩逝後諸般事宜之決策，自然由元勰定奪。然為何元勰刻意隱瞞魏孝文帝死訊，實基於兩個考量。其一：魏軍雖漸次北返，但是距離南齊尚不太遠，元勰認為，陳顯達雖是敗軍之將，一旦知悉魏孝文帝已死，極可能回師攻擊，而北魏頓失領導中心，對魏軍士氣影響難以評估，若無法抵擋齊軍進攻，讓其反敗為勝，一旦戰爭擴大，而北魏皇位正處交替之際，恐對北魏造成重大傷害，故秘不發喪，將其遺體仍置於皇帝車輿中趕路，僅元勰、元澄及左右近侍數人知道實情。元勰出入其中神色如常，奉侍膳食湯藥及處理表奏，均一如往常。其二：太子元恪並未隨軍，當三月庚子魏孝文帝抵穀塘原時已病重，自知不起，遂「詔司徒勰徵太子於魯陽踐阼。」〔註35〕魏孝文帝四月丙午崩後，元恪尚在洛陽趕赴魯陽途中，若率爾宣布魏孝文帝死訊，而太子尚未繼位，難保不會引起有心人士覬覦皇位進而引發動亂，故元勰為確保皇位繼承順利，決定隱瞞魏孝文帝死訊，同時迅速往魯陽移動，在與元恪會合後始宣布魏孝文帝駕崩消息，同時奉元恪即皇帝位，是為魏宣武帝。

〔註35〕《魏書》卷 7 下〈高祖紀下〉，頁 185。

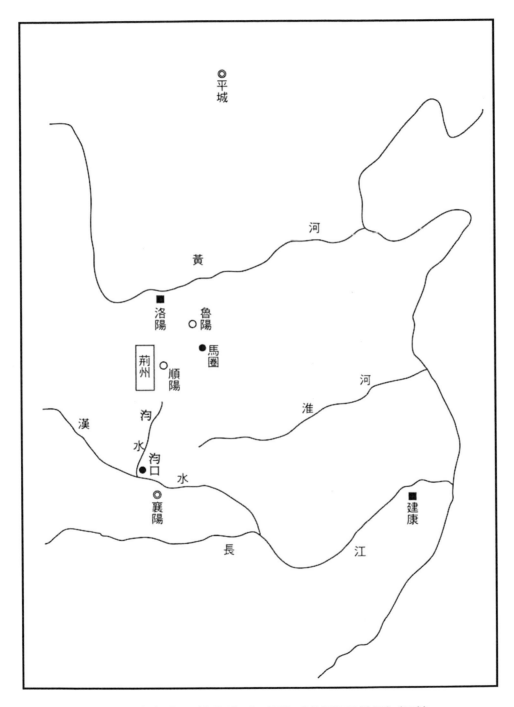

圖四：魏孝文帝後期與南齊戰爭相關形勢圖（下）

三、戰爭檢討

在陳顯達入侵北魏的這場戰役中，南北雙方皆有得有失。南齊雖然未能收復沔北失地，且大敗而回，但是出擊沔北對北魏施加軍事壓力的結果，迫使魏孝文帝親自領軍對戰，導致其病體無法負荷而崩逝，成為南齊在戰事中之所得。而南齊之得則為北魏之失，北魏雖然折損一位君主，但也守住沔北地區，維持北魏在該處的戰略優勢。

（一）魏孝文帝親征的必要性

南齊以陳顯達為主帥，率四萬北伐軍侵魏，其戰略目標在收復沔北失地，並無滅魏意圖，此從南齊動員兵力即可知，若欲消滅北魏統一南北，僅四萬兵力顯然不夠。北魏既知南齊未具滅魏企圖，對其生存不構成威脅，故面對軍事規模中等的區域戰爭，魏孝文帝僅需命一上將率軍前往即可，為何仍抱病親征？雖最終擊退齊軍保有沔北之地，卻於班師途中駕崩，損失不可謂不大。欲探求此問題，可從北魏歷代君主親征傳統與魏孝文帝之政治志向尋求解答。

首先，拓跋氏在部落聯盟時期，身處弱肉強食的險惡環境中，部落聯盟君長必須為生存而戰，故率領部落民抵禦他人入侵或兼併其他部落實為常態。不過在進入北魏王朝建立天子威儀與朝廷規模後，其君主依然率軍南征北討，這與漢民族王朝大為不同。漢民族王朝視天子御駕親征為大事，非不得已不為之，蓋皇帝為九五至尊，不容有一絲疏忽。以漢朝武功鼎盛之漢武帝為例，對匈奴多次作戰均未親自領軍征討，僅遣衛青、霍去病等大將率軍北逐匈奴。拓跋氏進入北魏王朝後，仍維持君主親征傳統，尤其魏初道武帝、明元帝、太武帝三朝，北方尚未統一，各政權間征戰頻繁，而當時北魏的國家利益是爭生存，為避免身處四戰之地的北魏成為五胡十六國中另一個短命王朝，魏初三帝必須為生存而戰，此乃不得不然也。〔註36〕至魏太武帝統一北方後，北魏進入穩定發展期，但是之後的魏文成帝、魏獻文帝仍有親征之作為，以柔然為例，魏文成帝於 458 年（魏太安四年、宋大明二年）十一月「車駕度漠，蠕蠕絕跡遠遁。」〔註37〕472 年（魏延興二年、宋泰豫元年）

〔註36〕魏道武帝、魏明元帝、魏太武帝，《魏書》中均有他們親自領軍作戰記載，參見《魏書》卷2〈太祖紀〉，頁 19〜47；卷3〈太宗紀〉，頁 49〜68；卷4〈世祖紀〉，頁 69〜109。

〔註37〕《魏書》卷5〈高宗紀〉，頁 117。

「冬十月，蠕蠕犯塞，及於五原。十有一月，太上皇帝（魏獻文帝）親討之。」〔註38〕即便北魏已統一北方，柔然經魏太武帝多次打擊已勢衰，但北魏君主仍沿襲親自領軍的作戰傳統，渡漠北逐柔然。依此同理可說明陳顯達的入寇，雖對北魏生存不構成威脅，但是魏孝文帝仍堅持親征的原因。魏孝文帝在北魏君主親征傳統下成長，雖仰慕漢文化，但他並未具有漢人君主視御駕親征乃國之大事，不可輕易爲之的思維，仍沿襲拓跋氏自部落聯盟時期以來君主率軍作戰的傳統，且不以威脅大小決定親征標準。而其與陳顯達所率的齊軍作戰，遂成爲魏孝文帝人生中最後一場戰役。

其次，就魏孝文帝的政治志向而言，他的正統觀驅使他進攻南齊，「江吳竊命，于今十紀，朕（魏孝文帝）必欲盪滌南海，然後言歸。」〔註39〕他前兩次親征南齊，試圖建立統一王朝，即是要完成上述自我賦予的使命。他在穀塘原的遺詔也充分表露其混一南北的政治理念：「庶南盪甌吳，復禮萬國，以仰光七廟，俯濟蒼生。困窮早滅，不永乃志。」〔註40〕魏孝文帝在使命感的驅使下，兩次南伐雖未能消滅南齊完成統一使命，但是取得沔北之地，讓北魏疆域再度往南擴展，仍是不容忽視之功業。今南齊遣軍欲收回失地，魏孝文帝必然無法容忍其親自領軍作戰所獲之功績遭破壞，故欲再度親征維護此功業。

魏孝文帝決定抱病領軍時，他的病情已相當嚴重，他似乎也有自知之明，這可從他帶著最信任的二位宗室彭城王元勰、任城王元澄隨軍看出，表明他對可能遭遇之身後事預做安排：

> 是時高祖不豫，引（元）澄入見清徽堂。詔曰：「顯達侵亂，沔陽不安，朕不親行，莫攘此賊。朕疾患淹年，氣力憊弊，如有非常，委任城大事。是段任城必須從朕。」澄涕泣對曰：「臣謹當竭股肱之力，以命上報。」遂從駕南伐。

元澄時任尚書右僕射，掌握政事中樞，一向甚得魏孝文帝信任，遷都洛陽後，更賴其北返平城說服保守派，化解反對勢力。至於元勰，前次南伐魏孝文帝病重時，元勰處理政事井然有序，百官信服，魏孝文帝若有不測，仍須借重他總理內外之能力。事實證明魏孝文帝考慮周全，他病重後元勰侍疾禁中且

〔註38〕《魏書》卷 7 上〈高祖紀上〉，頁 137。
〔註39〕《魏書》卷 21 上〈獻文六王列傳上・北海王詳傳〉，頁 559。
〔註40〕《魏書》卷 7 下〈高祖紀下〉，頁 185。

攝百揆，崩逝後隱瞞死訊直至太子元恪至魯陽即位，順利完成皇位繼承。

北魏具優秀軍事才華及能征慣戰的將帥頗多，魏孝文帝若命將出征，以元宗室而言，任城王元澄、彭城王元勰、江陽王元繼均可擔此重任；而其他人諸如薛眞度、王肅等亦可爲將，但是魏孝文帝仍堅持親征，除基於前述北魏君主親自領軍的作戰傳統，及正統觀、使命感的驅使外，筆者認爲，爲太子元恪排除邊境國防壓力亦是一大因素。魏孝文帝希望繼續佔有沔北之地維護洛陽安全，若沔北之地遭南齊奪回，元恪即位後會馬上面臨南面邊境的國防壓力，故爲保證能順利擊退入侵齊軍，他不放心另行遣將出征，仍由自己親自率軍指揮作戰，畢竟以皇帝之尊調派兵馬、調撥軍需等後勤補給，最具效率，但是魏孝文帝也因耗盡心力而付出生命的代價。

（二）魏孝文帝發動反擊戰的戰略意義

北魏佔領沔北之地後，由於統治主體的轉換，漢人百姓絕大部分不樂由少數民族的北魏統治，因此南齊趁沔北淪陷未久，北魏統治力尙未落實的時候北伐，無疑掌握最佳的戰略契機，同時派出名將陳顯達領軍出征，可見南齊對奪回該地區的強烈渴望。然北魏面對陳顯達的入寇，由魏孝文帝抱病親自揮軍反擊，亦展現繼續佔領該地區的旺盛企圖心，何以北魏、南齊皆對沔北之地志在必得，在於沔北於南北對立中擁有極佳的戰略位置。

首先就北魏而言，自遷都洛陽後，由於其地理位置在中原地區，不似舊都平城在偏北的山西之地，故洛陽面臨南朝的威脅遠較平城嚴重，雖然南北對立至魏孝文帝時，仍是北強南弱態勢，南朝軍隊能否一路北伐挺進洛陽，頗值得懷疑。然戰略形勢瞬息萬變，不能率爾否定南方軍隊進攻洛陽的可能性，即便有萬分之一的可能，亦須將此可能性排除。是故魏孝文帝對洛陽的戰略思考在鞏固其國防安全，而洛陽南面面對南齊的軍事威脅最大，因此必須將淮河、漢水上游地區置於北魏控制之下，此亦爲魏孝文帝發動南侵戰爭的戰略背景，其戰略目的在搶奪淮、漢上游地區的南齊州郡，唯有如此才能保障洛陽南面的安全，而魏孝文帝在佔領沔北五郡後，達成其戰略目的。

沔北五郡爲南陽、新野、北襄城、西汝南、北義陽等五郡，〔註41〕其中南陽居南北樞紐的關鍵位置，饒勝文指出：〔註42〕

〔註41〕關於沔北五郡，前文已有詳細説明，參見本書，頁185。
〔註42〕饒勝文，《布局天下：中國古代軍事地理大勢》（北京：解放軍出版社，2006年5月），頁200。

南方對抗北方的軍事防禦線通常從東南的長江入海口向西延伸到甘肅的東南部。位於盆地南部的襄陽便處於這條漫長防禦線的銜接樞紐的地位。襄陽和南陽這兩座重鎮代表了南北雙方在這片地域內利害關係的對峙和膠著。

這也是爲什麼魏孝文帝在前次的南伐戰爭中，要以重兵圍攻襄陽、義陽等地的原因，雖然最終無法攻佔襄陽，但南陽已由北魏佔領，而由於其特殊的戰略地位，須力阻南齊奪回。因此魏孝文帝對於南齊的侵略行動，並未遣一上將領軍對抗，而是選擇親自率軍反擊，乃著眼於沔北五郡戰略地位之重要，一旦遭南齊奪回，洛陽勢必籠罩在南齊的威脅之下，故魏孝文帝只能抱著病體再度御駕親征。

其次就南齊而言，沔北五郡的淪陷，等於北方國防線再度後撤。南方在青齊之地陷魏前，當時的南北政權北魏與劉宋，雖然北魏綜合國力與軍事力量勝於劉宋，但雙方差距不會太大，然而在青齊之地入魏後，南朝國土日縮，南北實力差距日益擴大。而南方政權進入南齊後，較有作爲的君主當屬齊高帝、齊武帝，但齊高帝創建南齊未久即崩逝，未能趁開國鼎盛之際北伐，爲南齊開疆闢土。齊武帝著重內政，對北魏不主動挑釁，北魏與南齊的戰略關係進入和緩期。因此齊高帝、齊武帝時雖仍是魏強齊弱格局，但南齊並未有大量土地與州郡遭北魏侵佔。然至齊明帝時戰略形勢爲之一變，魏孝文帝積極主動的戰略思維，不僅發動對南齊的戰爭，更御駕親征欲實現其大一統理想，雖然未能滅亡南齊，但也取得了沔北之地。

顧炎武認爲，立國東南的政權以「厚荊襄」和「阻兩淮」爲其立國之本，〔註43〕南朝四代宋、齊、梁、陳皆然，均要倚仗荊襄上游爲屏障，護衛下游的政治中心建康。顧祖禹也指出：「有江漢而無淮泗，國必弱；有淮泗而無江漢之上游，國必危。」〔註44〕由此可見控有荊襄地區對東南政權國防安全的重要性，一旦此處遭其他政權控制，等於籠罩在對方的威脅下，誠如顧祖禹所云之「國必危。」齊明帝清楚瞭解失沔北五郡後，北魏勢力進入荊襄地區，亦即北魏軍隊能在江漢上游伸展，如此對南齊的國防安全威脅甚鉅，故

〔註43〕顧炎武認爲「無荊襄不可立國，……故厚荊襄急。……守江者不于江，于兩淮，……故阻兩淮急。」參見顧炎武，《顧亭林文集》（臺北：三民書局，2000年5月）卷6〈形勢論〉，頁544。

〔註44〕顧祖禹，《讀史方輿紀要》（臺北：樂天出版社，1973年10月）〈江南方輿紀要序〉，頁843。

南齊需盡全力奪回沔北五郡，以便掌握江漢上游的控制權。同樣的，魏孝文帝亦深知控有沔北五郡，進能威脅南齊、退能保障洛陽，因此當南齊朝廷遣陳顯達北伐時，魏孝文帝迅速決定親自領軍反擊，其戰略認知為：長年征戰南齊，終能將南境推進至沔漢流域，故沔北五郡不能失，關係南北形勢變化的沔北五郡須由北魏控制。

　　綜合上述，魏孝文帝反擊戰的戰略意義在於：擊退以陳顯達為首的齊軍，摧毀南齊試圖奪回沔北五郡的嘗試，讓北魏勢力跨進長江流域，在南北對峙的格局中，持續增加戰略優勢。至於南齊則不能完全控制江漢上游與荊襄地區，國防線繼喪失青齊之地後再往後撤，在原本已屬劣勢的南北對峙中，魏強齊弱的態勢將更加凸顯。

（三）南齊北伐軍缺乏後備及支援部隊

　　從南齊北伐軍僅四萬，至展開攻勢後竟能攻陷馬圈戍、圍攻順陽來看，首波進攻行動相當順利，但是竟無後續部隊增援，可見南齊朝廷準備此次北伐稍嫌匆促導致接應不及。雖然北伐兵力不多，但在出擊勝利後，應乘勝擴大戰果，從中央遣軍或調派地方駐軍增援沔漢戰線，以新佔馬圈戍為據點續向北進攻，同時增加圍攻順陽郡治南鄉城的兵力，以達儘速攻陷南鄉之目標，再以南鄉和馬圈戍連成戰線相互呼應，可惜南齊朝廷並未佈署支援部隊，也無其他兵力居中策應支援，使陳顯達所率四萬齊軍如同孤軍作戰，得不到後方奧援，究其原因，可從東昏侯及輔政的六貴兩個部份分析之。

　　東昏侯部份，由於其甫繼位未久，政事運作尚未熟悉兼之威望不足，且缺乏膽識，以致初臨戰事不知如何應變，這從他為太子時遇王敬則之亂竟急欲奔逃即可看出：〔註45〕

> 是時上（齊明帝）疾已篤，敬則倉猝東起，朝廷震懼。太子寶卷使
> 人上屋，望見征虜亭失火，謂敬則至，急裝欲走。

不過，最大的原因還是東昏侯皇權旁落，未能政由己出、乾綱獨斷，即使他想派兵援助，也非他一人所能決定，尚需與六貴商討。基於上述原因東昏侯未遣援軍只能坐觀戰局發展，最後導致陳顯達無後援兵馬而失敗。至於當時掌控朝政的六貴，在齊明帝死後，接續執行他收復沔北之地的決策，但是在戰爭過程中，未能因應戰局變化做出相對應的決策，如遣軍增援陳顯達。由於齊明帝個性猜忌，不信任臣下，權柄不假他人，眾臣凡事皆秉齊明帝之命

〔註45〕《資治通鑑》卷141〈齊紀七〉，明帝永泰元年，頁4429。

是從，也因此南齊朝廷缺乏如北魏彭城王元勰能攝百揆總理內外的人選。若齊明帝在世，或許能針對戰場變化調撥兵馬赴援，但是總理朝政的六貴，以往並無一人有獨當一面的歷練，六人多是聽齊明帝之命行事。此時的南齊朝廷，面對陳顯達初擊得勝，卻處於新君初立膽識、權力不足；權臣無指揮大局能力情況下，未能有後續戰略作為伺機擴大戰果，殊為可惜。

（四）齊人馮道根之戰略思維與戰術作為

北魏與南齊在此次邊境衝突中，雙方戰術執行並無特殊之處，多採正面對決，而魏強齊弱乃長期以來之態勢，齊軍戰力本就不及魏軍，在此情形下齊軍與魏軍正面對決，等於以己之短攻敵之長，加上齊人恐懼魏軍心理，無怪乎齊軍「人情沮恐，與魏戰，屢敗。」〔註46〕齊軍兵力不盛，應採奇襲戰術攻敵於不備，並以虛實變化迷惑魏軍。《孫子兵法》云：「夫兵形象水，水之行，避高而趨下；兵之勝，避實而擊虛。」〔註47〕但陳顯達並未避實擊虛，反而以實擊實，和魏軍做大兵團式的正面戰鬥，在齊軍士氣、戰力、兵力、環境皆遜於魏軍情況下，整體戰略形勢並未有利於南齊。至於魏軍則由魏孝文帝親自領軍，又在魏境內作戰，故後勤補給不是問題，反而是齊軍進入魏境作戰，補給困難影響戰力，可見魏軍掌握較多的戰略優勢。因此，陳顯達應思考的是，在未具備絕對的戰略優勢下，是否可利用外在地形，將其轉化為齊軍的攻擊力，而事實上，陳顯達曾接獲這方面的建議。

南齊北伐軍北行經沟口時，曾有熟悉當地地形地物之地方人士馮道根，向陳顯達獻進軍之策：〔註48〕

> （齊）師入沟口，（馮）道根與鄉里人士以牛酒候軍，因說顯達曰：「沟水迅急，難進易退，魏若守隘，則首尾俱急。不如悉棄船艦於鄸城，方道步進，建營相次，鼓行而前。如是，則立破之矣。」顯達不聽，道根猶以私屬從軍。

馮道根字巨基，廣平鄸人也，以勇武聞名。〔註49〕其家鄉位於沔北五郡的邊緣地帶，他久居當地，必然看過魏軍和齊軍間的大小戰鬥，向陳顯達所獻之

〔註46〕《資治通鑑》卷142〈齊紀八〉，東昏侯永元元年，頁4438。
〔註47〕孫武著、吳仁傑注譯，《孫子讀本》〈虛實篇第六〉，頁44。
〔註48〕《梁書》卷18〈馮道根傳〉，頁287。
〔註49〕《梁書》卷18〈馮道根傳〉，頁287載：「年十六，鄉人蔡道斑為湖陽戍主，道斑攻蠻錫城，反為蠻所困，道根救之。匹馬轉戰，殺傷甚多，道斑以免，由是知名。」

策乃依當地地理、水文所規劃，符合戰略精義，惜陳顯達並未採納平民意見。若從戰爭結果驗證馮道根戰略思維實屬正確，魏軍利用沔水湍急易進難退的地形優勢，分兵把守隘口，魏孝文帝更命廣陽王元嘉斷沔口，截斷齊軍歸路，使齊軍首尾無法相顧，因而在魏軍的衝殺下大敗而回。可見魏孝文帝和馮道根具同樣的戰略思維，而馮道根洞燭機先獻策陳顯達，無奈他未採用，若陳顯達能採馮道根意見依計而行，雖不能保證可擊敗魏軍，因為當時魏軍掌握多數戰略優勢，勝算較大，但是即使齊軍最後失敗，依馮道根之策，至少能將部隊迅速撤退，不致有戰死三萬餘人之慘敗。

馮道根之策雖未獲陳顯達青睞，但他並未因此怨恨，反而率「私屬從軍。」更在齊軍大敗後，發揮他熟悉當地地形的優勢，協助齊軍撤退，「及顯達敗，軍人夜走，多不知山路；道根每及險要，輒停馬指示之，眾賴以全。」〔註50〕馮道根指示撤退路線，保全不少齊軍，若無馮道根協助，齊軍恐迷失在陌生地理環境中，再遭魏軍從後追殺，恐會全軍覆沒，由此更凸顯馮道根的軍事素養及對齊軍的貢獻。馮道根也因此開始嶄露頭角，入南梁後任驍騎將軍、寧朔將軍、右衛將軍等職。

第二節　南齊裴叔業以壽春降魏

裴叔業乃南齊名將，出身世族河東裴氏，為晚渡北人之後，其父、兄同仕於齊高帝。裴叔業在北魏與南齊的戰爭中，多次率齊軍與魏軍作戰，可謂久經戰陣之沙場老將，尤其在497年（魏太和二十一年、齊建武四年）魏孝文帝第二次親征南齊的沔北大戰，齊軍失沔北五郡並節節敗退，裴叔業以「圍魏救趙」之策進攻渦陽，屢敗北魏援軍，使北魏不得不放棄圍攻義陽，移師赴援渦陽，使「圍魏救趙」戰略獲得成功。裴叔業在政治上，前文述及他深得齊明帝寵信且引為心腹，故在齊明帝一朝恩寵不衰，然為何在東昏侯即位後不久即有二心，起因乃是南齊又開始一波腥風血雨的宮廷殺戮，「高宗（齊明帝）崩，叔業還鎮。少主（東昏侯）即位，誅大臣，京師屢有變發。」〔註51〕東昏侯大肆誅殺朝廷重臣，且懷疑時任豫州刺史的裴叔業有反狀，裴叔業不願引頸就戮，遂有叛齊之心，欲以壽春降北魏。

壽春乃淮南重鎮，又是南齊豫州州治所在，長久以來即為北魏欲攻佔的

〔註50〕《梁書》卷18〈馮道根傳〉，頁287。
〔註51〕《南齊書》卷51〈裴叔業傳〉，頁871。

戰略目標，只不過南齊鑑於其戰略地位重要，尤其在淮北已成北魏勢力範圍後，壽春成為淮南前線抗魏的軍事重鎮，肩負阻遏魏軍南下的重要任務，故南齊對壽春的防務至為重視，北魏多次用兵壽春，始終無法攻下。〔註52〕現南齊壽春守將裴叔業欲以所屬降魏，北魏當然不會放過這佔領壽春的大好機會，隨即遣軍前往接收。而南齊亦不願壽春陷魏，同樣遣軍前往壽春，雙方遂為爭奪壽春爆發軍事衝突，這也是魏宣武帝繼位以來首次和南齊的戰爭。不過，魏宣武帝初繼位的情況和東昏侯類似，都未能親掌皇權，北魏國政大權落在魏孝文帝安排的六位輔政大臣手中，故此次壽春爭奪戰雖發生在魏宣武帝在位時，但他對這次戰爭並未能全盤主導，且戰略規畫和戰術執行多由六位輔政大臣決定，而這六位輔政大臣長期追隨魏孝文帝，對其意志與軍事作為有一定程度瞭解，故在這次與南齊爭奪壽春的過程中，可看出不少戰略作為都是魏孝文帝意志的延伸，如彭城王元勰親自率大軍參與壽春爭奪，這部份將在後面段落中詳述。因此在魏宣武帝尚未能全面執政的情況下，將壽春爭奪戰仍列入魏孝文帝後期與南齊的戰略關係，似乎更為合適也較符合當時的事實。

一、戰略環境分析

　　北魏和南齊在壽春爭奪戰中面臨的戰略環境，有一個共同點都是兩國內部劇烈的政治變動，也因為這些政治變動，影響二位南北君主對戰爭的主導權。南齊方面，東昏侯無法忍受大權旁落六貴，而六貴也有廢黜東昏侯之念，雙方爆發正面衝突。至於北魏，也發生皇位異動的政治變化，雖然魏宣武帝在魏孝文帝崩逝後順利繼承皇位，但有魏孝文帝顧命的六位輔政大臣領政，故在壽春爭奪戰中，魏宣武帝並未具備主導戰事的權力；反之，東昏侯在誅除六貴後，已掌控所有政治權力，故能主導南齊在壽春爭奪戰中的戰事。

（一）東昏侯剷除六貴奪回大權

　　東昏侯雖即位，但朝政大權掌握在「六貴」手中，右僕射江祐、侍中江祀兄弟「與（劉）暄及始安王（蕭）遙光、尚書令徐孝嗣、領軍蕭坦之六人，更日帖敕，時呼為六貴」。〔註53〕江祐、江祀兄弟為齊明帝母景皇后之姪，「少

〔註52〕 北魏歷次用兵壽春的詳細經過，參見筆者著，〈淮南四鎮在南北戰爭中的戰略角色分析——以北魏與南朝戰爭為中心的考察〉《中臺學報（人文社會卷）》，第 26 卷第 1 期，2014 年 9 月，頁 31～60。
〔註53〕 《南齊書》卷 42〈江祐傳〉，頁 751。

爲高宗（齊明帝）所親，恩如兄弟。」〔註54〕「高宗雖顧命羣公，而意寄多在祐兄弟。至是更直殿內，動止關諮。」〔註55〕江氏兄弟權傾內外，對東昏侯約束甚緊，對其看法與意見常加反對，「帝（東昏侯）深忿之。」〔註56〕尚書令徐孝嗣曾勸江祐曰：「主上稍有異同，詎可爲相乖反？」〔註57〕但江祐仍不改其意。而東昏侯自即位後行事乖離，望之不似人君，江祐遂有廢立之意，「帝（東昏侯）失德既彰，（江）祐議欲立江夏王寶玄。」〔註58〕遂與「六貴」其餘五人商議。劉暄同意廢東昏侯，但不同意立齊明帝三子江夏王蕭寶玄，主張立六子建安王蕭寶夤。至於始安王蕭遙光，乃齊明帝之姪，屬皇室近親，早有自立之意且暗中圖謀甚久，而江祀亦勸其兄江祐尊蕭遙光爲帝。至於蕭坦之則認爲不應隨便廢立，且表明態度不願涉入廢立之謀：〔註59〕

> 江祐兄弟欲立始安王遙光，密謂坦之，坦之曰：「（齊）明帝取天下，
> 已非次第，天下人至今不服。今若復作此事，恐四海瓦解。我其不
> 敢言。」

蕭坦之舉齊明帝以皇室旁支連廢鬱林王蕭昭業、海陵王蕭昭文後，竟篡奪皇位自立爲帝之例，至今猶有不服者，說明歷史不應重演。

　　廢立之事事關重大，「六貴」內部意見並不一致，江氏兄弟遂猶豫不定，而拖延愈久則變數愈大。劉暄對江氏兄弟欲奉蕭遙光爲帝亦表反對，遭蕭遙光遣人刺殺，不過並未成功。劉暄驚覺生命遭受威脅後，遂向東昏侯告發，「（劉）暄覺之，遂發（江）祐謀。」〔註60〕江祐、江祀兄弟廢立之謀爆發後，東昏侯下令捕殺兩人。至於蕭遙光，他與其弟蕭遙欣計畫奪位其實已有一段時間，《南齊書·蕭遙光傳》載：〔註61〕

> 弟遙欣在荊楚，擁兵居上流，密相影響。遙光當據東府號令，使遙
> 欣便星速急下。潛謀將發，而遙欣病死。江祐被誅，東昏侯召遙光
> 入殿，告以祐罪，遙光懼，還省便陽狂號哭，自此稱疾不復入臺。

蕭遙光陰謀敗露後已引起東昏侯提防，遂與心腹驍騎將軍垣歷生暗中召集部

〔註54〕《南齊書》卷 42〈江祐傳〉，頁 750。
〔註55〕《南齊書》卷 42〈江祐傳〉，頁 751。
〔註56〕《南齊書》卷 42〈江祐傳〉，頁 751。
〔註57〕《南史》卷 47〈江祐傳〉，頁 1182。
〔註58〕《南齊書》卷 42〈江祐傳〉，頁 751。
〔註59〕《南齊書》卷 42〈蕭坦之傳〉，頁 748。
〔註60〕《資治通鑑》卷 142〈齊紀八〉，東昏侯永元元年，頁 4447。
〔註61〕《南齊書》卷 45〈宗室·始安貞王道生附遙光傳〉，頁 789。

曲預備起兵，499 年（魏太和二十三年、齊永元元年）八月「丙辰，揚州刺史始安王遙光據東府反。」〔註 62〕東昏侯大驚，下令建康戒嚴，命「尚書令徐孝嗣以下屯衛宮城，遣領軍將軍蕭坦之率六軍討之。」〔註 63〕蕭遙光部曲不敵訓練有素之臺軍，亂事迅速被平定，他自己亦在亂軍中被殺。

「六貴」中已殺三人，東昏侯仍懼皇位再遭他人廢立，決定將另外三人全數誅殺。他先派兵殺蕭坦之父子，「遙光事平二十餘日，帝（東昏侯）遣延明主帥黃文濟領兵圍坦之宅，殺之。子賞，祕書郎。亦伏誅。」〔註 64〕而劉暄乃東昏侯母舅，東昏侯之母敬皇后與劉暄為姊弟之親，他本不忍殺之，但在親信茹法珍、徐世標慫恿下，仍下令處死。至於徐孝嗣，則「遣茹法珍賜藥，孝嗣容色不異，少能飲酒，藥至斗餘，方卒。」〔註 65〕東昏侯殺了「六貴」之後終得親政，然而南齊的殺戮與動亂仍未停止。

東昏侯誅殺大臣之廣與其父齊明帝相較不遑多讓，甚至猶有過之。在他殺徐孝嗣同時，又誅殺右僕射、鎮軍將軍沈文季，他也是齊明帝遺詔顧命大臣之一。侍中沈昭略乃沈文季姪子，與其弟沈昭光也一併遭到殺害。右衛將軍曹虎乃南齊一員猛將，498 年（魏太和二十二年、齊永泰元年）魏孝文帝二次親征南齊，一路攻城掠地推進襄樊，「元宏（魏孝文帝）率十萬眾，從羽儀華蓋，圍樊城。（曹）虎閉門固守。」〔註 66〕樊城在曹虎堅守下，魏軍無法攻克只能無奈罷兵，若樊城遭攻破，魏軍即可長驅南下。曹虎雖有大功於國家，卻仍遭殺害。東昏侯殺害之文臣、武將，皆為齊明帝時老臣、舊將，大加殺戮結果，朝廷百官人人自危，不僅如此，出鎮在外的封疆大吏，因手中握有兵馬，更怕引起東昏侯猜忌，均不自安。陳顯達時任江州刺史，「聞京師大相殺戮，又知徐孝嗣等皆死，傳聞當遣兵襲江州。」〔註 67〕陳顯達懼禍，決定舉兵起事先發制人。

499 年（魏太和二十三年、齊永元元年）十一月十五日，陳顯達「率眾數千人發尋陽。」〔註 68〕其戰略頗為簡單，軍事上依長江水勢順江東下直取建

〔註 62〕《南齊書》卷 7〈東昏侯紀〉，頁 98。
〔註 63〕《南齊書》卷 7〈東昏侯紀〉，頁 98。
〔註 64〕《南齊書》卷 42〈蕭坦之傳〉，頁 748。
〔註 65〕《南齊書》卷 44〈徐孝嗣傳〉，頁 771。
〔註 66〕《南齊書》卷 30〈曹虎傳〉，頁 561。
〔註 67〕《南齊書》卷 26〈陳顯達傳〉，頁 492。
〔註 68〕《南齊書》卷 26〈陳顯達傳〉，頁 494。

康，政治上則以廢東昏侯奉建安王蕭寶夤爲齊主做號召。陳顯達爲南齊名將，劉宋時已嶄露頭角，歷事齊高帝、齊武帝、齊明帝各朝，在魏齊戰爭中，爲南齊少數能與魏軍抗衡的將領，在南齊軍界享有崇高威望，雖三月時率軍收復沔北失地失敗，但因已高齡七十二，在南齊朝廷仍有一定份量。對如此重量級人物謀反，東昏侯不敢輕忽，遣多路重兵平亂，其部署據《南齊書·陳顯達傳》載：〔註69〕

> 朝廷遣後軍將軍胡松、驍騎將軍李叔獻水軍據梁山；左衛將軍左興盛假節，加征虜將軍，督前鋒軍事，屯新亭；輔國將軍驍騎將軍徐世摽領兵屯杜姥宅。

陳顯達所率叛軍先盛後衰，雖攻至建康，但僅有數千人之眾，且響應者寡、觀望者眾，在無法得到援助下，實不足以和精銳臺軍及後援不斷的朝廷軍相抗，陳顯達最終還是失敗，而他自己也死於亂軍之中。

（二）北魏的皇位異動

魏孝文帝在 499 年（魏太和二十三年、齊永元元年）三月擊退陳顯達入侵，粉碎南齊收復沔北失地的嘗試後，在北返過程中病情加重，次月崩逝。魏孝文帝在崩逝前，爲太子元恪做了兩項政治安排，一爲賜皇后馮氏自盡；二爲安排輔政大臣。先論前者，魏孝文帝賜死皇后馮氏的理由極其簡單，因爲她是文明太后兄馮熙之女，「孝文幽皇后，亦馮熙女。」〔註70〕一旦元恪繼位，她就成爲皇太后，尤其元恪僅十六歲，〔註71〕年齡尚輕，若馮氏以太后之尊干政擅權，當年文明太后臨朝聽政的情形恐再度出現，文明太后執政時的魏孝文帝如同傀儡，他必然不願這種情形發生在元恪身上，故賜死皇后馮氏，爲其掃除太后干政的障礙。負責執行這項任務者，乃北海王元詳，「北海王詳奉宣遺旨，長秋卿白整等入授后藥，后走呼不肯引決，曰：『官豈有此也，是諸王輩殺我耳！』整等執持，強之，乃含椒而盡。」〔註72〕至於安排輔政大臣，據《魏書·高祖紀》載：〔註73〕

> 詔以侍中、護軍將軍、北海王詳爲司空公，鎮南將軍王肅爲尚書令，

〔註69〕《南齊書》卷 26〈陳顯達傳〉，頁 494。
〔註70〕《魏書》卷 13〈皇后·孝文幽皇后馮氏傳〉，頁 332。
〔註71〕元恪生於太和七年（483、齊永明元年）閏四月，故於太和二十三年（499、齊永元元年）繼位時約十六歲，參見《魏書》卷 8〈世宗紀〉，頁 191。
〔註72〕《魏書》卷 13〈皇后·孝文幽皇后馮氏傳〉，頁 334。
〔註73〕《魏書》卷 7 下〈高祖紀下〉，頁 185。

鎮南大將軍、廣陽王嘉為尚書左僕射，尚書宋弁為史部尚書，與侍
中、太尉公禧，尚書右僕射、任城王澄等六人輔政。

六位輔政大臣，宗室即佔四人，北海王元詳、廣陽王元嘉、咸陽王元禧、任城王元澄。魏孝文帝會有這項政治舉措，當是因元恪不過十六歲之齡，對國政、朝廷運作並不熟悉，故安排輔政大臣，助其處理政務。不過，身為九五至尊的皇帝，當然不滿意權力為輔政大臣所奪，必然會逐步從他們手中取回權力。不過在與南齊爭奪壽春的過程中，魏宣武帝尚未親政，《魏書·世宗紀》載，500 年（魏景明元年、齊永元二年）正月「丁未，蕭寶卷豫州刺史裴叔業以壽春內屬。」〔註 74〕501 年（魏景明二年、齊中興元年）正月「庚戌，（魏宣武）帝始親政。」故他在壽春爭奪戰中並未有主導權，當時的戰略規畫與戰爭運籌皆是輔政大臣為之。

彭城王元勰乃魏孝文帝之弟，甚得寵信，在淮漢大戰及擊退陳顯達入侵的這兩次戰事中，都可看到他親奉魏孝文帝湯藥，並總管內外，然何以魏孝文帝的另兩位弟弟，元詳、元禧具列入輔政大臣中，卻獨漏元勰。其實他深知自己樹大招風，《魏書·彭城王勰傳》：「但臣出入喉脣，每跨時要，及於寵靈輝赫，聞之遲邁。復參宰匠，機政畢歸，震主之聲，見忌必矣。」〔註 75〕元勰深知急流勇退道理，魏孝文帝亦不勉強，曾手詔元恪，「吾百年之後，其聽勰辭蟬捨冕，遂其沖挹之性。」〔註 76〕如是之故，元勰並未列入輔政大臣中。

北魏與南齊相距不到一年均發生皇位更迭，齊明帝崩逝九個月後魏孝文帝亦崩，〔註 77〕而在皇位繼承的過程中，兩國均有不少相同現象。首先，繼任君主魏宣武帝、東昏侯均是十六歲。〔註 78〕其次，二位崩逝君主均擔憂太子年輕無法掌握政務，都安排輔政大臣輔佐，且巧合都是六位。再其次，魏宣武帝、東昏侯最後都從六位輔政大臣身上取回權力得以親政。不同的是，

〔註 74〕《魏書》卷 8〈世宗紀〉，頁 192。
〔註 75〕《魏書》卷 21 下〈獻文六王下·彭城王勰傳〉，頁 576。
〔註 76〕《魏書》卷 21 下〈獻文六王下·彭城王勰傳〉，頁 576。
〔註 77〕齊明帝崩於 498 年（魏太和二十二年、齊永泰元年）七月，魏孝文帝崩於次年四月。參見《南齊書》卷 6〈明帝紀〉，頁 91。《魏書》卷 7 下〈高祖紀下〉，頁 185。《資治通鑑》卷 141〈齊紀七〉，明帝永泰元年，頁 4430；同書卷 142〈齊紀八〉，東昏侯永元元年，頁 4440。
〔註 78〕魏宣武帝十六歲繼位已如前段及〔註 71〕所述。至於東昏侯十六歲繼位，本書前文亦有述及，東昏侯在位三年，遭弒時年僅十九，故繼位時當為十六。參見《南齊書》卷 7〈東昏侯紀〉，頁 102。

在裴叔業降魏的壽春爭奪戰中，東昏侯已擁有完整皇權，而魏宣武帝尚未能親政，故在這次戰役中，應是東昏侯與北魏六位輔政大臣的較量。

二、戰略規畫與作戰經過

　　東昏侯殘暴統治恣意殺害大臣，「帝既誅戮將相，舊臣皆盡。」〔註79〕使南齊朝廷瀰漫恐怖氣氛，朝臣惶惶不可終日，不知誰是下個目標，尤其他對手握兵權的刺史最爲猜忌，陳顯達即是一例；而鎮守壽春的豫州刺史裴叔業，亦在猜忌之列。壽春乃淮南重鎮，爲南齊北境重要戰略據點。東昏侯既猜忌裴叔業，遂遷其爲南兗州刺史，但他拒絕調任，「不願爲南兗，以其去建鄴近，受制於人。」〔註80〕南兗州鎮廣陵，〔註81〕的確距京師建康不遠。東昏侯原本構想即是就近監視裴叔業，若有反叛行動，也容易調中央禁軍平亂。然而裴「叔業見時方亂，不樂居近蕃，朝廷疑其欲反。」〔註82〕當時裴叔業「兄子植、颺竝爲直閤，殿內驅使。慮禍至，棄母奔壽陽，說叔業以朝廷必見掩襲。」〔註83〕幸而當時東昏侯親信茹法珍、王咺之等人慮及若逼迫太甚，「以其既在疆場，急則引魏，力不能制，且欲羈縻之。」〔註84〕裴叔業一旦起兵謀反且引北魏爲外援，壽春恐不保，東昏侯慮及壽春情勢，遂同意裴叔業仍爲豫州刺史，以安其心，「寶卷遣中書舍人裴長穆慰誘之，許不復回換。」〔註85〕

（一）裴叔業向北魏輸誠

　　裴叔業雖獲同意留任豫州刺史，但內心仍憂懼不已，不知是否真要走向謀反之路，若不舉兵反，可能任東昏侯宰割。於是他派馬文範徵詢雍州刺史蕭衍意見，裴叔業認爲：「天下之事，大勢可知，恐無復自立理。雍州若能堅據襄陽，輒當勠力自保；若不爾，回面向北，不失作河南公。」〔註86〕蕭衍回報曰：〔註87〕

〔註79〕《南齊書》卷51〈崔慧景傳〉，頁874。
〔註80〕《魏書》卷71〈裴叔業傳〉，頁1566。
〔註81〕參見《南齊書》卷14〈州郡志上〉，頁255。
〔註82〕《南齊書》卷51〈裴叔業傳〉，頁871。
〔註83〕《南齊書》卷51〈裴叔業傳〉，頁871。
〔註84〕《魏書》卷71〈裴叔業傳〉，頁1566。
〔註85〕《魏書》卷71〈裴叔業傳〉，頁1566。
〔註86〕《魏書》卷71〈裴叔業傳〉，頁1566。
〔註87〕《魏書》卷71〈裴叔業傳〉，頁1566。

羣小用事，豈能及遠。多遣人相代，力所不辦；少遣人，又於事不
足。意計回惑，自無所成。唯應送家還都以安慰之，自然無患。若
意外相逼，當勒馬步二萬直出橫江，以斷其後，則天下之事一舉可
定也。若欲北向，彼必遣人相代，以河北一地相處，河南公寧復可
得？如此，則南歸之望絕矣。

蕭衍回覆裴叔業的重點有三，第一：投降北魏實為下策，雖以淮南重鎮壽春
降魏，當可獲北魏封賞，但北魏鑑於該處戰略地位重要，定會將裴叔業調至
其他州郡，另派信任之將帥出鎮壽春，如此一來，裴叔業將無法留鎮壽春。
第二：上策應是送家屬至建康以安朝廷之心，藉以表明對南齊的忠誠，如此
方可消弭禍患。第三：若朝廷威逼太甚，不得已而舉兵的話，將率二萬兵馬
共圖大事。裴叔業和蕭衍都是南齊名將，分鎮豫州、雍州，二人應在戰場上
聯合作戰過，且有一定交情，否則裴叔業不會問計於蕭衍，尋求自安之策。
詎料，蕭衍的回答頗為狡猾，勸其順從朝廷並派家屬入京城自然無患。至於
率軍二萬共舉大事，也是要裴叔業先舉兵，他不願承擔叛亂謀反罪名，且蕭
衍為自身安危，恐會先觀察裴叔業舉兵後朝野態勢，評估謀反有望才會出兵
相助，若裴叔業舉兵未獲迴響且與朝廷軍作戰趨於劣勢，蕭衍的二萬兵馬恐
怕是口惠而實不至了，由此可見蕭衍一切還是以維護自身的權勢為出發。

　　裴叔業未能得到蕭衍肯定的支持，遂躊躇不前，最後決定兩者並行，「叔
業乃遣子芬之等還質京師。」〔註88〕另一方面和北魏豫州刺史薛真度、汝
陰鎮將傅永等人接觸。〔註89〕不過，裴叔業遣其子裴芬之入建康為質，也
不排除是障眼法，先安東昏侯之心，表明自己對南齊的忠心，實際上乃欲鬆
懈南齊朝廷對自己的注意，藉以爭取時間和北魏談判。至於和北魏邊將的接
洽，據《魏書·裴叔業傳》載其「遣信詣豫州刺史薛真度，具訪入國可否之
宜。」〔註90〕另《魏書·傅永傳》亦載：「景明初，裴叔業將以壽春歸國，
密通於永，永具表聞。」〔註91〕據上載可知，裴叔業似乎同時和薛真度、傅
永二人聯繫北降事宜，其實這並不衝突，可能是裴叔業最初先與傅永聯繫，
傅永將此事報與薛真度或直接上報北魏朝廷，而薛真度乃州刺史之封疆大
吏，故北魏朝廷指派薛真度處理裴叔業北降的後續事宜，因此才有裴叔業在

〔註88〕《南齊書》卷51〈裴叔業傳〉，頁871。
〔註89〕參見《魏書》卷71〈裴叔業傳〉，頁1566。
〔註90〕《魏書》卷71〈裴叔業傳〉，頁1566。
〔註91〕《魏書》卷70〈傅永傳〉，頁1552。

《魏書》中同時向二人接觸的記載。但是另一種可能也不應排除，南北對峙時期，南朝官員降附北魏的事例所見多矣，若裴叔業僅與薛眞度或傅永其中一人聯絡，而薛眞度或傅永將此事隱而不報，則北魏中央無從知曉此事，如此可能造成裴叔業誤認北魏不願接納其降附，因而打消北降念頭，故裴叔業同時向北魏二位邊將接觸，目的在防止其中一人秘而不宣，以便讓北魏中央確實知曉其意圖，同時也可看出裴叔業降魏意志之堅定。

裴叔業會找薛眞度、傅永表露降魏意圖，事實上有其考量，因薛、傅二人與其背景相近，都是從北魏奔南朝，再從南朝回歸北魏，他們在北魏的際遇，可爲裴叔業降附北魏後的參考。裴叔業乃晚渡北人之後，《南齊書・裴叔業傳》載「叔業父祖晚渡。」〔註92〕而《魏書・裴叔業傳》則載：〔註93〕

> 裴叔業，河東聞喜人也。魏冀州刺史徽之後也。五代祖苞，晉秦州刺史。祖邕，自河東居于襄陽。父順宗、兄叔寶仕蕭道成，並有名位。

裴叔業從其祖父開始才從河東至襄陽，故裴氏入南朝不過三代，裴叔業降魏可能有落葉歸根的因素在內。至於薛眞度和傅永，前文均曾述及二人先後來去南北政權間，最後仍回歸北魏。先論傅永，他幼年隨叔父自青州入北魏，之後南奔劉宋，最後隨劉宋冀州刺史崔道固一同降附北魏。〔註94〕至於薛眞度乃薛安都從祖弟，二人先從北魏投奔劉宋，薛安都在劉宋官至徐州刺史，之後二人於 466 年（魏天安元年、宋泰始二年）以彭城降魏。可見薛、傅二人都曾爲北魏臣民，之後南奔劉宋並任官，如薛眞度爲時任徐州刺史薛安都的長史；傅永爲冀州刺史崔道固城局參軍。北魏並未嚴苛對待這些曾仕南朝政權的降將，反而給予不錯的禮遇，如薛安都、薛眞度堂兄弟，「拜安都使持節，散騎常侍，都督徐、南、北兗、青、冀五州、豫州之梁郡諸軍事，鎮南大將軍，徐州刺史，賜爵河東公。」〔註95〕而薛眞度亦不遑多讓：〔註96〕

> 從安都來降，爲上客。太和初，賜爵河北侯，加安遠將軍，爲鎮遠將軍、平州刺史，假陽平公。後降侯爲伯，除冠軍將軍。隨駕南討，

〔註92〕《南齊書》卷 51〈裴叔業傳〉，頁 869。

〔註93〕《魏書》卷 71〈裴叔業傳〉，頁 1565。

〔註94〕「傅永，字脩期，清河人也。幼隨叔父洪仲與張幸自青州入國，尋復南奔。……自東陽禁防爲崔道固城局參軍，與道固俱降，入爲平齊民。」《魏書》卷 70〈傅永傳〉，頁 1550～1551。

〔註95〕《魏書》卷 61〈薛安都傳〉，頁 1354。

〔註96〕《魏書》卷 61〈薛眞度傳〉，頁 1355～1356。

假平南將軍。久之，除護南蠻校尉、平南將軍、荊州刺史。

至於傅永在北魏官場亦頗順遂，《魏書·傅永傳》載：〔註97〕

　　賜爵貝丘男，加伏波將軍。未幾，除中書博士，又改爲議郎。轉尚
　　書考功郎中，爲大司馬從事中郎。尋轉都督、任城王澄長史，兼尚
　　書左丞。王肅之爲豫州，以永爲建武將軍、平南長史。

當裴叔業向傅永表達北降意願時，傅永已官拜「揚武將軍、汝陰鎮將，帶汝陰太守。」〔註98〕事實上裴叔業眞正在乎的是身家安全及官祿爵賞，他看到薛安都、薛眞度及傅永在北魏之際遇，當不致懷疑北魏對南朝降將的優賞及禮遇，而且自己乃南齊豫州刺史，領有淮南重鎮壽春，重要性不在薛安都以彭城降魏之下，故所獲封賜應不致差薛安都太遠。加上裴芬之雖已入建康爲質，但南齊朝廷仍「傳叔業反者不已，芬之愈懼，復奔壽春。」〔註99〕薛眞度又不斷密遣書信勸裴叔業早降，「若事迫而來，則功微賞薄矣。」〔註100〕在上述各種因素相互影響下，終使裴叔業做出以壽春投降北魏決定，「乃遣子芬之及兄女夫韋伯昕奉表內附。」〔註101〕

　　北魏爲了拉攏南朝的文臣武將，幾乎都給予優渥的待遇與官爵，從歷史軌跡來看，劉宋時降附北魏者，如宋文帝第九子劉昶，「（北魏）朝廷嘉重之，尚武邑公主，拜侍中、征南將軍、駙馬都尉，封丹陽王。歲餘而公主薨，更尚建興長公主。……拜外都坐大官。公主復薨，更尚平陽長公主。」〔註102〕沈文秀，「（魏獻文帝）拜爲外都下大夫。太和三年，遷外都大官。……後爲南征都將，臨發，賜以戎服。尋除持節、平南將軍、懷州刺史，假吳郡公。」〔註103〕畢眾敬，「（魏獻文帝）就拜散騎常侍、寧南將軍、兗州刺史，賜爵東平公。」〔註104〕南齊的王肅，甚獲魏孝文帝敬重與寵信，在北魏的官爵一路亨通：輔國將軍、賜爵開陽伯、平南將軍、都督豫東豫東郢三州諸軍事、豫州刺史、揚州大中正、鎮南將軍、都督豫南兗東荊東豫四州諸軍事、封汝陽縣開國子、車騎將軍、進位開府儀同三司、封昌國縣開國侯、散騎常侍、

〔註97〕　《魏書》卷70〈傅永傳〉，頁1551。
〔註98〕　《魏書》卷70〈傅永傳〉，頁1552。
〔註99〕　《南齊書》卷51〈裴叔業傳〉，頁871。
〔註100〕　《資治通鑑》卷143〈齊紀九〉，東昏侯永元二年，頁4459。
〔註101〕　《魏書》卷71〈裴叔業傳〉，頁1567。
〔註102〕　《魏書》卷59〈劉昶傳〉，頁1307～1308。
〔註103〕　《魏書》卷61〈沈文秀傳〉，頁1367。
〔註104〕　《魏書》卷61〈畢眾敬傳〉，頁1360。

都督淮南諸軍事。〔註105〕從上述南朝眾人降附北魏後的經歷可知，裴叔業擔憂入魏後生命財產及政治利益無法確保，顯然是多餘的。

（二）北魏出兵接收壽春

北魏朝廷收到裴叔業降表後，立即做出納降準備並給予高規格禮遇的決定。500 年（魏景明元年、齊永元二年）正月，魏宣武帝下詔曰：〔註106〕

> 叔業明敏秀發，英款早悟，馳表送誠，忠高振古，宜加褒授，以彰
> 先覺。可使持節、散騎常侍、都督豫雍兗徐司五州諸軍事、征南將
> 軍、豫州刺史，封蘭陵郡開國公，食邑三千戶。

魏宣武帝先以優厚封賜對裴叔業降魏之舉做出肯定與承諾。至於納降，他的軍事部署是：〔註107〕

> 前即敕豫州緣邊諸鎮兵馬，行往赴援。楊大眼、奚康生鐵騎五千，
> 〔註108〕星言即路；彭城王勰、尚書令（王）肅精卒十萬，絡繹繼發。

〔註105〕參見《魏書》卷 63〈王肅傳〉，頁 1407～1411。

〔註106〕《魏書》卷 71〈裴叔業傳〉，頁 1567。

〔註107〕《魏書》卷 71〈裴叔業傳〉，頁 1567。

〔註108〕此處據《魏書・裴叔業傳》載楊大眼、奚康生所率騎兵為五千。同書卷 73〈奚康生傳〉頁 1630 載：「及壽春來降也，遣康生領羽林一千人，給龍廄馬兩匹，馳赴壽春。」明載奚康生率一千禁軍。同書卷 73〈楊大眼傳〉頁 1634 載：「裴叔業以壽春內附，大眼與奚康等率眾先入。」並未載明率領騎兵數目為何。同書 98〈島夷蕭寶卷傳〉頁 2170 載：「景明初，寶卷豫州刺史裴叔業以壽陽降，……詔遣軍司李煥及統軍奚康生、楊大眼等率眾入壽陽。」亦未載所率騎兵數目。同書卷 36〈李煥傳〉頁 844 載：「秀林從弟（李）煥，字仲文，小字醜瓌。……蕭寶卷豫州刺史裴叔業以壽春歸附，詔（李）煥以本官為軍司，與楊大眼、奚康生等率眾迎接。」同樣未載率領騎兵數目。《資治通鑑》卷 143〈齊紀九〉，東昏侯永元二年，頁 4460 載：「魏人遣大將軍李醜、楊大眼將二千騎入壽陽，又遣奚康生將羽林一千馳赴之。」李醜乃指李煥，因李煥小字醜瓌，應是書寫時有所脫漏。綜合上述，北魏朝廷遣奚康生、楊大眼、李煥率騎兵日夜兼程先入壽春無疑，至於騎兵數量最少三千、至多五千。《魏書・裴叔業傳》載的五千騎兵，應包含多位魏將率領之騎兵，但是統一由奚康生指揮調度，亦即奚康生為這支爭取時間進入壽春納降的騎兵部隊統帥，這可由這支騎兵部隊進入壽春後，裴植將「城庫管籥悉付康生」的舉動看出，一般在納降時，必向對方最高指揮官納降，代表權力轉移，裴植將城庫管籥全數交予奚康生，足證奚康生為這支騎兵部隊最高指揮官。至於為何有二千之誤差，可能是北魏朝廷初始決定派遣五千騎兵，至調派時為爭取時效僅派三千，只是史書未載而已。另一方面，這支騎兵部隊由多位將領各自率領部分騎兵組成，不排除尚有其他將領率二千騎兵與奚康生於趕赴壽春途中會合，由於《魏書》各傳均未載入壽春魏軍兵馬有多少，皆以「率眾入壽陽。」

北魏由豫州緣邊諸鎮兵馬前往協助裴叔業納降事宜，就地利之便乃理所當然；而楊大眼、奚康生所率當為中央禁軍，代表北魏朝廷接收壽春，亦在情理之中，何以另發十萬大軍由彭城王元勰及尚書令王肅率領往壽春進發，其目的在防止裴叔業中途反悔及備戰齊軍對壽春的爭奪。薛安都降魏時，曾一度反悔，幸當時納降之鎮東大將軍、博陵公尉元處置得宜，順利接管彭城。〔註109〕北魏有此前車之鑑，故以十萬大軍為後繼，表明對壽春志在必得的決心，若裴叔業反悔，元勰可能將以十萬魏軍攻城，讓裴叔業迫於北魏大軍威勢，不致有反悔之心。另外，壽春戰略地位重要，「控扼淮穎，襟帶江沱，為西北之要樞，東南之屏蔽。」〔註110〕一直是南齊北境抗魏的國防重鎮，一旦由北魏佔領，不但淮南直接暴露在魏軍威脅之下，其輕裝迅捷之騎兵，更容易直襲長江流域，嚴重威脅建康的國防安全，故南齊必會遣重兵防止壽春入魏，這十萬魏軍即是備戰齊軍爭奪壽春之用。

南齊朝廷得知裴叔業以壽春降魏後，果然大為驚恐，500年（魏景明元年、齊永元二年）二月，迅速派軍水陸齊發趕赴豫州地域爭奪壽春，齊軍陸路部署如下：〔註111〕

> 豫州刺史蕭懿率眾三萬屯於小峴，交州刺史李叔獻屯合肥，將圖壽
> 春。懿遣將胡松、李居士等領眾萬餘屯據死虎。

水路則由「驃騎司馬陳伯之將水軍泝淮而上，以逼壽陽，軍于硤石。」〔註112〕可見水陸齊軍已對壽春形成包圍態勢。此時壽春城內面臨內憂外患，由元勰率領的北魏大軍尚未渡過淮河，裴叔業即已病故，其僚佐經過一番商議，為了貫徹裴叔業降魏意志，乃「推叔業兄子植監州事。」〔註113〕裴植先對裴叔業死訊秘而不宣，以防壽春城內民心不穩，接著將所有命令處分皆假裴叔業之名發出。奚康生、楊大眼所率五千輕騎很快到達壽春，裴植「於是開門

　　　一語帶過，故另二千騎兵和奚康生於中途會合的可能性極大。

〔註109〕尉元納降及處理薛安都反悔經過，據《魏書》卷61〈薛安都傳〉，頁1354載：
　　　「（北魏）乃遣鎮東大將軍、博陵公尉元，城陽公孔伯恭等率騎一萬赴之。……
　　　安都以事窘歸國，元等既入彭城，安都乃中悔，謀圖元等，欲還以城叛，會
　　　元知之，遂不果發。安都因重貨元等，委罪於女壻裴祖隆，元乃殺祖隆而隱
　　　安都謀。」
〔註110〕顧祖禹，《讀史方輿紀要》卷21〈江南三〉，頁976。
〔註111〕《魏書》卷63〈王肅傳〉，頁1411。
〔註112〕《資治通鑑》卷143〈齊紀九〉，東昏侯永元二年，頁4461。
〔註113〕《魏書》卷71〈裴叔業傳〉，頁1567。

納國（魏）軍，城庫管籥悉付康生。」〔註114〕魏軍雖順利接管壽春防務，但馬上面臨各路齊軍的合擊，兼之壽春內部不穩，並非人人皆欲降魏，壽春城內「民心駭動，頗有異謀。（奚）康生乃防禦內外，音信不通，固城一月。」〔註115〕奚康生固守壽春待援期間，南齊朝廷鑑於壽春乃北境邊防重鎮，決定續增援軍，三月乙卯「遣平西將軍崔慧景率眾軍伐壽春。」〔註116〕崔慧景為與裴叔業齊名之南齊名將，南齊朝廷冀望藉由崔慧景之威名與軍事素養，能積極用兵奪回壽春，不料卻促使崔慧景反叛。

奚康生堅守壽春一個月後，元勰、王肅所率北魏大軍終抵壽春，三月中對壽春周遭各城戍齊軍發動攻擊，《魏書·王肅傳》載：「（王）肅進師討擊，大破之，擒其將橋珉等，斬首數千。進討合肥，生擒（李）叔獻，蕭懿棄小峴南走。」〔註117〕至於元勰，他先採納平遠將軍宇文福建議：「建安是淮南重鎮，彼此要衝。得之則義陽易圖，不獲則壽春難保。」〔註118〕令宇文福率水陸軍進討建安（今河南正陽南），南齊建安戍主胡景略抵擋不住魏軍攻勢，只得面縛出降。接著面對齊將「陳伯之屯於肥口，胡松又據梁城，水軍相繼二百餘里。」〔註119〕所形成的戰略態勢，元勰遣軍分攻齊軍諸營：〔註120〕

> 勰部分將士，分攻諸營，伯之、胡松率眾出戰，諸將擊之，斬首九千，俘獲一萬。伯之等僅以身免，屯於烽火。勰又分命諸將頻戰，伯之計窮宵遁。淮南平。

雙方交戰結果，魏軍大敗齊軍戰果輝煌，史載：「自勰之至壽春，東定城戍，至於陽石，西降建安，山蠻順命，斬首獲生，以數萬計。」〔註121〕元勰、王肅雖大敗齊軍，仍迅速鞏固壽春城防以備崔慧景所率的南齊大軍，不料崔慧景行軍至廣陵時豎起反幟，率軍回師攻建康，南齊再度陷入內亂，已無餘力再顧及壽春，元勰得以進行壽春戰後復原工作，藉以鞏固北魏統治。

〔註114〕《魏書》卷 71〈裴植傳〉，頁 1570。
〔註115〕《魏書》卷 73〈奚康生傳〉，頁 1630。
〔註116〕《南齊書》卷 7〈東昏侯紀〉，頁 99。
〔註117〕《魏書》卷 63〈王肅傳〉，頁 1411。
〔註118〕《魏書》卷 44〈宇文福傳〉，頁 1001。
〔註119〕《魏書》卷 21 下〈獻文六王列傳下·彭城王勰傳〉，頁 579。
〔註120〕《魏書》卷 21 下〈獻文六王列傳下·彭城王勰傳〉，頁 579。
〔註121〕《魏書》卷 21 下〈獻文六王列傳下·彭城王勰傳〉，頁 578～579。

三、戰爭檢討

（一）北魏接收壽春軍隊調度得宜

北魏接收壽春的軍隊調度分為三部分，首先：由鄰近駐軍先行往援，當然，這些地方部隊授權不足，恐難以獲得裴叔業信任。其次：遣奚康生率五千輕騎「星言即路」〔註122〕趕赴壽春，這項調度對北魏能迅速控制壽春至為重要。最後：動員十萬大軍逕赴壽春。

壽春向為南北必爭之地，南齊得知裴叔業叛齊投魏舉動後，必會不惜一切代價保住壽春，故北魏應完成以武力與南齊爭奪壽春之準備，於是由彭城王元勰及輔政大臣王肅親自領十萬步騎赴壽春。然而十萬兵馬的動員、徵集、糧秣非一蹴可及，且行軍緩慢，故六位輔政大臣的戰略步驟是：制敵機先，魏軍必須早一步進入壽春城，造成北魏佔領壽春之既定事實，防止裴叔業改變投降意願，遂遣奚康生、楊大眼日夜兼程急赴壽春。在此之前，北魏朝廷已令鄰近豫州各地方駐軍趕赴壽春，但是這些地方部隊沒有北魏朝廷的進一步指令，或是層級太低無法給予承諾，這應是裴叔業等人沒有讓北魏地方部隊進入壽春城的原因。至於奚康生乃代表北魏朝廷而來，前文述及魏宣武帝對裴叔業的封賞詔命，若由元勰所攜，十萬大軍行軍速度緩慢，故由奚康生攜帶的可能性極高，所以裴植等人才會讓奚康生接管壽春防務，而此時北魏當地駐軍也才與奚康生所率五千騎兵及原壽春南齊守軍，共同保衛壽春，奚康生成為這三股部隊的指揮官，開始佈署壽春保衛戰。

奚康生率領五千魏軍進入壽春，代表壽春已屬北魏勢力範圍，而壽春的易幟，對南齊實為一大震撼，南齊朝廷雖以「衛尉蕭懿為豫州刺史，征壽春。」〔註123〕交州刺史李叔獻兵進合肥，對壽春形成包圍，但是面對奚康生之威名及元勰、王肅十萬魏軍正開往壽春的心理壓力，齊軍攻城不順。壽春在奚康生固守一月後，北魏大軍抵達，齊軍想以武力奪回壽春勢必更加困難，何況十萬魏軍立即展開攻勢，大敗齊軍。由此結果來看。魏軍五千輕騎先一步進入壽春至為重要，若北魏朝廷未遣這支先頭部隊，仍由十萬魏軍緩慢前進的話，齊軍蕭懿部或李叔獻部極可能先進入壽春城。當時由裴叔業主導的降魏行動，壽春城內並非人人都贊成，此由齊軍對壽春形成包圍時，「壽陽士民多

〔註122〕《魏書》卷71〈裴叔業傳〉，頁1567。
〔註123〕《南齊書》卷7〈東昏侯紀〉，頁99。

謀應齊者。」〔註124〕即可看出壽春內部意見並不一致。因此若由齊軍先進入壽春，裴叔業的降魏行動可能功敗垂成，果如此，屆時北魏欲取壽春，需由元勰率十萬魏軍展開攻城行動，能否順利攻下？戰事是否延長？亦或擴大成舉國戰爭，皆未可知，不過可以肯定的是，魏軍將會有大量犧牲，據此可凸顯出北魏朝廷遣五千輕騎搶先進入壽春決策之重要性與正確性。

　　前文曾述，元勰深知自己的處境，擔憂權勢過盛遭忌，而魏孝文帝也尊重其意，未列輔政大臣，同時也希望元恪繼位後，能讓元勰「辭蟬捨冕，遂其沖挹之性。」〔註125〕但是後來的演變卻頗出意料。既然元勰知道自己權高遭忌，不願再於官場中競逐，但卻與王肅率十萬魏軍前往壽春接收。由於史冊並未詳載當時輔政大臣的決策過程，是輔政大臣決議敦請元勰率軍南下？亦或他自動請纓？不得而知，如果是前者，或可解釋成輔政大臣的決議，希望藉由他多次隨同魏孝文帝伐齊，對南齊有一定的熟悉度，能擊退南齊朝廷派往壽春的增援部隊，順利接收壽春。若是後者，未免與其無意政事的心性不符，不過，不妨嘗試從元勰的角度分析之。由於元勰甚得魏孝文帝寵信與重用，更多次參與北魏與南齊的戰爭，對魏孝文帝的心思有深入的瞭解。魏孝文帝曾多次用兵壽春，均無法攻下，現裴叔業以壽春降魏，讓北魏有了佔領壽春的最佳機會，於是他希望能請兵前往壽春接收，完成魏孝文帝的未竟之業，而六位輔政大臣亦同意由元勰率軍南下，並由輔政大臣之一的王肅一同掛帥出征。雖同樣是擔任十萬魏軍接收壽春的主帥，不同的是，前者為被動、後者則為主動。然不論是被動或主動，均不免遭到猜忌，尤其在主少國疑的時刻，元勰掌兵符領北魏大軍，以其聲望與宗室親王身份，甫繼位的魏宣武帝必然會感受到威脅，以致在之後的政治鬥爭中，遭高肇所殺，〔註126〕

〔註124〕《資治通鑑》卷143〈齊紀九〉，東昏侯永元二年，頁4461。

〔註125〕《魏書》卷21下〈獻文六王下·彭城王勰傳〉，頁576。

〔註126〕彭城王元勰遭高肇殺害過程，《魏書·彭城王勰傳》有非常詳細的記載：「永平元年（508、梁天監七年）九月，召勰及高陽王雍、廣陽王嘉、清河王懌、廣平王懷及高肇等入。時勰妃方產，勰乃固辭不赴。中使相繼，不得已乃令命駕，意甚憂懼，與妃訣而登車。入東掖門，度一小橋，牛不肯進，遂擊之，良久。更有使者責勰來遲，乃令去牛，人挽而進，宴於禁中。至夜皆醉，各就別所消息。俄而元珍將武士齎毒酒而至。勰曰：『吾忠於朝廷，何罪見殺！一見至尊，死無恨也。』珍曰：『至尊何可復見！王但飲酒。』勰曰：『至尊聖明，不應無事殺我，求與告我罪者一對曲直。』武士以刀鐶築勰二下。勰大言曰：『皇天！忠而見殺。』武士又以刀鐶築勰。勰乃飲毒酒，武士就殺之。向晨，以褥裹屍，輿從屏門而出，載屍歸第，云王因飲而薨。勰妃李氏，司

「勰既有大功於國，無罪見害，百姓冤之。」〔註127〕從當時輿情反應可知元勰遭冤殺，高肇雖爲魏宣武帝一朝權臣，權傾朝野，但元勰乃宗室，對國家有大功，又任中央、地方多項要職，若非魏宣武帝默許，高肇甚難殺之。事實上，在魏孝文帝崩逝，魏宣武帝奔赴魯陽繼位的時刻，已對元勰有所疑慮，「及至魯陽也，東宮官屬，多疑勰有異志，竊懷防懼。」〔註128〕所懷疑者，無非懼其阻止魏宣武帝繼位並有其他圖謀，甚或稱帝自立。在魏宣武帝即位前早有疑心的情況下，元勰若有高度政治警覺，不論是主動或被動，都應拒絕擔任壽春爭奪戰的最高指揮官，以釋魏宣武帝之疑。果如此，由南朝降人王肅獨領十萬魏軍亦非良策，若王肅奔赴南齊或與其暗通坑殺北魏大軍，則北魏損失大矣，故需由一位宗室偕同王肅領軍。其實輔政大臣之一的元澄乃非常合適之人選，以其代替元勰併同王肅進軍壽春，不但能減輕魏宣武帝對元勰的疑慮，相信也能完成佔領壽春的任務。

（二）裴植隱瞞裴叔業死訊穩定壽春以待魏軍

　　裴叔業死後，壽春城內部由誰接替裴叔業之位有不同意見，當時奚康生所率五千魏軍尚未渡淮，繼任者之政治意向足以左右壽春命運，可能承繼裴叔業遺志走向投降北魏道路；或者回歸南齊。史載：「叔業卒，僚佐同謀者多推司馬李元護監州，一二日謀不決定。」〔註129〕難以決定的原因在於另一派僚佐有不同意見：「唯席法有、柳玄達、楊令寶等數人慮元護非其鄉曲，恐有異志，共舉（裴）植監州。」〔註130〕裴植，「字文遠，叔業兄叔寶子也。……以軍勳至長水校尉，隨叔業在壽春。」〔註131〕事實上李元護是能貫徹裴叔業降魏意願的，部分僚佐的憂慮顯然多餘，因其本爲北人，「李元護，遼東襄平人。……元護以國家平齊後，隨父懷慶南奔。」〔註132〕李元護在南齊官運不錯，之後跟隨裴叔業爲其司馬，故能瞭解裴叔業的思維，《魏書·李

　　空冲之女也，號哭大言曰：『高肇枉理殺人，天道有靈，汝還當惡死。』及肇以罪見殺，論者知有報應焉。世宗爲舉哀於東堂，給東園第一祕器、朝服一襲、賵錢八十萬、布二千四、蠟五百斤，大鴻臚護喪事。」《魏書》卷21下〈獻文六王下·彭城王勰傳〉，頁582～583。
〔註127〕《魏書》卷21下〈獻文六王下·彭城王勰傳〉，頁583。
〔註128〕《魏書》卷21下〈獻文六王下·彭城王勰傳〉，頁577。
〔註129〕《魏書》卷71〈裴植傳〉，頁1570。
〔註130〕《魏書》卷71〈裴植傳〉，頁1570。
〔註131〕《魏書》卷71〈裴植傳〉，頁1570。
〔註132〕《魏書》卷71〈李元護傳〉，頁1585。

元護傳》載：〔註133〕

> （李元護）仕蕭道成，歷官馬頭太守、後軍將軍、龍驤將軍。雖以
> 將用自達，然亦頗覽文史，習於簡牘。……後為裴叔業司馬，帶汝
> 陰太守。叔業歸順，元護贊同其謀。及叔業疾病，外內阻貳，元護
> 督率上下，以俟援軍。壽春克定，元護頗有力焉。

不過既然有人質疑他的政治立場，他也就順勢贊同共推裴植，「李元護、席法
有等推叔業兄子植監州事。」〔註134〕

　　裴植接任後，鑑於壽春城內對降魏之事意見不一，若貿然公布裴叔業死
訊，恐引起反對降魏勢力的蠢動，故決定隱瞞裴叔業死訊，「秘叔業喪問，教
命處分皆出於植。」〔註135〕這個決定相當重要，若裴叔業死亡消息曝光，壽
春城內必會陷入動亂。前述引文曾敘及奚康生入壽春固守待援一個月的時間
裡，城內即有「民心駭動，頗有異謀。」〔註136〕之情形，何況此時魏軍尚未
進入壽春，裴叔業死亡消息一旦外洩，以裴植等人之威望恐無法壓制反對降
魏的勢力，勢必引起兩方爭鬥，若反對降魏人士控制壽春，並引齊軍蕭懿或
李叔獻入城，裴叔業降魏行動恐功敗垂成。幸裴植等人保密得宜，除裴叔業
核心僚佐外，外界無從得知裴叔業已死。待奚康生率五千魏軍入壽春造及既
定事實後，即便反對降魏人士有所圖謀，亦已喪失先機，不得不接受壽春入
魏之事實了。

　　壽春城內的政治局勢能在裴叔業死後未發生動亂，最大的功勞分屬裴
植、李元護二人。裴植在裴叔業死後的各項舉措穩定壽春情勢之功誠如上述，
至於李元護，其謙沖為懷未與裴植爭權位之精神，著實對大局穩定貢獻良多，
否則二人一旦爭位，各有支持的官員，壽春城內必定分裂，在局勢動盪之下，
南齊重新奪回壽春並非不可能，由此可見李元護退讓的重要性。而北魏朝廷
事後對裴叔業、裴植、李元護三人在降魏過程中的貢獻必然知曉，故三人皆
獲不錯待遇，其中裴叔業已故，但仍獲尊榮，「軍未渡淮，叔業病卒，年六十
三。……乃贈開府儀同三司，餘如故。諡忠武公，給東園溫明祕器、朝服一
襲、錢三十萬、絹一千匹、布五百匹、蠟三百斤。」〔註137〕至於裴植，「詔以

〔註133〕《魏書》卷71〈李元護傳〉，頁1585～1586。
〔註134〕《魏書》卷71〈裴叔業傳〉，頁1567。
〔註135〕《魏書》卷71〈裴植傳〉，頁1570。
〔註136〕《魏書》卷73〈奚康生傳〉，頁1630。
〔註137〕《魏書》卷71〈裴叔業傳〉，頁1567。

植爲征虜將軍、兗州刺史、崇義縣開國侯，食邑千戶。」〔註138〕「以元護爲輔國將軍、齊州刺史、廣饒縣開國伯，食邑一千戶。」〔註139〕

（三）崔慧景反叛對壽春形勢的影響

　　南齊對淮南重鎭壽春至爲重視，不願落入北魏手中，雖然連續派出蕭懿、李叔獻、陳伯之等水陸軍開赴壽春，但是面對元勰所率十萬大軍，南齊朝廷明白依目前投入兵力要與十萬魏軍爭奪壽春實有困難。至於南齊投入的兵力，依前述《魏書·王肅傳》、《魏書·彭城王勰傳》、《資治通鑑》所載，齊軍蕭懿部率眾三萬屯於小峴，而蕭懿另又遣胡松、李居士等領眾萬餘屯據死虎，胡松、李居士所率萬餘兵馬，可能是蕭懿三萬餘兵馬分出，亦有可能是另外一支獨立部隊。加上李叔獻部及陳伯之率領之水軍，其中陳伯之水軍大敗，遭魏軍「斬首九千，俘獲一萬。」可知南齊水軍至少在二萬人以上。綜合上述推斷，蕭懿、李叔獻、陳伯之等齊軍，總兵力至少五萬，但應不致超過十萬，即便齊軍超過十萬，但在魏強齊弱的軍事態勢下，加上壽春若已陷魏，對決態勢轉爲魏軍守城、齊軍攻城，攻方必須至少三倍於守方兵力，故南齊朝廷相當瞭解，以目前不到十萬兵力與北魏爭奪壽春實有困難，需速遣援軍增援壽春戰場。

　　崔慧景爲南齊與陳顯達齊名的大將，陳顯達敗亡後，崔慧景成爲率領大軍增援壽春的不二人選，東昏侯遂於三月乙卯：〔註140〕

> 改授慧景平西將軍，假節、侍中、護軍如故，率軍水路征壽陽。軍頓白下，將發，帝（東昏侯）長圍屏除出琅邪城送之。帝戎服坐城樓上，召慧景單騎進圍內，無一人自隨者。裁交數言，拜辭而去。

東昏侯親自送行，更對崔慧景單獨談話，可見對崔慧景此番出征之重視。兩人談話內容史料未載故不得其詳，應是勉其爲國盡忠，儘速擊退魏軍平定壽春等之類言語。然諷刺的是，崔慧景早有反叛之心，他見東昏侯殺戮大臣將帥，「慧景自以年宿位重，轉不自安。」〔註141〕在東昏侯交付率軍北援壽春任務後，「慧景既得出，甚喜。」〔註142〕欣喜原因在於能遠離南齊朝廷，避免遭

〔註138〕《魏書》卷71〈裴植傳〉，頁1570。
〔註139〕《魏書》卷71〈李元護傳〉，頁1586。
〔註140〕《南齊書》卷51〈崔慧景傳〉，頁874。
〔註141〕《南齊書》卷51〈崔慧景傳〉，頁874。
〔註142〕《南齊書》卷51〈崔慧景傳〉，頁874。

東昏侯恣意誅殺；另外又能手握兵權掌握軍隊，以遂行其反叛陰謀。崔慧景既有反意，行軍速度緩慢，完全不顧前線戰況之緊急。待大軍過廣陵數十里後，崔慧景舉起反旗，得到其部屬一致響應，「於是回軍廣陵，司馬崔恭祖守廣陵城，開門納之。」〔註143〕「恭祖者，慧景宗人。」〔註144〕有了這層關係，崔恭祖成為崔慧景安插在廣陵城之內應，叛軍遂得以輕易攻下廣陵。而崔慧景子崔覺時為直閣將軍，此時也從建康奔廣陵，蓋崔慧景在率大軍離開京師時即與其約定舉事時程，足證崔慧景蓄謀已久，且經過一番縝密規畫。

　　崔慧景的叛變，對北方壽春戰場具決定性影響。當時的戰略態勢是：魏軍楊大眼、奚康生所率先頭部隊已接收壽春城，固守待援；齊軍則部署在城外對壽春形成水陸包圍，而北魏、南齊各有後援部隊開往壽春，誰的後援大軍先至壽春即能掌握兵力優勢。然而因崔慧景早有反意，部隊緩慢前進結果，元勰、王肅十萬魏軍先抵壽春，並對齊軍發動進攻，大敗齊軍，李叔獻被俘，蕭懿只得收拾殘軍暫時退卻。因此，可以說崔慧景的遲滯行動，間接導致齊軍大敗，若崔慧景無反意，率軍趕抵壽春與魏軍大戰，即便魏軍得勝，恐怕也會付出極大犧牲。

　　崔慧景的叛亂引起南齊極大震盪，加上叛軍進展迅速，兵不血刃即拿下廣陵。廣陵乃長江北岸軍事重鎮，叛軍據之後聲勢大增，但是要進攻建康推翻東昏侯並非如此簡單，首先是渡江之困難，叛軍渡江時若遭南岸齊軍襲擊，恐死傷慘重，故崔慧景首要的戰略思考在能從容無虞渡江，欲完成此目的，需長江南岸有己方人馬。其次是推翻東昏侯後要以誰入繼大統？東昏侯雖然恣意殘殺，但畢竟是名正言順的南齊主，崔慧景起兵後即被視為叛亂，故急需擁立一南齊宗室為帝，不但可導正崔慧景叛軍旗幟，還可爭取民心，號召其他響應者加入崔慧景陣容。而鎮守長江南岸軍事重鎮，南徐州治所京口（今江蘇鎮江）的江夏王蕭寶玄，正符合解決上述兩大問題的條件。崔慧景認為，若擁立蕭寶玄為帝，京口即成其勢力範圍，渡江可謂易如反掌，然蕭寶玄乃東昏侯三弟，策反難度頗高，不過出人意料的是蕭寶玄與東昏侯有宿怨，與崔慧景一拍即合，《南齊書・江夏王寶玄傳》：〔註145〕

〔註143〕《南齊書》卷51〈崔慧景傳〉，頁875。
〔註144〕《南齊書》卷51〈崔慧景傳〉，頁877。
〔註145〕《南齊書》卷50〈明七王・江夏王寶玄傳〉，頁863～864。另引文中少帝乃指東昏侯，參見同書同卷〈校勘記〉4，頁867引錢大昕《廿二史考異》云：

　　寶玄娶尚書令徐孝嗣女爲妃，孝嗣被誅離絕，少帝（東昏侯）送少姬
　　二人與之，寶玄恨望，密有異計。明年，崔慧景舉兵，還至廣陵，遣
　　使奉寶玄爲主。……慧景將渡江，寶玄密與相應，……開門納慧景。

蕭寶玄娶徐孝嗣之女爲妃，東昏侯殺徐孝嗣後，更逼蕭寶玄與徐孝嗣之女離
異，令蕭寶玄頗爲不滿，種下二人心結。而崔慧景與蕭寶玄合作後，叛軍得
以快速渡過長江，直攻京師建康，聲勢更加浩大。

　　東昏侯見叛軍勢大，緊急調兵遣將迎擊，首先確立總指揮，「以征虜將軍
右衛將軍左興盛假節，督京邑水陸眾軍。」〔註146〕接著遣驍騎將軍張佛護、
直閤將軍徐元稱等六將守護要塞竹里（今江蘇南京龍潭鎮東）。然叛軍攻勢猛
烈，竹里要塞被攻破，徐元稱投降，其餘五將均陣亡，而迎擊叛軍的總指揮
左興盛仍無法阻卻叛軍攻勢，「於是東府、石頭、白下、新亭諸城皆潰。左興
盛走，……慧景擒殺之。」〔註147〕三月甲子「慧景入京師，宮內據城拒守。」
〔註148〕守衛皇城的精銳臺軍與叛軍交戰竟敗多勝少，東昏侯政權隨時有被推
翻可能。

　　東昏侯面臨內憂外患之際，唯有先自保，時建康的衛戍兵力已遭叛軍摧
毀，東昏侯寄望於屯守小峴準備進攻壽春的蕭懿三萬齊軍，急令蕭懿自壽春
戰場回師救援，「（蕭）懿率軍主胡松、李居士等數千人自采石濟岸，頓越城，
舉火，臺城中鼓叫稱慶。」〔註149〕蕭懿在壽春戰場整補待命，主要是等待崔
慧景所率援軍，與其聯軍發動攻城行動奪回壽春，不料等到的結果卻是崔慧
景反叛。而蕭懿率所屬齊軍撤離壽春戰場，代表南齊已放棄壽春，這也是東
昏侯不得不爲之結果。崔慧景叛軍勢如破竹出乎東昏侯意料，權衡得失之下，
只能先求自保放棄壽春了。

　　叛軍雖然節節勝利，但是崔慧景並未把握戰場優勢乘勝追擊，反而因內
部紛爭出現攻勢停頓現象。首先是崔慧景之子崔覺與崔恭祖因竹里之捷爭功
出現裂痕，崔恭祖是自己崔氏族人，又是開廣陵城迎接崔慧景立有大功之人，

　　「按江夏王寶玄、鄱陽王寶夤二傳，皆前稱東昏，後稱少帝。裴叔業傳稱東
　　昏爲少主，魏虜傳亦稱少帝。蕭坦之傳稱鬱林王爲少帝。茹法亮傳『二少帝
　　並居西殿』，謂鬱林與海陵也。《梁書》〈江淹傳〉前稱蒼梧王爲少帝，後稱鬱
　　林王爲少帝。」

〔註146〕《南齊書》卷51〈崔慧景傳〉，頁875。
〔註147〕《南齊書》卷51〈崔慧景傳〉，頁876。
〔註148〕《南齊書》卷7〈東昏侯紀〉，頁100。
〔註149〕《南齊書》卷51〈崔慧景傳〉，頁876。

崔慧景夾在中間陷入兩難。其次是該立江夏王蕭寶玄或巴陵王蕭昭冑爲南齊新君而陷入內部矛盾，崔慧景原已迎立蕭寶玄，但隨著聲勢逐漸壯大，響應者眾，許多南齊宗室紛紛投奔至崔慧景旗下，其中包括蕭昭冑，他的皇室血統純正，其父爲齊武帝二子竟陵王蕭子良，故爲齊武帝之孫，〔註150〕較旁支的蕭寶玄更顯正統，於是崔慧景有改立蕭昭冑之念。崔慧景因上述內部紛爭導致猶豫不決，於是按兵不動，如此一來，遂讓東昏侯的南齊朝廷得到緩衝時間，也使蕭懿所率三萬兵馬終於趕至建康城外並與叛軍接觸。

崔慧景目光僅專注於眼前臺軍，督師猛攻，完全忘了後防，讓蕭懿率軍從後掩襲，崔慧景急命其子崔覺領兵抗擊，「覺大敗，赴淮死者二千餘人，覺單馬退。」〔註151〕更令叛軍陣營雪上加霜的是，崔覺大敗後，崔恭祖見勢不可爲，竟偕崔慧景麾下猛將劉靈運投降，如此一來叛軍缺乏有力指揮，在蕭懿勤王軍與臺軍前後夾攻下，叛軍大敗四散奔逃，崔慧景見大勢已去，欲渡江投北魏，「單馬至蟹浦，爲漁父所斬，以頭內鱐魚籃，檻送至京師，時年六十三。」〔註152〕另《南齊書‧東昏侯紀》則載：「夏四月癸酉，慧景棄眾走，斬首。」〔註153〕崔慧景之亂終於在蕭懿等人奮勇作戰下平定，東昏侯政權得以維繫，蕭懿也因功爲尚書令。

北魏能很快佔有壽春，並佔領建安、梁城、合肥等壽春外圍城戍，在於崔慧景率領的南齊大軍並未投入壽春的攻防戰中。由於壽春戰略地位重要，北魏君臣預料南齊將盡一切力量奪回，雙方在淮南必有一番惡戰，甚至爆發北魏與南齊的大規模戰爭亦不無可能。故北魏爲了能佔有壽春及淮南地，動員十萬大軍，務求能成功佔領之。而前半段的戰略局勢演變確如北魏所料，東昏侯遣崔慧景率大軍北上增援，魏齊大戰一觸即發，尤其當時魏軍僅佔有壽春城，外圍城戍和豫州地域都是齊軍勢力，蕭懿、陳伯之等南齊諸將率水陸多路兵馬在各要塞監控魏軍動向，只待崔慧景大軍一到，便要與魏軍展開壽春爭奪戰。

南齊軍界自陳顯達死後，威望與戰略素養俱佳者，恐非崔慧景莫屬，因此東昏侯「遣平西將軍崔慧景率眾伐壽春。」〔註154〕崔慧景肩負的戰略任務是整合協調在淮南的各路齊軍，對魏軍發動攻勢奪回壽春。當時蕭懿、陳伯

〔註150〕參見《南齊書》卷40〈武十七王‧竟陵文宣王子良傳〉，頁691、702。
〔註151〕《南齊書》卷51〈崔慧景傳〉，頁876。
〔註152〕《南齊書》卷51〈崔慧景傳〉，頁876～877。
〔註153〕《南齊書》卷7〈東昏侯紀〉，頁100。
〔註154〕《南齊書》卷7〈東昏侯紀〉，頁99。

之、李叔獻、胡景略、胡松等諸將率軍盤踞壽春周圍，前文已述約在五萬至十萬間，加上崔慧景所率大軍，謂南齊在壽春戰場投入十萬兵力應不爲過。若崔慧景能順利整合各路齊軍發揮整體戰力，在兵力相當的情形下，尤其尙有陳伯之的水軍，而這一向是齊軍的強項，魏齊兩軍恐有一番惡戰。果如此，魏軍在壽春戰場面對齊軍強大的反撲，其士兵將會有巨大傷亡。不過，因崔慧景的反叛使南齊在壽春戰場欠缺總指揮，各路齊軍只能獨力作戰，戰力無法整合，遂遭魏軍各個擊破，使北魏以最少的損失與代價，取得壽春與淮南地，可見崔慧景的反叛對北魏與南齊在壽春的爭奪至爲關鍵。

（四）南齊對壽春的反撲

南齊於 500 年（魏景明元年、齊永元二年）四月平定崔慧景的叛亂後，鑑於壽春的重要性，決定利用北魏初佔壽春，統治力尙未落實之際，發動對壽春的進攻。「秋七月，寶卷又遣陳伯之寇淮南。」〔註155〕南齊的評估相當正確，北魏佔領壽春初期的治理官員，彭城王元勰、廣陵侯元衍，他們面對壽春外有齊將陳伯之侵擾，城內亦有人心不穩的情形頗爲憂慮：〔註156〕

> 蕭寶卷將陳伯之侵逼壽春，沿淮爲寇。時司徒、彭城王勰，廣陵侯
> 元衍同鎮壽春，以九江初附，人情未洽，兼臺援不至，深以爲憂。

元勰和王肅率領的十萬大軍，可能在三月大破齊軍後已北返，因爲東昏侯將置於壽春戰場的蕭懿等齊軍調回平崔慧景之亂，北魏朝廷評估壽春入魏已成事實，而南齊忙於內亂，即便內亂平定，短時間恐無法對壽春發動攻擊，故將十萬大軍撤離壽春，僅留駐守壽春所需兵力，也因如此，元勰才有「臺援不至，深以爲憂。」之嘆，否則元勰若仍有十萬魏軍，僅需遣將出擊即可，何必等待後援。

北魏朝廷得知南齊入侵行動後，採取和前次接收壽春同樣的軍事部署，遣宗室廣武伯元英率大軍支援，「蕭寶卷遣將軍陳伯之寇淮南，司徒、彭城王勰鎮壽春，以（元）英爲鎮南將軍，率眾討之。」〔註157〕但是大軍行軍速度緩慢，爲防壽春有失，另「詔遣（傅）永爲統軍，領汝陰之兵三千人先援之。」〔註158〕傅永時爲揚武將軍、汝陰鎮將帶汝陰太守，傅永領三千魏

〔註155〕《魏書》卷 8〈世宗紀〉，頁 192。
〔註156〕《魏書》卷 70〈傅永傳〉，頁 1553。
〔註157〕《魏書》卷 19 下〈景穆十二王下·南安王禎附子英傳〉，頁 496。
〔註158〕《魏書》卷 70〈傅永傳〉，頁 1553。

軍很快抵達壽春城外：〔註 159〕

> （傅）永總勒士卒，水陸俱下，而淮水口（陳）伯之防之甚固。永
> 去二十餘里，牽船上汝南岸，以水牛挽之，直南趨淮，下船便渡。
> 適上南岸，賊軍亦及。會時已夜，永乃潛進，曉達壽春城下。

元勰見傅永率援軍至，即令三千兵馬入壽春共同守城，但是傅永卻提出不同的戰略思考，他認爲：「執兵被甲，固敵是求，若如教旨，便共殿下同被圍守，豈是救援之意？」〔註 160〕傅永建議將三千魏軍置於城外與城內魏軍合擊齊軍，若三千魏軍盡皆入城，城外齊軍仍在，只不過壽春守城兵力增加三千罷了，仍無法改變壽春困境。傅永的建議獲元勰採納，遂率三千魏軍駐於城外，「與勰并勢以擊伯之，頻有克捷。」〔註 161〕傅永的內外合擊戰術奏效，齊軍敗退，陳「伯之脫身遁還，淮南遂入于魏。」〔註 162〕當時元英所率魏軍尙在途中，「英未至，賊（齊軍）已引退。」〔註 163〕這是南齊最後一次對淮南地區用兵，因爲陳伯之八月自壽春敗退後，東昏侯殘暴殺戮又開始，「冬十月己卯，害尙書令蕭懿。」〔註 164〕東昏侯賴蕭懿平崔慧景之亂，使其政權得保，現竟殺之，遂激起蕭懿之弟雍州刺史蕭衍不滿，決定起兵推翻東昏侯，「十二月，雍州刺史梁王（蕭衍）起義兵於襄陽。」〔註 165〕南齊再度陷入內亂，東昏侯爲保政權，將軍隊置於與蕭衍的內戰中，無法再出兵與北魏爭奪壽春了。

　　東昏侯遣陳伯之寇淮南的規模並不大，僅有陳伯之一路軍隊，沒有其他兵馬多路進攻或聯合作戰。而由陳「伯之脫身遁還」〔註 166〕可知齊軍幾近全軍覆沒，以此薄弱兵力及單路軍隊欲收復壽春實爲不足，不知東昏侯發動此戰的戰略目的爲何，是僅爲寇邊製造淮南地域不安？亦或試探壽春魏軍的防禦力量。若以崔慧景叛亂爲分界，此前東昏侯的部署尙稱有爲有守，分遣諸將率軍屯駐壽春周圍城戍，並命崔慧景爲收復壽春主帥領軍北上，整合協調各路齊軍以發揮最大戰力。但在平定崔慧景之亂後，東昏侯並未秉持之前

〔註 159〕《魏書》卷 70〈傅永傳〉，頁 1553。
〔註 160〕《魏書》卷 70〈傅永傳〉，頁 1553。
〔註 161〕《魏書》卷 70〈傅永傳〉，頁 1553。
〔註 162〕《資治通鑑》卷 143〈齊紀九〉，東昏侯永元二年，頁 4470。
〔註 163〕《魏書》卷 19 下〈景穆十二王下·南安王楨附子英傳〉，頁 496。
〔註 164〕《南齊書》卷 7〈東昏侯紀〉，頁 100。
〔註 165〕《南齊書》卷 7〈東昏侯紀〉，頁 101。
〔註 166〕《資治通鑑》卷 143〈齊紀九〉，東昏侯永元二年，頁 4470。

的戰略思維，僅僅以製造邊區衝突的模式，如何能收復壽春？陳伯之雖有與
魏軍作戰經驗，但在崔慧景死後，南齊軍界尚有公忠體國、富韜略的尚書令
蕭懿，尤其他更是討平崔慧景拯救東昏侯政權的大功臣，但是因東昏侯的猜
忌，並未以其爲進攻淮南的主帥。而蕭懿也在陳伯之遭魏軍擊退的兩個月
後，遭東昏侯所殺。其實當時北魏在壽春的防禦兵力不足，北魏朝廷未將十
萬大軍留駐壽春的原因已如前述，故當傅永率三千魏軍趕抵壽春城時，元勰
有如久旱逢甘霖之喜悅。基於此戰略形勢，若東昏侯能利用北魏甫定壽春人
心不穩之際，加上防守兵力空虛，以崔慧景之亂前的戰略思考，命蕭懿掛帥
統大軍北伐，或許有改變壽春結果的機會，然東昏侯消極的戰略作爲，以陳
伯之一路兵馬即想做收復壽春的嘗試，成功機率不高。

　　反觀北魏，戰略運籌較爲全面且積極，先命傅永率輕騎速援，合元勰的
守備兵力堅守壽春城，再令元英率大軍後援，而元英大軍尚未到達，齊軍已
被元勰與傅永聯軍擊退，可見北魏在裴叔業叛亂前後兩次對淮南用兵，戰略
思考與戰術行動皆類似。此時魏宣武帝尚未親政，應是六位輔政大臣做此調
度，由此亦可證六人對壽春的重視，也顯現他們對淮南的強烈企圖心，故北
魏能佔有壽春和淮南地，裴叔業降魏僅是開端，後續各項正確的戰略戰術才
是最重要的原因。

（五）壽春入魏後對南北戰略形勢的影響

　　南齊失壽春後，對其政治、軍事、經濟影響極大，壽春爲南齊豫州治所，
〔註167〕故爲豫州首府，於此可見其政治地位，另據《南齊書·州郡志》載：
「壽春，淮南一都之會。地方千餘里，有陂田之饒。……北拒淮水。」〔註168〕
陂田之饒點出生產量極佳，而北拒淮水則說明壽春城爲南齊淮河防線上的首
要戰略重鎮，不論是南齊或之前的劉宋，對壽春的防禦皆相當重視，因爲一
旦進入壽春攻防戰，代表魏軍已越過淮河，此時壽春肩負阻止魏軍南下的戰
略任務。若壽春防線遭突破，魏軍衝入淮南地區，南朝軍隊將無險可守。

　　就南齊的戰略觀點而言，守江必先守淮，長江的防禦在於淮河防務，必
須拒敵於淮北，不能讓其渡淮，否則過了淮河，淮南千里廣闊之地，更適合
北魏騎兵馳騁，因此淮南重鎮壽春，負有兩大戰略任務，其一：鞏固淮河防
務阻敵於淮北；其二：一旦魏軍渡河，需力阻魏軍南下，並殲敵於豫州地域。

〔註167〕參見《南齊書》卷14〈州郡志上〉，頁249～250。
〔註168〕《南齊書》卷14〈州郡志上〉，頁249。

由於壽春的政治、經濟、軍事地位重要，歷來即為南北政權爭奪的重鎮。南朝據之，如前所述，成為淮河防線抵抗北魏的頭號軍事重鎮；若北魏佔之，則淮南正面完全暴露在北魏面前，南朝淮河防務將陷入被動的態勢。

「壽春形勝，……乃建鄴之肩髀。」〔註169〕守建康必先守壽春與守江必先守淮的戰略觀點相近。若進入建康城的攻防，表示魏軍已包圍建康，一旦京師淪陷，南齊恐有亡國之虞，故必須擴大建康的防禦縱深，雖然壽春、建康相距遙遠，但壽春可作為建康防務最外圍的防禦據點，倘若能將魏軍阻於淮河，不使之越過壽春，則建康必能安全無虞，故守建康必先守壽春與守江必先守淮乃相輔相成、相互呼應的戰略作為。

當南齊控有壽春時，北魏南犯有一定難度，戰前準備需耗費頗長時間，包括有形與無形。有形的如渡淮的載具，渡淮並非想像中簡單，只要人員過去即可，還有作戰的武器、糧草等後勤物資，更重要的是馬匹，北魏以騎兵為主，而馬匹渡河不似人員渡河般容易控制。無形的如作戰計畫的擬定，諸如渡淮時要如何防範齊軍的攻擊。魏軍兵馬在渡河時處於劣勢，無法採取攻勢只能防守，乃戰力最薄弱時期，如魏孝文帝首次親征南齊的淮漢大戰，在渡淮時曾遭齊軍狙擊，賴奚康生勇猛擊退齊軍始轉危為安。〔註170〕故渡淮時要編組何種戰鬥隊形，哪些部隊先行渡淮、哪些部隊擔任戒備任務，以及渡淮成功後，哪些部隊可先投入戰鬥，這些調度都要耗盡領軍將帥不少心力。而如今北魏已佔有掌控淮河咽喉的壽春，便無需擔憂渡淮時遭攻擊，可按部就班接運士兵、馬匹、兵仗、糧秣等物資，上述有形、無形的規劃與準備將不復出現，更重要的是魏軍士兵渡淮時不會遭受齊軍襲擊而有所犧牲，戰力因而得以保全。

南齊失壽春的軍事影響誠如上述，至於經濟上的影響亦頗為巨大，尤其壽春更是經濟價值極高之地，對南齊的生產做出極大貢獻，《晉書・伏滔傳》載：〔註171〕

> 彼壽陽者，南引荊汝之利，東連三吳之富；北接梁宋，平塗不過七日；西援陳許，水陸不出千里；外有江湖之阻，內保淮肥之固。龍泉之陂，良疇萬頃，舒六之貢，利盡蠻越，金石皮革之具萃焉，芭木箭竹之族生焉，山湖藪澤之隈，水旱之所不害，土產草滋之實，

〔註169〕《魏書》卷71〈史臣曰〉，頁1597。
〔註170〕參見本書，頁131～132。
〔註171〕《晉書》卷92〈文苑・伏滔傳〉，頁2399～2400。

荒年之所取給。此則係乎地利者也。

由此可見壽春及豫州地域乃膏腴之地，但是在北魏佔有壽春後，這些經濟利益均歸北魏所有；百姓亦屬北魏統轄，北魏的戶口、生產力必然增加，一來一往間，南齊之所失乃北魏之所得，南齊軍事、經濟上的損失不可謂不大。

裴叔業雖然以壽春降魏，但北魏佔領的不是僅有壽春一座孤城而已，在南齊對壽春的反撲行動中，魏軍連戰皆捷，將壽春周圍的衛星城戍接連佔領，前文述及南齊為奪回壽春曾屯軍其周遭城戍：小峴、合肥、死虎、肥口、梁城、建安等，對壽春形成合圍的態勢，〔註172〕準備圍殲魏軍奪回壽春，但戰爭結果被元勰和王肅率領的十萬魏軍一一擊破。據上可知，北魏佔領的非僅壽春一城，尚包括周圍城戍形成一片地域。若北魏僅佔一座壽春城毫無戰略意義，在四周都是南齊勢力範圍下，壽春城勢必無法支撐，因為一座城池需靠周圍廣大腹地供給所需，北魏不可能從其境內長途運輸糧食、武器等各種民生、軍事物資。要有效佔領必須將點連成線再形成面，故北魏大軍將小峴、合肥、死虎、肥口、梁城、建安等城戍齊軍全部擊退後，佔領這些城戍，等於將壽春這一點和其他城戍連成一線，接著再進行上述城戍周遭的掃蕩工作，如此便能形成面，「自勰之至壽春，東定城戍，至於陽石，西降建安。」〔註173〕唯有佔領壽春及其附近豫州地域，並有效落實北魏統治，才能彰顯壽春的戰略意義：瓦解南齊的淮河防線，使魏軍渡淮不再有後顧之憂。

南齊末年，北魏在東面、西面各有斬獲，西面在魏孝文帝第二次親征的沔北大戰中，佔領沔北五郡；東面則是利用裴叔業降魏的契機，佔領壽春及部分豫州地域。南齊失去壽春，對南北的戰略態勢產生重大影響，首先是淮河天險不在；其次是喪失部分豫州地域，使南齊的國防線再往內縮。在此之前魏軍要侵擾淮南尚需一番波折，如今淮南已是其勢力範圍隨時可出兵南伐。若進一步放大來看，將南齊淮南失地與沔北失地相較，沔北失地令北魏勢力進入荊襄地區；淮南失地則讓北魏越過淮河進入長江地域，南齊東、西國防線均往後撤，南朝遭受北魏的威脅實屬空前，且北魏佔有淮南帶給南齊

〔註172〕「蕭寶卷豫州刺史蕭懿率眾三萬屯於小峴，交州刺史李叔獻屯合肥，將圖壽春。懿遣將胡松、李居士等領眾萬餘屯據死虎。」《魏書》卷 63〈王肅傳〉，頁 1411。「又寶卷遣將陳伯之屯於肥口，胡松又據梁城。」《魏書》卷 21 下〈獻文六王・彭城王勰傳〉，頁 579。「建安戍主胡景略猶為寶卷拒守不下。」《魏書》卷 21 下〈獻文六王・彭城王勰傳〉，頁 578。

〔註173〕《魏書》卷 21 下〈獻文六王・彭城王勰傳〉，頁 578～579。

的威脅遠較沔北來的大。以沔北而言，雖然北魏勢力進入荊襄上游區域，對南齊構成巨大威脅，但並非立即性的，即便魏軍欲從上游發動攻勢，不但會遇到各地齊軍抵抗，加上河川溝渠交錯，不利以騎兵為主的魏軍馳騁，且距建康尚有一段不小距離。但是佔有淮南則不同，淮南地域廣闊適合騎兵作戰，且輕裝騎兵可以迅速直抵長江窺伺建康，如魏太武帝飲馬長江兵臨瓜步，並聲言渡江踏平建康，帶給劉宋君臣極大威脅。有此前車之鑑，南齊君臣不可能不清楚，這也是南齊朝廷為何在得知裴叔業以壽春降北魏時，急遣多路兵馬欲奪回壽春的原因了。

綜合言之，北魏能佔領沔北和淮南，皆屬魏孝文帝功勞，由於其大一統理念的驅使，多次發動對南齊的戰爭，更親自領軍南伐。雖然佔有淮南屬魏宣武帝時期，但此時他尚未掌握皇權，朝政皆由魏孝文帝顧命的六位輔政大臣總領，而且接管壽春過程，乃由他最信任之弟元勰及顧命大臣王肅領兵大敗齊軍，粉碎南齊欲奪回壽春的嘗試，因此佔領淮南之功實屬魏孝文帝無疑。也因為魏孝文帝積極拓邊的性格，令北魏能佔有沔北、淮南，國境線再往南移，在北魏與南齊對峙的戰略態勢中，優勢進一步凸顯出來，而南齊則土地更蹙，更顯劣勢。

（六）孔稚珪的和平思維：南齊的另一種戰略思考

南北朝時代，北魏與南朝戰爭衝突不斷，百姓苦不堪言。雖然南齊君臣大部份對北魏皆採主戰態度，但其實有另一種和平聲音出現，代表人物為孔稚珪。「孔稚珪字德璋，會稽山陰人也。……太祖（齊高帝）為驃騎，以稚珪有文翰，取為記室參軍。」〔註174〕齊武帝時，歷驃騎將軍、黃門郎、太子中庶子、廷尉等職；齊明帝即位後，遷冠軍將軍、平西長史、南郡太守。可見孔稚珪歷仕南齊數朝，對南北戰爭有深刻體認，他以體恤百姓立場呼籲和平，向齊明帝提出諫言，上表曰：〔註175〕

> 匈奴為患，自古而然。……臣以為戎狄獸性，本非人倫，……豈足肆天下之忿，捐蒼生之命。……百戰百勝，不足稱雄，橫尸千里，無益上國。而蟻聚蠆攢，窮誅不盡，馬足毛羣，難與競逐。漢高橫威海表，窘迫長圍；孝文國富刑清，事屈陵辱；宣帝撫納安靜，朔馬不驚；光武卑辭厚禮，寒山無礮。是兩京四主，英濟中區，翰寶

〔註174〕《南齊書》卷48〈孔稚珪傳〉，頁835。
〔註175〕《南齊書》卷48〈孔稚珪傳〉，頁838～840。

貨以結和，遣宗女以通好，長轡遠馭，子孫是賴。豈不欲戰，惜民命也。唯漢武藉五世之資，……遂連兵積歲，轉戰千里，長驅瀚海，飲馬龍城，雖斬獲名王，屠走凶羯，而漢之卒甲十亡其九。……遂使國儲空懸，戶口減半，好戰之功，其利安在？戰不及和，相去何若？……近至元嘉，多年無事，末路不量，復挑彊敵。遂迺連城覆徒，虜馬飲江，青、徐草木為人耳。建元之初，胡塵犯塞，永明之始，復結通和，十餘年間，邊候且息。陛下（齊明帝）……偷窺外甸，烽亭不靜，五載於斯。……興師十萬，日費千金，五歲之費，寧可貲計。陛下何惜匹馬之驛，百金之賂，數行之詔，誘此凶頑，使河塞息肩，關境全命，蓄甲養民，以觀彼弊。我策若行，則為不世之福；若不從命，不過如戰失一隊耳。……臣不言遣使必得和，自有可和之理；猶如欲戰不必勝，而有可勝之機耳。今宜早發大軍，廣張兵勢，……據險要以奪其魂，斷糧道以折其膽，多設疑兵，使精悉而計亂。……然後發衷詔，馳輕驛，辯辭重幣，陳列吉凶。北虜頑而愛奇，貪而好貨，畏我之威，喜我之賂，畏威喜賂，願和必矣。

依據表文內容判斷，孔稚珪上奏此表背景應是在北魏佔領沔北五郡後，此表奏重點有四：

第一：先言北方游牧民族為患自古皆然，且其具野性文化不高，漢民族不需耗費生命財產去征討，即使百戰百勝，殺敵遍野，對國家並無助益。另外游牧民族「蟻聚蠶攢，窮誅不盡，馬足毛羣，難與競逐。」對其用兵很難全面消滅有生力量取得決定性勝利。孔稚珪首先指出漢民族對游牧民族戰爭所處之劣勢。

第二：孔稚珪總結漢代對匈奴和戰的歷史經驗，希望作為齊明帝擬定對北魏戰略的借鏡。他以漢代五位君主為例，漢高祖、漢文帝、漢宣帝、漢光武帝，不是採和親政策與匈奴結為姻親，即是以大量財貨通好匈奴，使漢匈關係和緩，故干戈不興社稷得安，此乃百姓之福。而漢武帝多次遣將遠征匈奴，連年作戰結果，雖迭獲勝仗殲滅不少匈奴人，但始終無法將之消滅殆盡，漢朝國庫卻因此而空虛，大量士卒在戰爭中死亡，戶口減半，「好戰之功，其利安在？」孔稚珪以比較觀點，點出與北魏維持和平關係對南齊較為有利。

第三：孔稚珪惟恐漢朝與匈奴南北對抗的歷史久遠，欠缺說服力，遂再以前朝劉宋與本朝為例，因為二者北面之敵皆為北魏，所處戰略環境相同。

宋文帝元嘉、齊高帝建元年間，和北魏都有戰事發生，尤其宋文帝北伐失利，造成劉宋軍民生靈塗炭。齊武帝即位後改弦易轍，修補與北魏關係，以和平代替對抗，造就北疆十餘年無戰事。孔稚珪以上述三位君主對北魏的和戰關係表明，宋文帝、齊高帝與北魏的戰爭，帶給國家不安、社會負擔沉重；而齊武帝對北魏的和平政策，帶來國家安定、社會富庶。

第四：現今與北魏之衝突，「興師十萬，日費千金。」對國家負擔甚重，孔稚珪建議齊明帝應向北魏遣使通和，使百姓免於戰亂之苦。但是北魏不見得會偃武息兵，此時可在北境置重兵向北魏施壓，「據險要以奪其魂，斷糧道以折其膽，多設疑兵，使精悉而計亂。」再施以大量財貨，讓北魏瞭解在南北和平狀態下可獲得之利益，若戰爭不斷，雙方同遭損失。孔稚珪判斷北魏「頑而愛奇，貪而好貨，畏我之威，喜我之賂。」故北魏與南齊應可達成和平協議。

齊明帝對孔稚珪的和平之議並未接受，當時在齊明帝領導下的南齊朝廷，其國家戰略對北魏採積極主戰態度，均認為請和乃示弱之行為，有傷南齊尊嚴，不過孔稚珪的言論，畢竟代表南齊朝臣一部份聲音，只是主和派人寡言輕，主戰派不僅人多勢眾，更是當時主流思想。而擁有絕對權力的齊明帝也不願對北魏採和平之計，朝臣自不敢違逆其意旨，故即使站在黎民百姓立場希望停止戰爭之官員，也不敢聲援孔稚珪，遂使其和平之論成為空谷跫音。

孔稚珪部分所言並未符合實際情況，魏齊和平協定能達成之基礎，乃建立在北魏貪南齊之財貨與畏齊軍之兵威上。就貪財貨而言，北魏初年，拓跋氏由部落聯盟過渡至封建王朝，不可否認，的確貪漢人財貨，對南朝戰爭仍存有游牧民族劫掠之惡習，如魏太武帝和宋文帝的戰爭，魏軍多次擄掠劉宋百姓。但是在封建化過程中，北魏逐漸褪去游牧民族氣息，且持續往漢化道路前進，尤其 484 年（魏太和八年、齊永明二年）文明太后推行俸祿制，以往北魏官員並無俸祿，所以對外戰爭時，特別是對南朝，會有擄掠百姓以充奴僕、劫掠財貨以增家產情形發生，南朝人民苦不堪言。行俸祿制後，官員有穩定收入，伴隨嚴懲貪污，「祿行之後，贓滿一匹者死。」〔註176〕雖難謂吏治清明，但至少有一定程度改善。在吏治獲得改善，且官員有一定收入情形下，利用戰爭趁機劫掠者大為減少，尤其魏孝文帝時北魏建國超過百年，漢化日深，他亦立志成為一漢化君主，在對南齊戰爭時，甚至對南齊人民施恩，

〔註176〕《魏書》卷 7 上〈高祖紀上〉，頁 154。

放還遭俘之南齊軍民，〔註177〕故不會容忍魏軍有劫掠行為。所以孔稚珪認為北魏會「貪而好貨，喜我之賂。」而與南齊停止戰爭，恐怕是孔稚珪的片面認知。

　　魏孝文帝曾自述其志業：「庶南蕩甌吳，復禮萬國，以仰光七廟。」〔註178〕可見他以消滅南朝漢人政權，建立統一之北魏王朝為奮鬥目標，既有此遠大志向，就不會貪南齊珍寶財貨而停止對南方用兵。孔稚珪一對北魏政情不明；二對魏孝文帝人格特質未清楚認識，所做推論均依其自身之理解思考，若齊明帝採孔稚珪之議，遣使通和，北魏未必願和南齊和平相處。在南北對峙期間，雙方皆有偵伺敵方政情收集情報之行為，按理對敵方君主會有一定程度理解，故南齊應有不少大臣對魏孝文帝欲混一南北的志願有所認知，這恐怕也是孔稚珪和平之策遭反對原因之一，因為再多財貨也無法阻擋魏孝文帝統一天下之雄心。

　　北魏是否畏南齊兵威？孔稚珪此番立論頗待商榷。北魏與南朝的競爭對手雖由劉宋而至南齊，但是北強南弱的基本態勢一直未改變，且北魏對劉宋、南齊的戰爭都是勝多敗少：450年（魏太平真君十一年、宋元嘉二十七年）的魏宋大戰，魏太武帝甚至率軍直達長江北岸瓜步，帶給劉宋極大心理威脅；魏獻文帝時，佔領劉宋青齊地區，使北魏版圖往南延伸；魏孝文帝更親自領軍南伐，攻佔沔北五郡。在魏強齊弱背景下，應是南齊畏北魏兵威才是，故孔稚珪欲以兵威迫北魏接受和平之議，無異緣木求魚。在兩國對抗體系下，強者提出和平之議容易成功，原因在於弱者飽受欺凌可望和平，若由弱者提出和平之議，成功與否繫於強者之決定，主動權操之於強者。北魏與南齊乃魏強齊弱之例，由弱者南齊一方倡導和平之議，決定權在北魏，不過，尚未待北魏思考決定，此議未出南齊朝廷即被否決了。

第三節　小　結

　　魏孝文帝後期與南齊的戰略關係，呈現衝突不斷的戰爭特色，總共爆發三次戰爭：沔北之戰、擊退陳顯達入侵、壽春爭奪戰，而在這些戰爭中，有三個現象值得觀察：一、魏孝文帝御駕親征兩次；二、沔北之戰乃北魏主動進軍、後兩次則是被動出兵；三、北魏三場戰爭皆取得勝利，以下分述之。

〔註177〕魏孝文帝放還遭俘之南齊軍民，詳見本書，頁135～136、157。
〔註178〕《魏書》卷7下〈高祖紀下〉，頁185。

　　第一：魏孝文帝在沔北之戰與擊退陳顯達入侵都是御駕親征，事實上，他對南齊親自領軍作戰共有三次，包含魏孝文帝中期與南齊的淮漢大戰。其實在裴叔業降魏引發的壽春爭奪戰中，若非魏孝文帝已崩逝，以壽春在淮南戰略地位的重要，相信他御駕親征的機率很大。而魏孝文帝以帝王之尊頻繁的親自領軍與南齊作戰，除了受前文述及的拓跋氏在游牧時期，部落君長均有率軍作戰的傳統，而在進入北魏王朝後，這個傳統仍然深刻影響北魏君主外；〔註179〕另一個重要原因是他「神運兆中，皇居闡洛。」〔註180〕的正統觀。北魏雖然統一北方與南朝長期對峙，且國力勝於南方，對南方戰爭經常是勝多敗少，維持北強南弱的態勢。然由於是少數民族政權的關係，文化程度不如南朝，雖然有不少漢人進入北魏政府服務，但是北方仍有一部份漢人認為南朝才是正統所在，這對北魏王朝的鞏固和壯大是極為不利的。北魏發展至魏孝文帝時，封建化、漢化已達一定程度，接下來的國家目標便是統一南北樹立北魏的正統地位，而這也成為魏孝文帝的理想與抱負。

　　但是，要讓北魏的正統地位獲得普遍承認，必須克服兩項挑戰，一是改造北魏境內部份漢族士人的正統觀；二是消滅南齊混一宇內。前者魏孝文帝是用思想教化方式；後者則是軍事征服。前者表現在具體行動上，魏孝文帝開始一連串祭祀先聖先賢、歷朝陵寢及名山大川的舉動，他希望透過天地神靈的護佑，承認北魏的興起和功業皆乃奉天應運。在祭拜先聖先賢如孔子、比干方面，其經過已如前述，於此不再贅言。〔註181〕至於歷朝陵寢，如魏孝文帝於495年（魏太和十九年、齊建武二年）四月，「遣使以太牢祭漢高祖廟。」〔註182〕次年六月，「遣使者以太牢祭漢光武及明、章三帝陵。又詔漢、魏、晉諸帝陵，各禁方百步不得樵蘇踐蹋。」〔註183〕再次年四月，「庚申，幸龍門，遣使者以太牢祭夏禹。癸亥，行幸蒲坂，遣使者以太牢祭虞舜。戊辰，詔修堯、舜、夏禹廟。……丙戌，遣使者以太牢祀漢帝諸陵。」五月「壬辰，遣使者以太牢祭周文王於酆，祭武王於鎬。」〔註184〕魏孝文帝祭拜前代聖賢及

〔註179〕參見本書，頁238～239。
〔註180〕《南齊書》卷30〈曹虎傳〉，頁562。另首先以「神運兆中，皇居闡洛。」作為魏孝文帝正統觀解釋的為程維榮，參見氏著，《拓跋宏評傳》（南京：南京大學出版社，2002年4月），頁83。
〔註181〕參見本書，頁136～138。
〔註182〕《魏書》卷7下〈高祖紀下〉，頁177。
〔註183〕《魏書》卷7下〈高祖紀下〉，頁179。
〔註184〕《魏書》卷7下〈高祖紀下〉，頁181～182。

修繕歷朝陵寢，具高度文化意涵和政治象徵意義。堯、舜、禹、周文王、周武王、孔子，乃至漢高祖、漢光武帝等，皆是華夏在文化和政治上正統的傳承者，魏孝文帝透過這些祭拜行為，宣告北魏乃華夏文化與政治的繼承者。另外，祭祀名山大川亦復如是，他在太和十八年（494、齊建武元年）祭祀中嶽嵩山時，在《祭嵩高山文》中曾云「朕承法統」，〔註185〕明白揭示他上承天命與華夏正統，因為天子祭祀五嶽乃理所當然，《禮記‧王制》載：「天子祭天下名山大川，五嶽視三公，四瀆視諸侯。」〔註186〕唐曉峰也指出五嶽乃具有法統意義的地理概念，其云：〔註187〕

（五嶽）是由王朝正式確認，有嚴格祭祀制度的特定的高山大河，這些山川以其顯赫的景觀形象、均衡的地理佈局，逐漸成為王朝國家的疆域座標、國土象徵與地理框架，五嶽就是其中最有疆域象徵性的名山，它是莊嚴的「地德」的神聖象徵。它們大跨度的東、西、南、北、中的佈局，在人們的觀念中昇華為華夏世界整體性的擎天巨柱。古代追求王朝正統性的朝代，在地理上無不認真看待嶽的問題，認為在理想的情況下都城應該要靠近中嶽，其他東、南、西、北四嶽則各如其方，即國都應位於五嶽所標示出的地理大框架的中央。

而這也是魏孝文帝的正統觀及遷都洛陽的理由，「神運兆中，皇居闡洛。……而南有未賓之吳，治為兩主之隔。」〔註188〕必須要使北魏都城進入嶽域，「今代在恒山之北，為九州之外，以是之故，遷于中原。」〔註189〕如此才能使北魏都城符合地域的正統性。而南朝都城建康在嶽域之外，換言之，遷都洛陽後，北魏較南朝更符合法統上的地理意義。

另外，魏孝文帝在太和十九年（495年、齊建武二年）中的《祭河文》也一再強調：「朕承寶歷，克纂乾文。」〔註190〕將自己塑造成奉天承運而得以君臨天下的聖主，也是華夏文化、歷史的傳承者，北魏實為中國之正統王朝，

〔註185〕〔唐〕徐堅，《初學記》（臺北：新興書局，1966年5月）〈地部上‧嵩高山〉卷5，頁66。
〔註186〕姜義華注譯，《禮記》（臺北：三民書局，1997年10月）〈王制〉，頁199。
〔註187〕唐曉峰，《人文地理隨筆》（北京：三聯書店，2005年1月），頁21～25。
〔註188〕《南齊書》卷30〈曹虎傳〉，頁562。
〔註189〕《魏書》卷14〈神元平文諸帝子孫‧東陽王丕傳〉，頁359。
〔註190〕徐堅，《初學記》卷6〈地部中‧河三〉，頁75。

負有一統天下的神聖使命，所以前引文指出「南有未賓之吳，治爲兩主之隔。」
這道統一的障礙，即成爲魏孝文帝奮鬥的目標。對於這個目標，深受漢文化
影響的他，當然瞭解消滅南朝不能純粹用軍事征服的方式，需思想教化和軍
事作爲雙管齊下，而在上述的祭拜名山大川、前代聖賢、歷朝陵寢，以及遷
都洛陽等思想教化工作初步完成後，即開始一連串征討南齊的軍事行動。雖
然甫遷都洛陽不久即興師南討的淮漢大戰並無具體成果，但是魏孝文帝仍持
續對南齊用兵，以致其後期與南齊的戰略關係始終是衝突緊張的狀態，此乃
他的正統觀一再驅使他要滅亡南齊，「天無二日，土無兩王，是以躬總六師，
蕩一四海。」〔註191〕是故對南齊作戰不願假手他人，總是御駕親征，於此亦
可解釋何以陳顯達入侵，魏孝文帝要親自領軍回擊，他不願放棄任何一個消
滅南齊的機會，因爲戰場上的情況無法預料，如果擊退陳顯達後，能乘勝追
擊或南齊內部發生動亂，而能順勢滅亡南齊完成統一也未可知。魏孝文帝曾
自云：「吾因天歷運，乘時樹功，開荆拓沔，威振楚越。」〔註192〕凸顯出他重
建大一統王朝的雄心，所以他不願放棄對南齊的任何戰爭，以致魏孝文帝後
期與南齊的三次戰爭中，他御駕親征佔了兩次之多。

　　第二：在沔北之戰、陳顯達入侵、壽春爭奪戰這三次戰爭中，筆者認爲
正好代表北魏三個不同層次的戰略企圖。沔北之戰是北魏主動進軍，又是魏
孝文帝主導，且在遷都後的洛陽行政體系已上軌道，漢化改革也日見成效的
情形下征討南齊，其戰略企圖不言可喻，有一統南北的雄心，所以才會發動
二十萬大軍南討。雖然當時的南北國力對比是北強南弱，但是北方顯然尚未
具備滅亡南方的絕對優勢，加上後期的戰事不順，魏孝文帝未能完成其建立
大一統王朝的宏願，不過這次的戰略企圖與戰略目標當是最爲恢弘的。至於
陳顯達入侵和壽春爭奪戰都是被動出兵，但是戰略企圖略有不同。前者是魏
孝文帝的最後一場戰役，他當時的身體病症其實已不適合領兵出征，但他仍
想透過這次務必勝利的戰爭，繼續佔有沔北地域，藉以鞏固洛陽國防。另一
方面，戰場上的情況變化莫測，擊退陳顯達鞏固沔北雖是首要戰略目標與企
圖，但也不排除遇有契機能持續進軍，進而擴大戰爭規模一舉滅亡南齊。然
魏孝文帝的病體無法支撐他的後續企圖，不得不在擊退陳顯達後結束戰事，
而他也病逝於北返途中。壽春爭奪戰也是北魏被動出兵，但是很快的化被動

〔註191〕《魏書》卷43〈房伯玉傳〉，頁973。
〔註192〕《魏書》卷21上〈獻文六王上・廣陵王羽傳〉，頁550。

爲主動，六位輔政大臣領導的北魏朝廷，展現高度的戰略企圖，動員十萬大軍爭奪壽春，欲一舉佔領之。不過，其時的戰略目標也僅是藉機佔領壽春與部份淮南地域而已，並未有趁勢擴大戰爭持續南伐的企圖，此從壽春情勢穩定後，北魏朝廷即將十萬魏軍撤走的情況可知，會有這種發展，與北魏政局不無關係。由於魏孝文帝崩逝，魏宣武帝雖然繼位但未親政，北魏欠缺君主的領導，缺乏一言定鼎的能力。至於六位輔政大臣又無具特別聲望與權勢者，王肅、宋弁非宗室暫且不論，四位親王中，任城王元澄雖然最受魏孝文帝重用，且有一定的聲望，但他與廣陽王元嘉一樣，與魏孝文帝的血緣較遠。〔註 193〕最近者爲北海王元詳及咸陽王元禧，二人均爲魏孝文帝之弟，但他們的功業都不如元澄，以致六人中無人能越眾而出，令其餘五人服膺其領導，即便有，對南齊發動大型戰爭實屬重大決策，若非由君主親自決定，恐無人可面對一旦敗戰後的損失與究責。是故在六人輔政的合議制下，北魏朝廷的戰略企圖與目標，僅在壽春及其附近地域而已，未有持續南伐的企圖。

　　第三：北魏能在這三次戰爭中獲勝乃理所當然，南朝最盛時期爲宋武帝在位時，憑其武功韜略尚能與北魏抗衡，且其時北魏尚未統一北方，軍事重心在北不在南。而自宋武帝後，不論是劉宋或南齊，與北魏作戰均是敗多勝少，北伐亦無具體成果，北強南弱態勢逐漸形成。其實嚴格來說，沔北之戰北魏並不能以勝者稱之，因其與另兩次戰役設定之戰略目標不同。在擊退陳顯達和佔領壽春這兩次戰爭可謂北魏獲勝，乃因前者南齊是入侵者，北魏遭遇敵人進攻，首要戰略目標當然是擊退來犯者，而魏孝文帝親自領軍大敗陳顯達的南齊北伐軍，順利達成戰略目標。爭奪壽春亦是如此，北魏出兵的戰略目標是佔有壽春，而最終結果壽春亦入魏境，故可謂之北魏勝、南齊敗。至於沔北之戰則不然，北魏大舉南伐，動員超過二十萬大軍，又是魏孝文帝御駕親征的情形下，雖然過程中陸續攻佔新野、赭陽、舞陰、南鄉、南陽等城戍，〔註 194〕但是指標性的軍事重鎮，如襄陽、樊城、義陽等均無法攻下，且魏孝文帝發動對南齊的戰爭，有其遠大目標：「密邇江揚，不早當晚，會是朕物。」〔註 195〕雖然最後佔領沔北五郡，增強洛陽南面的防禦縱深，但是投

〔註 193〕任城王元澄爲景穆太子之孫，參見《魏書》卷 18〈景穆十二王中・任城王澄傳〉，頁 462～463。廣陽王元嘉爲魏太武帝之孫，參見《魏書》卷 18〈太武五王・廣陽王嘉傳〉，頁 428～429。
〔註 194〕參見《魏書》卷 7 下〈高祖紀下〉，頁 183。
〔註 195〕《魏書》卷 47〈盧昶傳〉，頁 1055。

入如此龐大的軍力與資源，僅獲得沔北的戰果，也未能滅亡南齊，而魏孝文帝更因這次南伐損傷身體，兩年後崩逝，由此可見，北魏在沔北之戰中的得與失，實無法畫上等號，故謂之勝實爲勉強，但是南齊畢竟喪失沔北之地，不過也守住義陽、襄樊等重鎮，若以北魏慘勝言之實差可比擬。

　　魏孝文帝後期與南齊的戰略關係呈現與前期、中期不同的三個特徵，第一是攻守互見的情形，與前期、中期北魏採攻勢作戰的態勢略有不同，前期利用齊明帝篡弒之際南侵，中期則是魏孝文帝挑起淮漢大戰，而後期雖有北魏採攻勢進佔沔北的戰爭，但亦有抵抗陳顯達入侵的防禦作戰。至於壽春的爭奪，北魏是先攻後守；而南齊則是先守後攻，其間差異在於壽春本爲南齊淮南重鎮，南齊爲防守態勢，一旦奚康生的魏軍進入壽春後，戰略形勢一變爲南齊採攻勢欲奪回壽春，而北魏成爲防守一方，故攻守互見成爲本時期的戰略特徵之一。第二個與前、中期不同的特徵是開啓了北魏洛陽時代與南朝的對峙，雖然中期時的淮漢大戰北魏已遷都洛陽，但尚未穩定，漢化改革尚待進一步推動，故當時魏孝文帝對南齊的作戰基礎，仍是依靠平城時代的根基。而後期則不同，以洛陽爲政治中樞的態勢已然底定，北魏正式進入洛陽時代與南朝的對抗。第三個特徵是衝突、戰爭不斷，休兵時間不多，即便未興干戈，亦是在爲爾後的戰爭做準備，這種幾近全面衝突的情況，趨近於魏太武帝與劉宋的戰略關係，當時北魏在魏太武帝領導下統一北方，他有南下併吞劉宋的雄心，因此兩國戰爭連年。〔註196〕而魏孝文帝的雄才大略及其正統觀的信念，同樣有消滅南朝的雄心，故一再對南齊採取攻勢，但是時不我予，他的身體無法支持他往統一的目標邁進，以致壯志未酬身先死，也爲魏孝文帝與南齊的戰略關係畫下句點。

〔註196〕關於魏太武帝與劉宋經年的戰爭及兩國的戰略關係，筆者有詳盡的説明與解析，參見筆者著，《北魏與劉宋戰略關係研究——從國家戰略觀點的解析（上）（下）》第三章〈攻勢與守勢兼具——魏太武帝前期與劉宋之戰略關係（423～439）〉，頁 125～170；第四章〈全國總動員的對抗——魏太武帝後期與劉宋之戰略關係（439～452）〉，頁 171～270。